21世纪本科金融学名家经典教科书系

普通高等教育"十一五"国家级规划教材

金融信托与租赁

（第五版）

Financial Trust and Lease

主　编　王淑敏　齐佩金

副主编　杨冬梅　乔海曙

中国金融出版社

责任编辑：王效端　王　君
责任校对：张志文
责任印制：丁淮宾

图书在版编目（CIP）数据

金融信托与租赁/王淑敏，齐佩金主编. —5版. —北京：中国金融出版社，
2020.6

（21世纪本科金融学名家经典教科书系）
ISBN 978 – 7 – 5220 – 0540 – 9

Ⅰ.①金…　Ⅱ.①王…②齐…　Ⅲ.①金融信托②金融租赁　Ⅳ.①F830.8

中国版本图书馆 CIP 数据核字（2020）第 037446 号

金融信托与租赁（第五版）
JINRONG XINTUO YU ZULIN（DI-WU BAN）

出版
发行　中国金融出版社

社址　北京市丰台区益泽路 2 号
市场开发部　（010）66024766，63805472，63439533（传真）
网上书店　www. cfph. cn
　　　　　　（010）66024766，63372837（传真）
读者服务部　（010）66070833，62568380
邮编　100071
经销　新华书店
印刷　北京侨友印刷有限公司
尺寸　185 毫米×260 毫米
印张　19
字数　444 千
版次　2003 年 8 月第 1 版　2006 年 1 月第 2 版　2011 年 9 月第 3 版　2016 年 9 月第 4 版
　　　2020 年 6 月第 5 版
印次　2021 年 12 月第 3 次印刷
定价　45.00 元
ISBN 978 – 7 – 5220 – 0540 – 9
如出现印装错误本社负责调换　联系电话（010）63263947
编辑部邮箱：jiaocaiyibu@126. com

21世纪高等学校金融学系列教材
编审委员会

主编简介 ....

　　王淑敏，女，1944 年 7 月出生。天津财经大学金融学院教授、硕士研究生导师，至今已从事高校教学科研工作 46 年，并被天津市多所院校聘任为客座教授、学科带头人。多年来致力于中国金融改革与发展问题研究，主要从事金融理论与实务、金融政策等方面的教学与科研工作，是中国最早从事金融信托与租赁研究的专家之一。讲授的主要课程有：金融信托与租赁、货币银行学、金融学、西方货币信用理论研究等。在《管理世界》《财贸经济》《金融研究》《现代财经》《经济问题》等核心刊物上发表论文四十余篇。出版个人学术论著和主编教材八部。主持并完成省部级重点科研项目多项。其中三项成果分别获得省部级科研奖。

　　齐佩金，经济学博士，东北财经大学金融学院副院长，青海民族大学"昆仑学者"讲座教授，中国技术经济学会金融科技专业委员会常务理事。曾任辽宁（大连）自贸区研究院副院长、海南省三亚市海棠区政府副区长。主要从事金融市场、证券投资等领域研究，在《世界经济》《经济管理》等核心期刊发表论文 40 余篇，出版专著、教材 10 余部，主持和参与省部级以上课题项目 20 余项。

第五版前言

作为教育部普通高等教育"十一五"国家级规划教材,《金融信托与租赁》为国内同类教材中发行量最大、影响面最广、质量最高的教材之一。本教材由国内几所重点综合大学和财经院校教授及金融机构专家共同编写。教材从2003年至今已发行第五版,修订后的第五版,内容与体系更加完善。

《金融信托与租赁》(第五版)是应中国金融出版社的要求,并征求各教材使用院校及实际业务部门的意见,为进一步适应国内外信托租赁业发展现状及发展趋势的需要,对第四版教材进行修订而成的。本次修订的主要内容:一是针对国内外信托租赁业发展情况,特别是中国国情,调整了部分章节内容,主要修改了第四版中的第1章至第9章和第12章;二是根据信托租赁业有关法规的新规定,对各章内容进行了删改和补充,参照国内外业务创新和业务流程,着重对我国信托租赁业务范围、业务种类、管理、操作流程等进行了修订;三是对全书中较陈旧的数据、图表、专栏、资料进行了更新、补充和调整,在业务流程中采用了最新的合同样本;四是突出可操作性,增加了国内外的操作实务;五是将第14章中的第3节删除。修订后的教材更加突出了求新务实、全面系统、与时俱进、与国际接轨的特点,并对未来业务的发展进行了展望。

本次修订是由天津财经大学、东北财经大学、湖南大学、厦门大学、中南财经政法大学、天津广播电视大学、天津银保监局、天津北方信托公司、上海华鑫国际信托公司等多位从事信托租赁教学与科研工作的教授、博士,以及金融机构有实践经验的专家共同完成的。由于种种原因,原作者有所变动,有的章节内容在原作者编写的基础上由新作者进行了修改、补充。

《金融信托与租赁》(第五版)主编为王淑敏、齐佩金,副主编为杨冬梅、乔海曙。参与编写的作者有王淑敏、齐佩金、杨冬梅、乔海曙、马晓彦、臧松松、冯超、戚佳、孙会国、杜金向、孙元媛。全书由王淑敏教授进行总纂和定稿。

最后,感谢中国金融出版社王效端主任和王君编辑长期以来对本教材出版所给予的支持与帮助,感谢各兄弟院校及业界朋友和广大读者对本书提出的宝贵意见,恳请各界同人及新老读者继续批评指正。

编者
2019年12月

目　录 Contents

1

第一章
金融信托概述

本章知识结构

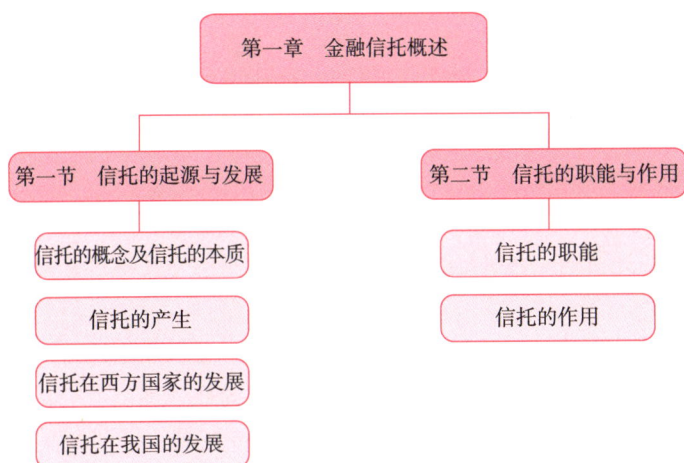

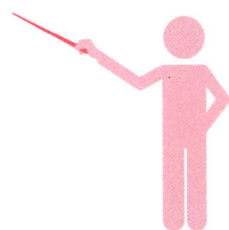

```
              第一章  金融信托概述
                     │
        ┌────────────┴────────────┐
   第一节  信托的起源与发展      第二节  信托的职能与作用

   信托的概念及信托的本质           信托的职能

     信托的产生                     信托的作用

   信托在西方国家的发展

   信托在我国的发展
```

本章学习目标

- 掌握信托的概念与本质。
- 熟悉信托在西方国家的发展。
- 熟悉信托在我国的发展。
- 掌握信托的职能和作用。

信托是随着商品货币关系的发展而发展的，经历了从民事信托到现代金融信托的漫长历史过程。信托作为现代金融业的一部分，对促进经济发展起着重要作用。本章着重阐述信托的概念与本质、信托的产生和在西方发达国家以及在我国的发展。

第一节　信托的起源与发展

一、信托的概念及信托的本质

（一）信托的概念

由于信托是一种代人理财的财产管理制度，在现代社会，这种被管理的财产通常又是资金或与资金相联系的财产形式，同时具备了融通资金的职能，且信托机构或国外兼营信托业务的银行是金融机构，

> 信托是指委托人基于对受托人的信任，将其财产委托给受托人，由受托人按委托人的意愿以自己的名义，为受益人的利益或者特定目的，进行管理或者处分的行为。信托是以资财为核心、以信任为基础、以委托为方式的财产管理制度。

故又称"金融信托"。金融信托是一种具有融通资金、融资与融物以及融资与财产管理相结合的金融性质的信托业务，是金融业的一个重要组成部分，标的物主要是委托人的资金或财产等。本书所研究的信托主要是指金融信托。

（二）信托的设立

信托设立必须具有合法的信托目的，有确定的、委托人合法所有的信托财产，由信托关系人以一定的书面形式来完成。

1. 信托目的。信托目的是指委托人通过信托行为要达到的目标。它既是委托人设定信托的出发点，也是检验受托人是否完成信托事务的标志。信托目的由委托人提出，可以有各种各样的信托目的。但必须做到：一要具有合法性；二要可能达到或实现；三要为受益人所接受。

2. 信托财产。信托财产是受托人因承诺信托而取得的财产。受托人因信托财产的管理运用、处分或者其他情形而取得的财产（如利息、红利等），也归入信托财产。法律、行政法规禁止流通的财产，不得作为信托财产。法律、行政法规限制流通的财产，依法经有关主管部门批准后，可以作为信托财产。

📌 **专栏 1-1**

信托的门槛为什么是 100 万元？ ▪▪▪▪▪▪▪▪▪▪▪▪▪▪▪▪▪▪▪▪▪▪▪▪▪▪▪▪▪▪▪▪▪▪▪▪▪▪▪

常有人问信托产品的收益是多少，当听说购买要 100 万元起步时，就会反问：银行理财产品的门槛才 5 万元，信托凭什么要 100 万元？

其实，早些时候，信托的门槛并没有这么高，在 2001 年的时候，根据相关规定，信托公司作为受托人，接受委托人的资金信托合同不得超过 200 份，每份合同金额不得低于 5 万元人民币，这是集合资金信托计划最初的门槛设定，也与现在银行理财产品相当。只是 2007 年，实施了新的《信托公司集合资金信托计划管理办法》后，合格投资人变成投资一个信托计划的最低金额不少于 100 万元人民币，或者其他能够提供相关财产及收入证明的自然人。

在这座城市里，拥有100万元资产的人很多（如果有一套地段较好的房产就很容易达到），但是能以100万元现金做投资的人，则是每个金融机构心中的优质客户，所以信托寻找的投资者，是小占比的"优中选优"，无疑加大了开拓市场的难度，所以这绝对不是哪家信托公司在做"资产歧视"，而是来自监管使然。

那么问题来了，为什么监管部门会有这样一个要求呢？

这还要从信托的"身世"说起，信托公司大都脱胎于银行，没有银行的网点资源，但业务模式与银行的信贷业务高度相似，甚至在客户来源上一度依赖银行。为了避免发生正面冲突，减少同质化竞争，让信托公司只做高净值客户的业务，监管层规定一个信托计划投资100万~300万元的自然人名额只有50个，300万元以上不受限制。

有没有可能突破这个限制呢？当然有，但估计时间很长。

目前，国内集合信托产品还处于"一个萝卜一个坑"的阶段，往往是信托公司寻找到一个项目，该项目需要融资，就由信托公司来设计产品，通过增信措施确定还款来源，说穿了，还是一个以融资为主导的产品。等到有一天，不是由融资方，而是由投资者主动发起，根据他们的想法量身定做信托产品，当这种情况成为市场主流时，监管部门才会调低门槛。

所以，在当前，设置100万元门槛，不是为了限制投资者，恰恰是为了保护投资者，为了提高信托行业整体客户群的风险承受能力。一般来说，成熟的投资者风险识别能力更强，风险承受能力也更强，但是"成熟"是一个定性的衡量标准，是不是有过基金、股票投资经历就算成熟？很难界定，但资金量是一个可以定量的标准。这样说吧，有100万元现金进行投资的人，其拥有的不动产资产、其他金融资产价值可能是100万元的好几倍，万一产品遭遇不可测风险，其生活也能得到保障，但是如果某些资产状况不符合要求的投资者凑钱购买，形成了所谓的"拖拉机客户"，信托产品不出风险则太平，万一有个风吹草动就成了生命不能承受之重。

⬆ 资料来源：程喻. 信托的门槛为什么是100万元？［N］. 证券时报，2015-03-30.

3. 信托关系人。信托关系人是指委托人、受托人和受益人三方当事人。委托人是提出委托要求并对受托人授权的人，是信托财产的所有者。受托人是接受委托并按约定的信托条件对财产进行管理或处理的人。受益人是享受信托财产利益的人。可见，信托关系的建立要求信托关系人必须具有一定的条件，并具有一定的责任、权利和义务。

4. 信托行为。信托行为是指信托当事人在相互信任的基础上，以设定信托为目的，并以一定的书面形式而发生的法律行为。这种法律行为既可以契约、合同或协议的形式成立，也可以遗嘱的形式建立。此外，也可由法院按照有关法律强制性建立。

（三）信托的结束

信托结束是指信托行为的终止。信托不因委托人或者受托人的死亡、丧失民事行为能力、依法解散、被依法撤销或者被宣告破产而终止，也不因受托人的辞任而终止。有下列情形之一者，信托终止：信托文件规定的终止事由发生；信托的存续违反信托目的；信托目的已经实现或者不能实现；信托当事人协商同意；信托被撤销；信托被解除。信托财产在信托结束后，一般应归属于信托文件规定的人，信托文件未规定的按受益人或其继承人、委托人或其继承人的顺序确定归属。

（四）信托的本质

1. 信托是一种多边信用关系。信托行为的发生，涉及委托人、受托人和受益人三方当事人，三方共同形成了信托行为的多边信用关系。委托人是信托财产的所有者，他是信托行为的起点；受托人通过自身的信托业务活动满足委托人的要求，使受益人获利，他是信托行为的关键；受益人是依据这种信托关系得到实际利益的人，他是信托行为的终点。这种信托多边信用关系的建立，必须根据法定程序才能成立，并将各方关系人的条件、权利和义务通过信托契约或合同加以确定，以保证当事人的合法权益。

2. 财产权是信托行为成立的前提。财产权是信托多边信用关系的核心，信托财产的委托人必须是该项财产的所有者。唯有确认了委托人对委托财产的所有权或使用权、支配权，受托人才能接受这项财产的信托，信托行为才能成立。信托作为一种价值运动，在授信与受信过程中，要以转移信托财产的所有权或使用权、支配权为条件，使受托人取得法律上的地位，借以掌握信托财产，并行使其权利，代委托人进行管理或处理，为受益人谋取利益。

3. 信任是信托的基础。信托活动实际上是一种社会信用活动，因而在信托业务中，"信"贯穿始终。信托是建立在委托人对受托人充分信任的基础上，先由一方提出委托，经他方同意，接受委托而成立的经济行为。这种经济行为的最大特征是受托人必须严格按照委托人的旨意实施信托行为，而不能按自己的意图行事，从而保证信托行为建立在信任的基础上。

二、信托的产生

（一）信托的起源

信托是在商品经济的基础上产生的，信托从产生开始，就与维护私有财产有关。自从私有财产制度确立，个人拥有财产以后，对私有财产的占有和维护就成为人们十分关注的问题。财产所有者不仅在活着的时候占有它、维护它，并且还关心身后对财产的处理和安排，因而产生了委托他人代为维护和管理自己财产的信托行为。私有财产制度是在氏族社会开始崩溃、家庭开始形成时萌芽的，这时社会成员间的共同劳动和共同消费的关系逐渐被一种用钱物来体现的关系，即商品交换关系所代替。随着社会分工的不断扩大，商品交换日趋频繁，商品经济得以确立，一夫一妻制家庭形成，私有财产制度产生，才带来遗产继承问题，即信托行为。因此，信托是在商品经济的基础上产生的。

原始的信托行为起源于数千年前古埃及的"遗嘱托孤"。公元前2548年，古埃及就有人设立遗嘱，让其妻继承自己的遗产，并为儿女指定了监护人，还设有立遗嘱的见证人。这种以遗嘱方式委托他人处理财产并使继承人受益的做法是现今发现的一种最早的信托行为，显然这种信托行为在当时只是一种原始的、自发的信托行为，不包含任何经济关系。

信托的概念源于《罗马法》中的"信托遗赠"制度。《罗马法》是在罗马帝国末期由国王奥格斯德士所创。《罗马法》规定：在按遗嘱划分财产时，可以把遗嘱直接授予继承人，若继承人无力或无权承受时，可按信托遗赠制度规定，把财产委托或转移给第三者处理，使继承人受益，从而规避了《十二铜表法》中"只有罗马市民才有资格成为遗嘱指定的遗产继承人"的限制。《罗马法》创立了一种遗产信托，这种制度是从处理罗马以外的人的继承问题开始的，后逐渐成为一种通行的制度。古罗马的"信托遗赠"已形成了一个比较完整的信托概念，并且首次以法律的形式加以确定。然而，此时的信托完全是一种无偿的民事信托，并不具有经济上的意义，还没有形成一种有目的的事业经营，其信托财产主要是实物、土地。

（二）　"尤斯"制度

"尤斯"（USE）制度是英国宗教团体和封建主之间矛盾斗争的产物。在公元13世纪前后英国的封建时代，宗教信仰特别浓厚。教徒们受教会的"活着要多捐献，死后可升天"宣传的影响，常把身后留下的土地遗赠给教会，于是教会就占有了越来越多的土地，并且按当时英国法律规定，教会的土地是免税的。因此，英国王室征收土地税就发生了困难。同时，在英国封建制度下，本来君主可因臣下死亡而得到包括土地在内的贡献物，教会作为公共团体却没有死亡期，这样教会拥有的土地越多，对君主利益的触犯就越大。为制止这种触犯君主利益的情况发展，英王亨利三世于13世纪颁布了《没收条例》，规定凡以土地让与教会者须经君主的许可，否则没收其土地。当时英国的法官多是教徒，为了对付《没收条例》，他们参照《罗马法》的"信托遗赠"制度而新创"尤斯"制度。

"尤斯"制度的具体内容是：凡要以土地贡献给教会者，不作直接的让渡，而是先赠送给第三者，并表明其赠送的目的是维护教会的利益，然后让第三者将从土地上所取得的收益转交给教会，就叫作"替教会管理或使用土地"。这样教会虽非自己直接掌握财产权，但可实际享受其利益，也达到了教徒要多做贡献的目的。后来这种制度不仅限于对教会的捐献，并且逐步扩展到逃避一般的土地没收和财产的继承方面；在信托财产方面不仅被应用于土地，也被应用于其他不动产、动产等。这就是"尤斯"制度的产生。

由于"尤斯"制度极大地触犯了封建君主的利益，因此，封建君主总是极力反对"尤斯"制度。后来，由于英国封建制度衰落及资产阶级革命的成功，到了17世纪，"尤斯"制度终于为"衡平法"法院所承认，从而发展为信托。由于信托制度有利于资本主义经济的发展，因此，为当时的资产阶级极力推崇，使信托的内容大大地丰富了。信托不仅应用于宗教，而且也应用到社会公益、个人理财等；标的物也从土地延伸到商品和货币等。信托的概念日益明确，信托的做法逐渐完善，到19世纪逐渐形成了近代较为完善的民事信托制度。

（三）　信托业务制度在英国的确立

19世纪中叶，英国完成工业革命后，随着商品经济的快速发展，社会分工越来越细，经济交易更加频繁，经济关系也越来越复杂。为了有效管理和处理自己的财产，就非常需要有专业性、稳定性的受托人为之服务，这就为信托事业的发展提供了有利条件，也使信托业务制度在英国得以确立。其确立的标志是，英国的信托机构纷纷成立。1886年伦敦出现了第一家办理信托业务的信托机构——伦敦信托安全保险有限公司；1888年又成立了伦敦法律保证信托协会；1908年创立了政府的信托机关——官营受托局。此外，各种信托法规也纷纷出台，如1893年的《受托人条例》、1896年的《官营受托人条例》等。

虽然信托业务制度在英国得到确立，但由于一些传统习惯和历史的原因致使信托业务在英国没有得到进一步的发展。此时，英国的信托业务还主要是民事信托，其建立的信托业务制度也可说是民事信托业务制度。信托业务从民事信托发展到商事信托则源于美国。

三、信托在西方国家的发展

（一）信托业在美国的发展

1. 信托业在美国的发展历程。18 世纪末到 19 世纪初，美国开始从英国引进民事信托。英国的信托是以个人之间的信任为基础发展起来的，而美国则一开始就把信托作为一种事业经营，用公司组织的形式大范围地经营起来。虽然最初信托业务是为美国独立战争期间及其之后执行遗嘱和管理遗产的需要而开办的，但很快随着欧洲移民在美国的殖民活动以及对美国的开发，这种狭隘的民事信托已不能满足经济发展的要求。为了促使资本集中，以营利为目的的金融信托公司应运而生，因此，美国最早（比英国早几十年）完成了个人受托向法人受托的过渡和民事信托向金融信托的转移，为现代金融信托制度奠定了基础。

19 世纪上半叶，资本主义生产关系在美国建立起来，并得到迅速发展。股份公司的创立使股票、债券等有价证券大量涌现，社会财富由土地、商品等实物形态向有价证券的形态转化。在这种情况下，就需要有办理集资、经营和代理各种有价证券的专门机构。这一时期美国逐渐成立了保险业务和金融信托业务兼营的专业信托公司，如 1818 年成立的"麻省医疗人寿保险公司"，1830 年成立的纽约"农民火灾保险及放款公司"等。

19 世纪后半叶，美国南北战争结束，国内开始进行经济建设。随着铁路建筑、矿产资源开发等建设事业的开展，建设急需的资金数额急剧增长。信托公司积极参与资金筹集，承购这些铁路、矿山公司发行的债券，然后广泛出售给民众。这就使有价证券的发行、管理、买卖等业务逐步取代实物而成为信托的主要业务，信托公司完全具备了金融机构的性质，金融信托业务由此形成。随着金融信托业务的不断扩大，许多保险公司逐渐放弃保险业务而专门从事信托业务，兼营银行业务的信托公司也大量增加。

从 19 世纪末到现在，是美国现代信托业得到发展的时期。随着商品经济向更高阶段发展，信用制度得到确立；信用工具也得到更广泛的运用，银行资本与工业资本的融合，使金融业在整个国民经济中的地位不断提高，对国民经济的渗透力不断增强。为了竞争的需要，银行也开始兼营信托业务。从此，美国的信托机构得到发展，检查制度和业务内容也趋向统一，信托业随着银行业务的发展而得到发展。目前，美国信托业基本为美国商业银行特别是大商业银行所垄断，由商业银行的信托部兼营。美国信托业的发展已超过英国，成为当今世界上信托业最为发达的国家。

2. 美国金融信托业务。美国的金融信托业务在经营管理上按委托对象划分为个人信托、法人信托及个人和法人兼有信托三种。

（1）个人信托。

（2）法人信托。这种服务对象主要是企业或非营利性机构，如教堂、工会、公益团体、学校等。最主要的受托业务是发行公司债信托和商务管理信托。

> *个人信托是指信托机构承办为个人管理与监护财产、执行遗嘱、管理遗产及代理账户等信托业务。*

> *法人信托是指信托机构接受法人团体的委托，以法人团体的受托人或代理人身份为其提供服务。*

（3）个人和法人兼有信托。个人和法人兼有信托主要包括公益信托、年金信托及职工持股信托等。这几种信托业务在美国开展得都很普遍，特别是公益信托，其公益款项除富户捐巨款外，多属广为劝募所得。

3. 美国金融信托业务的特点。

（1）信托业务与银行业务职责分工管理。美国法律允许信托公司兼营银行业务，银行兼营信托业务。尤其是 1999 年末颁布的《金融服务现代化法》，更是打破分业经营的界限，实行混业经营的金融管理体制。但是，信托业务和银行业务在银行内部必须严格按部门职责进行分工，实行分别管理、分别核算、信托投资收益实绩分红的原则。同时，还禁止参加银行工作的人员担任受托人或共同受托人，以防止信托当事人违法行为的发生。

（2）有价证券业务开展普遍。这是美国金融信托业发展中的一个显著特点。美国是世界上证券交易最发达的国家，几乎所有信托机构（包括兼营信托业务的商业银行）都办理证券信托业务，既为证券发行人服务，又为证券购买人或持有人服务，特别是前面所述的商务管理信托，代表股东行使股东的职能，并在董事会占有董事地位，从而参与控制企业。

（3）个人信托与法人信托并驾齐驱。美国的个人信托业与法人信托业都发展迅速，并随着经济形势的变化而交替出现。如遇到经济发展不景气时，个人信托会迅速超过法人信托的业务量；如果经济回升，法人信托的业务量又会超过个人信托的业务量。故从个人信托与法人信托业务活动的起伏变化，就可窥见美国经济形势变化的大体情况。

（4）严格管理信托从业人员。美国各银行十分重视企业管理。从信托业务的种种特性出发，对信托从业人员制定了严格的管理守则，主要有：①禁止从业人员向银行客户购买或出售信托资产；②禁止从业人员向顾客收受礼物或参与信托账户收入的分配；③禁止从业人员谈论或泄露信托业务及有关顾客的情况；④任何一个参加银行工作的人员，不能担任受托人或共同受托人，以避免同银行进行业务上的竞争。

（二）信托业在日本的发展

1. 信托业在日本的发展历程。日本的信托制度是从美国引进的。19 世纪末，经济界的头面人物极力宣传尽快引进美国类型的信托制度，因为他们认识到用信托作为筹资手段发展重工业是必要的。因此，1902 年日本兴业银行成立后首次开办了信托业务，信托业在日本开始发展起来。

第一次世界大战爆发后，日本战时工业发展很快，信托公司的数量也随之大增，由战前 1911 年的 134 家，增加到 1921 年的 488 家。第一次世界大战结束后的最初几年，日本经济转入萧条期，受其冲击，不少小的信托公司纷纷破产。为保护民众利益，日本政府认为有必要整顿信托行业，巩固其基础。因此，日本政府于 1922 年制定了经营信托业务必须遵循的《信托法》和监督经营信托业的《信托业法》。这两部法律成为信托公司的基本法，使日本信托业务进入新的历史时期，保证了以后信托事业的健康发展。

第二次世界大战结束后，日本经济处于瘫痪状态，信托业务也随之急剧减少。直到 20 世纪 50 年代，日本经济由战后恢复时期转入发展时期，信托业才重新获得新生。由于战时的信托体制已不能适应经济形势发展的需要，促使日本政府于 1954 年对信托业进行了整顿，确立了信托业和银行业分离、长期金融和短期金融分离的方针，拟定商业银行为短期金融机构，信托银行为长期金融机构，从此，日本的信托业得到了飞速发展。先后开办了养老金信托、公益信托、到期还本付息信托等，并成立了以信托业务为主、兼营银行业务的信托银行。20 世纪 90 年代，开始了大幅度的金融改革，由于实行混业经营金融管理体制，信托业务成了金融各业创新业务、提高效率的突破口，并得到广泛发展。

2. 日本金融信托业务。日本金融信托按信托财产的性质划分为金钱信托、非金钱信托、金钱和非金钱相兼的信托以及其他信托四种。

（1）金钱信托。在信托期间，信托银行可把金钱运用于放款、有价证券和不动产等，信托结束时受 **金钱信托是指以信托银行接受委托人的金钱作为信托财产而设立的信托。** 益人大多收回的也是金钱，但有时也可以其他形式的财产如股票或不动产等收回。收益以金钱收回的称金钱信托，以使用的财产原形如股票或不动产收回的称金钱信托以外的金钱信托。日本的金钱信托约占全日本信托财产的90%。

（2）非金钱信托。这是一种为社会提供财产管理服务的信托业务，主要包括有价证券信托、金钱债权信 **非金钱信托是指在设立该信托时，委托人提交的财产是除金钱以外的，符合《信托业法》规定的其他形式财产的信托。** 托、动产信托、不动产信托等。有价证券信托是指确立信托业务时，委托人提交的是股票、债券等有价证券，委托受托人代为管理和运用的信托业务。

（3）金钱和非金钱相兼的信托。这是一种其标的物兼有金钱和非金钱两种性质的信托业务，主要有公益信托、特定赠与信托和遗嘱信托三种。公益信托是以办理祭祀、宗教、慈善、学术、技艺和其他公益为目的的信托业务；特定赠与信托是对特别残废者免征赠与税而开办的一种福利信托业务；遗嘱信托是指通过遗嘱这种法律行为而设立的信托。

（4）其他信托。其他信托属于代理类信托业务，主要有代理证券业务、经营不动产业务、承担投资管理业务，此外，还受托办理代保管、出租保险柜、会计审计以及为借款人的债务提供担保等多种业务。

3. 日本金融信托业务的特点。

（1）有较健全的法制作为依据。除了一般的信托法即《信托法》《信托业法》《兼营法》外，还有根据不同信托种类而设立的信托特别法，如《贷款信托法》《证券投资信托法》《抵押合同债券信托法》等。每一种信托业务都有法律依据。同时，许多新设的业务大多依据相关法律而创办，如《法人税法》《福利养老金保险法》《继承税法》等。由于日本严格按照法律办理信托业务，使日本信托业务除第二次世界大战期间及结束后初期有较大变化外，一直是稳定而迅速发展的。可以说，法制的健全是日本金融信托业务健康发展的基础。

（2）不断开发适合本国特色的信托业务。由于日本经济起步较晚，加之国土狭小，可利用的信托土地少；日本人家庭观念很强，若发生孩子年幼而父亲去世留下财产的情况，习惯由本家族中有才干的亲属照看，一般不愿意委托他人代管。故日本金融信托业务从开始就大力发展金钱信托，贷款信托就是日本首创。此外，财产形成信托、年金信托、职工持股信托、特定赠与信托、收益期满兑取型信托等新增创的信托业务，使日本信托业务形成了范围广、种类多、方式灵活、经营活跃的特点。

（3）重视信托思想的普及。在普及信托思想上，日本创立了信托协会。该协会是日本经营信托业务的银行团体，协会成立的目的在于发展信托制度，增进公共利益。同时，日本又创立了信托研究奖励金制度。该制度的目的在于鼓励各大学、各研究机构以及其他有作为的人才从事信托研究，对其赠送奖励金，以使信托制度普遍化。通过对信托思想的普及，日本信托业迅速发展。

（三）信托业在英国的发展

1. 信托业在英国的发展历程。英国是信托业的发源地。起初，是由委托人请社会地位较高的人作为受托人，办理一些为社会公益事业承办的民事信托。到1896年后，英国公布了《官营受托人条例》《官营受托法规》等，便利英国信托业的法制逐步加强，并于1908年成立了官营受托局。自此以后，法人作为受托人得到了承认，并在当时居于重要地位。此外，还有两家经营个人信托业务的信托公司也很有名，即伦敦受托、遗嘱执行和证券保险公司与伦敦法律保证信托协会。到19世纪末20世纪初，全英国财产的1/20是信托财产。

英国信托业主要集中在银行和保险公司，采用兼营方式，专营比例很小。例如，英国四大商业银行的信托部（公司）所承受的信托财产占全部银行信托财产的90%以上，这四大商业银行是威斯敏士特银行、密特兰银行、巴克莱银行和劳埃德银行。

2. 英国金融信托业务。现代英国的金融信托业务，按委托对象划分为个人信托和法人信托两种。个人信托业务包括财产管理、执行遗嘱、管理遗产和财务咨询，包括对个人财产在管理、运用、投资和纳税等方面的咨询；法人信托业务包括股票注册和过户、年金基金管理、公司债券的受托和公司的筹设与合并等业务。从发展来看，以个人为受托人的信托仍占很大的比重，而以法人的专业信托公司或银行信托部为受托人的信托占比重较小。个人信托多是民事信托和公益信托，法人信托多为有价证券投资信托业务，即投资信托和单位信托。

3. 英国金融信托的特点。

（1）以个人信托为主。无论从委托人看还是从受托人看，现代英国信托业务仍偏重于个人信托。在委托人方面，信托的内容多是民事信托和公益信托；信托标的物以土地等不动产为主，这是传统习惯的延续。在受托人方面，其个人承受的业务量占80%以上，而法人受托则不到20%。

（2）法人受托集中经营。虽然英国法人受托的信托业务所占比例不大，但却集中在四大商业银行，并占全部银行信托资产的90%。

（3）土地信托经营普遍存在。英国是现代信托的发源地，民事信托制度也先在英国确立，民事信托如遗嘱信托、财产管理信托中的信托财产均以土地等不动产为主，所以在英国土地等不动产信托至今仍比其他国家普遍。

英国是信托业的发源地，美国是现代金融信托业最发达的国家，而日本则是信托业发展速度极快、法制极健全的国家，三者都是现代信托业主流。其他发达国家的信托业基本沿袭英国、美国、日本的做法，但远不如这三国发达。

（四）发达国家信托发展的趋势

随着发达国家经济的发展，在金融方面出现了许多新的情况，特别是进入20世纪80年代后由于金融工具的不断创新，发达国家逐渐放宽金融管制，金融市场逐渐全球化，发达国家信托制度和业务也随之发生变化。

1. 在强调财务管理作为信托的基本职能的同时，其他职能越来越受到重视。财务管理职能是金融信托的基本职能，其基本含义是金融信托机构通过开办各种业务，广泛发挥着为财产所有者管理、运用、经营和处理财产的作用。财务管理职能在发达国家是一种非常广泛的职能。一切信托业务都体现着财务管理职能，都是为财产所有者提供的有效服务。

除了财务管理的基本职能外，其他职能也越来越受到重视。其一是融通资金的职能，指金融信托机构通过办理自身业务所起到的融资作用，如日本信托业具有很强的资金聚集能力，并通过融通资金，对日本的经济发展作出了巨大贡献；其二是理财服务职能，指金融信托机构为客户提供的各种与理财业务有关的服务，在美国，金融服务包括纳税服务、经纪人服务、保险服务、会计服务、租赁服务、保管服务、投资咨询服务等；其三是社会福利职能，指将金融信托业运用于社会福利事业和社会保障事业，如目前发达国家广泛开展的公共基金信托、年金信托等；其四是投资职能，指将金融信托业务运用于投资领域所发挥的职能，如目前普遍开展的投资基金等。信托的这些职能，正发挥着越来越重要的作用。

2. 金融信托机构与其他金融机构的业务界限越来越模糊。金融管制放松化已成为发达国家金融制度变革的潮流，进入20世纪90年代以后，受金融管制放松化的影响，金融信托机构与其他金融机构呈现出趋同化的趋势。

（1）信托和银行。信托面临的一个问题是，信托和银行的业务是否应明确分开。从目前西方发达国家的金融改革来看，混业经营已成为一种潮流。虽然机构内部对两种业务有所区别，但在信托所提供的金融产品和金融服务上，很难说两者有什么不同。另外，信托业务的开展也几乎遍布银行的每一家分支机构；更为重要的是，银行还把信托业务与其他银行产品重新组合，以便向客户提供新的金融服务。

（2）信托和证券行业。信托业与证券业也有着密切的关系，没有证券业务的信托机构是很难想象的。这一点无论是在具有金钱信托特色的日本，还是在现代信托比较发达的美英，信托和证券业务很难分离，在信托机构经营证券业务方面几乎没有限制。

3. 金融信托业务不断创新。自20世纪70年代以来，随着金融工具的不断创新，金融业务逐渐走向综合化，发达国家的信托业务也随之发生变化。

美国传统的信托业务主要分为个人信托和法人信托业务两大类。其中，个人信托业务主要与处置和管理死者的资产有关。法人信托业务通常与债券合同要求有关。20世纪70年代，由于非银行金融机构进入金融服务行业，并扩大了业务范围，由此产生了非银行金融机构与银行信托部门之间的业务竞争。为了扩展信托业务领域，提高信托业务的盈利能力，80年代以来，美国的个人信托业务和法人信托业务都发生了很大变化。

在个人信托业务方面，现在的信托部门越来越注重适应顾客所要求的流动性、灵活性和货币市场利率，而不是计划（死后）资产的处理。随着20世纪80年代信托业务的不断发展，新的综合性业务战略把银行传统的信用技术和贷款技术同信托部门的投资、计划和对个人服务技术结合起来。在此基础上，银行信托部门开始把自己的计划转向为不同类型客户提供特定服务项目上，包括特种储蓄与支票账户、大额定期存单和旅行支票、个人贷款额度、个人退休金账户和发布金融业务简讯、提供纳税与遗产咨询服务等。传统的信托服务依然存在，但被分类交易，与诸如私人银行业务、纳税计划、财务计划和咨询、为特定顾客设计的其他服务等新增业务重新组合。因此，传统的零售银行业务职能与信托职能相融合，以开拓更广阔的业务范围为客户服务，是美国个人信托业务的发展趋势。

4. 金融信托业务逐渐走向国际化。自20世纪70年代开始，在发达国家的经济普遍出现衰退、国内金融业务竞争激烈和盈利不断下降的情况下，西方很多商业银行除在国内开拓新业务以增强其竞争能力外，还积极拓展国外业务领域，从而使银行国际化的进程大大加快，银行业务的国际化也带来金融信托业务的国际化。

四、信托在我国的发展

（一）新中国成立前的信托概况

1. 私营信托业的发展。

（1）私营信托业的发展历程。20世纪初，现代信托传入中国，最先创办信托机构的不是中国人而是外国人。1913年日本人在大连设立大连取引所信托株式会社，1914年美国人在上海设立普益信托公司。在此后几年中，我国各地又先后设立了20多家信托公司，均由外国人掌管。直到1917年上海商业储蓄银行设立保管部，才开始了中国人独立经营金融性信托业的历史。

1917年，由民族资本家经营的上海商业储蓄银行成立了保管部，通过出租保管箱给客户保管贵重物品，1922年，上海商业储蓄银行将保管部改为信托部，并开办个人信托存款业务。1918年，浙江兴业银行正式开办具有信托性质的出租保管箱业务。1919年12月，聚兴诚银行上海分行成立了信托部，经营运输、仓库、报关和代客买卖有价证券业务。我国这三家最早经营信托业务的金融机构标志着中国现代信托业的开始。由于信托业是一个新兴行业，所以当时还没有专门的信托机构设立，而只是由这三家银行内部设立的信托部兼营信托业务。1921年8月21日，中国通商信托公司在上海成立，这是中国第一家专业信托公司。此后不到40天的时间里，另有10家信托公司在上海创立开业，刮起一股大设信托公司和交易所之风，并最终导致"信交风潮"的爆发。在这个风潮中和风潮之后，私营信托业经历了一个竞相设立—纷纷倒闭—稳健发展的过程。

从1928年起，私营信托业开始复苏，由低潮走向全面发展阶段。1928年，上海又重新开设起信托公司，其中新增设9家公司，加上由天津设于上海的久安信托公司，连同原来的中央、通易两家公司，共12家，总资本也超过风潮前的数额。

1937年抗日战争爆发后，全国范围内的信托业又有了新的发展，尤其是一些原来没有信托机构的西南、西北地区也相继设立信托公司。作为信托中心的上海又新增设30多家信托公司，新成立10多家银行信托部，并有"久安""中一"等少数信托公司更名为银行。

抗日战争胜利后，由于当时国民党政府整顿抗战期间在上海开设的金融机构，对上海在敌占期间成立的信托公司进行停业清理，于是信托公司数量减少到战前规模。到1947年10月，全国信托公司共剩15家，资本总额91 500万元，其中上海为86 000万元，占全国总数的93.99％。1948年，全国信托公司有14家，上海占13家，其中包括中央信托局、通易、中一（1936年1月，因中央信托局成立，原私营的中央信托公司改为中一信托公司）、上海、通汇等12家信托公司。银行兼营信托业务的也有数家。

（2）私营信托业务的主要种类。从实际开展的业务内容来看，主要有以下几种：

①信托类业务主要包括财产信托、商务信托、私人事务信托和公益信托。财产信托是指

将信托用于财产管理和处理上，包括信托存款、信托投资、有价证券信托、公司债信托和不动产信托；商务信托是将信托用于经营管理事务上，包括商务管理信托、清算信托和破产管理信托；私人事务信托是将信托用于管理和处理私人事务上，包括特约信托、遗嘱信托、监护信托和人寿保险信托；公益信托是信托公司接受个人或团体委托，代办管理公益基金、公益财产，并向公益事业提供经费的信托业务。

②代理类业务。主要包括代理房地产信托业务、代理有价证券业务、代理保管业务、代理保证业务、代理保险业务、代理仓库业务、代理收付款项业务、代理设计、指导和监督工程业务。

（3）私营信托业的特点。

①创立与投机紧密相连。新中国成立前信托业设立并不是商品经济自身发展的需要，而是社会游资寻找投机场所的需要，因而信托机构当时主要从事证券投机活动，带有浓厚的投机色彩，从而影响旧中国私营信托业的发展。

②信托机构的发展极不稳定。由于信托机构创立时"先天不足"，发育阶段"畸形"，注定了在发展过程中"后天失调"的命运。只要在其经营过程中一遇到经济危机或金融危机，就会大量倒闭，这就造成新中国成立前信托机构数量少，在整个金融体系中占据弱小地位的局面。

③机构分布集中于上海。新中国成立前的私营信托机构大多集中在少数经济比较发达的城市，上海始终是信托业发展的中心，其他城市的信托机构数量较少。

④信托业经营范围狭小，业务种类单一。新中国成立前私营信托业务虽然涉及的方面较全，业务种类也不少，但在实际执行过程中，大量业务是代理性质，并且在代理业务中主要侧重于带有一定投机性质的房地产经营和有价证券买卖业务。其他各类的信托业务办得较少。

⑤信托业务与银行业务交叉、互相渗透。新中国成立前，信托业务自创立之日起就兼营银行业务，大银行亦专设信托部兼营信托业务，导致了信托业务与银行业务的相互交叉与渗透。

2. 官办信托业的发展。新中国成立前的官办信托业是在私营信托业初步稳定的基础上产生的。1933年10月，上海市兴业信托社成立，这是第一家地方性的专营的官办信托机构。1935年10月，中央信托局成立，隶属于国民党官僚资本金融体系，是旧中国最大的官办信托机构，此外还有"四行二局一库"的信托部，也经营信托业务。

（1）官办信托的业务。中央信托局是中央政府设立的机构，其业务种类繁多。以它为例，官办信托业务的种类有：①特种信托业务，即以公共机关和公共团体为对象的信托业务，包括信托存款业务、信托投资业务、基金信托业务、有价证券业务、保管业务和企业信托业务；②特种储蓄业务，包括公务员储蓄、军人储蓄、团体储蓄等以普通民众为吸储对象的储蓄业务；③保险业务，包括财产保险和人身保险；④购料与易货贸易；⑤房地产业务，主要是抗日战争胜利后接管的房产代保管、修建与估价等业务。

（2）官办信托业务的特点。

①创立与金融垄断密切相关。官办信托业创立之初是为经营公共事业，但实质是国民党政府用于控制全国金融的重要工具，因而信托公司的创立与金融垄断相联系。

②资本力量雄厚。官办信托业从创立到开展业务都依赖于国民党政府，其资金来源于国民党中央银行。因此，官办信托机构的资本实力都比较雄厚，远远超过私营信托业。

③分支机构众多。官办信托机构大多是全国性的业务机构，分支机构遍布全国，如中央信托局在 1947 年 12 月底设有分支机构 29 个，其中分局 15 个，办事处 14 个，分布 17 个省市，在香港也有分局。这样庞大的机构网络，必然具有私营信托机构所无法匹敌的优势。

④经营业务种类齐全、范围广。由于官办信托机构分布广，资金雄厚，因而开发业务种类多，业务量大。

⑤享有政府赋予的特权。官办信托机构是经政府特许设立的，除具有一般私营信托机构的职能外，还享有政府给予的特权，如资金来源上的特权，经营范围上的特权，因而可经营政府的特殊业务。

（二） 新中国成立后的信托事业

1. 新中国信托业的建立。我国社会主义信托事业始建于新中国成立初期，是在我国银行实行社会主义国有化的过程中，对新中国成立前金融信托业进行接管、改造的基础上建立起来的。

首先，对官僚资本信托业的改造。国民党政府的"四行二局一库"是官僚资本进行金融垄断的核心，为了彻底摧毁它，根据当时"没收官僚资本"的政策，首先对国民党的官办信托业包括中央信托局及其在各地的分支机构采取坚决没收的政策，由人民政府接管，并进行清理；对银行和交通银行的信托部，则随同对官僚资本银行的接管，进行改组和改造。

其次，对民族资本主义信托业进行改造。对民族资本主义信托业采取赎买政策，通过国家资本主义形式进行社会主义改造，于 1952 年底实现了民族资本主义信托业的社会主义国有化。

2. 新中国成立初期信托业的试办与停办。在对旧中国信托业进行接管和改造的同时，又开始了对金融信托业的试办。当时试办信托业的城市主要以新中国成立前的有信托基础的城市为主，而试办信托业务的机构又以银行信托部和信托公司为主。1949 年 11 月 1 日，中国人民银行上海分行信托部成立；1951 年 6 月，天津市由地方集资成立了公私合营的天津市投资公司；1955 年 3 月，广东省华侨投资公司成立，办理信托业务。此外，北京、武汉等地也曾成立过信托机构，办理信托业务。

进入 20 世纪 50 年代以后，由于国内经济形势的发展，信托公司和银行信托部的业务都逐渐收缩，到 50 年代中期停止。其原因主要是在新中国成立初期，我国的商品经济尚不发达，还不完全具备发展信托业的条件；此外，在当时推行的高度、集中统一的计划管理体制下，忽视了利用经济杠杆和市场调节的作用，信用高度集中于国家银行，形式趋于单一化。

3. 信托业的恢复时期。改革开放以后，有些地区、部分部门和银行鉴于原有的银行信贷方式不能完全适应社会上对信用的需要，为了谋求开拓资金融通的渠道，开始筹建和设立各种形式的信托机构，1979 年 10 月，中国银行总行率先成立了信托咨询部。1979 年 10 月，中国国际信托投资公司也在北京成立。1980 年 6 月，中国人民银行根据国务院关于银行要试办信托的指示，正式开办了信托业务。接着，各专业银行也先后试办信托业务，以使用新的信用方式，支持经济联合，促进经济发展，搞活了国民经济。至此，在我国停办了 20 多年的信托业务开始复苏，并得到迅猛发展。

1992 年之后，在新一轮经济改革政策推动下，国内的信托公司在政策的引导下迅速与银行展开合作，开展放贷和资金拆借业务，在这一特定的历史时期和改革浪潮中，信托公司直接参与到东南沿海的经济建设中去，发挥了一定作用。随着信托机构的增加，一系列的问题也随之暴露。为了使信托业更好更快地发展，监管机构先后对其进行了 7 次整顿，如表 1-1 所示。通过整顿，出台了一系列的信托法规，为信托业今后的蓬勃发展打下了坚实的基础。

表 1-1　信托业历次整顿时间		
年份	次数	内容
1982	第一次	针对信托行业业务不明，国务院决定由中国人民银行或由中国人民银行指定的专业银行办理信托业务
1985	第二次	针对信贷增长过快，中国人民银行清理了一些违规的信托业务
1988	第三次	针对各种信托投资公司发展过快，管理混乱的现状，国务院进行清理整顿
1993	第四次	针对信托投资机构过分热衷于实业投资和房地产投资，信托与银行混业经营，人民银行要求国有商业银行与所办信托投资公司脱钩
1999	第五次	针对信托业务管理及机构设置混乱的问题，1999 年 2 月 7 日国务院办公厅转发《中国人民银行整顿信托投资公司方案的通知》，开始新一轮的治理整顿
2007	第六次	2007 年 3 月，新《信托公司管理办法》《信托公司集合资金信托计划管理办法》等法规正式施行，连同 2001 年颁布的《信托法》，"一法两规"体系正式构建
2017	第七次	2017 年 9 月，《信托登记管理办法》施行，中国银监会启动"三违反、三套利、四不当、十乱象"专项治理

4. 信托业快速发展和创新。2001 年 10 月 1 日，中国的第一部信托法律——《中华人民共和国信托法》正式颁布实施，确立了中国的现代信托制度，突破了中国传统的财产权制度，确定了指引中国信托发展的基本法律原则，随后的一年里又颁布了《信托投资公司管理办法》和《信托投资公司资金信托计划管理暂行办法》（以下简称"旧两规"）。"一法两规"的颁布与实施是中国信托史上的里程碑，使这一年成为一个重要的分界线，从此中国信托业走上了有法可依的规范化道路，进入一个发展的新阶段。

"旧两规"颁布以后，经过几年的发展，出现一批信托违规现象，虽然没有发生行业性的灾难事件，监管层认为"旧两规"仍然有不完善的地方，于是在 2007 年 1 月颁布了"新两规"即《信托公司管理办法》和《信托公司集合资金信托计划管理办法》。2010 年 8 月，中国银监会发布了《信托公司净资本管理办法》，要求所有的信托公司在 2011 年底前必须达标。《信托公司净资本管理办法》的颁布促使信托公司回归信托业务的本源，并与信托"新两规"一起，将中国信托业正式引入一个以"一法三规"为信托业监管主要政策依据的新时期。

2018 年 4 月 27 日，中国人民银行、中国银保监会、中国证监会、国家外汇管理局联合发布《关于规范金融机构资产管理业务的指导意见》（以下简称"资管新规"），明确资管行业回归功能监管。一方面，打破刚性兑付、实现净值管理、消除多层嵌套可以进一步规范金融市场主体行为，同时强化资本和风险金计提要求、严格产品的杠杆操作将有助于控制市场风险。另一方面，去通道导致信托公司回归主动管理，打破刚性兑付也对品牌管理提出挑战。"资管新规"下，信托业需要布局长远发展、实现业务转型。

（三）我国信托业发展现状

进入21世纪后，信托投资公司的发展得到规范，业务范围得到明确，信托业的发展进入规范发展的阶段。自2008年开始，由美国次贷危机引发了国际金融危机，之后又爆发了欧洲主权债务危机，全球经济金融环境动荡不安。但是2007年重新调整后颁布的信托"新两规"明确了信托的发展方向，对合格投资者的界定、信托产品推介等要求作出明确规定，信托业乘势而上，各类信托产品层出不穷。

1. 信托资产。2008年信托公司信托总资产规模为1.22万亿元，2009年为2.02万亿元，相比2008年的1.22万亿元，同比增长65.57%；2010年为3.04万亿元，同比增长50.50%；2011年为4.81万亿元，同比增长58.25%；2012年为7.47万亿元，同比增长55.30%；2013年为10.91万亿元，同比增长46.00%；2014年为13.98万亿元，同比增长28.14%；2015年为16.3万亿元，同比增长16.62%；2016年为20.22万亿元，同比增长24.01%；2017年为26.25万亿元，同比增长29.81%；2018年为22.7万亿元，较2017年第四季度末下降了13.50%。经历了2008—2012年的快速扩张期，信托规模增速在监管形势趋严和资管行业竞争压力加大的情况下出现较大幅度下滑，自2016年开始回归中高速扩张区间，行业整体保持良好的发展势头。然而2018年受"资产新规"影响，信托规模出现负增长，信托业面临既要有效防控金融风险、消除各种风险"雷点"，又要积极推动业务转型、避免资产规模大起大落的双重任务。信托资产规模及增幅统计如表1-2所示。

表1-2 2007—2018年信托公司信托资产规模统计

年份	信托资产规模（万亿元）	增幅（%）
2019年第三季度	22.00	-3.08
2018	22.70	-13.50
2017	26.25	29.81
2016	20.22	24.01
2015	16.30	16.62
2014	13.98	28.14
2013	10.91	46.00
2012	7.47	55.30
2011	4.81	58.25
2010	3.04	50.50
2009	2.02	65.57
2008	1.22	28.52
2007	0.9492	—

❶ 资料来源：根据信托业协会网站数据整理。

2. 经营业绩。就经营效果而言，2010年，信托行业利润总额为158.76亿元，每家平均利润（按60家计）为2.56亿元，行业人均利润为212万元，行业净资产收益率为12.03%。2011年信托全行业利润总额为298.57亿元，同比增长88.06%，每家平均利润（按65家计）为4.59亿元，行业人均利润为250万元，行业净资产收益率为18.28%。2012年全行业利润总额为441.40亿元，同比增长47.84%，每家平均利润（按66家计）为6.69亿元，行业人均利润为291.30万元，行业净资产收益率提升至21.72%。2013年全行业利润总额为568.61亿元，同比增长28.82%，每家平均利润（按68家计）为8.36亿元，行业人均利润为305.65万元，行业净资产收益率为22.25%。2014年全行业利润总额为642.30亿元，同比增长 12.96%，每家平均利润（按 68 家计）为 9.45 亿元，行业人均利润为 301 万元，相比 2013 年的 305.65 万元，小幅减少 4.65 万元，首次出现了负增长。2014 年信托业经营业绩下滑的主要原因有两个，一是信托资产增速持续放缓，增量效益贡献下滑；二是信托报酬率呈现下降之势，量降的同时价也开始下降，信托报酬的价值贡献下滑。2016 年，我国信托资产规模跨入"20 万亿元"时代，信托作为我国金融体系的重要一员，已经成为服务实体经济的重要力量和创造国民财富的重要途径。受宏观经济和监管政策影响，2018 年末信托资产规模下降到 22.7 万亿元，近十年来首次出现负增长。

表 1-3　2010—2018 年信托公司经营业务收入及利润情况统计

年份	经营收入（亿元）	增长率（%）	利润总额（亿元）	增长率（%）	行业平均利润（亿元）	增长率（%）	人均平均利润（万元）	增长率（%）
2018	1 140.63	-4.20	731.80	-11.20	10.76	-11.22	275.02	-11.59
2017	1 190.69	6.67	824.11	6.77	12.12	6.70	311.08	-1.59
2016	1 116.24	-5.09	771.82	2.83	11.35	2.81	316.1	-1.19
2015	1 176.06	23.15	750.59	16.86	11.04	16.83	320	6.31
2014	954.95	14.69	642.30	12.96	9.45	13.04	301	-1.52
2013	832.60	30.41	568.61	28.82	8.36	24.96	305.65	4.93
2012	638.43	45.33	441.40	47.84	6.69	45.75	291.30	16.52
2011	439.29	54.70	298.57	88.06	4.59	79.30	250	17.92
2010	283.95	—	158.76		2.56	—	212	—

⬆ 资料来源：根据信托业协会网站数据整理。

2015 年起，信托业收入迈入千亿元大关，行业利润总额为 750.59 亿元，同比增长 16.86%，整体趋势趋于平稳，2018 年受"资管新规"影响，面对严监管、去通道的态势，信托通道业务大幅收缩，资产规模同步下降，信托行业面临很大的转型压力。经营收入、利润总额、行业平均利润及人均利润均出现不同程度的降幅。截至 2018 年末，融资类信托占比 19.15%，比 2013 年末占比 47.76% 下降了 28 个百分点。2018 年 8 月 17 日，中国银保监会信托监督管理部发布《关于加强规范资产管理业务过渡期内信托监管工作的通知》，明确提出支持合法合规、投资实体经济事务管理类信托，对于监管套利、隐匿风险的通道业务严厉打击。在严监管的大背景下，2018 年以通道业务为主的单一资金信托及事务管理类信托规模下滑明显。从季度环比增速来看，事务管理类信托资产规模 2018 年四个季度环比分别下降了 3.22%、5.56%、4.83%、2.66%。从事务管理类信托规模占比来看，则由 2017 年的 59.64% 递减至 2018 年底的 58.3%，绝对规模下降 2.4 万亿元。截至 2019 年第三季度，事务管理类信托规模占比继续下降，降至 52.75%。

2018 年，在复杂的国内及国际经济环境中，信托机构净利润有所下降，但其在业务布局、风险化解方面也进入低调发展及自我优化的新阶段。尽管在"资管新规"等多重外力的影响下规模有所下降，但信托机构仍积极主动调整结构、探索转型，家族信托、慈善信托等本源业务也得到了快速发展。

第二节　信托的职能与作用

信托具有不同于其他金融业务的独特职能，并在金融体系中占有特殊地位，对社会经济发展起到了积极的促进作用。

一、信托的职能

（一）财务管理职能

财务管理职能又称为财产事务管理职能，在我国又称为社会理财职能，是信托机构受托对信托财产进行管理和处理的职能。财务管理职能是信托基本职能。这种职能具有以下特点：

1. 受托人受托经营信托财产，只是为受益人的利益而进行管理和处理，受托人不能借此为自己谋利益，而只能受托做服务性的经营。

2. 受托人虽然得到委托人的授信，接受了财产所有权的转移，但受托人如何管理和处理信托财产，只能按照信托的目的来进行，受托人不能按自己的需要，随意利用信托财产。

3. 受托人通过管理或处理信托财产而产生的收益最终要归于受益人。受托人为管理或处理信托财产而提供的劳务，只能收取手续费作为劳动报酬。

4. 受托人经营信托财产时，如发生亏损，只要符合信托契约的规定，受托人可以不承担此种亏损。

很显然，信托的财务管理职能与日常生活中的财务管理有着明显的区别。在我国，信托的财务管理职能内容十分丰富，与各种金融业务有着千丝万缕的联系，具有理财的性质，如目前信托机构开办的资金信托、财产信托、委托贷款、委托投资等，都属于财务管理职能的运用。随着我国市场经济的不断发展，信托财务管理的职能将会发挥更大的作用。

（二）融通资金职能

融通资金职能是指信托作为一项金融业务，具有筹集资金和融资的职能。在货币信用经济下，个人的财产必然有一部分会以货币资金的形态表现出来，因此，对这些信托财产的管理和运用就必然伴随着货币资金的融通。这一职能作用的大小视各国对信托业务的认识和利用程度高低而定。例如，日本把信托机构视为融通长期资金的机构，因而在整个日本信托业务中金钱信托占90%以上；在我国，信托这个职能主要反映在长期资金的营运上，它筹集长期资金用于生产和建设，同时也表现在通过吸引外资而引进国外的先进设备和技术。信托融通资金职能具体表现在以下三个方面。

1. 直接表现为货币资金的融通。信托机构按照信托方式，受理委托人的信托资金，从而形成信托存款。而当信托机构将信托存款资金用于投资、贷款或发行、买卖有价证券时，信托发挥了融通资金的职能。

2. 表现为物的融通与货币资金融通相结合。当信托机构受理委托人的信托财产时，受托人便可以按照信托目的，通过融资租赁形式，解决承租者购买设备资金不足的困难，实现了资金融通。

3. 表现为通过受益权的转让而实现货币资金融通。随着受益权通过受益证券的易主转让，货币资金得到了融通，实现了融通资金的职能。

（三）协调经济关系职能

信托业务具有多边经济关系，受托人作为委托人与受益人的中介，是天然的横向经济联系的桥梁和纽带，具有沟通和协调经济关系，提供信任、信息与咨询的职能。通过信托业务的办理，特别是通过代理和咨询业务（如代理发行有价证券、代理收付款项、代理保管资财、信用签证、经济咨询、资信调查等），受托人以代理人、见证人、担保人、介绍人、咨询人、监督人等身份为经营各方建立相互信任关系，为经营者提供可靠的经济信息，为委托人的财产寻找投资场所等。从而加强了横向经济联系和沟通，促进了地区之间的物资和资金交流，也推进了跨国经济技术间的协作。

（四）社会投资职能

社会投资职能是指信托机构运用信托业务手段参与社会投资行为所产生的职能。信托机构开办投资业务是世界上大部分国家的普遍做法。我国自恢复信托业务起就开办了投资业务，投资业务已成为信托机构的主要业务之一，以至于我国大多数信托机构被命名为"信托投资公司"。可见，信托还具有投资职能，信托的投资职能表现在：

1. 有价证券投资。在当今世界经济舞台上，股份公司扮演着重要的角色，证券投资成为基本的投资方式之一，因而西方信托机构的大部分业务是从事各种有价证券的管理和应用。目前我国正扩大股份制试点和改革，证券投资方兴未艾，因而这种改革将推动信托公司证券投资业务的发展，也会为这种改革创造有利条件。

2. 信托投资。即信托机构对参加经济联合的企业单位，根据需要给予投资性的贷款，用于企业资金周转。信托投资业务包括指定信托投资、代理信托投资和一般信托投资三种。

综上所述，在信托各种职能中，财务管理职能是其最基本的职能，融通职能、协调经济关系职能和投资职能也是信托的重要职能。这些职能是否能够起作用以及发挥作用的大小，依各国政治、经济制度及社会习俗等因素而定，特别是一国市场经济发展的程度和金融深化的程度对信托职能的发挥起着决定性的作用。

✒ 专栏 1–2
关于信托作为一项经济制度的职能与作用 ∙∙∙

A 公司业务员张先生说，信托对于普通老百姓来说很陌生，但信用制度并不陌生。信用制度是市场规则的基础，信用是信托的基石，信托作为一项经济制度，如没有诚信原则支撑，就谈不上信托。信托概括起来就是"受人之托，履人之嘱，代人理财"。信托管理的发展，不仅促进了金融业的发展，而且对构筑整个社会信用体系具有积极的促进作用。

从信托的职能来看，最基本的职能体现在以下几个方面：一是管理内容的广泛性。一切财产，无形资产，有形资产；自然人、法人、其他依法成立的组织、国家的资产都可以是信托管理的内容。二是管理目的的特定性。即为受益人的利益而操作。三是管理行为的责任性。发生损失，只要符合信托合同规定，受托人不承担责任。如违反规定的受托人的重大过失导致的损失，受托人有赔偿责任。四是管理方法的限制性。受托人管理处分信托财产，只能按信托目的来进行，不能按自己需要随意利用信托财产。

从信托的派生职能来看，主要体现在：一是金融职能即融通资金。信托财产多数表现为货币形态。同时为使信托财产保值增值，信托投资公司必然派生出金融功能。二是沟通和协调经济关系职能，即代理和咨询。信托业务具有多边经济关系，受托人作为委托人与受益人的中介，是天然的横向经济联系的桥梁和纽带。可与经营各方建立互动关系，提供可靠的经济信息，为委托人的财产寻找投资场所，从而加强经济联系与沟通，包括见证、担保、代理、咨询、监督职能。三是社会投资职能。是指受托人运用信托的业务手段参与社会投资活动的职能，它通过信托投资业务和证券投资业务得到体现。四是社会公益事业服务的职能。可以为捐助或资助社会公益事业的委托人服务，以实现其特定目的功能。

从信托的作用来看，是信托职能发挥的结果，主要表现在：一是代人理财的作用，拓宽了投资者的投资渠道；二是聚集资金，为经济服务；三是规避和分散风险；四是促进金融体系的发展与完善；五是发展社会公益事业，健全社会保障制度。

⬆ 资料来源：赵东旭．关于信托的职能与作用［EB/OL］．［2012－01－19］．http：//www. xtxh. net/xtxh/.

二、信托的作用

信托的作用是信托职能发挥的结果，它通过具体的信托业务对社会经济产生影响。我国信托业发挥的作用主要包括以下几点。

1. 促进市场经济的发展。市场决定资源配置是市场经济的一般规律，市场经济本质上就是市场决定资源配置的经济。在现实社会里，由于交易成本或信息成本的存在，这种配置功能的发挥受到很大影响。信托是一种以信任为基础的财产管理制度，通过信托活动的开展与信托制度的完善可以大大降低社会交易成本，提高资源配置效率。另外，随着我国经济体制改革的不断深化，也迫切需要信托以其灵活多样的方式来满足不同经济关系和不同经济利益的特殊要求。通过信托业务活动，将其他部门、企业资金筹集起来，既能满足委托人所委托的一定目的和要求，又能使受托人按照产业政策筹集资金，支持社会再生产，促进经济持续稳定发展。

2. 运用各种渠道，聚集社会闲散资金。随着社会财富的迅速增加及财产所有权制度的日益多元化，我国的财产管理市场将逐步形成，沉淀间歇资金也越来越多，要挖掘这部分资金，单纯依靠银行是不够的，信托以其投资领域的多元化、信托制度的特殊性成为某些财产管理最恰当的出路与方法。通过信托方式，能够为企业筹集资金创造良好的融资环境，更重要的是可以把储蓄资金转换为生产资金。个人投资者通过信托方式，汇集大量的个人资金投资于实业项目，不仅增加了个人投资的渠道，同时也为基础设施融资提供了新的资金来源。

3. 大力发展代理业务，为社会提供全方位服务。代理业务是信托业务之一，由于信托业与各方面经济往来密切相关，经营技术娴熟，且有较高的信誉，因此信托机构举办代理业务，对方便客户，满足社会各方面的需要具有重大作用。信托机构在受理代理业务过程中，可以从代理活动中发现企业经营管理中存在的问题，或是从企业所提供的经济材料中发现问题，及时向企业提出建议，从而协助企业改善经营管理，加强经济核算。信托机构开展代理业务，不仅拓宽了自己的业务范围，而且为社会提供了全方位的服务，补充了银行业务的不足，促进了经济的发展。

4. 发展社会公益事业，推动社会进步。通常各国政府对公益事业的发展都会通过财政预算给予一定的资金支持，但是由于支出需求的庞大和复杂性，有限的财政资金难以满足公益事业发展的需要。通过设立公益信托可以支持发展教育、科技、文化、艺术、体育、环境保护等事业。同时，社会保障基金的运用与管理，也可以交由专业的信托机构负责，这样不仅可以拓宽基金资产的运用渠道，有助于其保值增值并化解风险，还可以抵御通货膨胀的压力。此外，信托机构受托企业年金管理，通过信托机构的专家理财，有助于企业将员工的福利和保障落到实处，保证员工的合法利益。

5. 信托业务有利于促进我国的对外开放。改革开放以来，随着全球经济一体化步伐的加快，开展国际经济合作的范围和领域越来越广。许多国内企业急于寻找合作伙伴，并了解客户信息，掌握国际市场行情；而国外的各种机构、客户也急于了解国内企业的资信情况及产品信息。金融信托可以利用自身的优势为国内外各方面牵线搭桥，通过开展咨询业务，沟通并协助国内外双方达成协议，签订经济合同；接受外商委托，引进国外资金，经营其他代理业务，开展对外经济技术交流，加快我国融入经济一体化的进程。

6. 开辟了新的融资渠道，促进了我国金融市场的发展。目前，我国融资方式发生了变化，正由间接融资方式向直接融资方式转化。企业扩大自主权以后，企业、个人可支配的货币收入增多，企业承担的责任和拥有的权利也随之增大，闲置的货币资金不可能全部集中于银行，游离于银行体系外的资金数量日益增多，单一资产结构受到了严峻挑战。因此，我国金融结构改革要求我们积极发展直接融资，通过发行股票和债券形式直接向社会筹集资金。信托制度的确立满足了社会日益增长的对专业化的外部财产管理制度和机构的需要。信托机构可以通过代为发行股票、有价证券，帮助企业解决生产过程和流通过程中的资金需要，同时通过代理有价证券的买卖，促进了金融市场的发展。

总之，信托业作为银行业的有益补充，在满足社会各方面的需求，发展市场经济，促进经济持续发展等方面发挥着重要作用。同时，信托机构作为社会主义市场经济金融体系中的一支新生力量焕发着勃勃生机，不但其自身的发展促进了新的金融体系的创立，而且它也必将带动其他非银行金融机构不断发展和完善，以适应我国金融体制改革的需要。

🔴 专栏 1–3
"大信托" 背景下信托公司再定位 ⫶⫶⫶⫶⫶⫶⫶⫶⫶⫶⫶⫶⫶⫶⫶⫶⫶⫶⫶⫶⫶⫶⫶⫶⫶⫶

2019 年，信托业务主体多元化的"大信托"时代已经正式来临。"大信托"业意味着，信托作为一种法律关系和制度安排已经不再是信托公司的专利，而是可以被广泛运用于各类资管理财机构。在此"大信托"背景下，信托公司也需进行相应的再定位。

（一）积极推动制定出台信托业法

自 2007 年"新两规"颁布实施以来，已经过去 10 多年了，在此期间，信托公司持续稳健发展离不开有效的监管。经历了 10 多年的不断优化和升级，现有监管体系已经相对完善和成熟。然而，随着 2019 年"大信托"时代的来临，信托行业的主体更加多元，仅仅依托《信托法》《信托公司管理办法》和《信托公司集合资金信托计划管理办法》对"信托行业"的监管已然无法适应当前"大信托"时代的混业监管要求。另外，已实施10多年的《信托法》在内容上只是对信托当事人、信托行为及信托法律关系等作出了规定，属于民商法的范畴，缺乏对信托行业法的具体规定，即缺乏对信托行业监管的规定。

过去，信托行业的主体仅为信托公司，原中国银监会通过制定《信托公司管理办法》《信托公司集合资金信托计划管理办法》等明确了原中国银监会对信托公司监管的法律地位，稍稍填补了信托行业立法的空白。在"大信托"背景下，随着各类金融机构争相进入信托业，信托业已演变为从事信托业务的所有金融机构的总和或相应业务的市场总和，在分业监管体制下，难免陷入经营运作的法律困境，信托业法空白的弊端再一次显现，顶层设计落后于行业发展将成为"大信托"业未来发展的桎梏。

另外，虽然在法律关系上已明确其他资管机构的某些业务属于信托业务，然而分业监管模式导致当前对信托公司的监管要求并不适用其他资管机构，因此，信托业法的缺位使得其他机构在客户门槛、业务准入、监管标准、分支机构设立、业务创新等方面具有明显的监管优势，使信托公司处于不利地位。因此，无论是从行业监管还是从"大信托"业的发展来看，"大信托"业都迫切呼吁信托业法的制定和出台。

（二）彰显信托制度优势

来源于英美法系的信托法律关系具有独特的法律架构和运行原理，其强大的灵活性"可以与人类的想象力相媲美"。通过信托财产的受益权与所有权的两权分离，实现委托人破产隔离功能。在赋予受托人可以自身名义管理运用和处分信托财产的同时，又严格约束受托人的权利，强调受益人利益最大化原则。由此造就信托通过自益信托、他益信托、公益信托等方式满足各种社会需求的广泛适应性与灵活性，这也是信托公司的核心竞争优势。

虽然当前信托制度优势已不再仅仅是信托公司的专利，但是信托公司作为过去以及现在信托行业的主角，在此次行业竞争中理应当仁不让。2019年，信托公司应充分利用其资产、渠道、人才等方面积累的经验优势，对信托制度优势进行深度剖析，依托其他资管机构暂不具备的"目的功能"，不断创新信托业务、回归本源，发挥其在财富管理、企业管理、社会公益、事务管理等方面的制度优势，在金融资产证券化、信托基金、不动产信托、养老金信托等营业信托方面，在子女教育信托、抚养信托、赡养信托、生活护理信托、遗产信托、慈善信托、家族信托等民事信托方面，开辟出自己的康庄大道。进一步拓展信托服务社会经济的潜能，并与其他信托受托人一道，共同构筑中国"大信托"的宏伟大厦，一起描绘中国"大信托"的美丽蓝图。

（三）构建差异化核心竞争能力

当前"大信托"时代背景下，信托公司在此次行业竞争中倍感压力的一个主要原因是信托业务的同质化，信托业务的"同质性"体现在"外同"和"内同"两个方面。

所谓"外同"是指信托公司的主流业务和商业银行等其他资管机构开展的信托业务具有很大程度的同质性，并且缺乏竞争优势；所谓"内同"则是指信托机构之间的业务结构极其雷同。例如，在信托产品设置和信托业务的执行方面，信托产品无论是在期限安排、目标群体锁定还是产品结构上，都存在很大的相似性。而在信托业务的设置上也有同类特点，目前我国大部分信托公司主要采用以债权贷款为主的业务模式和盈利模式。平台贷款、房地产融资、证券投资、通道业务是大多数信托公司的增长来源。这种同质性造成信托公司业务模式定位模糊，过去过度追求综合性、多元化的"金融超市"模式弊端逐渐突出。

因此，在 2019 年的行业竞争中，信托公司应专注于打造差异化竞争模式，各信托公司通过正确审视自身的资源禀赋，依托自身的比较优势，精确定位适合自身的业务模式和投资领域，实现业务品种的专业化、精细化、特色化与链条化。

❶ 资料来源：邢成．"大信托"背景下信托公司再定位［EB/OL］．［2019 - 02 - 18］. http：//www. financialnews. com. cn/trust/hyzx/201902/t20190218_154743. html.

本章小结

1. 信托是指委托人基于对受托人的信任，将其财产委托给受托人，由受托人按委托人的意愿以自己的名义，为受益人的利益或者特定目的，进行管理或者处分的行为。信托是以资财为核心、以信任为基础、以委托为方式的财产管理制度。

2. 信托是一种多边信用关系；财产权是信托行为成立的前提；信任是信托的基础。

3. 美国的金融信托业务在经营管理上按委托对象划分为个人信托、法人信托及个人和法人兼有信托三种。日本金融信托按信托财产的性质划分为金钱信托、非金钱信托、金钱和非金钱相兼的信托以及其他信托四种。现代英国的金融信托业务，按委托对象划分为个人信托和法人信托两种。

4. 20 世纪 80 年代后由于金融工具的不断创新，发达国家逐渐放宽金融管制，金融市场逐渐全球化，发达国家信托制度和业务也随之发生变化。

5. 信托具有财务管理职能；融通资金职能；沟通和协调经济关系，提供信任、信息与咨询的职能；社会投资职能。

本章主要概念

信托　信托行为　信托关系人　信托目的　信托财产

思考题

1. 信托成立的基本要素有哪些？

2. 信托财产具备哪些独立性？

3. 简述信托终止的原因。

4. 简述信托的本质。

5. 简述"尤斯"制度的主要内容。

6. 简述美国信托业务及其特点。

7. 简述日本信托业务及其特点。

8. 简述英国信托业务及其特点。

9. 简述信托的职能和作用。

第二章
信托的种类与特点

本章知识结构

本章学习目标

- 掌握信托业务的基本分类。
- 了解我国信托业务的分类。
- 掌握信托的基本特征。
- 熟悉信托与公司制、委托—代理和银行信贷的异同。

第一节　信托的种类

一、信托业务的基本分类

信托按照不同的划分标准，可以有不同的划分种类。

（一）按信托性质分类

按信托性质划分，可以分为狭义信托业务和代理业务。

1. 狭义信托业务。

> 狭义信托业务即财产所有者作为信托行为当事人的一方，为其指定人或自己的利益，将财产托付给可信任的另一方，要求按交办信托的目的，代行有效管理或妥善处理。

2. 代理业务。在现代信托业务中，代理业务成为信托机构的重要业务。因此，本书的信托是指广义信托，既包括信托业务也包括代理业务。

> 代理业务即信托行为的一方依其既定的信托目的，授权另一方代为办理一定的经济事务。

由于信托业务复杂性的存在与发展，信托的界定越发困难，故一般将信托进行广义和狭义之分，其中，代理业务即属于广义信托的范畴。在一些国家，狭义信托和代理业务是有区别的。如果是信托业务，委托人必须把信托财产的产权转移给受托人，以便全权管理或处理信托财产，所授予的权限较大；而代理业务则不须办理信托财产产权转移手续，仅负责代办有关管理和处理信托财产的事务，所授予的权限较小。

（二）按信托关系分类

按信托关系发生基础划分，可分为自由信托和法定信托。

1. 自由信托。自由信托又分为契约信托和遗嘱信托。契约信托是依照委托人和受托人所订契约而设立的；

> 凡信托三方关系人依照信托法规，按自己的意愿自由协商而设立的信托称为自由信托。

遗嘱信托是仿照个人遗嘱而设立的。这种信托的事务范围、处理方针等均在信托契约或遗嘱中订立明确。这种信托最为普遍。

2. 法定信托。法定信托又分为鉴定信托和强制信托。鉴定

> 凡由司法机关依其权力指派确定信托关系人而建立的信托称为法定信托。

信托是指信托关系的形成无明确的信托文件为依据，而由司法机关对信托财产或经济事务以及信托关系人鉴定认可；强制信托则是不考虑信托关系人的意愿，由司法机关依照公平正义的观念，按照法律政策强制性建立的信托。这种信托往往是某人因欺诈、错误、不法行为等发生而取得他人财产时，法院为保护原受益人的利益，强制取得他人产权者为法律上的受托人，代原产权者为原受益人谋利益（因此时产权已为后取得产权者所掌握，一般无法收回）。

（三）按信托服务对象分类

按信托服务对象划分，可分为个人信托和法人信托。

1. 个人信托。个人信托又分为生前信托和身后信托。生前信托是

> 个人信托即以个人身份委托受托人办理信托业务。

个人在世时就以委托人身份与受托人建立了信托关系，其信托契约限于委托人在世时有效；身后信托则根据个人遗嘱办理身后的有关信托事项，如执行遗嘱、管理财产、为投保寿险者在身后代领赔款等。它只限于委托人去世后生效。

> 法人信托又称公司信托，即委托人不是某个人，而是单位或公司等具备资格的法人委托受托人办理信托业务。

2. 法人信托。

（四）按信托目的分类

按信托目的划分，可分为民事信托和商事信托。

1. 民事信托。民事信托业务大多办理的是与个人财产有关的各种事务，如财产遗产、执行遗嘱、

> 民事信托也称为非营业信托，是指以民法为依据、不以营业为目的所承办的信托，属于民法范围内的信托。

代买卖、抵押、保管贵重物品等。

2. 商事信托。其目的就是通过经营信托业务，以获得盈利。商事信托大多用于经济组织的各种经营业务，如公司债券信托、投资信托、代收代付款项信托等。

> **商事信托也称为营业信托，是指以商法为依据、以从事商业行为为目的而承办的信托。**

（五）按信托受益对象分类

按信托受益对象划分，可分为私益信托和公益信托。

1. 私益信托。私益信托一般都可预先指定具体受益人。

> **私益信托即完全为委托人自己或其指定的受益人的利益而设定的信托。**

2. 公益信托。公益信托的受益人是社会公众中符合规定条件的人。公益信托的设定，其目的并非为委托人自己谋利益，也不是为特定受益人谋求利益，而是为赞助和促进社会公共的利益。

> **公益信托即为学校、技艺、慈善、宗教等事业以及其他社会公共利益而设立的信托。**

✅ **专栏 2 -1**

慈善信托频现创新模式，助力脱贫攻坚 ....

2019 年，中国慈善联合会发布《2018 年中国慈善信托发展报告》（以下简称《报告》）。《报告》显示，2018 年，我国新设立慈善信托共计 79 单，同比增长 75.56%；新设立的慈善信托财产达 11.01 亿元，同比增长 84.42%。

《报告》显示，2018 年，慈善信托实现了从"抢滩试水期"向"初长成时期"的蜕变。共有17 个省份的民政部门进行过慈善信托备案，浙江省备案的慈善信托财产达 8.69 亿元，名列第一；其次是广东省、北京市。2016 年至 2018 年，全国共有 42 家信托公司设立了慈善信托，占全国 68 家信托公司总数的 61.8%。目前已有 16 家基金会成为慈善信托的受托人或共同受托人。2018 年，多家信托公司创新了慈善信托产品设计，如参与扶贫。2018 年设立的慈善信托中，涉及产业扶贫、教育扶贫、就业扶贫的有 48 单。《报告》还显示如下特点：

以设立短期慈善信托为主导。2018 年，5 年期及以下的短期慈善信托、10 年期和永久存续期限的慈善信托数量均有显著增长，而 20 ~50 年的中长期慈善信托的设立数量增长稍缓。

以经济发达和需求强烈为杠杆。慈善信托备案依旧主要集中在经济较为发达的大城市及沿海地区城市，以及扶贫需求强烈的黄河、长江中上游省市。

以信托公司任受托人模式继续升温。目前多数慈善信托仍采取由信托公司作为独立受托人或在共同受托人中担任主要受托人的业务模式。

以多元化显示信托财产来源广泛。近 3 年来，我国慈善信托财产规模在万元级别的有 72 单，占总数的 49.32%；百万元级别的有 50 单，占总数的 34.25%；千万元级别和亿元级别分别为 20 单和 4 单。自然人、企业、慈善组织及社会团体、政府部门都可成为委托人。

以频现扶贫创新模式为显著特点。一是以慈善信托助力脱贫攻坚。2018 年设立的慈善信托中，涉及产业扶贫、教育扶贫、就业扶贫的有48单，且多数属于精准扶贫范畴。二是慈善信托与家族信托紧密融合。2018年，在以委托人需求为导向的家族慈善信托业务中，出现了"先行信托＋慈善信托"、股权家族慈善信托等模式。

⬆ 资料来源：慈善公益报.《2018年慈善信托发展报告》发布　频现创新模式，助力脱贫攻坚 [EB/OL]. [2019 – 03 – 10]. http：//www. csgyb. com. cn/news/quanwei/20190310/22498. html.

（六）按信托标的物分类

按信托的标的物划分，可分为资金信托、实物信托、债权信托和经济事务信托。

1. 资金信托。如单位资金信托、公益资金信托、劳保基金信托、个人特约信托等。

资金信托又称金钱信托，是一种以货币资金为标的物的信托业务。

2. 实物信托。动产指原材料、设备、物资、交通工具；不动产指厂房、仓库和土地等。

实物信托是一种以动产或不动产为标的物的信托业务。

3. 债权信托。如代为清理和代为收付款项、代收人寿保险公司赔款等。

债权信托是一种以债权凭证为标的物的信托业务。

4. 经济事务信托。如委托设计、专利转让、委托审查检查、委托代理会计事务等。

经济事务信托是一种以委托代办各种经济事务为内容、委托凭证为标的物的信托业务。

（七）按信托境域分类

按信托是否跨国划分，可分为国内信托和国际信托。

1. 国内信托。其业务主要有信托、代理、租赁、咨询及其他类业务。

国内信托即信托关系人及信托行为在国内进行。

2. 国际信托。其业务主要有国际信托投资、国际租赁、代理发行外币有价证券、对外担保见证及国际咨询业务等。

国际信托即信托关系人及信托行为跨国进行。

二、我国信托业务的分类

根据我国《信托公司管理办法》的规定，信托公司可从事的信托经营范围为：资金信托；动产信托；不动产信托；有价证券信托；其他财产或财产权信托；作为投资基金或者基金管理公司的发起人从事投资基金业务；经营企业资产的重组、购并及项目融资、公司理财、财务顾问等业务；受托经营国务院有关部门批准的证券承销业务；办理居间、咨询、资信调查等业务；代保管及保管箱业务；法律法规规定或中国银行保险业监督管理委员会批准的其他业务。

习惯上，我国国内信托业务按其内容分为五大类：信托、委托、代理、租赁及其他类信托业务，而我国信托类业务一般也不强调转移财产所有权（如《信托法》第一章第二条）。按照信托标的物不同，信托类业务分为资金信托、实物财产信托和两者兼有的其他信托三类，主要有信托存款、信托贷款、信托投资、动产与不动产信托等。我国信托机构目前办理的委托类业务主要有资金信托和实物财产信托的委托两类。代理类业务主要有代理有价证券的发行、代理收付款项、信用证签证、代理催收欠款、代理会计事务、代理保管业务等。租赁类业务主要有融资性租赁、经营性租赁、综合性租赁、回租租赁等。其他类业务主要有经济与金融咨询、证券业务、公司理财等。

我国国际信托是指信托机构采用信托方式以吸收和利用外资为主要目的的信托业务。目前，我国国际信托业务有国际信托投资、在境外发行和代理发行外币有价证券、国际融资租赁、对外担保及国际咨询业务。

第二节　信托的特点

一、信托的基本特征

信托作为英国衡平法精心培育的产物，在长期的司法实践中，早已形成了定型化的法理。其他国家在引进、吸收和本土化改造信托制度的过程中，无论怎样变化，都始终坚持了信托的基本精神和理念，这主要表现在以下四个方面。

（一）所有权与利益权相分离

信托关系中受托人享有信托财产的所有权，而受益人享有受托人管理信托财产所产生的收益，实现了信托财产的所有权主体与受益权主体的分离，从而构成信托的根本特质。这里的所有权非大陆法所有权，是带有很多附加条件的所有权。受托人享有信托财产的所有权，可以管理和处分信托财产，第三人也都以受托人为信托财产的权利主体和法律行为当事人，而与其从事交易行为。同时，受托人必须妥善管理信托财产，将所产生收益在一定条件下包括本金交给受益人，形成所有权与受益权的分离。在英美法上，受托人对信托财产的权利被称为"普通法上的所有权"（Legal Title）（或称为名义上的所有权），而受益人享有的权利则被称为"衡平法上的所有权"（Equitable Title）（或称为利益所有权），形成信托财产的"双重所有权"现象。相比之下，大陆法系国家因奉行一物一权主义并没有双重所有权产生的可能，因此，只将受益人的权利称为"受益权"，其所享有的利益称为"信托利益"。不过，尽管两大法系在权利的称谓上存在差异，但并没有改变对"所有权与受益权相分离"这一最根本的信托法理念的遵循与恪守。

（二）信托财产的独立性

信托一经有效成立，信托财产即从委托人、受托人和受益人的自有财产中分离出来，而成为一独立运作的财产。委托人一旦将财产交付信托，便丧失对该财产的所有权；受托人虽取得信托财产的所有权，但这仅是形式上、名义上的所有权，因为其不能享有信托利益；受益人享有受益权，但这主要是一种信托利益的请求权，在信托存续期间，其不得行使对信托财产的所有权。即便信托终止后，委托人也可通过信托条款将信托财产本金归属于自己或第三人。尽管英美法信托财产上的"双重所有权"以及大陆法系将信托财产权分割为受托人所有权与受益人的受益权的设置表明，信托法并未赋予信托财产本身独立的法律资格，但信托一经设立信托财产便与外界隔绝的"闭锁效应"使其表现出强烈的人格化倾向，以致信托人、受托人和受益人的债权人皆不得主张以信托财产来偿债。

（三）全面的有限责任

从信托内部关系来看，由于信托一旦设立，委托人除非在信托文件中保留了相应的权利，否则即退出信托关系，信托的内部关系仅表现为受托人与受益人之间的关系。受托人对因信托事务的管理处分而对受益人所负的责任，仅以信托财产为限。只有在其未尽善良管理人的忠实义务和注意义务导致信托利益的未取得或损失时，才负真正所有者的"无限"赔付责任。从信托的外部关系人来看，委托人、受托人和受益人实质上对因管理信托所签订的契约和所产生的侵权行为而发生的对第三人责任，皆仅以信托财产为限，负有限责任。

（四）信托管理的连续性

信托是一种具有长期性和稳定性的财产管理制度。在信托关系中，信托财产的运作一般不受信托当事人经营状况和债权债务关系的影响，具有独立的法律地位，信托一经设立，委托人除事先保留撤销权外不得废止、撤销信托；受托人接受信托后，不得随意辞任；信托的存续不得因委托、受托人任何一方的消亡而终止，委托人消亡（如破产），不影响信托关系的续存，而受托人消亡，需要通过重新选定受托人来保持信托关系的持续性。

二、信托与其他理财方式的比较

（一）信托与公司制

信托乍看似乎与公司毫无关联，前者趋近于委任，是托付他人管理财产；后者是法人，独立从事营业活动。但事实上两者都是将资金、财产交付他人管理、处分用以谋利的设计，在信托设计中，此交付即为"信托财产转移"，因此所享受权益称为"受益权"或"信托利益"；而在公司中，资金或财产交付称为"投资"或"股份认购"，所享受权益称为"股东权"，所分配到收益则为"股利"。实际上，投资于股份认购也是一种财产的转移，要求转移至公司法人名下，记入其自有资本账户。两者除皆为代他人管理处分财产设计外，也不约而同地使他人享有"有限责任"。但仔细分析还是存在很大差别。

1. 弹性、适应性及交易成本情况不同。信托具有高度弹性，可根据委托人的不同需求，进行不同的设计。譬如某甲欲在其子满二十二岁时赠与其一定金额，但在其子满二十二岁前，某甲希望自己能享有该笔金额所生收益，则某甲可设立"本金与收益分离"信托，这显然很难用公司设计达到同样目的。但从另一方面来讲，正因信托个人化程度高、弹性大，信托契约内容无法定型，托付受托人管理处分信托财产的交易成本一般比单纯购买公司股份为高。总之，公司为高度定型化设计，资本划分为股份，各股东权利义务、公司如何运作等事宜《公司法》均有规定，购买公司股份时无须就细节再为协议，交易成本自然下降。当然，这仅为一般性比较。如集合资金信托、共同基金等信托契约同样高度定型化，从而也提高了信托效率。

2. 治理结构不同。信托仅需受托人一人，其管理设计较公司容易。信托在交易成本上，虽大致而言较公司为高，但在运作管理设计上却较公司更具有弹性，特别是在信托财产金额不大，或信托事务并不繁复时，其运作成本应较公司为低。这是因为公司管理模式往往要求具有一定形式，譬如董事至少需有三人，另需置监察人，应定期召开股东会、董事会，制作一定种类的财务报告，并送监察人查核。然而信托原则上均无此类要求，只需有一受托人负责信托事务处理即可。形式要求较低，运作成本自然也就降低了。

3. 权益次序不同。信托受益人受益权优先，而公司股东取回权殿后。公司股东原则上仅就剩余财产在公司解散时方得请求分配，亦即公司资产首先应该用以清偿公司债务，还有剩余才归股东所有。而且即使此债权与公司营运并无关联，股东通常也没有理由剔除此债权。但在信托设计下，信托财产与受托人固有财产相互独立，故原则上受托人的债权人并不能对信托财产作任何主张。这样受益人地位与股东恰为相反。与一般债权人相比，分配次序股东殿后于一般债权人，而受益人则为优先。

4. 利益分配不同。公司股利分配受相当限制，而信托利益分配则无限制。《公司法》为保障公司债权人的利益，对公司盈余分配进行限制。公司不仅非有盈余不能分派股利，还需提存一定比例为法定盈余公积，所余者方可供股利分配。公司如果违法分派股利，其债权人还可以请求退还。受托人就管理处分信托财产所得，不仅可悉数分配给受益人，而且无须保留一定比例为债权清偿保障；如果受托人除管理所得外，还以自有财产分配给受益人，受托人的债权人通常对此分配也无法要求受益人返还。

5. 税赋差异较大。公司在相当比例国家采用双重课税原则，即公司获利首先需缴营业所得税，其后分配给股东时，股东还需缴个人所得税；而信托则多采用受益人课税原则，亦即受托人无须就信托财产收益纳税，无双重课税。因我国信托税制尚未建立，故难以就税赋差异予以全面比较，这里所讨论受益人课税原则与双重课税，只是简单介绍信托相对于公司设计可能具备的税赋优惠。

（二）信托与银行信贷的区别

信托和银行信贷同属信用范畴，但两者有很大的区别，不能混淆，具体表现在以下几个方面。

1. 所体现的经济关系不同。信托是按照"受人之托，代人理财"的基本特征来融通资金管理财产，涉及受托人、委托人和受益人三个当事人，其信托行为体现的是多边的信用关系。而银行信贷则是作为"信用中介"筹集和调节资金供求，是银行与存款人和贷款人之间发生的双边信用关系。

2. 基本职能不同。信托的基本职能是财务管理职能，是对信托财产的管理、处理和运用。而银行信贷的基本职能是融通资金，通过借贷行为，银行作为信用中介来调剂社会资金的余缺。

3. 业务范围不同。银行信贷以吸收存款和发放贷款为主要内容，主要是融通资金，因此银行信贷的业务范围较小。而信托业务集"融资"和"融物"于一体，除存款、贷款外，还有许多其他业务，并不断拓展业务领域，所以信托的业务范围较广。

4. 融资方式不同。信托机构作为受托人代替委托人充当直接筹资和融资的主体，起直接金融作用。而银行信贷的主体——银行是信用中介，它把社会闲置资金筹集起来，转而贷给需用者，起间接金融作用。

5. 承担的风险不同。信托一般按委托人的意图经营管理信托财产，因此信托的经营风险一般由委托人或受益人承担。而银行信贷是由银行根据国家金融政策、制度办理业务，自主经营，因而银行承担整个信贷资金运营风险。

6. 收益分配不同。信托的收益是按照信托协议上的约定获得的。无论发生盈利还是亏损，都由受益人承担，所以，原则上受托人不直接获得由于经营信托财产所产生的收益，受托人的收益是按协议规定所收取的手续费。而银行信贷则按银行规定的利率计算利息，存款、贷款的利差是银行的收益，盈亏相抵后归银行所有，存户不可分割。

7. 意旨主体不同。信托业务的意旨主体是委托人。在信托行为中，受托人要按照委托人的意旨开展业务，为受益人服务，其整个过程，委托人都占主动地位，受托人被动地履行信托契约，受委托人意旨的制约。而银行信贷的意旨主体是银行，银行自主地发放贷款，进行经营，其行为既不受存款人意旨的制约，也不受借款人意旨的强求。

（三）信托与委托—代理的区别

委托是指受托人以委托人的名义处理他所受托的事物，而受托人所为代理活动的后果由委托人承担；代理是指代理人以被代理人的名义，在授权范围内与第三者进行的法律行为，这种行为的法律后果直接由被代理人承担。信托与委托—代理的区别主要表现在以下几个方面。

1. 当事人不同。信托的当事人是多方的，至少有委托人、受托人和受益人三方。而委托—代理的当事人，仅有委托人（或被代理人）和受托人（或代理人）双方。

2. 财产的所有权变化不同。在信托业务过程中，信托财产的所有权要从委托人转移给受托人，由受托人代为管理、处理，信托财产的所有权发生转移；而委托—代理财产的所有权始终由委托人或被代理人掌握，并不发生所有权的转移。

3. 涉及财产的控制不同。信托业务的受托人在执行信托过程中，一般不受委托人和受益人的监督，只受法律和行政上的监督。而在委托—代理业务中，代理人则需要接受被代理人（本人）的监督。

4. 掌握的权限不同。信托类业务的受托人拥有为执行信托义务所必需的广泛权限，除非法律另有规定或委托人有所保留和限制。而委托—代理业务的代理人权限则比较狭小，仅以被代理人授予权为限。

5. 期限的稳定性不同。信托行为一经成立，原则上信托契约不能解除，即使委托人或受托人死亡，对信托的存续期限一般也没有影响，因而信托期限有较大稳定性。而委托—代理关系，被代理人可随意撤回代理关系，并因代理人或被代理人任何一方的死亡而终止。因而，委托—代理合同解除比较容易，委托—代理期限的稳定性较差。

✒ **专栏 2 - 2**

高净值人士财富管理新宠：保险金信托 ▪▪▪▪▪▪▪▪▪▪▪▪▪▪▪▪▪▪▪▪▪▪▪▪▪▪▪▪▪▪▪▪▪▪

《中国高净值人群医养白皮书》显示，中国 40~49 岁高净值人群在理财态度上越发偏向"稳健型"，风险控制成为首要关注因素，家族传承逐步纳入规划。家族财富的管理与传承，往往是线条丰富、结构复杂、极具个性化的方案，"保险规划"乃至"保险金信托"由此成为国外许多高净值家庭的选择，包括克勒菲家族、肯尼迪家族。在中国，"保险 + 信托"模式正逐步成为高净值客户试水家族信托的"敲门砖"，其优势日益凸显。

首先，"保险 + 信托"简单而有效地解决了"三权分立"问题，包括所有权、管理权和收益权。保险金信托既可以实现由两家金融机构进行履约承诺与互相监管，在受益权方面又能体现其直接、长期、明确的优势，并且不受继承权公证拖累的有效性。

其次，保险金信托本身具有私密性和便捷性，令身故保险金或生存金的安排能更贴近投保人的意愿，并无须提前（保险理赔未发生之前、信托资产未分配之前）公布或公证，其安排的更改也相对更私密与高效。

再次，保险金信托的门槛更低，相较动辄千万元的家族基金，保险金信托通常仅需百万元即可设立。

最后，保险金信托分配与传承的原则和思考路径与家族信托并无二致，都涉及分配给谁、何时分配、分配条件与金额等。通过这种长期规划与指定受益人，解决了很多现实中面临的问题，如子女婚姻、子女教育、二代激励等。

↑ 资料来源：平安信托. 保险金信托如何成为高净值人士财富管理"新宠"？ ［EB/OL］.［2017－11－28］. http：//trust. jrj. com. cn/2017/11/28081223704926. shtml.

本章小结

1. 信托按照不同的划分标准，可以有不同的划分种类。按信托性质划分，可以分为狭义信托业务和代理业务。按信托关系发生基础划分，可分为自由信托和法定信托。按信托服务对象划分，可分为个人信托和法人信托。按信托目的划分，可分为民事信托和商事信托。按信托受益对象划分，可分为私益信托和公益信托。按信托的标的物划分，可分为资金信托、实物信托、债权信托和经济事务信托。按信托是否跨国划分，可分为国内信托和国际信托。

2. 习惯上，我国国内信托业务按其内容分为五大类：信托、委托、代理、租赁及其他类信托业务，而我国信托类业务一般也不强调转移财产所有权。目前，我国国际信托业务有国际信托投资、在境外发行和代理发行外币有价证券、国际融资租赁、对外担保及国际咨询业务。

3. 信托的基本特征包括：所有权与利益权相分离；信托财产的独立性；全面的有限责任；信托管理的连续性。

本章主要概念

信托业务　代理业务　自由信托　法定信托　个人信托　法人信托　民事信托　商事信托　私益信托　公益信托　资金信托　实物信托　债权信托

思考题

1. 简述我国信托业务分类。
2. 简述信托的一般特征。
3. 简述信托与公司制的区别。
4. 简述信托与银行信贷的区别。
5. 简述信托与委托—代理的区别。

第三章
信托关系及其设立

本章知识结构

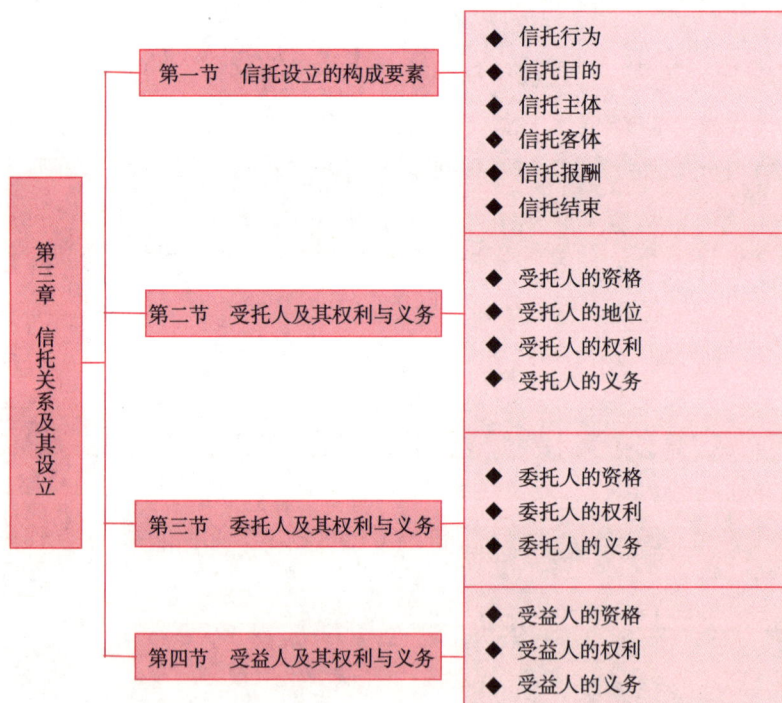

```
                                    ◆ 信托行为
                                    ◆ 信托目的
                    第一节 信托设立的构成要素  ◆ 信托主体
                                    ◆ 信托客体
                                    ◆ 信托报酬
                                    ◆ 信托结束

                                    ◆ 受托人的资格
第三章                 第二节 受托人及其权利与义务  ◆ 受托人的地位
信托关系及其设立                         ◆ 受托人的权利
                                    ◆ 受托人的义务

                                    ◆ 委托人的资格
                    第三节 委托人及其权利与义务  ◆ 委托人的权利
                                    ◆ 委托人的义务

                                    ◆ 受益人的资格
                    第四节 受益人及其权利与义务  ◆ 受益人的权利
                                    ◆ 受益人的义务
```

本章学习目标

- 掌握信托设立的构成要素。
- 理解受托人的权利、义务、资格和地位。
- 理解委托人的权利、义务、资格。
- 理解受益人的权利、义务、资格。

　　信托是依照一定的目的，将自己的财产、资金委托他人代为管理和处理的行为。信托行为是以设定信托为目的而发生的一种法律上的行为，是合法设定信托的行为。信托关系是因人们的信托行为建立起来的相互间的特定关系。

第一节 信托设立的构成要素

一、信托行为

（一）信托行为

关于信托行为的法律性质，有不同的说法。一种认为：应将财产权的转让 【 **信托行为是指以信托为目的的法律行为，或者说是合法地设定信托的行为。** 或作其他处理的"处理行为"（物权行为）与使他人按照一定的目的进行财产管理或处理的"原因行为"（债权行为）分开加以理解。另一种认为：应将两者作为一个整体的特殊的法律行为来理解。信托行为的用语也用于记载建立信托的法律行为的文件（如契约、遗嘱）中，它意味着建立信托的法律行为即属信托行为。

（二）信托约定 （信托关系文件）

信托行为的发生必须由委托人和受托人进行约定。约定的方式有： 【 **信托约定是信托行为的依据，即信托关系的成立必须有相应的信托关系文件作保证。**

1. 信托合同（信托契约）。即由委托人和受托人书面签署的信托证明。

2. 个人遗嘱。一般是指委托人个人的行为，不需要签订信托合同。如果遗嘱指定的受托人不同意接管，则由法院指定其他人为受托人。

3. 信托宣言。依信托宣言所形成的信托称为宣言信托，这种宣言信托通常由财产所有人自己发表宣言，自某时起其财产专为某人即受益人谋利益，但仍以自己来管理财产并以自己为委托人，这种信托关系是委托人和受托人为同一人。

4. 法院命令。是以法律规定信托行为的成立。此时，信托由法律权力强制性建立。

5. 协议章程。以协议章程的形式而形成的信托关系。

以上的约定方式主要是书面形式，有时也有口头形式，但口头形式的约定比较少见。

信托约定（信托关系文件），是信托关系确立的书面依据，受到法律保护。通常使用的信托关系文件是指信托契约。其主要内容包括：①明确规定信托目的；②明确规定信托关系各方的地位，分清界限；③指定信托财产范围、名称、数量等；④明确规定受托人的权限和责任；⑤规定信托业务处理手续和方法；⑥指定信托财产转交的方法；⑦明确规定信托关系存在的期限。

在信托关系文件中，关于受托人权限的规定，首先，应特别注意受托人不能同时是受益人，否则就不能认为是一种信托关系。其次，应注意信托关系的期限问题，要明确规定有效期，规定得越具体越好。信托关系的存在不能无期，要定期解除。信托文件是承认信托关系成立的重要依据，具有法律效力。但是，也有不形成文字的信托关系；或者虽然有形成文字的信托关系文件为依据，而其关系的"确认"要在委托人去世后才能成立，则可视事实的需要用国家有关的法令条例作为信托关系是否成立的依据。信托关系文件的形式根据信托行为、目的等要求来具体规定，除契约形式外，还有其他多种形式。如"公司债信托"可用制定"公司债发行条例"形式规定信托内容，并报有关方面备案；"保管信托"可用"代保管贵重金属委托书"的形式。

二、信托目的

信托目的是指委托人通过信托行为所要达到的目的。

1. 合法的信托目的。信托合法的目的有：以财产转移为目的（如遗嘱信托、公益信托等），以财产保管为目的，以财产增值为目的，以代办事务为目的，以食利为目的等。

2. 非法的信托目的。法律常规定某些信托行为是非法的，究其根本该信托目的是非法的。如日本《信托法》规定：诉讼信托和诈害信托是违法性信托，如不得以提起诉讼为目的进行信托（为了提起诉讼，利用信托来接受无意诉讼人的权利）。又如，已有明确规定不允许甲占有某土地，但委托人却把甲作为受益人信托该土地，使甲得到与占有土地相同的利益。再如，债务人明知将危害其债权人的利益而进行信托。

总之，信托目的必须同国家和集体的利益取得一致，不能同国家法令相抵触，不能对社会秩序有妨碍，也不应破坏正常的风俗习惯。对于信托目的，受托人要通过信托事务的慎重处理予以实现。

三、信托主体

（一）委托人

委托人就是进行信托的人，即通常所说的信托财产的所有人。在法律上，委托人的资格没有专门规定。一般来讲，凡具有签订合同能力的人不限国籍都可以成为委托

> 信托主体是指完成信托行为的行为主体，即委托人、受益人、受托人。这三人必须具备一定的资格或条件，享有一定的权利，承担一定的义务，形成信托关系，才能使信托业务顺利进行。

人。未成年人不能采取法律行为，不能签订合同，因而不能成为委托人。所以，即便是财产的合法权利人，如果他是一个没有行为能力人，那么在签订信托契约时，就须要由法定代理人来签订契约，或须征得法定代理人和保护人的同意。另外，破产人要成为委托人，必须征得债权人的同意。

委托人可以是一人，也可以是数人。两人和两人以上的财产共有人也可以作为共同委托人，将其共有物信托给他人。反之，财产共有人中的某一人也可将自己在共有物中的份额信托给他人。

（二）受益人

由于受益人不是签订信托合同的当事人，因此，他无须具备有行为能力的条件。法律上对受益人的资格没有专门规定，凡是具备权利能力的人都可以担当。如未成年人或心神丧失的人、尚未出生的婴儿、非公司组合的社团、外国人等都可以成为受益人。但被指定为受益人的人有拒绝受益的自由。

受益人可能是现存或特定的，也可能是非特定或尚未存在的。在后一种情况下，法律上承认设立信托，但为了保护非特定或尚未存在的受益人的权益，应设置信托管理人。

（三）受托人

受托人必须由具有法律上的完全民事行为能力的自然人或法人担任，不具备法律上的行为能力的人，如未成年人、禁治产人及破产人等，不能成为受托人。从要求上看，受托人的资格比起委托人和受益人的资格要严格得多，比代理人的资格也要严格。日本《民法》规定，没有法律行

为能力的人也可以担当代理人，但是在信托关系中，没有行为能力的人不能担当受托人。

受托人必须是委托人充分信任的人（个人或法人）。受托人为取得委托人的信任，必须忠于职守。受托人的主要形式是法人即信托机构，法人自身的经营状况、信誉状况、办事效率、资产规模等是取得委托人信赖的重要条件。

受托人必须具有办理信托业务的能力和专业技能条件，能力主要指专业知识，专业技能条件主要是指受托人本人的资产、经验、品行等。法人为了从事信托业，必须具有符合信托法律、法规、条例的关于受托人尤其是金融信托机构规定的资格。如日本的《信托业法》对受托人的资格有详尽的规定，包括营业许可（信托业，非经主管大臣批准，不得经营）、资本额、商号名称（信托公司在其商号名称中，须标明信托字样）、信托财产及兼营业务、准备金、监督、罚则，等等。又如，我国对信托公司作为经济法人的基本要求是：①确属经济发展需要，符合信托专业分工要求；②具有相当业务量，符合经济核算原则，能取得较好的经济效益；③具有中国人民银行规定的最低额度资金；④有懂得信托业务的合格的管理人员；⑤政企分开，独立核算，自负盈亏，照章纳税，有完备的章程；⑥在中国人民银行开立账户，编报信贷收支计划等。

✔ 专栏 3 - 1
受托人尽责与投资风险 ❱❱

2018 年 9 月 18 日，《信托公司受托责任尽职指引》（以下简称《尽职指引》）正式发布，这是信托业首次推出的规范信托公司切实履行受托人职责的具体办法，其对规范信托公司的经营行为、明确信托公司受托人责任尽职要求，保障信托当事人的合法权益有重要意义。"资管新规"出台后，刚性兑付被打破，意味着在受托人尽责、产品发生损失的情况下，将由投资者自担风险，信托公司不再承担兜底责任。在成熟的金融市场，不同风险受益偏好都有其存在的空间，高风险高收益与低风险低收益都是理性投资者的自主选择，正常存在的商业风险不能等同于受托人失职。因此，当信托项目出现风险时，信托公司应当首先自行判断自己是否尽责，包括对照《信托法》《尽职指引》等，当认为已切实履责，则可以通过法律途径解决委托人端的纠纷。这不但是信托行业自身健康、长远发展的需要，也是培育合格投资者的必要过程。

而另一方面，如果受托人管理信托财产，并没有履行恪尽职守、诚实、信用、谨慎、有效管理的义务，那么受托人就应当对产品损失承担责任。

对于受托人是否尽责地判断往往是借鉴法律规范或合同稳健的原则性条款，标准的具体化能够限制自由裁量权的运用和保证适用的统一性。

首先，尽责考量应以过程判断为主，结果判断为辅，不能只关注财富管理的客观结果，应当从管理的全过程综合把握。

其次，尽责考量应以商业判断为主，法律判断为辅。对受托人资产管理行为的风险和受益进行综合商业评估，以判断是否符合"理性人"标准。

最后，信托法律关系以合同约定优先，但不能违反法律、行政法规强制性规定。

受托人义务和责任是信托制度的核心，也是信托业长远、健康发展的有力保障。受托人尽责是委托人自担风险的重要前提，未来，信托业良性发展的基础是正确区分委托人的投资风险和受托人的尽责边界。

⬆ 资料来源：根据中国信托业协会《2018 信托业专题研究报告》整理，http://www.xtxh.net/xtxh/reports/45793.htm，2019 - 03 - 26.

四、信托客体

信托客体是指信托关系的标的物，即信托财产。

（一）信托财产的范围

信托财产是委托人通过信托行为转移给受托人并由受托人按照一定的信托目的进行管理或处理的财产，也包括信托成立后，经受托人管理或处理而获得的新的财产，如利息、红利和租金等。通常我们也将前者称为信托财产，而将后者称为信托收益，信托财产和信托收益是广义的信托财产。

信托财产的具体范围，不同的国家有不同的规定，即使在同一国家，不同时期、不同法律所作的规定也不尽一致。如日本《信托法》对信托财产并无限制，只要有财产即可成为信托财产，从有形的金钱、有价证券、土地、房屋等到无形的专利权、著作权、渔业权、矿业权等。而在《信托业法》中，信托银行能受理的信托财产仅限定为金钱、有价证券、金钱债券、动产、土地及其附属物、土地使用权和租赁权以及综合信托七种。这种限制是从保护受益人角度出发，防止信托机构搞投机或承接有危险的财产，影响信托机构的信誉。我国《信托法》对信托财产的范围没有具体规定，只是说明"受托人因承诺信托而取得的财产是信托财产。受托人因信托财产的管理运用、处分或者其他情形而取得的财产，也归入信托财产。法律、行政法规禁止流通的财产，不得作为信托财产。法律、行政法规限制流通的财产，依法经有关主管部门批准后，可以作为信托财产"（《信托法》第十四条）。

（二）信托财产的特性

1. 转让性。信托的成立，以信托财产的转移为前提条件，因此，信托财产的首要特征就是转让性，即信托财产是委托人独立支配的可以转让的财产。转让的方式有：①单纯信托财产物的位移；②物的位移并且信托财产的使用权、处置权、管理权也转移到受托人手中；③信托财产的所有权和使用权一并转移到受托人手中。

2. 独立性。独立性或排他性是指信托财产具有一种独立于其他财产之外的特性。主要有三种表现形式：①信托财产与受托人的国有财产相互独立；②不同委托人的信托财产或同一委托人的不同类别的信托财产相互独立；③同一委托人的信托财产与其他财产相互独立。

3. 有限性。信托财产只能在一定的时空上有限：①信托财产空间上的有限性，即其范围受法律限制；②信托财产时间上的有限性，即信托财产都有时效性（个别除外）。

（三）信托财产的管理

1. 分别管理。为了保证信托财产的独立性，信托财产必须与受托人自己的固有财产及其他信托财产分别管理。只有分别管理，才能保障各个受益人的利益。如果信托财产是货币，则可以放在一起管理、运用，但必须分别计算。

2. 信托公告。信托公告是为了维护信托财产的独立性，从侧面所采取的措施。对信托财产的财产权，按规定手续进行登记注册，就是信托公告。有价证券的证券票面上应标明信托字样（公司债底账、股东名册上也应标明信托字样）。信托财产的使用权属于受托人，从外部来看，信托财产与受托人的固有财产混在一起，不易分清，所以事先应对作为信托财产的不动产进行登记和标明，如不登记，债权人就可以对这部分信托财产强制执行，受托人对此不能提出对抗，受益人就会受到损失，所以，信托公告是很重要的。

五、信托报酬

信托作为经济行为，必然带来收益分配问题，这就产生了信托报酬。信托报酬是指受托人承办信托业务所取得的报酬，它通常是按信托财产或信托收益的一定比率计算的。信托报酬可以向受益人收取，也可以从信托财产中提取，均依信托合同而定。受托人对信托财产所负担的捐税和费用，以及在处理信托事务中由于并非自己的过失而造成的损失，则可在应得报酬之外，另行向收益人索取，以作补偿。

以上所述的信托要素实际上是信托的设立，下面补充说明信托的结束。

六、信托结束

信托的结束是指信托行为的终止。信托不因委托人或者受托人的死亡、丧失民事行为能力、依法解散、被依法撤销或者被宣告破产而终止，也不因受托人的辞任而终止。但信托文件等另有规定的除外。有下列情形之一的，信托将终止：（1）信托文件规定的终止事由发生；（2）信托的存续违反信托目的；（3）信托目的已经实现或者不能实现；（4）信托当事人协商同意；（5）信托被撤销；（6）信托被解除。

信托终止的，信托财产归属于信托文件规定的人。信托文件未规定的，按下列顺序确定归属：（1）受益人或者其继承人；（2）委托人或者其继承人。

第二节　受托人及其权利与义务

受托人是信托关系中最重要的当事人之一。由于受托人对他人的信托财产具有很大的权限，为保证信托财产的完整性和受益人的利益，各国信托法规对受托人的资格要求要比信托关系中其他当事人严格得多。各国信托法规专门作出了对信托监督的规定，而信托监督实际上是对受托人的监督。

一、受托人的资格

受托人是按照信托行为的规定对信托财产加以管理或处理的人。受托人可以是自然人，也可以是法人。无民事行为能力人、限制行为能力人、破产人，不得作为受托人。除法律法规另有规定的外，自然人作为受托人只能接受自然人的委托，且不得超过三人。自然人作为受托人还要求：未成年人，法律上没有行为能力的人，如酒鬼、赌徒等，不能成为受托人。

各国对受托人的资格要求比委托人和受益人的要求要严格得多，与代理人相比也是如此。如日本《民法》规定：没有法律行为的人也可以担当代理人，但是在信托时，没有行为能力的人就不可以担当受托人，这是因为受托人比代理人的权限要更大。

一笔信托合同的受托人为多人时，叫作共同信托。共同受托人共同处理信托事务。在共同信托的情况下，信托财产属于"合有"的形式，每个受托人对信托财产没有分块持有权。如甲、乙、丙、丁合有的信托财产为一块土地，丙去世后，这块土地就属于甲、乙、丁三人合有。共同受托时，受托人中如有一人辞任，信托财产由其他受托人合有。此外在共同信托时，既然信托事务由受托人共同处理，则委托人或第三人对共同受托人之一所作的意思表示，对其他受托人也同样发生效力。日本的《信托法》规定：受托人为多人时，因信托行为对受益人所负的债务应为连带债务，因处理信托事务所负的债务也应当负连带清偿责任。例如，共同受托人甲、乙、丙、丁对受益人负有 100 万元的债务，受益人可向其中任何一人要求收回 100 万元的债款，如果向丙索取，丙不能要求受益人向其他受托人分摊索取。丙偿还了 100 万元以后，受益人与受托人之间就解除了债权债务关系。我国《信托法》规定："共同受托人应当共同处理信托事务，但信托文件规定对某些具体事务由受托人分别处理的，从其规定。共同受托人共同处理信托事务，意见不一致时，按信托文件规定处理；信托文件未规定的，由委托人、受益人或者其利害关系人决定。"（《信托法》第三十一条）"共同受托人处理信托事务对第三人所负债务，应当承担连带清偿责任。第三人对共同受托人之一所作的意思表示，对其他受托人同样有效。共同受托人之一违反信托目的处分信托财产或者因违背管理职责、处理信托事务不当致使信托财产受到损失的，其他受托人应当承担连带赔偿责任。"（《信托法》第三十二条）

二、受托人的地位

受托人是委托人信任的人，所以别人不能代替他的地位，因此也不能继承他的地位。受托人去世、丧失民事行为能力、解散、破产或被撤销，其责任终止，但并不意味着信托结束。信托是以财产为中心的法律关系，在受托人去世后或辞任时，信托不因此结束。为了继续信托，必须选任新的受托人。当受托人不存在时，应通过什么方式选任新的受托人，以及受托人违反委托人的授意时，怎样选定接替人，各国信托法中都必须有明确的规定。一般性的规定是：新受托人依照信托的规定选任。信托没有规定的，由委托人指定；委托人不能或不指定的，由法院选任。其中值得一提的是：当受托人去世或者被宣布破产时，在新的受托人选任之前，受托人仍应履行管理信托事务的责任。如果受托人被解任，在新受托人选任之前，法院应当指定他人负责管理信托事务。受托人死亡、丧失民事行为能力、解散、破产或者被撤销，其责任终止时，受托人的继承人、遗产管理人、破产管理人或者清算人，应当妥善保管信托财产，协助移交信托事务。当受托人辞任或者因更新换代特定资格而任务结束时，在新的受托人能够处理信托事务之前，原受托人仍负有受托人的权利和义务。

当代世界各国信托业发展很快，受托人一般都以信托机构等法人机构为主，信托大部分以营业信托为目的，在这种形式下，一般都是采取废约方式选新的受托人。如果委托人对某信托银行或某信托投资不信任，一般都是退回合同，收回信托财产，另外委托其他信托结构。

三、受托人的权利

信托银行或信托公司取得从事信托的信托权的同时，也就拥有了受托人的权利。受托人的权利是指得到信托权的信托银行、信托投资公司具备的从事或不应从事哪些活动的法定权利。具体地讲，这些权利包括销售权、购买权、借款权、抵押权和租赁权等，这是法律授予的。受托人为履行其基本职责，按信托的规定，进行信托财产的管理和处理，这是受托人的基本权利。受托人的权限是受托人为完成信托目的所应当具有的权限。受托人的权限由两部分组成，一是固有的权限，这是被委托的权限，是根据各种不同的业务种类在信托合同中给予的权限，它是附加的权限。受托人固有的权限比信托关系中其他关系人的权限更受限制，并随着不同信托内容而变化。二是受托人的具体权限，一般要加以明文规定，以避免受托人在执行中不明确或无法行使。如美国的信托条例对受托人的一般权限做了如下规定：①支出受托人为完成信托目的所必要或适当或未由信托条例所禁止的费用，以及信托条款所承认的其他支出；②依照信托条款，以适当的期间与条件将信托财产出租；③在不违反信托条款的前提下，受托人为完成信托目的，必要时可出售信托财产；④受托人应以合理的慎重态度，处理有关信托财产债权的和解、仲裁、接受调解或放弃债权等事务；⑤在不违反信托条款规定的前提下，行使股票或其他证券的决议权。

此外还有两个重要的权利：一是在营业信托时受托人要求信托报酬的权利；二是受托人因处理信托事务所支出的费用、负担的债务或人所受到的损害，要求从信托财产中获得补偿的权利，但因受托人过错造成的除外。当信托财产不足以补偿前述规定所支出的费用、负担的债务或人所受到的损害时，受托人可以要求委托人或受益人给予适当补偿，但公益信托或者信托另有规定的除外。

四、受托人的义务

受托人最基本的义务是：按信托行为的规定，进行信托财产的管理或处理。如果委托人仅仅把财产权名义上过户给受托人，受托人承受财产，对财产的管理和处理仍由委托人进行，这样的信托行为是不允许的。但受托人从委托人手里承受信托财产以后，要很好地加以管理和运用。除此之外，各国一般在信托法中规定受托人在对信托财产进行管理处理中具体的义务。

（一）忠实服务的义务

这是首要的义务。受托人绝不能利用受托人的地位谋取私利，受托人除了领取信托业务的正当报酬外，不许直接或间接地取得信托财产的收益。受托人在办理业务过程中，要严格按照契约、遗嘱、信托合同或法院命令的条款行事。受托人无权更换或变更条款内容，也不允许擅自中断条款的执行。受托人在履行这项职责时，会出现两种情况：一是信托机构订有各类业务的详细条文，委托人根据某一具体的业务内容办理信托，此时委托人的意愿已体现在信托业务的具体内容之中，所以，信托机构只要严格按照已订条文办理就是遵照了委托人的意思。二是根据具体的特定的要求办理的信托，这时签订的信托合同或法院的命令中，一般都有特定的要求和条款，信托机构要严格按此执行。

作为受托人，有自己的固有财产，也有承受的信托财产，受托人既有个人的立场，也有信托的立场。受托人应当遵守信托规定，为受益人的最大利益处理信托事务。受托人不得利用信托财产为自己谋取利益，不得以自有财产与信托财产从事任何交易。在管理和处理这两种财产时，如果将自有财产与信托财产进行买卖，可能对信托财产不利，也可能给固有财产带来损失，所以一般各国法律要规定把固有财产与信托财产区分开来，它们之间不准买卖。例如，信托银行出钱购买作为信托财产的有价证券，虽然价格正当，也要受到限制。受托人也不能将固有财产作为信托财产，即"不得对此取得权利"。如信托银行承受出租大楼的信托，随后把其中一部分作为信托银行的分支行来租用。即使租费正当，甚至高于市价，也是不允许的，因为楼房是信托财产，这样做等于出租的是信托银行，租用的还是信托银行。信托的目的是保障受益人的权益，因上述做法不符合信托宗旨，一般被各国法律所禁止。

（二）分别管理的义务

除信托财产属于金钱的情况外，受托人必须把信托财产与其固有财产和其他财产分别进行管理。

（三）善于管理的义务

受托人应当充分地利用自己的专业知识、机构设施，妥善地管理和慎重地运用信托财产，受托人要确保受益人利益的同时最大限度地发挥信托财产的效益。日本《信托法》规定：受托人要根据规定的信托行为，对信托财产进行管理和处理，在执行业务时，应注意做一个善良的管理人。美国提出受托人应有能力而且勤勉。有能力是指受托人要承担委托，有善于运用信托财产的能力，并充分发挥其高度的责任心。勤勉是指在办理信托业务时要完成业务，且热心努力，不得怠慢。受托人必须按照信托的宗旨，以善良的管理人来慎重处理信托事务。假如受托人的固有财产受到亏损，理所当然必须由自己承受。但是信托是为他人管理和处理财产，如果信托财产发生亏损，则有害于受益人。因此受托人一方面自身要妥善处理信托财产，另一方面要慎重选择委托人并对委托人进行必要的监督和约束。

（四）亲自执行的义务

受托人在受到委托人信任的前提下，受托管理和处理信托财产。为了满足委托人的要求，在办理信托业务时，一定要自己去执行，如果让他人去处理，便违背了委托人对自己的信托。只有在信托行为另有规定时或限于迫不得已的情况下，才能让他人代替自己处理信托事务。

（五）负责赔偿的义务

因受托人管理不当，或未能有效地管理、运用财产，或违反信托目的和信托合同的规定，处理信托财产所造成损失，受托者负有赔偿信托财产损失的义务。这种赔偿包括按信托财产价值赔偿和恢复信托财产原状两种情况。具体的赔偿方式和赔偿条件，一般由法律条例或信托章程加以规定。当然，如果受托人能出具证明说明损失是不可抗拒的，是在所难免的，便可不负责任。

受托人的义务是以"物质的有限责任原则"为限，即受托人根据信托行为对受益人所承担的债务，仅限于在信托财产的限度内履行其责任，而不必用信托财产以外的财产进行补偿。受托人为多数人时，因信托行为对受益人所负的债务为连带债务，故处理信托事务所负的债务也相同。例如，共同受托人 A、B、C 对受益人负有 900 万元的债务，受益人可向其中任何一位受托人要求收回 900 万元的债款，如果向 B 索取，B 不得要求受益人向其他受托人分摊索取，如果 B 还清 900 万元以后，受益人与受托人之间就解除了债权债务关系。

（六）分配收益的义务

受托人应当根据信托契约的要求，公正地分配信托财产和信托收益，并将分配情况通知受益人。当信托财产和信托收益无契约规定的受益人时，应将信托财产完整地退还给委托人，如信托财产无明确的归属人时，应将信托财产依照有关法律或条例的规定公正地加以处理。

以上是受托人的一般性义务，世界各国信托法根据本国不同情况具体对受托人的义务加以规定。通过以上受托人的一般性义务可以看出，为保证受益人的利益，对受托人的责任所作的规定是很严格的，这也是信托法的主要内容之一。但是，受托人因信托行为而对受益人所负的债务，只限于信托财产的限度以内，即受托人因处理信托事务所支出的费用、负担的债务或者所受到的损害，可以要求从信托财产中获得补偿，但因受托人过错造成的除外。例如，委托人向信托银行信托 100 万元，目的是想通过运用，使这笔钱能够增值。在信托期内，信托银行根据合同的规定将这 100 万元加以运用，但经过 5 年后，结果发生了亏损，信托财产减少到 80 万元，这时信托银行只需把余下的 80 万元送给委托人即可。这在信托中称为"物质的有限责任原则"，即受托人只在信托财产的范围内负责，不必用信托财产以外的财产补偿。在西方的金钱信托中，信托银行采取只保证本钱，不保证红利的做法。

第三节　委托人及其权利与义务

委托人在信托关系中处于主动地位。在他益信托中，委托人等于将信托财产或信托财产的收益赠送给受益人；在自益信托中，委托人同时又是受益人。正是因为委托人与整个信托有直接或间接的利害关系，所以对于委托人的权利和义务的规定就成为信托关系中的一项重要内容。

一、委托人的资格

委托人是让受托人遵从一定的目的对信托财产加以管理和处理的人。各国信托法对委托人的资格都有比较明确的规定，一般来说，委托人应当是具有完全民事行为能力的自然人、法人和其他组织，即凡具有签订合同能力的人都可以成为委托人。未成年人不能采取法律行为，不能签订合同，因而不能成为委托人。

除未成年人外，个人、法人，甚至不具备法人资格的团体，均可以成为委托人，同时也不限国籍。两人以上的共有者和合有者也可将财产共同委托。一般共有财产中若能划分每人持有多少，并能分割，本人有权处理属于自己的部分。因此，每个共有人对共有财产中属于自己支配的那部分可以单独信托。

二、委托人的权利

信托是受托人为受益人的利益而管理财产的制度。因此，无论是他益信托，还是自益信托，信托一旦成立后，委托人实际上已经游离信托关系，一般也不会对信托关系产生影响。但在各国的信托法中，由于委托人作为设定信托人对整个信托有利害关系，因此给予委托人以权利，委托人拥有的权利最主要的是授予权，即委托人可以对受托人授权，要求其遵从一定目的，对信托财产进行管理或处理。信托关系建立后，就他益信托而言，委托人等于将信托财产赠送给受益人；就自益信托而言，委托人对信托财产持有的权利是从受益人的角度来持有，因而委托人失去了对信托财产的处置权，或者说信托成立后，委托人离开信托关系也不会有影响。但由于委托人处于信托关系的主动地位，对整个信托有利害关系，故法律上允许委托人保留下列权利：

（1）当受托人管理不当或违反信托目的时，有权要求补偿信托财产损失以及复原，提出异议；

（2）有权查阅有关处理信托事务的文件和询问信托事务；

（3）有权要求法院选出信托管理人，或要求法院免去受托人；

（4）有权准许受托人辞职；

（5）有权向法院提出变更信托财产管理方法；

（6）当委托人是信托利益的全部受益人时（自益信托），有权解除信托；

（7）当信托结束，没有信托财产的归属人时，有权得到信托财产；

（8）有权对信托财产的强制执行提出异议。

以上权利，在委托人去世后，其继承人也同样持有，但只给予委托人对受托人辞任予以承诺的权利，继承人没有。在自益信托时，如果受益权转让，委托人的权利应该转到新的受益人手中，否则就有可能发生处理不当的情况。例如，甲为委托人兼受益人，因此，甲从委托人的角度有查看账簿、接受受托人辞任的权利。如果甲把受益权转让给了乙，乙就成为受益人，由于是自益信托，转让受益权等于委托人原来持有的权利也归于乙。如此时甲仍然行使查看账簿、接受受托人的辞任等委托人的权利，是不合理的。

三、委托人的义务

委托人的义务就是让渡一定的财产权，及委托人对受托人授予一定的权利，要求其遵从一定的目的，对信托财产进行管理与处分，并从信托财产及其收益中支付一定的佣金和费用给受托人，当然也可额外支付佣金和费用。如前所述，信托关系一经确立，委托人相当于游离信托关系之外，不应过多干预信托活动，以确保受益人利益，这也是信托关系中"受益人利益核心原则"的体现。

第四节　受益人及其权利与义务

受益人在信托关系中是享受信托利益的人，受益人的权利义务也构成了信托关系中的重要内容。

一、受益人的资格

受益人是在信托中享有信托利益的人，和委托人一样，受益人的资格在信托法上一般也有比较明确的规定，凡是具备权利能力的人都可以承担。由于受益人不一定是信托合同的当事人，因此，信托受益人无须具备有行为能力的条件，未成年人、精神病人甚至罪犯都可以成为受益人。

受益人分为两种，一种是委托人本人就是受益人，即委托人和受益人是统一的，即"自益信托"中的受益人。我国《信托法》规定，受托人可以是受益人，但不得是同一信托的唯一受益人；另一种受益人是在"他益信托"中产生的，即受益人不是信托合同的当事人。一般在遗嘱信托、监护信托中就是这种情况。

受益人还可以换个角度分为两种情况：一种是享受相当于信托本钱利益的人，叫作本钱受益人；另一种是享受相当于收益部分的人，叫作收益受益人，即将本钱和收益分别给予不同的人。例如，甲拿出100万元信托给信托银行，让它运用后将收益部分付给乙，本钱经过数年后自己收回。在信托合同中就可以采取甲为委托人兼本钱受益人；乙为收益受益人。目前，信托银行业务中，本钱受益人和收益受益人为同一人的占多数。

二、受益人的权利

受益人的权利是享受信托财产所产生的利益的权利，这种权利称作收益权或受益权。在经济上，受益权被看作是与所有权同等的权利，有关信托财产的利益和损失全部归属于受益人，即受益人享受信托利益，承担信托亏损。既然受益权就是财产权（所有权），按法律规定，持有财产权的人可以自由处理财产权。因此，受益权也可以买卖、赠送和典当（充当抵押品），受益人去世后，受益权还可以继承。另外，受益权具有时效性，即受益权具有有效行使期限。任何受益权都应该有时效的限制（除个别永久性信托外），但如何确定受益权的时效，却有不同看法。债权说认为，应将受益权理解为向受益人的受托人要求付给收益的权利，因此可运用债权的失效规定；管理权说认为，受益权不局限于以上所述性质，它还具有对信托财产直接支配权性质的特殊权利（这是日本大多数人的看法，依此说受益权的消失时效为 20 年）；还有人认为，受益权与所有权属相同的权利，不应由于受益权的时效而作废。

在各国信托法中，受益人除享有受益权外，还享有以下特权：

1. 受托人违反信托宗旨或信托条款处理信托财产时，受益人有权取消这种处理。如委托人委托受托人管理房地产，但受托人接受房地产后，违反信托目的，把房屋卖给了甲，受益人这时就有权取消买卖合同，把信托财产复原。不过这种取消一般是有条件的。

2. 在受托人更迭时，受益人有权会同有关信托关系人到场监督办理信托交接事务。

3. 向法院要求解除信托的权利。在他益信托时，在受益人享受其全部信托利益的情况下，非以信托财产不能偿还其全部债务，或有其他迫不得已的事由时，受益人可以申请解除信托。在自益信托时，受益人可随时解除合同。

4. 信托结束时，承认最终决算的权利。受托人办理信托业务的最后决算，应经受益人承认后，受托人的责任才算完成，整个信托关系才告结束。

受益权等同于财产权。一般持有财产权的人可以自由处理财产权。因此，受益权也可以买卖、赠送和抵押，受益人去世后，受益权还可以继承。不过各国对受益权都有有效期约束。假如权利在一定时间内不行使，就会失去效力。"时效"即有效时间。目前世界各国民法学家大多数认为受益权不同于所有权、物权、债权，是一种特殊的权利，因此主张给受益权一定时效，如日本规定受益权时效为 20 年。

✒ 专栏 3 - 2

《中国信托业 2017 年度社会责任报告》 正式发布 ⅰⅰⅰⅰⅰⅰⅰⅰⅰⅰⅰⅰⅰⅰⅰⅰⅰⅰⅰⅰⅰⅰ

作为国家金融体系的重要构成，信托业始终致力于为投资者、为更广泛百姓的美好生活作出直接或间接贡献，通过探索新形势下的业务模式转型与创新，拓展更为广阔的投融资领域，极大地拓宽了人民群众的财产性收入渠道。

2011 年至 2017 年，信托业累计向投资者分配信托收益 32 507. 24 亿元，2017 年，信托业新增客户 19 万余人，服务客户 88 万余人，向投资者分配信托收益达 6 831. 36 亿元，较 2016 年的 7 587. 38 亿元有所下降，整体趋势较为稳定。

结合信托公司年报数据，2017 年，信托产品加权平均收益率为 6. 31%；在监管指引下，信托业不良率为 0.5%，较 2016 年末下降 0.08%。信托公司不断健全业务流程，完善管理制度，严把项目准入关口，在产品推介环节，100% 签订委托人"认购风险申明书"，严格落实并积极提升"双录"工作水平。此外，通过开展投资者教育、打造客户活动等不断推进财富管理品牌建设。

⬆ 资料来源：胡萍. 中国信托业 2017 年度社会责任报告发布［EB/OL］．［2018 – 09 – 28］．http：//www. financialnews. com. cn/trust/cyzc/201809/t20180928. 146927. html.

三、受益人的义务

受托人在处理信托业务中由于不是自己的过失而蒙受损失时，受益人有义务接受受托人提出的费用或补偿损失的要求。当然，如果受益人放弃受益权利，就可以不履行这一义务。

法律在承认受益人有较大权利的同时，也要求受益人向受托人承担义务，而且被认为这种承担义务行为是特别有效的。因此，这反映了受益人在法律上是信托财产的实际所有者。

本章小结

1. 信托是依照一定的目的，将自己的财产、资金委托他人代为管理和处理的行为。

2. 信托设立的构成要素包括信托行为、信托目的、信托主体、信托客体、信托报酬和信托结束。

3. 受托人是按照信托行为的规定对信托财产加以管理或处理的人。受托人是信托关系中最重要的当事人之一。

4. 委托人是让受托人遵从一定的目的对信托财产加以管理和处理的人。对整个信托有直接或间接的利害关系，其权利和义务的规定是信托关系中的一项重要内容。

5. 受益人在信托关系中是享受信托利益的人，受益人的权利义务也构成了信托关系中的重要内容。

本章主要概念

信托行为　信托约定　受托人　委托人　受益人

思考题

1. 简述信托约定的方式。
2. 简述信托约定的主要内容。
3. 简述信托财产的主要特性。
4. 简述信托终止的原因及其财产的归属顺序。
5. 简述受托人的资格、地位、权利和义务。
6. 简述委托人的资格、权利和义务。
7. 简述受益人的资格、权利和义务。

第四章
国外信托公司业务

本章知识结构

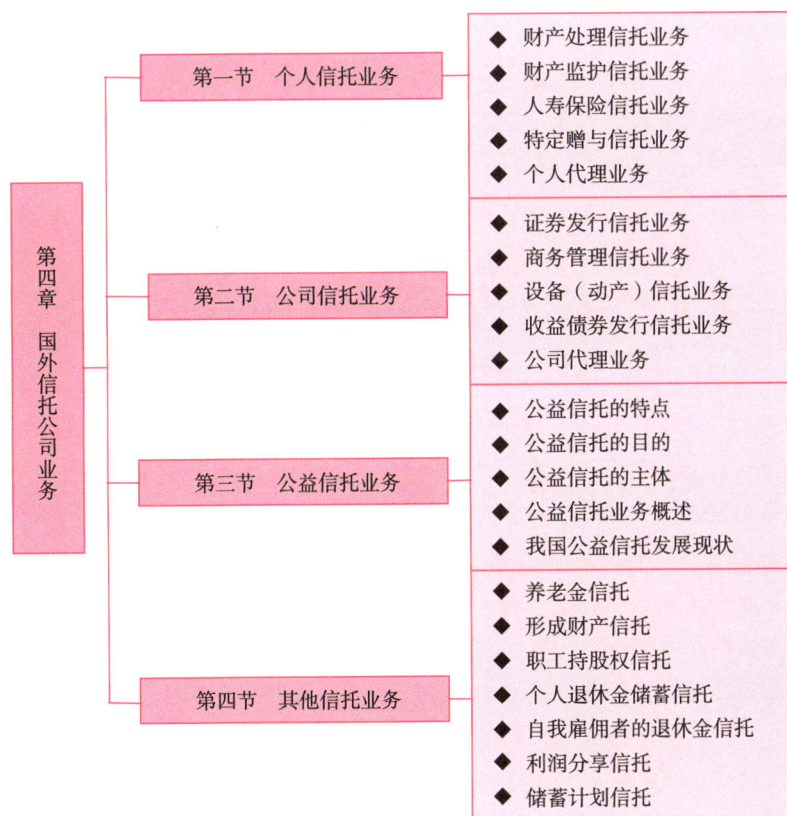

```
                    ┌──────────────────┐        ◆ 财产处理信托业务
                    │ 第一节  个人信托业务 │        ◆ 财产监护信托业务
                    └──────────────────┘        ◆ 人寿保险信托业务
                                                ◆ 特定赠与信托业务
                                                ◆ 个人代理业务

                    ┌──────────────────┐        ◆ 证券发行信托业务
第四章               │ 第二节  公司信托业务 │        ◆ 商务管理信托业务
国外信托公司业务        └──────────────────┘        ◆ 设备（动产）信托业务
                                                ◆ 收益债券发行信托业务
                                                ◆ 公司代理业务

                    ┌──────────────────┐        ◆ 公益信托的特点
                    │ 第三节  公益信托业务 │        ◆ 公益信托的目的
                    └──────────────────┘        ◆ 公益信托的主体
                                                ◆ 公益信托业务概述
                                                ◆ 我国公益信托发展现状

                    ┌──────────────────┐        ◆ 养老金信托
                    │ 第四节  其他信托业务 │        ◆ 形成财产信托
                    └──────────────────┘        ◆ 职工持股权信托
                                                ◆ 个人退休金储蓄信托
                                                ◆ 自我雇佣者的退休金信托
                                                ◆ 利润分享信托
                                                ◆ 储蓄计划信托
```

本章学习目标

● 理解个人信托业务。掌握财产处理信托业务；理解人寿保险信托业务；了解财产监护信托业务、特定赠与信托业务、个人代理业务。

● 掌握公司信托业务。理解证券发行信托业务；了解收益债券发行信托业务、设备（动产）信托业务、商务管理信托业务、公司代理业务。

● 理解公益信托的特点和目的。了解公益信托的主体。熟悉公益信托业务。

● 了解其他信托业务。掌握养老金信托、职工持股权信托；了解形成财产信托、个人退休金储蓄信托、自我雇佣者的退休金信托、利润分享信托、储蓄计划信托。

美国开创了法人受托的先河，并以此促进了信托业务的发展，形成了规范的信托产业。本章以美国信托机构开展的信托业务为主，结合日本等国的情况，介绍国外信托公司开展的信托业务。

第一节　个人信托业务

个人信托业务是以个人为服务对象的信托业务，其委托人是个人，受益人也是个人（但不一定是委托人本人）。这种业务可分为两种：一种是个人信托业务（狭义），另一种是个人代理业务。两者的区别在于个人的信托财产是否完全将所有权转移给信托机构，前者完全转移信托财产的所有权，而后者则不转移信托财产的所有权。但是，随着个人信托业务的不断创新，信托与代理的界限越来越模糊，故一般将两者统称为广义的个人信托业务。

一、财产处理信托业务

（一）合同信托

这种信托多为那些工作繁忙或长期身居海外的人以及老年人而设立，他们不愿或无暇为自己众多的财产而卷入到日常管理、处理财产的事务中去，故在信托机构开立账户，提出信托，或以自己为这个账户的在世受益人，或以

财产处理信托业务是信托机构接受个人的委托对信托财产进行管理、运用的一种信托业务，按其设立方式可分为合同信托和遗嘱信托两种。

合同信托是委托人与受托人订立契约（合同），并在委托人生前发生效力而成立的信托。

其家属、第三者为在世受益人。其目的在于：增值财产、保存财产、管理财产和处理财产等。其中保存财产与保管财产不同，保管财产是一种代理行为，目的是为该财产不被遗失、偷盗和损害等，代理人对该财产不拥有所有权，一般也无使用权；而保存财产是一种受托行为，是委托人恐自己经营财产发生某种意外或被不务正业的子女浪费，丧失家产而委托信托机构代为管理保存产业，为特定的受益人而管理保存产业。美国法律规定在一定条件下，该信托财产皆不能因委托人或受益人的债务而被处理抵债。

合同信托的信托合同是信托机构办理财产处理业务的依据，通常采取书面形式，并且非常详尽。信托合同的主要内容有以下几点。

1. 信托目的条款。对财产处理信托的目的进行具体规定，是为了增值，还是为了对较分散和复杂的财产单纯地进行管理，或是为了分配财产，或是其他目的。

2. 委托人条款。合同应说明谁是财产的所有人即委托人，以及委托人应保留的权利。只要不改变受托人的责任和利益，委托人可以保留的权利有：撤回部分信托财产，增加其他财产，改变受益人包括受益人份额和对受益人的分配计划，修改或增加信托合同的条款，甚至在某种特殊的条件下，废止信托合同等。委托人在行使上述保留权利时，一般应事先取得受

托人的同意。在有的信托合同中，有"不可撤销的信托"之规定，在这种情况下，委托人也无权更改信托合同的条款，更无权撤销信托，只有等到合同期满后自然终止。

3. 受托人条款。合同应载明谁是受托人及受托人享有的委托人所授予的权利。受托人为了受益人的利益，就像财产的所有者一样，对信托财产进行处理。委托人对受托人的授权应详细规定，主要内容有：保留原始财产，对财产的借贷、出租、出售、偿还债务、支付税款，投资或通过代理人进行投资、借款、参与再组合，进行储备或进行期权交易或持有指定证券、仲裁，否决关于财产处理信托方面的提议，分配股息、资本利得，分配各项费用，把增长的收入付给信托的第二受益人，进行现金和实物分配等。

4. 合同生效条款。合同应标明其生效日期，明确财产何时以何种方式从委托人手中转移到受托人手中。

5. 信托期限条款。合同应明确信托终止条款，终止日期可以是具体的、确定的，如某年某月某日合同终止，也可以是不确定的，如直到委托人死亡或受益人成人时合同终止等。

6. 财务会计条款。信托合同应规定受托人一年之内要向委托人递交一次财务报告，委托人死后，向受益人递交，财务报告应包括账目、会计说明和公证会计师的报告等。

7. 其他信托条款。其他信托条款包括受托人的报酬条款，承继受托人的条款，以及受托人取消信托权利的条款。

信托合同的结尾，应当有委托人和受托人的签字，信托合同签字后，信托机构（受托人）应发给委托人书面凭证，即信托证书，待委托人按时将财产所有权转移到受托人手里，信托才告正式成立。

（二）遗嘱信托

1. 遗嘱信托的主体

（1）委托人。遗嘱信托的委托人就是具有遗嘱能力的遗嘱人，日本《民法》规定，"年满15岁者"具有表达能力的人始能有效地设立遗嘱信托，虽附有禁治产者，也承认其具有遗嘱能力，通过禁治产者的监护人来设立。

> 遗嘱信托是根据个人遗嘱而设立并在遗嘱人死后发生效力的信托业务，是身后信托。

（2）受托人。根据遗嘱而指定的受托人，可以自由决定是否接受该信托，当被指定的受托人拒绝接受或不可能接受信托时，只要遗嘱上没有特别规定，对私益信托由法院、对公益信托由主管部门根据利害关系人的请求选任受托人；遗嘱中未指定受托人时，同样处理。

（3）受益人。遗嘱信托一定是他益信托，其受益人由遗嘱指定，若在遗嘱人死亡之前被指定的受益人已死亡则遗嘱信托不能生效。

2. 遗嘱信托的客体。遗嘱信托的财产必须是遗嘱人的财产。日本《信托法》规定：构成信托财产的财产，在遗嘱人死亡时不属其继承财产时，原则上对其限度内的信托行为是无效的。

3. 遗嘱信托的种类。英美国家一般把遗嘱信托分为遗嘱执行信托和遗产管理信托。

> 遗嘱执行信托是为了实现遗嘱人的意志而进行的信托业务，其主要内容有清理遗产、收取债权、清偿债务、税款及其他支付、遗赠物的分配、遗产分割等。

（1）遗嘱执行信托是短期性的，

一般遗嘱执行的成立有死亡者立的遗嘱为依据，继承人均已存在，因而不易发生制约。除了巨大和复杂的产业之外，清理工作在两三年即可完成。

（2）遗产管理信托的内容与遗嘱执行信托的内容虽有交叉，但侧重于管理遗产方面。 *遗产管理信托是主要以管理遗产为目的而进行的信托业务。* 遗产管理人可由法院指派，也可由遗嘱人和其亲属会议指派。通常，设立遗产管理信托的原因有：①因无遗嘱，对财产的管理、清理、处理比较困难，所花时间也长，故在此前尚需信托机构代为管理；②虽有遗嘱，但继承人存在与否尚不清楚，也需在明确继承人之前代理遗产；③虽有遗嘱和明确的继承人，但继承人因失去亲人的悲痛，尚不能自理遗产时，也可委托信托机构代管遗产。

4. 个人遗嘱的内容。遗嘱信托的依据就是遗嘱，因而遗嘱应尽可能详尽，通常在遗嘱的内容中，首先，遗嘱人应申请这份遗嘱的有效性和合法性，同时取消此前他所立下的所有遗嘱之类的文件；其次，应有关于受托人（遗嘱执行人）的条款，以及对受托人的授权；最后，应指定受益人，详细说明受益人的资格、遗产的分配方式等内容。遗嘱还常包括若干特殊条款或附录。

日本的遗嘱信托（与执行遗嘱相对称）中的遗嘱部分一般分为普通方式和特别方式两种，通常进行遗嘱信托的遗嘱是普通方式。普通方式的遗嘱又分为三种：亲笔证书遗嘱、公证证书遗嘱和秘密证书遗嘱。为了完全实现遗嘱人的意愿，事先经过充分协商，从安全并能顺利执行的观点出发，一般都进行遗嘱公证，即采用公证证书遗嘱。公证证书遗嘱至少应有如下关于遗嘱信托的条款：受托人的商号、受益人的住所和姓名、信托目的、信托期限、信托财产的种类、信托财产的数量和金额、信托财产的运用和管理事项、信托收益和信托报酬事项、向受益人交付财产及信托财产费用事项、遗嘱执行人的住所和姓名等。

5. 遗嘱信托的程序。

（1）签订个人遗嘱。遗嘱人在立下遗嘱时若未与信托机构协商，则信托机构在办理遗嘱之前，必须对遗嘱的内容进行仔细研究，若有与法律相抵触的条款，应立即向死者亲属、受益人，或他们的律师说明，并表示只能依照法律许可办事。

日本的个人遗嘱一般是事先由遗嘱人与信托银行之间协商经过公证后签订的，除遗嘱之外还要签订接受委托保管契约，故遗嘱人死亡后，信托银行即可按照遗嘱接受委托保管契约，办理遗嘱信托。

（2）确立遗嘱信托。

①确认财产所有权。信托机构作为遗嘱执行人首先应确知死者对于财产的所有权。在美国按照遗嘱法规定，死者的财产必须经过具有司法权的遗嘱法庭处理，由遗嘱法庭确定死者对财产的所有权，如果法庭判决与遗嘱有出入，信托机构必须依照法庭判决行事。

②申请遗嘱执行人。信托机构要成为遗嘱执行人，必须由法庭正式任命。遗嘱人谢世后，其律师应立即起草一份任命遗嘱执行人的正式申请，并将这份正式申请与遗嘱原文及其他证明性文件一并呈交法庭，要求法庭正式确定遗嘱执行人，并出具一份正式任命书。

③通知有关债权人。信托机构应向死者的债权人及其他有关人士发出通知，要求死者的债权人在指定的期限内出示其对死者的债权凭证。此通知一般登于当地报纸上。

当遗嘱原文交给遗嘱法庭，法庭正式任命遗嘱执行人（受托人），受托人发出各项通知后，信托机构就可以正式设立遗嘱信托，并开始进行财产处理活动。

（3）编制财产目录。信托机构正式受命为遗嘱执行人后必须在一定期限内与遗嘱法庭一起对遗产进行清理、核定。一般来说清理遗嘱财产数量比较容易，而遗产价格的认定则比较麻烦，通常以死者谢世时的市场价值作为遗产的价格，为了尽可能对遗产准确估价，常雇用估价专家对遗产估价。清理遗产的结果要造册登记，编制财产目录，详细记录财产的种类、数量和价值。在处理死者遗产时，要对财产中的贵重物品妥善保管，若在遗产清理期间财产受损，信托机构应负责赔偿。

（4）安排预算计划。信托机构在对遗产处理过程中，会发生一系列的支付，为此，必须拟定一个正式而详细的预算计划，将现金来源和用途逐项列示出来，若遗产的流动性比较差，现有的和可能的现金来源不足以支付款项（债务、税款、丧葬费、管理费等），则信托机构应制订一个出售部分财产的预算政策和计划。预算计划及会计科目应上报信托管理委员会，接受信托管理委员会的监督。若应付款项大于财产总额，遗嘱法庭规定应优先支付债务和管理费用，不足部分可由死者的直系亲属补足。

（5）结清税收款项。信托机构应算清支付各项与财产有关的税款，这些税款主要有所得税、财产税和继承税。遗产所得税是对死者财产在死亡至财产处理期间获得的收入即遗产所得所征的税。联邦所得税是指对死者财产在转移到另外一个人手中时新征的税。州继承税是指某人在继承死者财产时，对该财产的征税。信托机构在不违反税法的前提下可尽量减少应付的税款，以维护受益人的利益。

（6）确定投资政策。若遗嘱中涉及对财产进行再投资的条款，作为受托人的信托机构在准备税收申报时，应同时制定适当的投资政策，选择既安全灵活又盈利的投资工具，投资政策应合理、谨慎、及时。

（7）编制会计账目。信托机构编制的会计账目可分为两种，一种是在执行遗嘱阶段即办理完各项遗产所得和债务、费用支付后所做的会计账目，这些会计账目必须上交遗嘱法庭；另一种是在办理有关投资和代理等业务时而编制的会计账目，这些会计账目无须上交遗嘱法庭。

（8）进行财产分配。上述上交遗嘱法庭的会计账目获准后，由遗嘱法庭签发一份指示信托机构进行财产分配的证书。信托机构在制订分配计划时，要充分考虑受益人的意愿，分配财产时，应负责财产所有权的转移。信托机构收到受益人的财产收据后，将收据上交遗嘱法庭，请求法庭注销该遗嘱信托。获准后，信托机构的遗嘱执行人资格随之丧失，整个遗嘱信托才告彻底结束。

专栏 4-1

新规出台，"刚兑"谢幕 ▪▪▪▪▪▪▪▪▪▪▪▪▪▪▪▪▪▪▪▪▪▪▪▪▪▪▪▪▪▪▪▪▪▪▪

2018 年 4 月 27 日，人民银行、银保监会、证监会、外汇局联合发布《关于规范金融机构资产管理业务的指导意见》（以下简称"资管新规"），明确资产管理业务不得承诺保本保收益，至2020 年底的过渡期内打破刚性兑付，金融机构发行的新产品需符合意见相关规定。这意味着，受投资者欢迎的保本型理财产品将逐渐减少，2020 年底过渡期满后将正式退出市场。

打破刚性兑付的呼声在信托业由来已久，因此这条规定完全在从业人员的预期之内。但若真正开始实施起来，对信托业仍可谓是历史性的变革——刚性兑付将从信托公司的一种责任转变为一种违规行为。

失去了刚性兑付的吸引力，信托公司无疑只有通过更强的管理能力和品牌信誉度才能获取到投资者的青睐。这对信托公司短期的影响是巨大的，习惯了"保本"产品的信托投资者，需要时间转换理念，短期遭遇客户流失是信托公司难以避免的经营压力。有业内人士判断，未来信托公司不再有刚性兑付的包袱，但同时行业增速将逐步放缓。信托公司扩张业务需求不大，未来信托公司增资需求预计将收缩。

对于投资者而言，也势必将经历一段束手无策的阶段。除了存款外，其他资管产品都将变为"非保本"。今后投资人需要具备更全面的投资知识，改变以往"以貌取人"，仅通过资本实力筛选受托人的思维，更加理性地分析产品结构、融资人实力、担保措施、资管产品管理人能力等。

不少业内人士认为，应当将金融知识教育纳入基础教育体系，培育投资者的风险管理意识，培育一代成熟的投资者。未来，资管市场将同股市一样，投资者懂得自负盈亏，市场短期的适应调整、投诉官司增加均实属正常，长期来看只有打破刚性兑付，行业才能迎来更好的发展。

❶ 资料来源：王晓明. 解读资管新规之打破刚性兑付［EB/OL］.［2018 – 05 – 28］. http：// news. 10jqka. com. cn/20180528/c604703753. shtml；资管新规对信托的三方面影响　1.8 万信托从业者须了解［EB/OL］.［2017 – 11 – 21］. https：//finance. sina. com. cn/trust/xtplyj/2017 – 11 – 21/doc – ifynwnty6064473. shtml.

二、财产监护信托业务

这里指的无行为能力人主要是未成年人、老年人或禁治产人，故这种业务又称为未成年人、老年人或禁治产人财产监护信托。

> *财产监护信托业务是信托机构接受委托为无行为能力人的财产担任监护人或管理人的信托业务。*

财产监护信托所指的监护相对于法律（民法）意义上的监护是狭义的，民法上的监护的意义很广泛，它包括对无行为能力的人的成长、健康、财产等诸多方面的监护，财产监护信托中的监护只涉及对财产的监护。另外，财产监护信托与财产处理信托也有明显区别，前者表面上是财产监护，但目的在于护人，如未成年人的教育、培养，老年人或重病者的治疗、康复等，当然，既然要护养人，管理其财产也是当然的；而后者重在理财而不在人。

（一）财产监护信托的主体

1. 委托人。财产监护信托的委托人可以是被监护人的父母或亲友，也可以是法院指派的，还可以是被监护人自己。如某人突染重病，需长期住院治疗，其间无力管理自己的财产，于是入院前向法院提出申请，要求对其财产实行监护，此时，他成为委托人。

2. 受托人。财产监护信托的受托人通常就是监护人。现代监护人多由信托机构担任。监护人的指定有两种方式：

①由信托机构申请，然后经法院指定。

②由法院根据被监护人或其亲属、朋友等有关人士的提名列出监护人候选名单，然后与这些机构联系、商讨，最后确定某一信托机构为监护人。

3. 受益人。财产监护信托的受益人就是未成年人和禁治产人，即被监护人。这些人要么是持有财产却无法保护，要么因无行为能力可能导致财产受损，要么只能靠别人来监护和运用这些财产以提供自身的生活和教育费用。

（二）财产监护信托的客体

财产监护信托的客体主要指被监护人的财产或父母、亲友提供的信托财产。这些财产所有权是否要转移到监护人手中，法律有不同的规定。

（三）财产监护信托的程序

财产监护信托的程序是指信托机构（监护人）管理和运用被监护人财产的程序，其主要内容有：

1. 编制财产目录。监护人对被监护人的财产进行逐项整理，并将财产目录单呈交法院备案。

2. 管理和运用财产。监护人管理和运用财产的原则有安全性原则和盈利性原则，前者是首要的。监护人要严格按照职责和被监护人的要求办事，对被监护人的财产进行合理运用，如对不动产、贵重物品的管理、抵押、出租或出售，有价证券的投资和调整，支付各项税费，支付被监护人所需费用（医疗费、生活费、教育费等），管理好现金，等等。监护人还应及时向有关部门汇报业务状况，接受检查和监督。

3. 编报会计报表。会计报表是按照规定表格填制的，内容应详细反映期初的财产目录、该会计期间的收入和支出以及期末的财产状况。资本所得还要单独做账，会计报表应上报法院及有关人士。

4. 结束监护和分配财产。

（1）被监护人死亡，监护业务应立即停止，并由监护人进行财产分配。依据法律，被监护人死亡后，其财产应归其继承人，无继承人则归监护人。

（2）被监护人达到法定成人年龄，监护人结束监护，并将财产交给被监护人。

（3）被监护人身心康复，或被解除监护以后向法院提出结束监护的申请，监护人得到法院的通知后，应立即结束监护业务，并将财产交还给被监护人。

监护人结束监护业务并将财产转移后，应向法院出具财产转移证明，法院注销监护关系。

三、人寿保险信托业务

（一）人寿保险和人寿保险信托

人寿保险是保险人与投保人订立保险契约，在被保险人的生命发生保险事故时，由保险人向投保人或受益人给付保险金的保险形式。人寿保险有三种形式：①定期保险，对在一定时期内的死亡保险，如被保险人在这个时期内死亡，则由保险公司给付保险金额，如被保险人在保险期限届满时仍然生存，则保险效力即行终止，投保人所支付的保险费也不退还；②终身保险，不定期的死亡保险，当被保险人死亡后，保险人给付保险金额，此时保险方告终止；③两全保险，亦称储蓄保险，无论被保险人在保险期限内死亡还是没有死亡，保险人均付给保险金额的保险。

人寿保险信托业务是美国首创。美国早期的信托机构就起源于保险公司，保险公司在赔款后，兼办赔款后事管理的信托业务。故人寿保险信托是在保险业务基础上而进行的一种信

> 人寿保险信托是人寿保险的投保人，在生前以保险信托契约或遗嘱形式委托信托机构代领保险金并交给受益人，或对保险金进行管理、运用，再定期支付给受益人的信托。

托业务，这种信托业务是保险和信托的结合，人寿保险的目的在于被保人遗属可以在将来得到生活赡养费，而本人一般来说是无法享受的。一旦被保人死亡，遗属可取得保险赔偿。有的遗属往往缺乏独立经营管理保险赔偿的能力，有的遗属将赔偿款挥霍浪费，就达不到死者生前办理人寿保险的目的。保险公司的职责只是交付赔偿款，赔偿款以后的善后事宜，保险公司不负责任。人寿保险信托，弥补了保险业务的不足，使被保险人对遗属日后的生活更加放心。

（二）人寿保险信托的作用

1. 信托机构依约领取、分配赔款，为受益人既减少事务，又可协调争端，排难解纷。

2. 可为委托人保管保险单，避免寿险单遗失和失效的损失。

3. 结合有财源保险信托，代为管理运用还可增加委托人的产业。

4. 有的委托人将其他财产在遗嘱中指定信托机构与死后寿险赔款一并受托管理、运用，这可使受益人的财产借以统筹计划，通盘管理，收益更大。

（三）人寿保险信托的种类

1. 个人保险信托和事业保险信托。个人保险信托的委托人（投保人）和受益人都是一般的个人。事业保险信托又称商业保险信托，是以团体为投保人，以团体为受益人的人寿保险信托，这种信托是企业、组织为事业上的公共利益而设立。显然，事业保险信托属法人信托。本节所述的人寿保险信托都以个人保险信托为主。

2. 无财源的和有财源的人寿保险信托。

（1）无财源的人寿保险信托，是指凭信托收取保险金的权利，保险费由委托人自己支付的人寿保险信托。本信托到期或发生保险事故之前，并不负担积极的义务，主要是单纯地保管保险证券，在到期或发生保险事故的同时，行使保险金的请求权，并根据信托合同的规定，对取得的保险金进行管理、运用和分配。由于受托人不承担支付保险费的义务，当委托人未缴纳保险费时，或在保险契约条款上有契约失效的特别规定时，就会失去信托财产的保险金请求权，人寿保险信托本身也即告结束。

（2）有财源的人寿保险信托，是指将为委托人每年必须缴纳的保险费和收取保险金的权利一起信托，同时，信托机构有每年按期缴纳保险费和代管理、运用待交保险费基金的义务。由受托人承担支付保险费的义务，在到期或发生保险事故时行使保险金请求权，根据信托契约规定对由此而取得的保险金进行管理、运用和分配。所以，受托人缴纳保险费作为信托财源，可以避免上述无财源人寿保险信托因迟缴保险费致使保险契约作废的问题。但当缴纳保险费的财源用完时，信托契约即作废，人寿保险信托本身也即结束。

对于作为财源的财产，有时采取由委托人逐步进行储存的方法。对此称为财源储存或人寿保险信托。

四、特定赠与信托业务

这是日本所特有的一种个人信托业务。它是根据 1975 年日本施行的《继承税法》创立的"对特定残废者免征赠与税制度"而开办的一种福利信托。该信托以资助重度身心残废者生活上的稳定为目的，以特别残废者为受益人，由个人将金钱和有价证券委托给信托银行，作长期、安全的管理和运用，并根据受益人生活和医疗上的需要，定期以现金支付给受益人。

（一）特定赠与信托的主体

1. 委托人。任何个人均可以成为该信托的委托人，主要是亲属、扶养义务人以及急公好义者，但法人不得成为该信托的委托人。

2. 受托人。受托人在日本仅限于信托公司或兼营信托业的银行。受托人必须妥善地运用信托财产，以确保取得稳定收益并定期地、切实地根据实际需要进行支付。

3. 受益人。特别的重度残废人按规定是指下列人员，他们可成为受益人：重度的精神衰弱者、一级或二级身体残废者、原子弹炸伤者、常年卧床不起并需要复杂护理者中的重度者、年龄在 65 岁以上的重度残废者以及符合有关规定的重度战伤病者。

（二）特定赠与信托的客体

特定赠与信托的财产必须是能够产生收益并易变卖的财产，故限定如下财产为其信托客体：金钱、有价证券、金钱债权、树木及其生长的土地、能继续得到相当代价的租出不动产、供特别残废者（受益人）居住用的不动产。信托财产在 3 000 万日元限度内免征赠与税。

五、个人代理业务

个人代理业务，是个人授权代理人（信托机构为主）代为处理与财产有关的事宜的业务。委托人（个人）与代理人之间的代理关系必须以书面合同确定。

（一）个人代理业务的主体

1. 委托人——被代理人。个人代理业务中的委托人一定是有行为能力的个人。委托人按照代理合同规定拥有种种权利和义务。委托人最主要的权利是向代理人授权。委托人向代理人授权的方式主要有两种，即一般授权和特别授权。一般授权是指委托人授权代理人在代理与财产有关的事务中处理各种可能出现的事宜，这种授权方式由于不具体，因而会给代理人带来麻烦。通常，在实际操作中，采取一般授权方式的代理中应用分次授权的办法，而非一次性授权，这样，在代理过程中，信托机构对于新出现的与财产相关的代理业务，只有等到委托人的进一步指示时才执行办理，否则，将予理睬。特别授权是指委托人明确而具体地指示（授权）代理人（信托机构）只办理某种或某些事务。综观代理业务，大多是采用特别授权方式，以利于代理人（信托机构）明确其具体职责。

委托人最主要的义务是向代理人支付各种费用。

2. 受益人。代理个人业务的受益人通常都是委托人本人。

3. 受托人——代理人。代理个人业务的受托人就是代理人。代理人在代理关系中处于极为重要的地位，负有重要的职责，并享有权利。

（1）代理人在具备经验丰富的从业人员和良好的设备等条件下，必须忠于职守，认真履行代理人的四项基本职责，即忠诚、服从、谨慎和尽力、编报财会报告。

（2）代理人的权利主要分为两种：①明确的权利，这是指在书面代理合同中明确规定的代理人享有的权利，这些权利是委托人明确授予的；②隐含的权利，这是指从明确的权利中引申出来的权利，例如，姐姐给妹妹 100 元，要妹妹为父亲买一条领带，这就是一个代理的典型事例，其中，姐姐是委托人，妹妹是代理人，妹妹明确的权利是为父亲买一条领带，而其中隐含的权利是挑选物美价廉的好领带。另外，代理人有向委托人收取手续费的权利。

代理人的一切权利都由委托人授予。

（二）个人代理业务的客体

在个人代理业务中，不像狭义信托业务那样，必须将信托财产的所有权从委托人手中转移到受托人手中，而是将财产的所有权保留在委托人手中，甚至管理权也握在委托人手中，如仅需向代理人咨询（代理人向委托人提供有关财产的咨询服务）。因而，可以说个人代理业务中的客体是财产及与财产有关的事宜。

（三）个人代理业务的种类

信托机构为个人提供的代理业务，按其性质、范围不同可分为保管代理、辅助代理和管理代理。

1. 保管代理。保管代理是信托机构向个人（或单位，但不在此节中叙述）提供保管财产的服务业务。保管的物品一般有：（1）重要物品。如合同、有价单证、存折、印章、图纸、文件、契约，等等。（2）贵重物品。如艺术品、黄金、首饰、集邮簿、古玩文物，等等。（3）有价证券。如股票、债券等。信托机构为顾客代保管所有上述物品。但在当今社会，保管代理重点往往放在有价证券及某些财物凭证和财产契约方面。

保管代理业务的种类有三种，即密封（封缄）、露封（开封）和出租保管箱。

保管代理责任有：保持财产原形，收取财产并代理支付，防止财产的被盗、丢失、损坏、残缺和被贪污的行为发生，等等。

2. 辅助代理。辅助代理业务是信托机构向个人提供的有关有价证券方面的辅助性服务业务。这种业务是个人代理业务中最普通的，它可以解除委托人许多繁杂的事务性工作，办理这种业务时，通常只需委托人填写一份相当于代理合同的简要表格并附交有关有价证券，代理关系即告正式成立。

信托机构提供辅助代理业务时，除了承担部分保管职责外，尚须承担以下职责：

（1）收取股息和利息或分红，收取到期债券的本金、到期的抵押品等收入事务。

（2）根据委托人的指示进行支付或再投资等的支付事务。

（3）根据委托人的指示购买、出售、支付或获得有关证券的交易事务。

（4）通知有关事宜，如债券催款、股票认购、债券本金和利息的支付，违约，招标，以及采取有关债券保护性措施，办理有关有价证券的税务事宜等。

（5）提供有关收入、支出及资本项目的定期会计报表。由于股息债息等与时间有很重要的关系，代理人在办理辅助代理业务中若因不及时而造成损失就要承担利息损失。另外，有关事宜的通知也应做到及时，否则要受到处罚。

3. 管理代理。信托机构受理管理代理业务时享有较大的权力，承担较大的职责，这些权力和职责在代理合同中具体确定，因而尚无统一标准。管理代理业务主要有两种，即证券管理代理和财产管理代理。

（1）证券管理代理。信托机构在办理这一业务时应承担保管和辅助业务中的有关职责，同时还要另外承担一些职责，这些职责可分为两种：

①有管理权的代理。信托机构根据代理合同规定的指导原则，对所代理的各种证券进行全权管理。如可以对有价证券的组成，按这一原则进行自由变更，甚至买卖、转换有价证券等，而无须事先得到委托人的认可。但信托机构要定期接受检查，以便更好地履行代理事务的职责。

②提供咨询的代理。如对各种有价证券定期进行检查和分析，告知有价证券市场行情及其重大变化、事件，为委托人寻求债券转换和出售的有利时机，由委托人决定接受与否。若委托人接受其建议，信托机构就按其意愿代为办理有价证券的交易。

（2）财产管理代理。信托机构提供的财产管理代理业务主要是指对不动产的管理代理业务，主要是对土地和房屋等不动产。这种业务名目繁多，有长期的、有短期的，有的由机构直接代理，有的信托机构仅作为总代理人，等等，这里分别介绍各国的有关业务。

①代理买卖地产的中间保管。在土地可以自由买卖的国家才有此业务。土地购买者在款项不足时，可以先付半价给卖方，然后委托公司把地产地契过入信托机构户名，由信托机构暂代掌管。待买方价款付清时，信托机构将地产户名过到买方户名。信托机构在这里起中间买卖作用。

②代理发行"不动产分有证"。土地所有者建房筹款时，将地产过户给信托机构，委托信托机构代理发行"不动产分有证"，即把土地的一部分按照契约的规定面值、地点等从原地契中分割出来，让与他人所有，信托机构掌管全部地产的产权，原土地所有者通过交付给信托机构一定的租金，仍可使用全部土地，信托机构把租金作为投资报酬转给"不动产分有证"的持有者。

③筹集建房资金信托。有土地而缺建房资金的土地所有者，可以用土地作抵押，把作抵押的土地地契过入信托机构的户名，委托信托机构保管，土地所有者发行建房债券，筹集资金，信托机构作为债券基金担保物的保管者，负有保护债券持有人利益的责任。

④不动产的中介代理业务。它是指信托机构根据日本住宅用地建筑物交易业法的规定，充当住宅用地或建筑物的媒介和代理，以达成买卖、交换和借贷为业务内容的代理业务。"媒介"是指介入希望进行住宅用地或建筑物交易的委托人与当事人之间洽谈目的物的价格和其他交易上的条件，促使当事人之间签订契约，履行和确定买卖贷款结算等，通过从中协助以顺利达成不动产交易。"代理"是指在上述从中协助之外，按照委托人给予的权力，代替委托人与对方的当事者签订契约达成交易行为。

⑤不动产分让代理业务。该业务是指由不动产业者经营的所建成的（或建造的）住宅用地、建筑物销售（分让）业务。信托机构（信托银行）根据委托以与不动产业者协作出售的形式参与此项分让业务，谓之不动产分让代理业务。

⑥不动产鉴定代理业务。该业务是指信托机构（或信托银行）以对财产进行综合管理和运用为使命进行不动产鉴定估价的代理业务。

此外，个人代理业务还有账户代理业务、退休金账户代理业务等。

第二节　公司信托业务

公司信托是法人信托的一种，是由信托机构向公司法人提供的一种信托业务。公司代理是信托机构充当代理人或总代理人为公司法人代理有关证券方面事务的业务。公司代理与公司信托的显著区别就在于前者不存在财产所有权转移的问题。公司信托业务主要有证券发行信托业务、商务管理信托业务、设备（动产）信托业务和收益债券发行信托业务。公司代理业务主要有：过户代理业务、登记代理业务、支付代理业务、交易代理业务、保管代理业务和其他代理业务。

一、证券发行信托业务

它是公司信托的主要业务，因而有人把公司信托统称为有价证券信托、证券发行信托或者发行公司债托、抵押公司债信托等。在美国，说起公司信托就是指抵押公司债信托。这里仅介绍抵押公司债信托业务的要点。

> 证券发行信托是信托机构向公司法人提供有关证券发行事务的信托，其中最常见的是抵押公司债券发行信托。

为了保障债券持有者的权利，约束债券发行公司的行为，大部分上市债券的发行都附有限制性协议。但因为债券持有者是分散在社会中的众多的个人，他们不可能对债券发行公司

> 抵押公司债信托（或称发行公司债信托，因为实际工作中的公司债多为带抵押的）是指信托公司接受发行公司的委托，代替债券持有者行使抵押权或其他权利的信托业务。

实行有力的监督，也不可能共同保管抵押物品，故美国有关法律规定，公司债发行与债权人之间，必须有第三者为受托人，代替公司债的债权人行使抵押权或维护其他权利。日本的有关法律（如《抵押公司债信托法》）也有相似的规定。因此，信托机构作为债券持有者的代理人（受托人）执行监督任务。如果发行公司违反协议，受托人有权依约采取行动。同时，公司发行债券之前，都必须使社会了解其经营及财务状况，以得到社会的信任。信托机构受托发行公司债券业务，可以证明该项债券发行的合法性和可靠性，并辅助发行事务及还本付息等，既可提高该公司的信誉，扩大发行量，又可代办发行的繁琐事务，对债权人、债务人都有利。

抵押公司债信托的委托人是发行公司，受益人是债券持有人（相当于收益权证持有者），但信托机构使公司债券易于推销，实则发行公司（委托人）也同为受益人；同样，作为受益人的债券持有人，以债权人的地位，将抵押物品委托信托机构保管，也同为委托人。只是债券持有人过于分散，信托机构不可能与之一一签约，而且发行公司债券信托成立后，才能发券持有，按订约在先、发行在后的一般道理，信托机构只能与发行公司订约，以发行公司为委托人，债券持有人为受益人。因而这种信托与一般意义上的信托相比有其独特之处：其一，抵押公司债信托中的受托人并不具有财产的所有权，除非发生违约情况时，受托人才具有这一权力；其二，对于作为受托人的信托机构来说，这种信托中的受益人常常是不确定的，它随着债券的不断交易而不断变换；其三，这种信托中的受托人同时对债券发行人的持

有人负有信托职责（对债券发行人负有发行债券之职责，对债券持有人负有保管抵押物品之职责），而在一般信托中，受托人只代表受益人的利益。

下面简要介绍抵押公司债发行信托业务的程序。

（一）接受信托业务

抵押公司债信托的建立首先由发行公司申请，信托机构接到申请后，经过考察发行公司和发行公司债券的情况后，接受该信托业务。这里实行"双向选择"，发行公司根据自身的业务情况和经营特点，确定需要信托机构提供服务，就可以选择一家经营作风好、实力雄厚的信托机构作为受托人，委托后者代为办理发行债券事务。信托机构对发行公司的考察主要放在两个方面。

1. 发行公司的情况。考察发行公司的职责执行情况、资信和其他声誉、发行公司的经营管理是否富有经验、效益如何、发行公司的经营作风以及发行公司的债券发行是否符合有关法律，等等。

2. 公司债券的情况。考察公司债券总额和面值、利率、偿还方法、偿还期限、发行价格、是否有担保；如有担保，担保物品（抵押物品）的种类和价值如何，以及已募公司债的偿还情况。

信托机构对上述各种情况认真考察和研究，认为可以接受这项信托业务后，方可进一步与发行公司进行磋商，签订契约。

（二）签订信托契约

信托机构和发行公司进行磋商后制定契约，并对契约内容进行仔细的分析研究后方可签字。双方在契约上签字后，信托关系正式成立。信托契约的主要内容有以下几点。

1. 介绍性条款。契约的开头一般都是有关日期、双方名称、契约签字、盖章及受托人关于证实性的证明等内容。信托机构应在每张债券上签署诸如"本债券是契约上所描述和规定的一系列债券上的一张"的文字。

2. 抵押物品条款。这一条款规定抵押物品应转让给受托人。其中详细列明抵押物品的种类、数量、价值和存放地点等。

3. 债券证实条款。对债券的证实主要是发行公司签发的一个详细的抵押物移交指示。开放型抵押信托契约中新债券的发行有明确的限制条款。

4. 以新赎旧条款。信托契约必须提供以新债券赎回旧债券的运用方法，同时要明确某些措施，以保证旧债券不再作为对新债券具有优先要求权的债券而保留。

（三）执行信托契约

信托机构执行信托契约，履行其职责开展信托业务。其程序和内容有以下几点。

1. 准备资料。信托机构在执行信托契约时应该具备一些有关的文件资料。

2. 证实债券。债券的证实是指受托人向公众说明某年某种债券在既定信托契约规定的条件下发行的。这项工作要求受托人必须具有丰富的经验和高超的技术及认真的态度，因为契约中某些条款技术性比较强，内容是很复杂的。

3. 交付债券。债券发行有私募和公募两种形式，但债券发行信托中采用公募形式，公募发行是由承销银团先将公司债券承销下来然后直接面向社会公众募集债款，在这个过程中，受托人负责将已证实的债券尽快从印钞公司提取，交给承销银团，这一工作叫作交付债券。银团承销的方式有包销、助销和代销三种。

4. 结算账目。在结算账目时，一般要在受托人的办公室召开有债务人、发行公司代表、牵头银行、受托人等代表参加的听证会，会上确认结账文件的完备性和准确性后，债务人即授权受托人执行债券的交付和收款。受托人应严格按照承销协定和债务人的指示行事，在规定的时间内收齐债券款项。当债务人承认已经全部收到了债款之后，受托人的职责宣告结束，这一轮的债券发行信托即告结束。

二、商务管理信托业务

持有股票有两个方面的好处：一方面可以得到分红，股票涨价时还可以增加收益，即享有收益权；另一方面可以在股东大会上行使表 **商务管理信托，又称表决权信托，是指股东根据表决权信托协议将其股份（含表决权）的法定所有权转让给一个或几个受托人，由后者在信托期间行使表决权所成立的信托。**

决权，审查和批准公司经营的基本方针，即享有表决权。收益权和表决权是统一的整体。然而，商务管理信托业务把这两者割裂开来，单独将表决权进行信托。首家应用商务管理信托的是"太平洋轮船公司"，时间是 1864 年。后来铁路公司运用较多，到 19 世纪末推广到一般实业界。随着信托观念的普及，信托事业的发达及信托成效的显著提高，商务管理信托现已成为美国信托机构的重要业务之一。而在日本，一般来说是不允许将收益权和表决权割裂开来的。一个例外的案例是，1974 年五十铃汽车公司和美国的 GM 汽车公司合作，在引进GM 公司的资本时，外资审议会在讨论确立日本股东权的问题上争执不下。因为 GM 公司是世界上最大的汽车公司，资本雄厚，而仅凭日方股东一家是无法与之抗衡的，只有集中各大股东巩固地位，这时根据有人提出利用信托的方案，采用了以行使股东表决权为主要目的的管理有价证券信托方法，各大股东信托转让股份，并由所有的信托公司共同受托。后来，日本的国际经济贸易地位上升，五十铃汽车公司发展成为实力雄厚的大企业，不再担心股份会被侵占，当初的目的达到了，于是 1978 年 8 月该信托结束。

总的来说，商务管理信托行为的发生和信托关系的建立主要有四个原因：①委托人在业务上处理不得法，经营不振，需要有专业人才和可靠的经营人员来改进经营管理，振兴业务；②委托人在营业顺利的时候，谋求施行某种新方针，谋求有经验懂业务的人来加强管理，使之更加兴旺；③委托人试图增加对公司的影响或避免股份被侵占；④股份公司的决策人员由选举产生，经理或副经理等人员由董事会招聘，都有一定的任期，任满改选，办事和决策人员的变动，必然会影响公司的经营方针、经营作用和经营方法，倘若把经营决策权委托给信托机构，则有利于事业的持续发展。商务管理信托将股东的收益权和表决权分离，由公司全体或多数股东推举信托公司为受托人，将其所有股票过户转移于受托人之户名，交与受托人保管，换取收据；受托人在信托期内代表股东行使表决权，此时，股东除投票表决权之外仍享受股东应得的其他一切权利，受托人的职责主要是保管股票、代股东行使表决权、处理公司事务、将每年收入兑换发给"收据"持有者等。如果事业成功，各股东及债权人共同受益，受托人获得手续费收入。

在美国，为了避免因受托人的职权过大而操纵公司，各州法律规定，商务管理信托的成立，一是必须有特定的信托目的，如改组成新创的公司为了稳定基础，经营继续，而需要熟悉商情、有经验、有能力的信托机构帮助渡过难关；二是必须在一定的年限内，如美国纽约州规定为 10 年，其他为 5～15 年不等；三是对受托人的职权有相当的限制，如有的州规定对股票的出售与其他公司合并等诸事，受托人无权自主。

目前，商务管理信托对于改善我国公司法人治理结构，克服国有股独大，且所有权虚置、经营机制不合理等现象，具有重要的现实意义。

1. 协助企业重整。当企业遇到财务困境时，表决权信托可以协助企业重整，赢得宝贵时间，从而改善经营，化解危机。

2. 防止丧失对本企业的控制权。现代企业发展过程中，需要发展壮大，需要借助股本融资，但是股本融资会带来股权的稀释，为了保护自身利益，原股东可以不对公众投资者发行有表决权的股份，而将向公众发行的股份设立表决权信托，只向公众发行表决权的受益凭证书，并将向公众发行股份的表决权全部交由受托人集中统一行使。这样，投资者依据受益权证书只能取得股息和红利等财产性权益，无权行使表决权。通过这种设计，原股东可以通过受托人谋求统一的表决权，从而拥有公司的控制权。如青岛啤酒公司曾经利用表决权信托成功解决经济利益问题。

3. 保护中小股东利益。在一些大公司，小股东往往追求利润最大化，希望对其投资的资本拥有更多的控制权，而公司的经营权和控制权往往操纵在大股东手里。为维护自身利益，小股东可以利用表决权信托将表决权集中起来，委托给值得信任的受托人，由受托人根据小股东的意愿统一行使表决权，联合起来对抗大股东。

✅ **专栏 4 –2**
表决权信托在民族品牌保护中的应用 ▪▪▪▪▪▪▪▪▪▪▪▪▪▪▪▪▪▪▪▪▪▪▪▪▪▪▪▪▪▪▪▪▪▪▪

青岛啤酒股份有限公司（以下简称青啤）是有着 106 年历史的国有特大型企业，其品牌价值早在 2002 年就已经达到 67.1 亿元人民币。安海斯—布希公司（外资方，以下称 A –B 公司）是世界最大的啤酒酿造商，其拥有的百威啤酒品牌世界销量第一，一直谋求入股青啤甚至提出控股要求，但青啤一直坚持保持其品牌的民族性。在经过多年的谈判和协商之后，青啤酒和 A –B 公司于 2002 年正式签署了一项战略性投资协议。青啤分三次向 A –B 公司发行总额为 1.82 亿美元（按照当时的汇率约合 14.16 亿港元）的定向可转换债券，在 7 年内全部转换为青啤 H 股，总股数为 30 822 万股。A –B 公司在青啤的股权比例将从之前的 4.5% 逐次增加至 9.9% 和 20%，最终达到27%。整个协议中最重要的是 A –B 公司将所拥有的青啤7%股权的表决权通过表决权信托的方式授予青岛市国资办行使。协议执行完毕后，青岛市国资办仍为青啤最大股东（持股 37.56%），A –B 公司成为青啤最大的非政府股东（持股 20%），这就保证了青岛啤酒品牌的纯洁性。

分析：依照双方的战略合资协议，青啤股权变更后的国有股份为30.56%，其相对控股地位相对于 A –B 公司27%的股份优势微小。而整体 H 股占总股本比例过半（50.07%），在 H 股全流通的市场情况下，股权的变动轻而易举，青岛国资办的第一大股东地位受到严重威胁，对希望保护自己品牌的青岛啤酒来说是必须解决的关键问题。表决权信托的应用较为圆满地解决了这个问题。具体的操作是：青啤与 A－B 公司合资中引入了信托受托人的设计。2005 年 4 月，《战略投资协议》已提前执行完毕，A－B 公司持有股份 27%。根据协议的事先安排，此时一家名叫 "Law Debenture Trust（Asia）Limited" 的公司作为 A－B 公司的受托人出现在青啤的股东名单中，持有 7%（9 157 万股）的 H 股，持股数居第 4 位，此即 7% 的股权表决权信托安排。Law Debenture Trust（Asia）Limited 须按青岛市政府国资办的书面指示行使该 7% 股份的表决权，而归属于该股份的经济利益，包括股息、利益分派及款额支付均按 A－B 公司指示处理，其实相当于青岛国资办做了表决权的受托人。

可以看出，引入表决权信托制度是整个棋局中奠定大局的一枚关键棋子，保证青啤成功融资、引入战略合作伙伴，更重要的是保全青啤的国有控股地位，保证中方的控制权，进而得以保全青啤这一民族品牌。

三、设备（动产）信托业务

这是一种特殊形式的公司信托业务。它是由设备的所有者即委托人与信托机构即受托人签订信托协定，将设备信托给信托机构，并同时将设备的所有权转移到后者手中。受托人发给委托人"信托受益权"证书，而将财产出租或出售给资金紧张的用户，委托人将其得到的"信托受益权"证书出售获得款项。显然，设备信托起到了金融作用。

在美国，设备信托曾是铁路部门为筹集购买设备资金而采用的一种特殊的信托形式，目前，逐渐为航空部门采用。

在日本，设备信托称作动产信托。动产信托是以管理和处理动产为目的的信托，此项信托是专为委托人（兼受益人）将受益权转让给机构投资者为前提而受托的。"夹金块信托"是动产信托的一个特例（1982 年开始）。动产信托在 1922 年《信托业法》中得到承认，直到 1956 年才有车辆信托的实例。

这里所指的动产主要是由有关法律规定的财产。如日本东洋信托银行的《业务种类及方法》一书中所规定的动产主要有三类：第一类是车辆及其他运输用设备，具体包括车辆、船舶、汽车、海运办理用集装箱；第二类是机械用设备，如电子计算机、建筑机械、机床、电梯、药品机械、停车场设备等；第三类是夹金块及其他贵金属。

动产信托按照对动产的不同处理方法，可分为管理处理方式、处理方式和管理方式三种。

（一）管理处理方式

管理处理方式的动产信托是指将动产最终出售，在出售之前租给用户使用的业务。

（二）处理方式

处理方式的动产信托是信托银行接受委托人信托的同时将动产出售给用户的业务。

（三）管理方式

管理方式的动产信托是信托银行接受委托人信托的同时将动产出租给用户的业务。动产信托具有以下优点。

1. 从委托人角度看

（1）通过出售信托受益权证书，可以尽早收回动产的贷款。

（2）在用户资金不足的情况下，采用分期付款，扩大了动产设备的销路。

（3）由信托银行代办委托人延期收款的销售事务，减轻了委托人的负担。

2. 从设备用户的角度看

（1）缓解资金不足的困难，通过分期付款的形式取得设备的使用权直至所有权。

（2）利用动产信托，能达到与通过借款和发行债券去筹资而取得设备同样的效果。这是因为用户分期付款的利息和现金，可以作税前处理。

（3）一般来说动产信托的时期达 5~10 年，属长期性的，从而使用户能利用设备投产后的收益、折旧费用有计划地偿还贷款。

四、收益债券发行信托业务

这种公司信托业务是为公共建设发行市政公债，其特点是债券的偿还是以公共设施得到的收益作为担保的。信托机构受托发行收益债券，负责债券的过户登记，负责接受公共设施产生的用于偿还债券的收益，并将收益分配给债券持有者。其他均与上述几种业务相似。

五、公司代理业务

（一）过户代理业务

过户代理业务是指与股票的所有权转让相关的代理业务，通常又称为转让代理业务。

1. 股票过户代理。以下是股票过户代理的必要性和优点。

（1）对公司来说，股东过户等一系列事务与公司本来的业务没有直接的关系，这些事务的合理化非常必要。尤其是在股东大会上行使的权利和支付分红金的请求权，通常集中在营业年度末的股东身上，因而过户等股票事务大部分都集中在这一时期，这样会使公司的事务繁杂而无头绪，难以合理化，而作为过户代理人的信托机构在股票事务中能在某种程度上实现标准化，通过大量地受托，可以做到在每个公司无法实现的股票事务的合理化，而且事务成本低廉，从而有助于公司的事务合理化，提高公司的效益。

（2）对股东来说，股东即使取得股份，如果没有及时办理过户登记，也不能行使股东权利。对于上市公司其股东总是分散在全国各地，远离总公司的股东要出示股票必然会花费不少时间和经费，而且在此期间股票不在手头，无法进行股票买卖。如果由在全国拥有很多分支机构的信托机构代理过户事务，就可以在很短的时间内，用少量的费用做好过户事务，因此对股东很有利。另外，有些公司发行许多假的或未经批准的股票，对投资者权益产生破坏作用，而作为代理人的信托机构对此会严格把关，杜绝此类欺诈现象，保护股东或潜在股东的权益。

（3）对股票交易所来说，常要求上市股票必须在各该交易所的所在地的过户代理机构中办理过户手续，以维护交易秩序。

（4）对过户代理人来说，代办证券事务除了可以获得手续费收入外，还可以使股份公司与信托机构的联系更加牢固，从而发挥作为很多投资者窗口的作用，提高股份公司的声望，也为信托机构办理咨询业务打下基础。

股票过户代理业务就是代理客户在股权证书上签字和在股东名册上登记股票所有权转移事项的业务，其基本程序和内容如下：①核实公司的签字；②鉴定转让者的签字；③办理过户的记录。除此之外，尚有如下代理事务：保管股东名册、保管股权证书、处理股权证书、补发股权证书和分配股票等。

2. 其他证券的过户代理业务。

（1）债券的过户代理业务。信托机构在办理债券的登记和过户代理时被称为登记代理人，它主要负责记名债券的过户代理业务。

（2）存单、委托表决权证书、登记过的股权购买书的过户代理业务，这些证券的过户代理业务的程序和内容与股票的过户代理业务基本相同。

（二）登记代理业务

登记代理业务是代公司对记名证券（股票、债券）登记注册的业务。从事这一业务的信托机构（或其他机构）称为登记代理人。一般来说，登记代理人和过户代理人应由不同的机构担任，如美国纽约证券交易所就曾强调过这一点。但近年来的现实却并非如此，即同一信托机构越来越倾向于同时担任过户代理人和登记代理人，一身二任，这是因为这两种业务存在许多联系，在同一家机构中办理，会有利于两者之间的协调，以提高办事效率。应当注意的是，同一机构同时办理过户和登记两种业务时，要把两者独立开来。

（三）支付代理业务

支付代理业务是代公司支付股票的股息、红利，以及债券的利息和本金等事务的业务。信托机构在进行这一代理业务时，往往可以利用延期兑现的特点，运用该笔资金获得收益。信托机构作为过户代理人掌握证券持有人的详细情况，进而担任支付代理人是水到渠成的，它可以调动其拥有的物力和人力准确、高效地承担公司这一繁重的、周期性的支付事务。

（四）整合代理业务

整合代理业务是代公司办理有关证券变换方面事务的业务，主要包括股票分割、股票转换、证券重整。

1. 股票分割代理业务。股票分割又称股票分裂或股票拆细，是指在保持股票面值总额不变的前提下，将股票面值减少，增加股份数的行为。股票分割使股票价格水平下降，从而能吸引更多的投资者购买股票，使投资阶层扩大、市场流通性提高、交易增加。

2. 股票转换代理业务。公司在发行优先股或债券时，常附有可转换条款，即允许债券持有者或优先股股东在一定时期、一定条件下将债券或优先股转换为普通股，最常见的是可转换债券的转换（相反的情况，即普通股转换成其他证券则很少见）。

3. 证券重整代理业务。证券重整代理业务是指信托机构（或其他机构）在某些情况下代公司对其各种证券进行重新安排的业务。这种重新安排工作主要是以新证券代替旧证券。当公司面临重组，或被另一家公司吞并，或打算调整资本结构，或自愿（被迫）处理其对其他公司的所有权等情况时，都需要进行以新换旧的所谓证券重整事务。

（五）保管代理业务

保管代理业务主要是指信托机构（或其他机构）为公司保存证券及其代理相关事务的业务。公司将证券交给保管代理人时取得保管人的收据，保管期满后，公司凭收据取回证券。

在保管代理业务中，值得一提的是为投资者保管外国证券的业务。例如，日本公司股票要在美国上市，通常是在美国发行代替日本股票的相应的证券。日本索尼公司于1961年6月第一次在纽约发行新股票时，以每10张索尼股票购买美国ADR（美国存托凭证，American

Depositary Receipts）股票 1 张。在美国，由美国摩根信托公司发行 ADR（索尼原股票由日本的东京银行保管），然后以 ADR 的形式买卖索尼股票，美国的 ADR 持有者凭 ADR 取得股票利息。另外，索尼公司股票在伦敦市场上用 LDR（伦敦存托凭证）、在欧洲市场上用 EDR（欧洲存托凭证）发行和买卖。

（六）其他代理业务

1. 优先股赎回代理业务。信托机构代理这项业务时，要负责证实公司董事会决议向信托机构发出的指示书与公司章程是否相符，向可赎回优先股的持有者发出赎回通知，接受用于赎回优先股的资金，以赎金赎回优先股，最后将已赎回的优先股票交给过户代理人。

2. 股票认购代理业务。一般来说，股份公司的原有股东享有优先认购公司新发行的证券的权利，信托机构可以代公司办理股东优先认购本公司股票的各项事宜：准备和寄发股权认购证、对认购证进行整理并过户、收取资金并发行新证券等。

3. 股票临时收据代理业务。股票临时收据是代替零额股份的票据，当股票临时收据积累到一定数额后就可以兑换成真正的股票。信托机构可以代公司处理有关临时收据的一切事宜，如收集信息、保管临时收据、发行与临时收据相对应的股票等。

4. 购买代理业务。通常，公司的普通股是不可由公司买回或以其他形式收回的，但在特殊情况下，经法律允许，按照法定程序也可以购回其部分股票或不可赎回的债券，这项业务称为"购买"。信托机构可以代公司办理"购买"业务，其程序是：向证券持有者发出通知，检查持券者的开价，拒绝或接受持券者的开价，收回股票并向原持券者付款，等等。

第三节　公益信托业务

一、公益信托的特点

1. 与私益信托比较。

{ **公益信托业务是以公共利益为目的，为将来的、不特定的、多数的受益人而设立的信托业务。**

（1）目的不同。私益信托是完全为委托人自己或其指定的受益人的利益而设立的；而公益信托是为公共利益而设立的。

（2）设立不同。私益信托的设立是以信托行为（契约或遗嘱）为依据；而公益信托的设立除了信托行为之外还必须得到有关公益事业管理机构的许可，因此，公益信托设立时，受托人应向有关公益事业管理机构申请许可承办公益信托。

（3）监督不同。一般来说，私益信托受法院监督；而公益信托主要接受社会公众和行政机关的监督。

（4）终止不同。私益信托可以因中途解除契约而终止，信托终止若因解除合同者，则信托财产归属受益人所有；若有其他原因，对信托行为新规定的信托财产无归属权利者，其信托财产应归属委托人或其继承人。而公益信托一般不得中途解除合同，信托终止时，若信托财产无归属权利者，受托人经有关公益事业管理机构批准，可以按照其信托宗旨，运用于类似目的，使信托继续下去，但不能归属委托人或其继承人。（见《信托法》第七十二条）

2. 与公益法人比较。

公益法人和公益信托的目的都可以是为了公益事业，但两者又有很大的区别：

（1）公益法人必须进行注册登记取得法人资格，而公益信托的设立不需要注册登记，不是法人。

（2）公益法人要设置专职董事和职员以及办事场所，开销的费用较大，而公益信托则与之相反。

（3）公益法人是以永久性为前提设立的，公益信托则没有永存的必要。

（4）公益法人受民法的限制，而公益信托主要受信托法的限制。

二、公益信托的目的

笼统地说，公益信托的目的是公共利益，但究竟什么是公益，没有一个一成不变的普遍的客观的标准，因此，有关法律应对此有明确规定。我国《信托法》规定为了下列公共利益目的之一而设立的信托，属于公益信托：救济贫困；救助灾民；扶助残疾人；发展教育、科技、文化、艺术、体育事业；发展医疗卫生事业；发展环境保护事业，维护生态环境；发展其他社会公益事业（《信托法》第六十条）。日本《信托法》规定，公益信托的目的是祭祀、宗教、慈善、学术、技艺和其他公益。对未列举的信托，如确属以公益信托为目的，仍承认其为公益信托。另外，比较公益法人的设立目的之限制，对于诸如同学会、同爱好会成员等，以相互亲睦、联络和交换意见为主要目的者，以及仅以特定团体的成员或特定职业者作为对象，以福利、相互救济为主要目的者不得设立公益信托，依此，养老金信托和财产积累信托等信托业务均不属于公益信托。

三、公益信托的主体

公益信托的主体（当事人）包括委托人、受托人、受益人、信托管理人和经营委员会。

1. 委托人。凡欲转让财产权或作其他处理的自然人均可成为公益信托的委托人，但对于法人来说要视其性质而定。营利法人当然可以成为公益信托的委托人，而公益法人只有在其章程许可时才能成为公益信托的委托人（对此各国法律有所不同，此为日本。我国《信托法》对此无具体规定）。另外，国家或地区的公共团体能否成为委托人，对此观点不一。

2. 受托人。个人和法人均可成为受托人，但实际上，多是由信托机构（信托银行）作为公益信托的受托人。受托人除完成诸如信托财产的管理、日常的经营等一般私益信托共有的事务外，还有其特有的一些事务，如编制事业计划、收支预算和决算，募集赞助人，提供资助金，与信托管理人、经营委员会、管理机关的联络，编制信托事务和财产状况的公告，等等。

3. 受益人。公益信托的受益人只能笼统地说是将来的、不特定的、多数的社会大众。例外的情况也是有的，即存在指定的受益人，但必须有充分的理由证明其为公益信托——多半是以国家、地方公共团体、公共法人等作为受益人。

4. 信托管理人。因为公益信托的受益人是尚不存在的非特定的人，为了保护受益人的利益有必要设置信托管理人。信托管理人负责信托财产的管理和运用。信托管理人一般是由委托人在信托行为中事先确定的，有时也由公益事业管理机关根据利害关系人的请求直接选任。

5. 经营委员会。经营委员会相当于公益法人的理事会或评议委员会，是由与公益信托目的有关的各领域的有学识、有经验的人士组成的，经营委员会负责公益信托目的的把关，即主要负责向受托人提出最适当的受益人的意见。对经营委员会的名称、职务、委员人数等，根据公益信托的具体情况在信托契约中加以规定。

四、公益信托业务概述

下面以公益信托比较发达的美国为例介绍几种主要的公益信托业务。在美国，公益信托就是所谓的慈善性信托——为法人慈善机构的利益而设立的信托。按照其具体的受益对象不同又可分为公共基金信托和公共机构信托；另外，还有慈善剩余信托和公共机构代理。下面就分别概述这四种业务。

（一）公共基金信托

公共基金信托就是为实现公共基金的宗旨而设立的信托，它可以分为两种：社会公众信托和专项基金信托。

基金是指为建设某个项目而专设、积累的资金，按其设立的方式可分为私人基金和公共基金。私人基金是由某个人出资设立的，而公共基金是由一定范围内所有公众或某一社团的所有成员捐款设立的。

1. 社会公众信托。社会公众信托的委托人是捐赠者或捐款组成的基金（如最早的社会公众信托的克利夫兰基金），受益人是该特定范围内的所有社会公众。这里所说的特定范围可

社会公众信托是指对由某一特定范围内的公众为了该范围内的人的利益而捐赠的款项（公共基金）进行管理和运用所设立的信托。

大可小，小到一镇、一县，或一州、一市，大至一个国家乃至整个世界。由于受益人是一定范围内的不特定的人，为了保证捐款意图的实现，维护尚未存在的受益人的利益，有必要设置一个专门委员会（类似于前文的经营委员会）来负责对信托财产（本金和收益）进行有利于受益人的合理分配。在美国，该委员会的大部分委员都由公共官员如市长、州长、州法院最高法官等来任命，成员一般为5～11人。

社会公众信托的受托人是由信托机构担任的，有时是一家（单一受托），有时是数家（共同受托）。但现在越来越倾向于由数家信托机构共同受托，共同负责对信托财产进行各种方式的管理和运用，即保管、投资、管理以及编制会计报表。值得一提的是，在社会公众信托中，对捐款的运用具有较高的灵活性。虽然建立信托时，委托人对捐款的使用可能会有许多具体要求，但随着时间的推移，环境的改变，如果委托人当初的要求不可能达到或者变得不切合实际的话，那么，受托人应根据该信托的宗旨，依据具体情况来对信托财产进行合理的管理和运用。

2. 专项基金信托。其宗旨是专门为了本团体自身发展或为某些被指定人谋取利益。为实现其宗旨，

专项基金是由宗教团体、专业协会、互助会、市民俱乐部或其他类型的社会团体设立的一种共同基金。

将基金委托给金融信托机构管理和运用，就是专项基金信托。由专门委员会对基金的使用和分配负责把关。

（二）公共机构信托

公共机构信托的委托人一般来说就是公共机构，但是，个人为了某一公共机构的利益，也可以捐款设立公共机构信托，从而成为该信托的委托人。公共机构都有其自身的事业（慈

善性事业）而又缺乏管理和运用财产的精力和能力，因而愿意将与财产管理有关的事务委托给专门机构办理，

> **公共机构信托是为了公共机构（如学校、医院和慈善组织等）的利益而设立的信托。**

以便更好地、更专一地致力于公共机构事业。同时，信托机构对信托财产的良好管理和运用，又能使作为委托人的公共机构的信誉更佳，从而更多地获得社会各界的认可和赞助。该信托的受益人一定是从事慈善性事业的公共机构，公共机构信托因此而得名。

公共机构信托的信托财产是这些机构所得到的捐款，随着社会经济的发展和人们对慈善公益事业的普遍关心，这种捐款的范围和数量越来越大。公共机构将这些捐款除用于正常开支外，一般都付诸信托。信托机构作为公共机构信托的受托人，在符合公共机构的宗旨的前提下，可以灵活地运用信托财产。同时，受托人必须经常与负责公共机构不同事务的各个部门代表保持良好的联系，这是该信托管理上的一大特点。

（三）慈善剩余信托

这是一种形式较特别的慈善性信托。慈善剩余信托的捐款者（委托人）在设立信托时，要求获得一定比例的信托收益以维持自身和其家庭的生活，而将其剩余部分全部转给某个特定的慈善性机构。可以享受免税待遇的慈善剩余信托有以下几种。

1. 慈善剩余年金信托。这种信托的受益人称为年金受益人。受益人是捐款者自己或其遗嘱中被指定的人。年金受益人生前可获得以年金形式的不低于信托财产5%的信托收益，死后则信托财产（本金）和剩余收益全部归某一特定的慈善性机构。

2. 慈善剩余单一信托。这种信托是慈善剩余年金信托的一种。即捐款人单独建立信托关系，一般数额较大，捐款人生前每年可以从其信托财产中得到一定比例的按当年市价计算的净值，死后则信托剩余全部归于某一确定了的慈善性机构。

3. 共同收入基金信托。这种信托是指慈善机构将其所获的小额捐款集中成"共同收入基金"并将它进行信托，每个小额捐款者生前得到一定比例的收益以维持生活，死后的所有信托剩余转给该慈善性机构。

（四）公共机构代理

公共机构代理是指信托机构为那些不能或不愿办理信托业务的公共机构提供的代理业务。主要有：

1. 捐款代理。捐款代理是指信托机构为慈善性公共机构代办有关捐款的接收、登记、所有权的转移、有价证券的过户等事务的业务。

2. 现金管理代理。现金管理代理是指信托机构为慈善性公共机构提供的对现金及其共同物进行短期的有效投资以获取最大收益的代理业务。

3. 保管代理。保管代理是指信托机构为慈善性公共机构代为保管贵重物品、有价证券以及负责剪息票和报告股票信息的代理业务。

4. 账目代理。账目代理是指信托机构为慈善性公共机构代办由信托财产管理而产生记账和会计等方面事务的业务。由于慈善性公共机构常常缺乏财会方面的专业人员，因此，账目代理最为需要。

五、我国公益信托发展现状

我国《信托法》对公益信托进行了界定，为了下列公共利益目的之一而设立的信托，属于公益信托：救济贫困；救助灾民；扶助残疾人；发展教育、科技、文化、艺术、体育事业；发展医疗卫生事业；发展环境保护事业，维护生态环境；发展其他社会公益事业。公益信托的目的是识别公益信托的一个重要的标志。对未列举的信托，如确属以公益信托为目的，仍承认其为公益信托。另外，公益信托的设立和确定其受托人，应当经有关公益事业的管理机构（以下简称公益事业管理机构）批准。未经公益事业管理机构的批准，不得以公益信托的名义进行活动。公益事业管理机构对于公益信托活动应当给予支持。

我国的公益信托发展相对滞后，尽管在《信托法》中明确表明"国家鼓励发展公益信托"，但并没有具体说明信托公司如何操作，而且在税收及配套措施方面也没有相关的法律法规和政策，相关的审批流程并不顺畅，公益信托在我国发展缓慢。但是，处于行业转型期的信托公司仍然在不停地探索公益信托新模式，如2017年1月12日正式成立的"光大·陇善行1号"慈善信托，这是甘肃省的首单慈善信托，同时也是光大信托定点扶贫的首个重点成果。这单产品的核心创新点在于：一是引入员工捐款代表作为自然人委托人，克服信托公司作为单一委托人同时是受托人的合规性、风险防范难题。二是创造性地引入了"政府出红头文件，信托公司依照委托人意愿出资金，民间公益组织出人、出力"的"三合一"慈善信托资金运用与公益项目执行机制，用公权力确保信托资金使用的公信力，以防范慈善信托最难防范的项目资金挪用、私分等操作风险及其造成的声誉风险等，使信托公司和受捐地民政局或其指定协作单位（如教体局等）、授权或指定下级单位各司其职、各专其长，权责做到无缝衔接。

从目前来看，信托行业从事公益的信托项目部分经过公益事业管理机构的审批，部分没有经过审批；部分项目本金可以赎回，信托财产收益捐赠于公益事业，部分项目是本金和收益全部捐赠于公益事业。

✒ 专栏 4 –3

2018 年慈善信托：在探索与创新中稳健前行 ⅰⅰⅰⅰⅰⅰⅰⅰⅰⅰⅰⅰⅰⅰⅰⅰⅰⅰⅰⅰ

根据中国慈善联合会发布的数据，2018年，我国慈善信托行业发展态势整体良好，新设立的信托财产达11.01亿元，比2017年增长5.04亿元，同比增长84.42%；新设立慈善信托79单，同比增长75.56%。在数据的背后，2018年，我国慈善信托行业呈现怎样的特点，未来发展有哪些趋势？《金融时报》记者采访了《2018中国慈善信托发展报告》主笔人、中航信托首席研究员袁田。

《金融时报》记者：2018 年我国慈善信托设立单数及财产金额都有显著增长，您认为动因何在？

袁田：2016年《中华人民共和国慈善法》（以下简称《慈善法》）颁布实施至今，慈善信托已经成为慈善机构、金融机构及社会公众参与慈善事业的重要渠道。经过2016年、2017年连续两个年度的不断探索，2018 年，我国慈善信托实现了从"抢滩试水期"向"初长成阶段"的蜕变，不仅慈善信托规模和数量迅速增长，在信托目的、信托财产来源、合意机制设计、信托业务及管理模式、信托监管规范、信托监督机制及技术等方面不断涌现新亮点，这是我国慈善事业蓬勃发展的重要表现，也是我国信托行业回归业务本源、致力于服务人民美好生活的重要见证。

《金融时报》记者：对比 2017 年、2018 年，慈善信托有哪些创新亮点？

袁田： 2017 年，外部制度保障的逐渐完备和自身制度优势的日益凸显，为慈善信托的应用场景突破和业务模式创新提供了良好的发展空间。2017 年 4 月，国内首单股权慈善信托"2017 年真爱梦想 2 号教育慈善信托"设立，成为我国以非货币财产设立慈善信托的一大突破。2017 年 9 月，国内首单艺术品慈善信托"万向信托—艺酷慈善信托"设立，该慈善信托是另类资产在慈善信托领域的有益探索。2017 年 9 月，"中航信托·绿色生态慈善信托"推出，标志着以绿色生态为主题的慈善信托正式启动。2017 年 11 月，外贸信托成立了国内首单混合财产慈善信托，信托财产类型得到进一步拓展和丰富。2017 年 12 月，厦门国际信托成立了国内首只以中国传统文化保护传承为目的的慈善信托，慈善目的向科教文卫事业纵深。此外，2017 年家族财富与慈善公益实现多次携手，高净值人士逐渐成为慈善信托事业的重要参与主体。

2018 年，多家信托公司在慈善信托产品设计上实现创新，带动了更多慈善资金和项目资源参与扶贫。一是慈善信托助力脱贫攻坚。主要创新模式有"慈善信托＋企业贷款""慈善信托＋股权投资""产业扶贫＋精准帮扶"等。二是慈善信托与家族信托紧密融合。2018 年，在以委托人需求为导向的家族慈善信托业务中，出现了"先行信托＋慈善信托"、股权家族慈善信托等模式，这些创新有助于高净值客户财富和尽社会责任精神的双重传承。

《金融时报》记者：2018 年的慈善信托发展具有哪些特点？

袁田： 设立期限以短期为主。2018 年，短期（5 年期及以下）、10 年期和永久存续期限的慈善信托设立数量均有明显增长，而中长期（20 年至 50 年期）慈善信托的设立数量增长稍缓。其中，短期慈善信托设立单数最多，有 38 单，占总数的 48.10%。永久存续期限和 10 年期的慈善信托设立数量分别为 19 单和 12 单。20 年至 50 年期的慈善信托只有 3 单，仅占总量的 3.80%。可见，慈善信托的发展还存在短期效应，多以特定任务导向为驱动，例如扶贫、救助等需要短期体现成效的公益项目。

区域发展尚不均衡。2018 年共有 17 个省、直辖市、自治区的民政厅（局）进行过慈善信托备案。从慈善信托备案的财产规模看，浙江省备案的慈善信托财产达 8.69 亿元，名列第一；广东省和北京市依次为第二名、第三名，慈善信托的财产规模分别为 1.11 亿元和 3 266.26 万元。此外，黑龙江省与内蒙古自治区分别完成了首单慈善信托备案。概括地说，慈善信托备案主要集中在经济较发达的沿海地区及扶贫需求强烈的黄河、长江中上游省、市。

信托公司任受托人模式持续升温。在 2018 年设立的慈善信托中，逾 80% 选择信托公司作为受托人，10% 选择信托公司与基金会作为共同受托人，7% 由基金会作为单独受托人。可见，目前，多数慈善信托仍采取由信托公司作为独立受托人或在共同受托人中担任主要受托人的业务模式。

信托财产来源更加广泛。近 3 年来，我国慈善信托财产规模在万元级别的有 72 单，占总数的 49.32%；百万元级别的有 50 单，占总数的 34.25%；千万元级别和亿元级别分别为 20 单和 4 单，其中 2018 年规模在千万元级别及以上的共有 12 单，其中有两单超过亿元。在 2018 年慈善信托实践中，自然人、企业、慈善组织及社会团体、政府相关机构都可成为委托人。除了有不同类型的委托人共同设立慈善信托外，还出现了慈善信托设立时为单一类型委托人，后续定向开放募集为复合类型委托人的情形，这表明信托财产的来源呈现出动态、多元的特点。另外，政府专项基金也可成为慈善信托财产。2018 年，由政府相关机构委托设立的慈善信托共有 6 单，2018 年初在广东省民政厅备案的"大鹏半岛生态文明建设慈善信托"，即是以政府相关机构为委托人，慈善组织为受托人的慈善信托。

↑ 资料来源：胡萍. 2018 年慈善信托：在探索与创新中稳健前行［EB/OL］.［2019 - 03 - 18］. http://www. financialnews. com. cn/trust/hyzx/201903/t20190318 _ 156515. html.

第四节　其他信托业务

第一节至第三节主要是以信托最为发达的美国为例，介绍其常见的几种信托业务。由于各国情况不同，划分信托的标准相异，再加上信托业务本身就是一种纷繁复杂、名目繁多的业务，因此很难全面介绍。下面补充介绍其他几种常见的信托业务。

一、养老金信托

养老金制度是养老金信托的前提基础，公司根据养老金制度制订养老金计划，然后根据计划定期从雇员的工资或公司利润中扣除一定比例的资金，将它

> 养老金信托也称年金信托，是信托机构受托对养老金进行管理，负责对定期积累的养老金的运用和雇员退休后以年金形式支付的一种信托形式。

作为信托财产委托给事先选定的信托机构来管理和运用这些资金。作为受托人的信托机构，办理信托的方式主要有以下三种：

1. 受托人收到委托人的信托财产后立即购买保障公司的个人养老金契约，待雇员退休后再交给雇员。

2. 受托人按信托契约的规定将信托财产（现金或有价证券）加以运用，到雇员退休时，受托人再为之购入保险公司的个人养老金契约。

3. 受托人负责信托财产的投资和管理，当雇员退休或缺钱时，受托人从信托财产（本金和收益）中向雇员支付养老金。此即所谓的"金额受托计划"。

日本的养老金制度比较复杂，按其设立者的不同可分为三种，即个人养老金、公共养老金和企业养老金。其中企业养老金范围和影响都比较大，它可以再分为法定养老金（又称适格退休养老金或合格退休养老金）和福利养老金（又称厚生养老金、调整养老金或卫生保健养老金）。根据日本有关制度规定，养老金事务由信托银行或人寿保险公司承办，其中由信托银行承办的称作养老金信托，而由人寿保险公司承办的称作养老金保险。

日本的养老金信托分为法定退休养老金信托、福利养老金基金信托和非法定养老金信托三种。

1. 法定退休养老金信托。根据法定退休养老金制度，雇主（企业）委托信托银行对雇

员的退休金进行管理、运用并支付的信托就是法定退休养老金信托。

2. 福利养老金基金信托。根据福利养老金基金制度，福利养老金基金的管理、运用、代理支付的信托业务就是福利养老金基金信托。

3. 非法定养老金信托。除法定退休养老金、福利养老基金以外的养老金制度称为非法定养老金制度。非法定养老金信托包括以某些公共法人、公益法人等的雇员或会员个人为对象进行经营的，法人以其本身的董事为对象进行经营的以及根据所得税法规定的特定退休金互助团体；以加入该互助团体法人的雇员为对象进行经营的养老金制度。非法定养老金信托就是信托银行受托对这些非法定养老金制度进行管理，同时办理有关数理计算，发放养老金事务的信托业务。其中较为重要的有互助养老金信托。

二、形成财产信托

按照日本1971年6月公布实施的《促进劳动者形成财产法》创立形成财产体系包括：（1）援助和促进劳动者以其工资的一部分进行长期储蓄的劳动者形成财产储蓄制度；（2）为了使劳动者形成储蓄，由雇主筹资援助和促进劳动者的财产积累的基金制度；（3）以金融机构等积累的形成财产储蓄作为原资，使劳动者为取得或改善自己住宅条件、获得开学所需费用进行融资的劳动者形成财产的融资制度；（4）援助和促进劳动者以工资的一部分进行养老金储蓄的劳动者形成财产养老金储蓄制度。根据这些制度，信托业界于1975年10月创设形成财产奖金（给付金）信托业务。1978年1月创设形成财产信托业务。1978年11月创设形成财产基金信托业务，1982年10月创设形成财产年金（养老金）信托业务。

1. 形成财产信托一般是以雇员作为委托人兼受益人的自益信托，雇主（企业）只是代扣代交信托金。信托银行是受托人，负责运用信托财产，不过对于形成财产信托业务并没有专门的运用信托财产方式，而是利用已有的共同运用指定金钱信托和贷款信托两种信托业务，因此，可以将形成财产信托分为金钱信托型和贷款信托型两种。

2. 形成财产奖金信托是以雇主为委托人，以雇员为受益人的他益信托。本信托的受益人是不确定的（因退出和加入的变动）的多数雇员，所以还必须设置信托管理者。

3. 形成财产基金信托是以基金为委托人，以章程规定的加入者为受益人的他益信托。

三、职工持股权信托

股份大众化是职工持股的背景。日本的职工持股制度是职工以买进本公司的股份为目的而设立"职工持股会"，用工资和奖金定期地买进本公司股份的制度。此种以信托契约规定的业务称为职工持股信托。职工持股信托可分为两种方式，即金钱信托以外的金钱信托（简称金外信托）方式与管理有价证券信托方式。

四、个人退休金储蓄信托

这项业务是根据美国《雇员退休收入保险法》的规定设立的，其做法是：个人从其总收入中拿出一部分资金（一般不超过1 500美元的现金）交给信托机构管理，信托机构为之设立个人账户，到雇员退休时，将信托本金及收益支付给雇员个人，这是一种自益信托。另外，按照有关法律的规定，这笔资金投资于人寿保险契约，雇员个人可享受到延期交税的优惠。

五、自我雇佣者的退休金信托

这项业务是根据美国 1962 年通过的《自我雇佣者税收退休金法》（柯欧夫法）设立的。由自我雇佣者出资，委托银行信托部门保管和运用，自我雇佣者退休时可获得一笔退休金。《雇员退休收入保险法》为此项信托业务提供了更优惠的待遇，进一步促进了它的发展。

六、利润分享信托

这是为使雇员将来分享公司利润而设立的一种信托，公司是该信托的委托人，将每年净利润的一定比例委托给信托机构管理和运用，并在一定时期后将信托本金及收益支付给公司的雇员。这一信托的主要特点为：

1. 信托本金和收益是不确定的。公司根据每年的盈利情况确定的出资额、盈利情况总是变化的，因而信托本金是不确定的，信托收益也因之波动。

2. 信托本金和收益与雇员的年龄和工龄无关，雇员不负担信托本金的分摊额。

3. 雇员可以较灵活地支用款项，即雇员退休、死亡、致残、辞职、被解雇等至任何期间都可要求支用信托本金及收益。

4. 法律对该信托当事人资格的要求较为灵活、宽松。

七、储蓄计划信托

这项业务是公司把养老金计划和储蓄计划结合在一起而设立的信托。委托人是公司，信托财产来自雇员的储蓄和公司的捐款两部分，作为受托人的信托机构负责信托财产的管理和运用，以及雇员退休时支付收益等。该信托的目的是向雇员提供更多的退休收入。与养老金信托相比，其最大特点是更加灵活，它允许提前向雇员支付收益等。

本章小结

1. 个人信托业务是以个人为服务对象的信托业务，其委托人是个人，受益人也是个人（但不一定是委托人本人）。这种业务可分为两种：一种是个人信托业务（狭义），另一种是个人代理业务。

2. 公司信托是法人信托的一种，是由信托机构向公司法人提供的一种信托业务。公司代理是信托机构充当代理人或总代理人为公司法人代理有关证券方面事务的业务。

3. 公益信托业务是以公共利益为目的，为将来的、不特定的、多数的受益人而设立的信托业务。

4. 其他几种常见的信托业务：养老金信托、形成财产信托、职工持股权信托、个人退休金储蓄信托、自我雇佣者的退休金信托、利润分享信托、储蓄计划信托。

本章主要概念

合同信托　遗嘱信托　遗嘱执行信托　遗产管理信托　财产监护信托　人寿保险信托

有财源人寿保险信托　无财源人寿保险信托　抵押公司债信托　商务管理信托　收益债券发行信托　公益信托　公共基金信托　社会公众信托　专项基金信托　公共机构信托　慈善剩余信托　慈善剩余年金信托　慈善剩余单一信托　共同收入基金信托　养老金（年金）信托　形成财产信托　形成财产奖金信托　形成财产基金信托　职工持股权信托　个人退休金储蓄信托　自我雇佣者的退休金信托　利润分享信托　储蓄计划信托

思考题

1. 简述遗嘱信托的程序。
2. 简述人寿保险信托的作用。
3. 简述人寿保险信托的种类。
4. 简述公益信托的特点。
5. 简述设备信托的优点。
6. 简述商务管理信托发生与建立的原因。
7. 简述辅助代理的职责。
8. 简述抵押公司债信托的特点。
9. 简述抵押公司债信托业务程序。

第五章
我国的信托实务

本章知识结构

第五章 我国的信托实务	第一节 信托计划认购与赎回	◆ 信托计划认购程序 ◆ 信托计划赎回程序
	第二节 资金信托业务	◆ 集合资金信托业务 ◆ 企业年金信托业务 ◆ 证券投资信托业务
	第三节 房地产信托业务	◆ 房地产信托的含义 ◆ 房地产资金信托的一般运作流程 ◆ 房地产资金信托运作模式 ◆ 房地产信托投资基金
	第四节 特定目的信托与权利信托业务	◆ 员工持股信托业务 ◆ 管理层收购信托业务 ◆ 表决权信托业务
	第五节 个人信托业务	◆ 个人信托业务的概念及特点 ◆ 个人信托业务种类 ◆ 个人信托契约的主要内容 ◆ 遗嘱的主要内容
	第六节 其他信托业务	◆ 法人财产信托业务 ◆ 债权信托业务 ◆ 风险储备金信托业务 ◆ 黄金信托业务 ◆ 艺术品信托业务

本章学习目标

● 了解信托计划认购与赎回流程。

● 掌握集合资金信托业务的含义及分类；掌握企业年金信托的含义、特征和制度优势；掌握证券投资信托业务的含义和特点。

● 掌握房地产信托的含义，了解其运作模式。

● 掌握员工持股信托业务和管理层收购信托业务；熟悉表决权信托业务的含义和特点。

● 熟悉个人信托业务的特点及特点；掌握其分类；理解个人信托契约的主要内容。

● 了解法人财产信托业务、债权信托业务、风险储备金信托业务、艺术品信托业务。

信托业务具有灵活多样、适应性强的特点。我国信托存在的客观基础已经形成，信托业务蓬勃发展并不断创新，丰富多彩的信托业务将为我国社会经济的发展作出应有的贡献。

第一节　信托计划认购与赎回

一、信托计划认购程序

（一）认购资金要求

委托人认购信托计划时，认购资金应当是人民币资金。受托人不接受现金认购，委托人须从在中国境内银行开设的自有银行账户划款至信托资金收付账户，并在备注中注明："认购×××信托计划"。

（二）接受认购的原则

在信托计划推介期间，如认购低于 300 万份信托单位的自然人投资者超过 50 人，由受托人按照金额优先、时间优先的原则接受合格投资者的认购申请。

（三）签署信托合同

委托人在通过网站浏览、电话咨询、现场咨询、邮件阅读等方式充分了解产品后，可向受托人提出认购申请，经受托人确认后，委托人可进入产品签约阶段。

经受托人确认申请成功的委托人，到信托公司营业场所签署信托文件。

（四）委托人需签署和提交的文件

1. 委托人是自然人时需签署和提交的文件。

（1）信托业务申请表（见表 5-1）。

表 5-1　信托业务申请表

个人姓名或机构名称：＿＿＿＿＿＿＿＿＿

业务申请类型：□ 认/申购　□ 赎回　□ 分红方式选择

（申购时可以同时选择该信托的最新分红方式，其他情况下只能选择一项）

认/申购	信托产品名称：国投飞天·财富宝证券投资集合资金信托											
	申购金额：（大写）	亿	仟	佰	拾	万	仟	佰	拾	元	角	分
	（小写）											
		亿	千	百	十	万	千	百	十	元	角	分
赎回	信托产品名称：　　　　　　信托											
	赎回份额：（大写）	亿	仟	佰	拾	万	仟	佰	拾	元	角	分
	（小写）											
		亿	千	百	十	万	千	百	十	元	角	分

続表

| 分红方式
选择 | 信托产品名称：　　　　　　　　　　信托 |
| | 分红方式选择：　□ 现金分红　　□信托单位分红 |

声明：　本人（本机构）已经了解国家有关的法律、法规及相关政策，且已经仔细阅读过本次业务所涉及的信托合同相关文本和业务规则，保证所提供的资料真实、有效，确认本申请表所填信息的真实性和准确性，并自愿遵守相关条款，履行信托委托人的各项义务，清楚投资信托的风险，自行承担信托投资风险。

个人申请人签字：
机构经办人签字：　　　　　　　　　　　　机构申请人签章（预留印鉴）：

　　　　　　　　　　　　　　　　　　　　　　　日期：　　　年　　　月　　　日

以下由信托公司填写

签收日期：　　　年　　　月　　　日　　　　　　复核：
　　审核：　　　　　　　　　　　　　　　　　　签章：

（2）正反两面的身份证明复印件。

（3）以委托人本人名义在银行开具的账户复印件。

（4）委托人风险能力调查问卷。

（5）银行划款凭证复印件。

（6）自然人投资金额低于100万元人民币，还应当提供下列材料之一：

①委托人个人或委托人家庭金融资产总计在其认购时超过100万元人民币的财产证明；

②委托人个人收入在最近三年内每年收入超过20万元人民币的相关收入证明或者委托人夫妻双方合计收入在最近三年内每年收入超过30万元人民币的相关收入证明。

2. 机构委托人需签署和提交的文件。

（1）信托业务申请表（见表5-1）。

（2）加盖公司公章的营业执照复印件、法人或负责人证明书。

（3）法人或负责人身份证正反两面复印件、机构对经办人员的授权委托书（需盖公章及法人章）、经办人身份证正反两面复印件。

（4）以委托人本人名义在银行开具的账户复印件。

（5）信托资金来源说明。

（6）银行划款凭证复印件。

（五）缴款

委托人在签署信托文件后，根据受托人出具的缴款通知书，按照合同约定的时间将足额认购资金汇入受托人指定的信托计划资金募集账户或信托财产托管账户。

（六）资料审查阶段

信托工作人员将对以下信息进行审查、认定：

（1）信托文件签署完整，相应证明文件提交完整且符合要求。

（2）投资者如期将约定资金划至信托募集账户。

（3）对合格投资者进行认定。

（七）信托成立

信托计划达到成立条件时，信托公司出具成立公告，并通过公司网站发布。信托公司将成立公告、信托业务资金到账单、信托合同等相关文件以当面递交或邮寄等方式发送给投资者。

（八）推介失败的处理

如信托计划推介失败，受托人将根据合同约定的时间，于信托计划推介期结束后将投资者交付的认购资金连同交付日至退还日期间所取得的活期利息扣除相关费用后，一并退还给该委托人。

二、信托计划赎回程序

（一）提交材料

委托人赎回信托单位的，须向受托人提交信托业务申请表。委托人可通过以下几种方式获得该申请表。

1. 通过信托公司网站下载；

2. 拨打信托客服电话，通过传真、邮件、快递等方式获取；

3. 直接到信托营业场所获取。

受托人办理赎回业务以收到委托人的信托业务申请表原件为准。

（二）赎回申请时间

委托人认真阅读信托合同的相关条款，严格按照信托合同约定的赎回申请时间办理赎回业务。

（三）赎回的份额

委托人在提交赎回申请时，账户中必须有足够的信托单位余额，否则所提交的上述申请无效。委托人持有的份额以信托合同或受托人出具的信托业务确认书上的份额数为准。

（四）赎回的价格

赎回价格以当期开放日的信托单位净值为基准进行计算。

（五）赎回款项支付

委托人提交赎回申请，经受托人确认后，赎回款项将按照信托合同约定的时间内划入委托人的信托利益分配账户。

第二节　资金信托业务

一、集合资金信托业务

（一）集合资金信托业务的含义

集合资金信托业务将委托人的小额资金募集起来，借助信托公司的优质项

> 集合资金信托是指信托公司接受两个或两个以上委托人委托，依据委托人确定的管理方式或由信托公司代为确定的管理方式管理和运用信托资金的业务。

目载体和专业理财服务，使广大投资者能够享有大规模投资所带来的收益，是一种安全、稳健的投资理财产品。

从资金使用方向来讲，集合资金信托不同于银行、券商的代客理财产品，其最大的优势在于可以充分利用货币市场、资本市场和产业投资领域的投资组合优势，在充分降低资金的使用风险，提高资金使用效率的同时，重点选择成长性好、风险可控、预期收益有保障的项目进行运作，以确保委托人的投资收益最大化。因此，集合资金信托从进入市场的那一天起就受到了广大投资者的高度认可和极力追捧。

（二）集合资金信托业务的种类

1. 贷款类集合资金信托。

（1）贷款类资金信托产品。

①A 类贷款业务：此项业务是指信托公司作为受托人，按照全体委托人的意愿，用集合资金信托募集的资金，以信托公司的名义发放贷款。贷款的对象、用途、项目、期限、利率等均由委托人指定，其风险由委托人承担。信托公司作为受托人按照委托金额和期限向委托人收取手续费，手续费每月最高不超过 3‰。

②B 类贷款业务：此项业务是指委托人将自己无能力亲自管理或者国家限制其亲自管理的资金通过集合资金信托的方式委托给信托公司（受托人），指定用于发放贷款，并由受托人代委托人选定借款人，受托人以贷款人的名义与借款人签订贷款合同及办理有关贷款手续，并行使贷款人的各项权利。该项业务集中了社会信用，用经济办法融通资金，提高资金使用效益。

（2）贷款类资金信托业务流程。

①信托公司严格按照《贷款通则》和其他相关法律、法规的规定，对借款企业的营业状况、财务状况、信用等级、还款能力实施审查，确定贷款对象。

②信托公司根据贷款项目的资金使用需要、风险程度、预期收益和投资回报周期，制订相应的贷款集合资金信托计划（见附式 5 – 1）、风险申明书等推介资料，并在推介期内向广大投资者公开发售。

附式 5 – 1

贷款集合资金信托计划

一、信托计划名称

本信托计划名称为××有限公司贷款集合资金信托计划（以下简称信托计划）。

二、信托计划目的

发放贷款，以获取信托收益。

三、信托计划规模

信托计划规模为××万元人民币，××有限公司信托计划项下的信托合同不超过 200 份（包括 200 份）。

四、信托计划的推介和成立

本信托计划的推介期自 20××年____月____日起至 20××年____月____日止，推介期结束，信托计划即告成立，本信托同时生效。推介期内，如信托资金募集规模提前完成或签订信托合同达到 200 份，信托计划可提前成立。

信托资金在推介期内按中国人民银行同期活期存款利率计息，由受托人在支付信托财产时一并支付。

五、信托计划期限

信托期限为一年，自信托计划成立日起至20××年____月____日止。信托计划提前成立的，信托计划到期日不变。

六、加入信托计划的条件

（一）委托人资格

具有完全民事行为能力的自然人、企业法人或其他组织。

（二）资金合法性要求

委托人保证信托资金是其合法所有的财产。

（三）资金要求

加入信托计划的单笔资金金额最低为5万元人民币，并可按1万元人民币的整数倍增加。

七、信托计划资金的运用

1. 信托计划资金的运用方式。信托计划资金由受托人集合运用，向××有限公司发放贷款。

2. 借款人——××有限公司基本情况。

3. 贷款期限——贷款期限为一年。

4. 贷款利率——1年利率5.58%。

5. 贷款本息偿还——贷款本息按受托人与××有限公司签订的具体贷款合同的规定由××有限公司以销售收入如约偿还。

6. 担保人——××有限公司基本情况。

八、信托计划资金的管理

（一）管理方式

本信托计划资金由受托人集合运用。

受托人为信托计划资金设立专用账户，单独记账。

委托人按实际交付的信托资金占信托计划资金的比例享有权利、承担义务。

信托计划资金与受托人自有资金分别管理，本信托计划资金与受托人管理的其他信托资金分别管理。

（二）内部管理机构

1. 投资决策委员会。主要职责是：

（1）制定投资原则、投资方向、项目审查及管理策略。

（2）批准信托计划资金运用方案。

（3）制定防范和化解风险的控制措施。

（4）提出法律、政策风险等具体意见。

2. 独立的信托计划资金管理部门。公司设立资金信托部，作为信托计划资金管理部门，主要职责是：

（1）信托计划推介；

（2）合同管理；

（3）客户来访；

（4）信息披露；

（5）信托计划资金及收益返回；

（6）拟订信托计划资金运用方案，经业务发展决策委员会批准后实施；

（7）按信托文件规定运作信托计划资金，并对资金拨付等发布指令。

3. 独立的信托计划资金托管部门。公司设立计划财务部，作为信托资金托管部门，主要职责是：

续表

（1）为信托计划建立会计账户和信托账户；

（2）执行信托资金管理部门的指令；

（3）实施信托计划利益分配方案；

（4）安全保管信托计划资金；

（5）发现信托计划资金管理部门的指令违反信托合同规定时，有权拒绝执行该指令，并向业务发展决策委员会报告。

4. 独立的稽核审计部门。公司设立稽核审计部门，主要职责是：

（1）负责公司日常风险管理；

（2）监督与核查业务部门及相关部门对于风险控制制度的执行情况；

（3）针对业务过程中异常情况作出预警并及时报告。

九、信托资金风险揭示及防范措施

（一）信托计划风险揭示

1. 本信托计划存在借款人和担保人不能如期归还贷款资金的风险。

2. 信托期间内，受战争、动乱、自然灾害等不可抗力所导致的风险。

3. 因国家政策，如财政政策、货币政策、税收政策、地区发展政策等发生变化，影响信托收益。

4. 在信托计划资金的管理运用过程中，可能发生资金运用部门、资金托管部门因所获取的信息不全或存在误差，对经济形势等判断有误，或处理信托事务过程中的工作失误，影响信托计划资金运作收益水平。

（二）风险防范措施

1. 项目运作方式为封闭运作，专户管理，信托财产得以有效管理和控制。

2. 借款人××有限公司是一家经济实力较强的企业，其资产质量较好，还款能力较强，信誉较高，保障程度较高，并由实力较强的××有限公司提供保证担保，为归还贷款资金提供了最终保障。

3. 项目运行期间政策相对稳定。

4. 受托人建立健全了完备的项目运作、预警监控系统，避免在信托计划资金的管理运用过程中发生的各类失误，影响信托计划资金运作的收益水平。

十、信托计划的收益来源与收益分配

受托人将××有限公司支付的贷款利息作为本信托计划的收益来源，本信托计划预计受益人可获得的年收益率为税前×%，实际年信托收益超过信托资金×%的部分作为受托人当年的报酬及列支信托计划的管理费用。

本信托计划的信托收益采取货币资金分配方式。信托期满后，受托人将信托收益与信托资金一并支付给受益人。

十一、公益捐赠

1. 公益捐赠的目的：通过公益捐赠将委托人、受托人、受益人、社会的利益与责任进一步连在一起，委托人的信托资金在得到增值的同时还向社会奉献了一片爱心。

2. 公益捐赠资金的来源：受托人按委托人每认购 1 万元人民币计提 1 元人民币的比例从信托资金总收益中计提捐赠资金。

3. 公益捐赠的范围：经民政部门批准的社会公益事业机构。

4. 公益捐赠的方式：由受托人代表委托人、受益人将依约定计提的公益捐赠资金向本信托合同中公示范围内的公益慈善事业机构进行公益捐赠活动。

5. 公益捐赠资金的计提：信托终止，受托人对信托计划进行清算后，按委托人每认购 1 万元人民币计提 1 元人民币的比例从信托资金总收益中计提捐赠资金。若捐赠资金的列支影响到受益人的预计收益水平，受托人将相应减少信托报酬，以维护受益人的利益。若信托计划实际收益水平低于受益人的预计收益水平，将不再进行公益捐赠。

续表

十二、信托计划的税务处理

信托计划期限内所涉及的税务问题，信托有关当事人按国家的有关法律、法规与政策办理。对于国家法律、法规或政策没有明文规定的信托行为的税务问题，信托有关当事人按照政府部门的相关要求办理。

十三、信托计划的信息披露

信托财产清算报告以下列方式报告委托人与受益人：

1. 在信托财产支取时，受托人将信托财产清算报告送达受益人或代取人；

2. 受托人营业场所公示并存放备查；

3. 在受托人网站上公告；

4. 来函索取时寄送。

十四、信托的终止、清算与信托财产的归属

（一）信托的终止

本信托计划期限届满，信托终止。

（二）信托终止后的清算

受托人在信托终止后的十个工作日内进行清算分配，编制信托财产分配的信托清算报告，并在其营业场所和网站上以公告的形式报告委托人和受益人。本信托的清算报告委托人同意不经会计师事务所审计。

受益人自信托清算报告公布之日起三十日内，未提出书面异议的，或受益人已取得信托利益的，受托人就信托清算报告所列的有关事项解除责任。

（三）信托财产的归属

清算后的信托财产，按实际交付的信托资金占信托计划资金的比例，扣除按前述比例应由信托财产承担的费用和受托人的报酬后，归属于各信托项下的受益人。

××信托公司

20××年×月×日

③法人企业、社会团体或自然人投资者通过信托公司的推介材料介绍，或通过咨询信托公司相关事宜，了解集合资金信托项目的风险收益情况，自主确定投资意向。

④投资者与信托公司签订贷款集合资金信托合同（见附式5-2），将其合法拥有的资金委托给信托公司，并确定相应的合同条款和信托各方当事人的权利与义务。

附式5-2

贷款集合资金信托合同

遵照《中华人民共和国信托法》《信托公司管理办法》《信托公司资金信托管理暂行办法》《中华人民共和国合同法》及其有关互利的原则，签订本合同，共同遵照执行。

第一条 信托目的

委托人基于对受托人的信任，自愿将其合法所有的资金委托给受托人进行管理，由受托人集合运用，向××有限公司发放贷款，以获取信托收益。

第二条 信托类别

本信托为指定管理资金信托。委托人指定信托资金由受托人管理并与本信托计划项下其他信托资金共同运用，贷款给××有限公司，以获取信托收益。

第三条　信托当事人及其信托资金

委托人（受益人）：　　　　　　　　　受托人：××信托公司

地址或住址：　　　　　　　　　　　　营业地址：

联系电话：＿＿＿＿＿＿　　　　　　　联系电话：＿＿＿＿＿＿

委托人（受益人）指定的银行账户为：

银行账号：＿＿＿＿＿＿　　　　　　　传真：＿＿＿＿＿＿

开户行：＿＿＿＿＿＿

合同项下的信托资金金额为：人民币（大写）＿＿＿＿＿＿

　　　　　　　　　　　　　　（小写金额）＿＿＿＿＿＿

第四条　信托生效日、收益分配日及信托利益支取日

本信托计划的推介期自＿＿＿＿至＿＿＿＿止，推介期结束，信托计划即告成立，本信托同时生效。推介期内，如信托资金募集规模提前完成或签订信托合同达到 200 份，信托计划可提前成立。信托收益从信托生效日起计算，信托财产支取日定为（遇法定节假日顺延）＿＿＿＿＿＿＿。

第五条　信托期限

信托期限为一年，自信托计划成立日起至＿＿＿＿＿＿止。信托计划提前成立的，信托计划到期日不变。

第六条　受益人

本合同的委托人与受益人是同一人，且受益人是唯一的。

第七条　信托资金的交付

自然人加入本信托计划时，须将信托资金缴纳至受托人营业地点。

法人或者其他组织加入本信托计划，须将信托资金划款至受托人指定账户，同时签订合同。

信托资金在推介期内按中国人民银行同期活期存款利率计息，由受托人在支付信托财产时一并支付。

第八条　信托财产的构成

信托财产包括下列一项或数项：

（1）受托人因承诺信托而取得的财产是信托财产；

（2）受托人因信托财产的管理、运用、处分或者其他情形而取得的财产，也归入信托财产；

（3）因前述一项或数项财产灭失、毁损或其他事由形成或取得的财产。

第九条　信托财产的管理和运用

本信托项下的信托财产，由受托人按信托计划的规定，与信托计划项下其他信托财产集合管理并运用，向××有限公司发放贷款。××有限公司提供连带责任保证担保。

本信托项下的信托资金单独记账。

本信托项下的信托财产可以按公平市场价格与受托人的固有财产或其管理的其他信托财产进行交易。

第十条　信托财产承担的费用

（一）受托人因处理信托事务发生的下述费用与税金由信托财产承担：

（1）信托财产管理、运用或处分过程中发生的税费；

（2）受托人报酬；

（3）信托计划相关管理费用；

（4）按照有关规定可以列入的其他税费和费用。

（二）费用计提

信托存续过程中实际发生的费用从信托财产中支付，列入当期费用。受托人以固有财产先行垫付的，受托人有权从信托财产中优先受偿。

受托人报酬及信托计划相关管理费用，由受托人按本合同第十四条的规定提取。

第十一条　委托人（受益人）的权利和义务

委托人（受益人）按实际交付的信托资金占信托计划资金的比例享有权利、承担义务。

（一）委托人（受益人）的权利

1. 有权了解信托财产的管理、运用、处分及收支情况，并有权要求受托人作出说明；

2. 在信托期间内享有信托收益的权利；

3. 依据本合同的规定对信托受益权有进行转让的权利；

4. 本合同及法律、行政法规规定的其他权利。

（二）委托人（受益人）的义务

1. 应当按照本合同的规定交付信托资金，并保证所交付的信托资金为其合法所有的财产；

2. 应履行不得以信托受益权用于偿还债务的义务；

3. 本合同及法律、行政法规规定的其他义务；

4. 在信托期间内，有保证信托资金相对稳定的义务，不得提前支取信托资金。

第十二条　受托人的权利和义务

（一）受托人的权利

1. 自信托生效之日起，根据本合同及信托计划管理，运用和处分信托财产的权利；

2. 收取信托报酬的权利；

3. 根据情况将信托事务委托他人代为处理的权利；

4. 本合同及法律、行政法规规定的其他权利。

（二）受托人的义务

1. 根据本合同及信托计划的规定，为受益人的最大利益处理信托事务，恪尽职守，履行诚实、信用、谨慎、有效管理的义务；

2. 对委托人、受益人以及处理信托事务的情况和资料依法保密的义务；

3. 妥善保管信托业务交易的完整记录、原始凭证及资料，保存期为自本信托终止之日起十五年；

4. 本合同及法律、行政法规规定的其他义务。

第十三条　风险揭示与风险承担

受托人在信托财产管理、运用或处分过程中，可能会面临各种风险，包括存在借款人××有限公司、担保人××有限公司不能如期归还贷款的风险和其他风险等。

受托人根据本合同及信托计划的规定管理、运用或处分信托财产导致信托财产受到损失的，由信托财产承担。

受托人违反本合同及信托计划的规定处理信托事务，致使信托财产遭受损失的，受托人应予以赔偿。

第十四条　受托人报酬和信托计划相关管理费用

受托人报酬和信托计划相关管理费用分别指受托人执行信托计划所收取的报酬和为信托计划设立所需的制作费、披露费、审计费、律师费等中介费和代理费等费用。本信托计划预计受益人的信托年收益率为税前×%，本合同项下信托资金年投资总收益超过本合同项下信托资金×%的部分作为受托人当年的报酬及列支信托计划相关管理费用。

第十五条　信托计划的收益来源、预计收益以及收益分配方式

（一）收益来源

受托人将借款人××有限公司支付的贷款利息作为本信托计划的收益来源。

（二）预计收益

本集合资金信托预计受益人可获得的年收益率为税前×%。

（三）收益分配方式

本信托计划的信托收益采取货币资金分配方式。信托期满后，受托人将信托收益与信托资金一并支付给受益人。

第十六条　公益捐赠

1. 公益捐赠的目的：通过公益捐赠将委托人、受托人、受益人、社会的利益与责任进一步连在一起，委托人的信托资金在得到增值的同时还向社会奉献了一片爱心。

2. 公益捐赠资金的来源：受托人按委托人每认购 1 万元人民币计提 1 元人民币的比例从信托资金总收益中计提捐赠资金。

3. 公益捐赠的范围：经民政部门批准的社会公益事业机构。

4. 公益捐赠的方式：由受托人代表委托人、受益人将依约定计提的公益捐赠资金向本信托合同中公示范围内的公益慈善事业机构进行公益捐赠活动。

5. 公益捐赠资金的计提：信托终止，受托人对信托计划进行清算后，按委托人每认购 1 万元人民币计提 1 元人民币的比例从信托资金总收益中计提捐赠资金。若捐赠资金的列支影响到受益人的预计收益，受托人将相应减少信托报酬，以维护受益人的利益。若信托计划实际收益水平低于受益人的预计收益水平，将不再进行公益捐赠。

第十七条　信托受益权的转让

受益人可转让信托受益权。

受益人转让信托受益权，应本人持与受托人签订的集合资金信托合同与受让人共同凭双方有效身份证件（包括份证、军官证、护照）到受托人处填写转让申请书，经受托人核准并办理转让登记手续方有效；未到受托人处办理转让登记手续的，不得对抗受托人。

受益人转让信托受益权，出让人和受让人应当按照其转让受益权的信托资金的 0.1% 分别向受托人缴纳转让手续费。

第十八条　信托合同的解除、终止及新受托人的选任

本信托合同签订后，未经受托人同意，委托人、受益人不可自行撤销、解除信托合同。

本信托不因委托人、受益人的死亡、依法解散、被依法撤销或者被宣告破产而终止。在信托期间内，如发生上述情形之一需变更受益人时，新的受益人为受益人之继承人或权利义务承受人，且本信托继续存续。

本信托因下列原因而终止：

1. 信托期限届满；

2. 信托当事人一致同意提前终止信托；

3. 信托目的已经实现或者不能实现；

4. 本合同与信托计划另有规定，或法律、行政法规规定的其他法定事项。

本信托约定，信托期间内，如受托人终止其受托职责，则新的受托人由受益人选任。

第十九条　信托终止后的清算与信托财产的归属

（一）信托终止后的清算

受托人在信托终止后的十个工作日内进行清算分配，编制信托财产分配的信托清算报告，并在其营业场所和网站上以公告的形式报告委托人和受益人。本信托的清算报告委托人同意不经会计师事务所审计。

受益人自信托清算报告公布之日起三十日内，未提出书面异议的，或受益人已取得信托利益，受托人就信托清算报告所列的有关事项解除责任。

（二）信托财产的归属

清算后的信托财产，按实际交付的信托资金占信托计划资金的比例，扣除按前述比例应由信托财产承担的费用和受托人的报酬后，归属于各信托项下的受益人。

受益人为自然人，在信托财产支取日凭本合同及本人有效身份证件（包括身份证、军官证、护照）到受托人营业地点领取。如受益人委托他人代为支取，由代取人凭本合同及受益人、代取人有效身份证件（包括身份证、军官证、护照）领取，代取人持有上述文件即视为已获得受益人的合法授权。

受益人为法人或其他组织，在信托财产支取日，由受托人将信托财产划款至受益人指定的银行账户。

未被取回的信托财产由受托人负责保管。保管期间受托人不得运用该财产，只能存于银行。保管期间的收益属受益人所有，发生的保管费用由受益人承担。

第二十条　信托信息的披露

信托财产清算报告以下列方式报告委托人与受益人：

1. 在信托财产支取时，受托人将信托财产清算报告送达受益人或代取人；

2. 受托人营业场所公示并存放备查；

3. 在受托人网站上公告；

4. 来函索取时寄送。

第二十一条　税收

信托期限内所涉及的税务问题，信托有关当事人就各自的所得按照国家有关法律规定依法纳税。对于国家法律、法规或政策没有明文规定的信托行为的税务问题，信托有关当事人按照政府部门的要求办理。

第二十二条　违约与补救

若委托人（受益人）或受托人未履行其在本合同项下的义务，或一方在本合同项下的保证严重失实或不准确，视为该方违反本合同。

本合同的违约方应赔偿因其违约而给守约方造成的全部损失。

第二十三条　通知

委托人（受益人）与受托人在本合同填写的地址为信托当事人同意的通信地址。

一方联络方式发生变化，应自发生变化之日起十五天内以书面形式通知另一方。如果在信托期限届满前十五天内发生变化，应在变化后的两天内以书面形式通知另一方。

如果联络方式发生变化的一方未将有关变化及时通知另一方，变化的一方应对由此而造成的影响和损失负责，除非法律另有规定。

第二十四条　其他事项

（一）纠纷解决与法律适用

本合同的订立、生效、履行、解释、修改和终止等事项适用中华人民共和国现行法律、法规及规章。

本合同项下的任何争议，双方应友好协商解决；若协商不成，任何一方均有权向受托人住所地人民法院起诉。

（二）挂失

本信托合同如有遗失或损毁，委托人（受益人）应携带本人有效身份证件（包括身份证、军官证、护照）到本信托投资有限责任公司办理挂失手续。

（三）期间的顺延

本合同规定的受托人接收款项或支付款项的日期如遇法定节假日，应顺延至下一个工作日。

（四）合同生效

本合同经当事人签章或签字后生效。

（五）在受托人履行了向受益人支付信托利益的义务后，无论本合同文本由何人持有，均不再有合同效力

（六）资金信托合同的签署作为委托人（受益人）办理本项业务的缴款凭证

（七）申明条款

委托人（受益人）在此申明：在签署本合同前已仔细阅读了本合同和信托计划，对本合同和信托计划所规定的所有条款均无异议。

（八）合同文本

本合同一式两份，委托人（受益人）、受托人各持一份，具有同等法律效力。

委托人（受益人）签章： 受托人签章：

经办： 复核：

年 月 日

⑤信托公司作为受托人，依据资金信托合同的约定，以贷款方式，管理、运用和处分信托财产，严格防范风险，保障受益人的合法利益最大化。

⑥信托公司按照合同约定的信托收益分配期，向信托受益人分配信托收益。信托结束时，信托公司按照合同约定向相关当事人交付信托财产。

（3）贷款类集合资金信托的风险控制。

①信托公司将严格按照《信托法》《信托公司管理办法》《信托公司资金信托管理暂行办法》的规定，安全、稳健、谨慎地开展集合资金信托业务，最大化地保障广大投资者的利益不受损害。

②信托公司将严格遵照信托合同的约定，履行受托人的权利、义务，为受益人的权益实现管理、运作和处分信托资金。

③对于 A 类集合资金信托贷款业务，信托公司将根据自己的专业经验，向委托人提供善意的咨询和建议；对于 B 类集合资金信托贷款业务，信托公司作为受托人，将严格按照《贷款通则》的相关规定，合理地选择借款人，并对借款人的资格、担保有效性和抵押质押物的可实现性进行严格的审查。在贷款期间，信托公司将按贷款合同的约定控制贷款的用途，以确保贷款本息能够及时收回。

④当有危及信托财产安全的情况发生时，信托公司将竭力承担受托人义务，将风险化解到最小范围。

2. 投资类集合资金信托。

（1）投资类集合资金信托的含义。投资类集合资金信托产品充分地体现了风险收益对等原则，对于预期收益要求较高，有一定风险承受能力的投资者来讲，不失为一个优质的投资品种选择。

> 投资类集合资金信托是指信托公司作为受托人，将通过集合资金信托募集的资金，投资于优质项目、企业、法人股收购业务，或其他成长性好、风险可控、预期收益有保障的领域，为委托人获取较高的投资收益。

（2）投资类集合资金信托业务流程。

①信托公司从安全、稳健、高效的角度出发，利用专业理财知识和广泛的社会资源，根据风险收益对等原则，通过可行性分析与论证，确定优质项目、企业或其他领域为投资

对象。

②信托公司根据投资项目的资金使用需要、风险程度、预期收益和投资回报周期，制订相应的集合资金信托计划、风险申明书等推介资料，并在推介期内向广大投资者公开发售。

③法人企业、社会团体或自然人投资者通过信托公司的推介材料介绍，或通过咨询信托公司相关事宜，了解集合资金信托项目的风险收益情况，自主确定投资意向。

④投资者与信托公司公司签订资金信托合同，将其合法拥有的资金委托给信托公司，并确定相应的合同条款和信托各方当事人的权利与义务。

⑤信托公司作为受托人，依据资金信托合同的约定，以投资方式，管理、运用和处分信托财产，严格防范风险，保障受益人的合法利益最大化。

⑥信托公司按照合同约定的信托收益分配期，向信托受益人分配信托收益。信托结束时，信托公司按照合同约定向相关当事人交付信托财产。

（3）投资类集合资金信托的风险控制。

①信托公司将严格按照《信托法》《信托公司管理办法》《信托公司集合资金信托计划管理办法》的规定，安全、稳健、谨慎地开展集合资金信托业务，最大化地保障广大投资者的利益不受损害。

②信托公司严格遵照信托合同的约定，履行受托人的权利义务，为受益人的权益实现管理、运作和处分信托资金。

③信托公司将在深入市场调查研究的基础上，加强可行性研究和分析，选择优质投资项目和投资企业，以合理合法的方式灵活设计信托产品，以确保信托资金的安全、稳健、高效运行。

④为了加强投资的流动性，信托公司将通过 BOT、转让、回购、受益权转让等多种方式完善投资的退出机制，将项目的长期融资要求与投资者的短期投资需求结合起来，最大限度地保障投资者的利益。

专栏 5 – 1
"远图 1 号" 资金信托计划操作始末

（一）推出背景

2010 年第四季度以来，随着货币政策由"适度宽松"转向"稳健"，信贷市场趋紧，商业银行信贷额度减少，导致中小企业贷款融资更加困难。为此，山东省滨州市邹平县中小企业局开始探索适合当地企业的融资服务模式，并且与中信证券、山东省再担保集团等多家机构合作，开始运作中小企业集合票据等集群融资方式。但由于集合票据、集合债前期准备时间长、协调成本较高，公开信用评级要求达到 BBB –级以上，并且需要国家发展改革委审批或到银行间市场交易商协会注册，审批时间较长，所以经过近半年的运作没有成功。而与此同时，银行在信贷规模受限的情况下，也在不断进行创新，以达到稳定客户和增加中间业务收入的目标。在此情况下，北京银行济南分行向邹平县中小企业局提出了发行资金信托计划为企业融资的动议。由于集合信托融资模式具有不需要外部评级、不需要审批、手续简单、操作周期短的优点，恰好适合中小企业资金需求的特点，最终得到政府部门和企业认可，选择了集合信托计划的融资模式。2011年3月，北京银行济南分行与邹平县政府、山东省再担保集团、山东国际信托公司经过磋商，决定启动山东省首个中小企业集合资金信托计划。

（二）"远图1号"操作过程

1. 选择企业。邹平县政府初期挑选了一批企业，这些企业在各自行业拥有一定的技术优势、经营状况良好、信用度高、发展前景较好。企业要与商业银行具有长期的合作关系，符合商业银行"集合信托企业备选库"的基本要求，才能获得参与集合信托计划的机会。北京银行济南分行和山东省再担保集团根据企业提供的资料、自身的行业特点与对集合信托要求的准入条件，筛选出了4家企业。其中，三利纺织有限公司、福海科技发展有限公司和山东新安凯动力科技有限公司3家企业获得担保单位的认可，符合北京银行集合信托发行企业的要求。

2. 尽职调查。北京银行济南分行与山东省再担保集团、山东省国际信托公司联合组成"企业考察小组"，对候选企业法人治理结构、自身发展情况、技术先进性、财务稳定性与发展前景等进行了专项、全面、细致的尽职调查和可行性研究分析，最终确定了"远图1号"集合资金信托计划的成员由上述3家企业组成。经报各自的风控部门审批，最终各机构达成一致意见，确定了信托发行额度为6 000万元，每家企业2 000万元。

3. 信用增进安排。根据《信托公司集合资金信托计划管理办法》，在担保机构选择方面本来没有明确规定。但山东国际信托公司为了提高信托计划信用级别，提高发行成功的概率，要求企业具有AA级及以上债券增信担保资质的机构提供担保，选择由山东省再担保集团进行担保。山东省再担保集团是山东省唯一一家具有AA级资质的担保公司，注册资金10亿元，并长期致力于为中小企业融资提供服务，具有较高的信誉度，其对企业提供不可撤销的担保责任，使企业的资信度有了明显提升。

4. 设立信托计划。山东省国际信托公司根据政府和银行的推荐以及前期的尽职调查，分析发行集合信托的可行性，制订市场营销方案，经过论证审核通过。作为受托人严格按照信托计划文件的相关规定，设计信托产品，对企业资信、经营状况进行内部审核，向银行监管部门进行审批备案。由于中小企业的特殊性，信托计划的设计关系到是否能够发行成功。在信托计划存续期内，信托公司严格按照集合信托相关要求，对资金用途进行尽职管理。

5. 银行发行信托计划。在资金筹集规模较大和商业银行参与的情况下，为提高资金筹集速度，一般会通过商业银行的营业网络和客户资源进行销售，以加快产品的发行速度，提高资金筹集效率。北京银行济南分行通过全行网点进行提前预约，确保销售回款，在较短的时间内实现了信托产品资金的全额募集，及时满足了企业的资金需求。

6. 成功发行。在特定的时间内，客户对信托计划认可，资金及时募集到位，信托计划成功。如果集合信托得不到市场认可，导致信托计划发不出去，可能会发行失败，无法募集到企业需要的资金。如果在发行过程中，项目征集不顺利，可能导致企业拿到信托资金的时间拖后，导致发行时间延长。针对"远图1号"中小企业集合信托，北京银行济南分行采用北京银行全行发售的方式，由北京银行全国200多个网点进行代销。该信托期限为1年半，收益率为7.5%，是同期存款利率的两倍多，受到了客户的普遍欢迎，销售十分火爆，1周内募集资金到位，2011年6月20日发行完毕。

（三）"远图1号"实现了多方共赢

"远图1号"的综合成本为11%，相当于基准利率上浮60%，与中小企业从银行贷款利率相当，3家企业在较短的时间内获得6 000万元的资金支持，市场知名度也因此进一步提高，此后还得到了北京银行济南分行及其他商业银行的贷款授信，并且有一户企业实现了1 000万元的新增贷款融资。其他各方也获得相应的收益：邹平县中小企业局解决了部分企业的融资问题，促进了当地经济的发展；北京银行济南分行获得了1%的发行收入；山东省再担保集团收取了1%的担保费用；山东国际信托公司获得了1.5%的管理费用；购买者则取得了7.5%的较高收益率。

3. 融资租赁类集合资金信托。

（1）融资租赁类集合资金信托产品。融资租赁类集合资金信托是指信托公司作为出租人，利用集合资金信托募集的资金，应承租人的要求购买其所需设备并租给其使用，承租人按期支付租金。出租人在一个较长的时期内（一般是2～5年），通过收取租金的方式，收回投资的全部或大部分成本。租赁期满租赁物的所有权归承租人所有。

与其他业务相比，融资租赁类集合资金信托产品可以为广大投资者提供更可靠的风险保障，并获取较贷款利息收入更高的投资收益。通过深入的需求分析、灵活的租金安排、可靠的租金支付保障、严谨的法律条文约束，信托公司推出的集合资金信托融资租赁业务可以满足各当事人的要求，达到投资者、信托公司和承租人三方共赢的效果。

（2）融资租赁类集合资金信托业务流程。

①信托公司根据承租人提交的申请材料，通过实地调查和可行性分析，对承租人的营业状况、财务状况、信用等级、租金支付能力实施审查，确定融资租赁的项目主体、租赁期间、租金费用和其他相应事项。

②信托公司根据融资租赁项目的资金使用需要、风险程度、预期收益和投资回报周期，制订相应的集合资金信托计划、风险申明书等推介资料，并在推介期内向广大投资者公开发售。

③法人企业、社会团体或自然人投资者通过信托公司的推介材料介绍，或通过咨询信托公司相关事宜，了解集合资金信托项目的风险收益情况，自主确定投资意向。

④投资者与信托公司签订资金信托合同，将其合法拥有的资金委托给信托公司，并确定相应的合同条款和信托各方当事人的权利与义务。

⑤信托公司作为受托人依据资金信托合同的约定，以融资租赁方式，管理、运用和处分信托财产，严格防范风险，保障受益人的合法利益最大化。

⑥信托公司按照合同约定的信托收益分配期，向信托受益人分配信托收益。信托结束时，信托公司按照合同约定向相关当事人交付信托财产。

（3）融资租赁集合资金信托的风险控制。

①信托公司将严格按照《信托法》《信托公司管理办法》《信托公司资金信托管理暂行办法》的规定，安全、稳健、谨慎地开展集合资金信托业务，最大化地保障广大投资者的利益不受损害。

②信托公司将严格遵照信托合同的约定，履行受托人的权利义务，为受益人的权益实现管理、运作和处分信托资金。

③信托公司将严格按照《金融租赁公司管理办法》的相关规定，对承租人、供应商和担

保人的资格实施审查，选择优质租赁项目作为集合资金信托的载体，保障投资人的利益不受损害。

（4）对租赁设备实施定期的多方监管制度，一旦发现风险，立即采取措施，通过收回设备、更换承租人、出售设备等方法，保障投资人的本金安全。

二、企业年金信托业务

（一）年金信托的含义

为了推进我国企业补充养老保险制度的实施，信托公司依据《信托法》《合同法》等相关法律法规的规定，推出年金信托产品，为企业建立规范的年金治理结构，并借助信托公司的专业理财优势，在年金保值的基础上实现稳健增值，以确保年金计划的建立以及年金基金归集、支付、投资、收益分配等各环节的安全运营。

年金即指企业补充养老保险，是以员工薪酬为基础，由个人和企业分别按比例提取的统放在个人账户下的一定数量的金额，是员工基本养老保险的重要补充。

年金信托，就是企业作为委托人按期将年金作为信托财产交付信托公司，由信托公司作为受托人设立独立账户进行管理和运用，实现年金的积累和增值，并在职工符合条件时对其发放年金的一种信托产品，属于资金信托中的一个信托品种。

（二）年金信托的特征

1. 受益人保护制度。在以企业为委托人、以职工为受益人的他益型企业年金信托中，委托人的权利是受限制的。在企业年金信托中，委托人行使这种权利时不能剥夺受益人依据其与企业的劳动关系应当享有的合法权益。

2. 受益人权利限制制度。就企业年金制度而言，主要体现在职工严重违反劳动纪律时，企业有权调整信托受益权数额等。就企业年金信托制度来看，主要体现在受益人不得转让受益权、不得以受益权偿还债务、不得对受益权设定抵押和质押。

3. 受托人资格认定制度。由于企业年金信托的信托资金来源与最终用途的特殊性，企业年金信托的受托人不仅应符合《信托法》的规定，而且也应符合劳动和社会保障部门的专门规定。

4. 投资安全保障制度。主要体现为受托人严格遵循年金资金投资比例限制和最低收益原则。同时，委托人和受托人双方也可以约定确定的投资回报率，由受托人自行决定投资方式。

（三）企业年金信托的制度优势

1. 信托财产保障制度。企业所交付的年金成为信托财产后，即受到《信托法》所规定的信托财产独立性制度的保护。信托公司成为年金在法律名义上的所有人，但该部分年金资金独立于信托公司的固有财产，也独立于其管理的其他信托财产。因而，这部分年金资金不受企业、信托公司、受益人任一方债权人的债权追及，即使企业或信托公司破产，这部分年金资产也不能列入破产财产的范围。

2. 信托灵活性优势。与保险、基金等管理方式相比较，信托制度本身特有的灵活性使企业可以在年金信托中保留若干权利，从而有效满足年金制度的各种特别要求。

3. 专业理财优势。信托公司拥有大批具备金融知识和管理经验、擅长投资的专业人员，运用年金资金的效率更高，能够有效满足年金保值、增值的要求。

4. 资金运用优势。信托公司几乎拥有所有的资金运用方式和渠道，资金运用范围非常广泛，并且可以设计多样的投资组合，在预期可获得较高收益的基础上合理地分散投资风险。

5. 信托设立的方便性。该信托设立专门账户，手续简单，操作方便。可根据管理协议及时调整合同事项，如员工人数、参加金额、领取时间、退出等。

（四）年金信托中委托人、受托人的责任

1. 委托人责任。年金信托资金的指定用项为发放贷款时，委托人作为该项特定资金信托贷款的保证人，承担不可撤销的连带担保责任。如果指定的债务人发生关、停、并、转或破产，处置其债权、债务后不足以偿还该项贷款本息的，不足部分由委托人承担。

2. 受托人责任。受托人应根据《信托法》和《信托公司管理办法》的有关规定，协助委托人审查放款/投资对象的有关材料；代委托人出面与指定的用款单位/投资对象签订合同，办理放款/投资手续；负责监督、检查用款单位或投资对象资金使用情况，并按期催还；发现问题及时向委托人反映，并协助解决。

年金信托的信托期满后，受托人应确保按委托人提供的当期受益人名单，以现金形式向委托人指定的受益人足额支付收益。

（五）年金信托业务流程及风险控制

1. 企业年金信托业务流程

（1）设计、制订年金信托方案。

（2）双方签订信托文件。

（3）委托人依约按期划款。

（4）受托人设立专门账户管理。

（5）受托人管理、运用信托资金。

（6）定期年金管理报告。

（7）依委托人指令结算信托收益。

2. 办理年金信托的具体操作方法

（1）委托人同受托人签订年金信托协议书（见附式5－3），并向受托人提供享受年金委托收益的员工花名册。受托人根据委托人出具的法人证明文件，开立年金信托账户，也可应委托人的要求，为其开立年金信托收益账户或年金信托二级账户。

附式5－3

年金信托协议书

立协议人：

委托人：＿＿＿＿＿＿＿＿＿＿（以下简称甲方）

受托人：××信托公司（以下简称乙方）

为了完善社会保障体制，增强企业的凝聚力，保证企业员工退休后能在经济上得到一定的补偿，乙方接受甲方委托，为甲方运作年金信托资金，以实现年金信托资金的保值和增值。经双方协商，达成如下协议：

续表

第一条 乙方接受甲方委托,为甲方办理年金信托业务。

第二条 本协议自_____年_____月_____日起算,委托期为_____年,期满后双方可协议续约。协议期间,年金信托的资金按年注入,注入金额由甲方自行决定。

本次信托金额为人民币_____(大写),委托期限从_____年_____月_____日始至_____年_____月_____日止。

第三条 甲方办理年金信托的责任

1. 甲方在乙方开立年金信托账户,并保证在本协议信托期限开始以前,将议定的信托金额,足额划入甲方在乙方开立的年金信托账户。

2. 甲方负责其与年金信托相关的内部事宜的安排与协调,并向乙方提供享受年金信托收益的受益人花名册,及受益计算方法和其他有关资料。

3. 如甲方为下属企业员工办理年金信托业务,甲方应督促下属企业在乙方开立年金信托二级账户。

4. 甲方在本协议规定的委托期期末,向乙方提供本次委托期内受益人的名册,并代受益人从年金信托收益中一次性提取受益。

5. 甲方指定,以特定资金信托贷款/信托投资(划去不适用者)的形式运用年金信托的资金。

6. 甲方作为该项特定资金信托贷款/信托投资(划去不适用者)的保证人,承担不可撤销的连带担保责任。

如甲方指定的债务人发生关、停、并、转或破产等情况,无法全部收回该项贷款/投资(划去不适用者)的本息时,不足部分由甲方承担。

第四条 乙方受理年金信托的责任

1. 乙方接受甲方委托,按照委托人的要求,为委托人开立年金信托账户、年金信托收益账户及年金信托的二级账户。

2. 乙方接受甲方委托,按照委托人的要求,为委托人办理特定资金信托贷款/信托投资(划去不适用者)业务。

3. 甲方如信托公司将年金办理信托贷款,贷款利率按照当时国家规定的利率执行并按季结息;甲方如信托公司将年金信托资金进行信托投资,信托投资收益率由甲、乙双方与投资对象协商确定。

贷款利息收入/信托投资收益(划去不适用者)作为年金信托收益,按照委托人的要求,进入甲方在乙方开立的年金信托账户/年金信托收益账户/年金信托二级账户(划去不适用者)。

4. 信托放款/信托投资(划去不适用者)手续费,由乙方按_____(月息)按季向借款人/投资对象计收。

5. 乙方根据甲方提供的享受年金信托收益的受益人名册,按甲方要求,设置相应的分户账进行管理。

6. 在信托期满后,乙方根据甲方提供的享受年金信托收益的受益人名单、受益人所在企业出示的印鉴及甲方出示的证明,向甲方指定的受益人支付现金;根据甲方提供的享受年金信托收益的其他受益人名单及收益计算方法,将年金信托收益的其余部分分配到甲方指定的受益人名下。

第五条 乙方按年金信托的本金总额,每年以_____的比例向甲方收取年金信托手续费。甲、乙双方约定,年金信托手续费按下列方式收取_____。

第六条 在全部委托期内,甲、乙双方应每年续签新的协议,并重新确定信托金额。

第七条 本协议中所指年度是从办理年金信托当月起,满十二个月止。

第八条 委托期间,如甲、乙双方中的任何一方需要变更协议内容,均需以书面形式通知对方,经双方协商后议定。否则,仍按原有协议执行。

第九条 本协议一式两份,甲、乙双方各执一份,经双方签字盖章后生效。

甲方公章　　　　　　　　　　　　　乙方公章

负责人　　　　　　　　　　　　　　负责人

　　　　　年　月　日　　　　　　　　　　　　　　年　月　日

（2）委托人进行信托放款或投资时，需填具"特定资金信托指定用项通知书"（一式三联），注明指定的借款人、借款金额、期限、收益率，或注明指定的投资对象及具体条件等，委托受托人代为办理。

（3）受托人以贷款人的名义（当指定用项为发放贷款时），与委托人指定的借款人签订借款合同；或以委托投资代理人的名义（当指定用项为投资时），办理有关投资事宜。信托期满后，受托人代为委托人收回本金及收益，并将其转入年金信托账户或相应的年金信托收益账户。

（4）受托人按照委托人的要求，根据委托人提供的当期受益人名册，向委托人指定的受益人支付收益，并将剩余部分分配到委托人指定的其他受益人名下。

3. 风险控制措施

（1）受托人严格奉行诚实、信用、谨慎、有效的管理原则，高度重视年金资产的安全，力争将投资风险降到可接受的水平。

（2）严格按照信托文件的约定管理和运作资金。

（3）严格将本信托账户与其他信托账户、受托人账户区分开，做到单独建账，单独核算，以确保本账户的独立操作性。

（4）加强受托人与具体管理人员的自律，严格按照公司的管理制度、操作规程使用资金。

（5）充分运用风险管理技术和资产组合原理运用资金。

（六）收益与核算

年金信托资金若用作办理信托贷款，利率按照当时国家规定的银行利率执行，并按季结息；年金信托资金若用作信托投资，投资收益率由委托人与受托人、投资对象协商确定。借款人或投资对象所支付的利息收益，作为年金信托收益进入委托人在信托公司开立的年金信托账户，或相应的年金信托收益账户。

委托人按年金信托的本金总额，每年以事先商定的比例向受托人一次性支付年金信托业务手续费。

受托人以一定的比率按季向借款人或投资对象计收信托贷款（投资）手续费。

三、证券投资信托业务

1. 证券投资信托业务的含义。根据委托人的风险承受能力及偏好，证券投资信托分为股票投资信托、国债投资信托、基金投资信托及证券组合投资信托。

> 证券投资信托是指信托公司接受委托人的委托，按照双方的约定，将委托人的资金进行证券投资，在证券市场上运作受托资金的方式。

2. 业务特点。投资市场化，流动性强，风险分散。该信托充分体现专家理财的优势，主要以资金的稳定增值为投资管理目标，在追求资金增值的同时保证资金的安全。

3. 服务对象。

（1）有投资需求，并追求稳健收益的企事业单位；

（2）有富余资金，并希望获得高于存款利率的回报，但对直接投资证券市场不熟悉的广大居民。

4. 业务办理程序。

（1）委托人如果为自然人，携带本人身份证、现金和本人在信托公司指定银行的存折进行办理；委托人如果为法人，携带法人营业执照复印件和公章进行办理。

（2）委托人填写集合资金信托认购书。

（3）委托人到指定柜台办理存款手续。

（4）柜台人员打印证券投资信托合同。

（5）委托人对证券投资信托合同确认及签字。

5. 证券投资信托业务的特点。

（1）特色的专家理财。根据委托人的要求量身定做，高素质的理财专家，多年的实战经验，使委托人安享投资收益。

（2）独立的理财账户。每个信托计划单独设账、分开管理，运作更规范、更透明。

（3）严格的风险控制。公司成立专门的投资决策委员会和风险控制委员会，对证券投资进行严格的风险控制。

第三节　房地产信托业务

一、房地产信托的含义

在这个过程中，信托公司作为中介，与购买方签订信托合同，接受投资者委托的合法资金，再将资金运用到房

> *房地产信托是信托机构接受委托人委托，以房地产以及与房地产有关的资产为标的进行投资的信托。*

地产，或者购买房地产抵押贷款证券以及相关的房地产投资活动，然后以直接或者间接方式参与到房地产经营开发中的投资行为。房地产信托实际上包含不动产信托和房地产资金信托。不动产信托通常是委托人将自己所拥有的不动产的财产权转移给信托机构，由其根据委托人的委托，对不动产进行买卖、租赁或转让等业务。房地产资金信托是指委托人基于对信托公司的信任，将自己合法拥有的资金委托给信托公司，由信托公司按委托人的意愿以自己的名义，为受益人的利益投资于房地产开发和经营等行为。我国的房地产信托产品大部分是房地产资金信托。如图 5 - 1 所示。

目前，我国房地产资金信托的主要类型有：贷款型、股权投资型及财产型。信托资金主要是用于房地产开发，信托收益也是事先约定，产品期限较短，一般为 1～3 年。

二、房地产资金信托的一般运作流程

我国的房地产资金信托大多是集合资金信托计划，即两个或两个以上投资者共同将财产委托给受托人，由受托人将资金聚集投资于房地产项目。

1. 信托公司面向投资者发行房地产投资集合资金信托计划，投资者与信托公司签订信托合同并交付投资资金。信托计划成立即意味着房地产投资信托成立。

2. 信托公司按照信托文件的要求，购买或参与开发房地产项目。

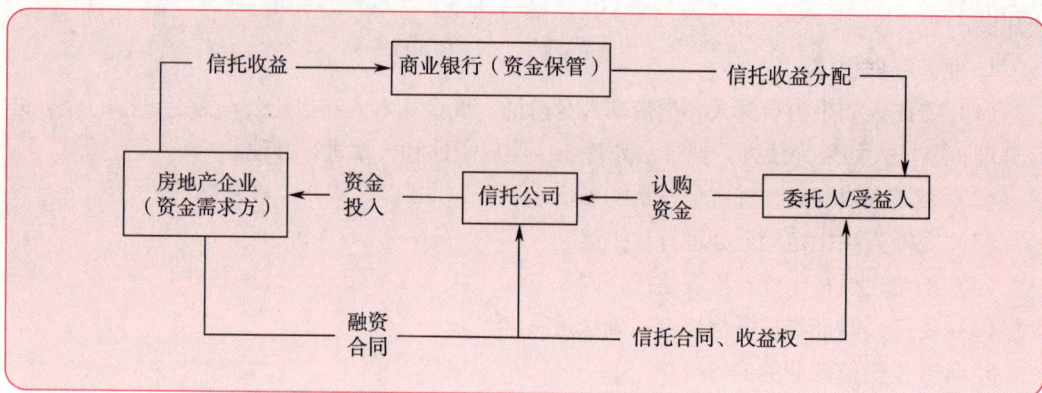

图 5 - 1　房地产资金信托运作

3. 信托公司按照信托文件的要求，把房地产出租给承租人，并签订租赁合同或者把房地产出售。

4. 承租人支付租金；房地产购买者支付购买金。

5. 信托公司按照信托文件的要求，扣除必要的管理费用和其他税费后，向投资者支付本金和投资收益。

三、房地产资金信托运作模式

（一）债权型房地产资金信托

　　现实中有一部分开发商的自有资金比例满足商业银行贷款，如果是在开发前期就出现资金短缺问题，如土地购置资金不足，无法进行项目开发，信托公司就可以将募集资金以贷款的方式贷给房地产开发商，帮助其购得土地，债权型是目前我国应用最普遍的房地产资金信托模式。债权型房地产资金信托运作如图 5 - 2 所示。

债权型房地产资金信托是由房地产公司向信托机构借款，并将土地使用权或在建工程折价抵押，房地产公司在产品到期后还本付息的一种信托产品。

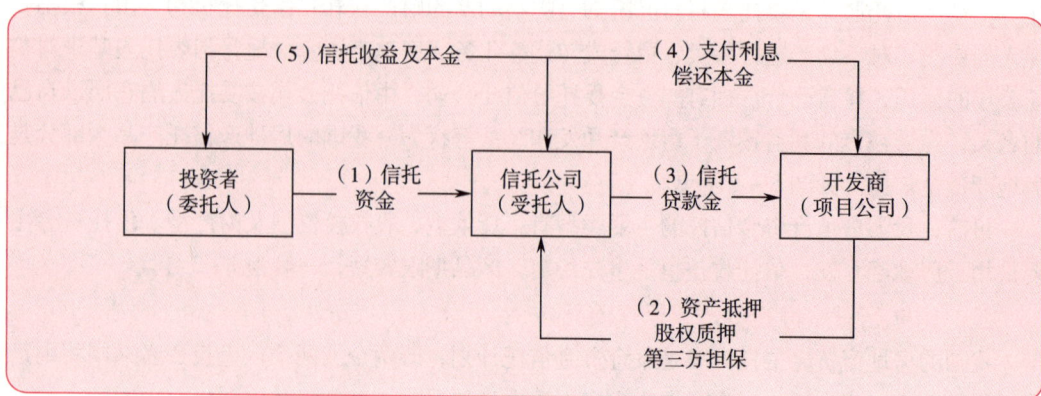

图 5 - 2　债权型房地产资金信托运作流程

（1）投资者用投资款项购买信托产品，并与信托公司签订合同；

（2）开发商以资产（或股权）质押或第三方担保的方式向信托公司借款；

（3）信托公司将款项贷给符合借款条件的开发商；

（4）开发商定期支付相当于贷款利息的信托收益，在信托计划到期时偿还信托公司借出的本金；

（5）信托公司按照约定期限向投资者支付收益，信托计划到期，投资者会收到信托收益和本金。

债权型房地产资金信托模式操作简单，运作成熟，是最行之有效的融资方式，实务中被普遍使用。但相对于银行贷款，无论是从规模、资金成本还是从贷款期限来看，信托贷款并不占优势。就对房地产企业的限制而言，两者接近，均要满足"四证齐全"（国有土地使用权证、建设用地规划许可证、建设工程规划许可证、建筑工程施工许可证）要求、项目资本金比例不低于30%（保障性住房和普通商品住房项目资本金比例不低于20%）。此外，对信托公司而言，发放信托贷款，房地产企业开发资质不低于国家建设行政主管部门核发的二级资质。这类信托基本属于点对点式的项目融资性质，与银行房地产信贷同质化严重，且交易对手多为不满足银行风险控制要求的企业，信托受益人获取的预期收益与实际承担的潜在风险极不对称，因此今后应逐渐减少该类模式的比重。

（二）股权型房地产资金信托

对于自有资金比例不足30%的房地产开发企业，信托公司以收购其股权的方式与房地产企业组建一个有限责任公司，让其自有资金比例达标。这样房地产开发企业就能够顺利从商业银行获得 *股权型房地产资金信托是指房地产企业将其拥有的具备优质房产项目的项目公司的绝对控股权阶段性让给信托公司，并承诺在未来一定期限内按约定价格全额回购相应股权，以实现融资的目的。*

贷款，来进行房地产的开发。而信托公司也会获得投资收益，实现双赢。信托公司的参股方式有普通股方式、优先股方式和股权回购方式。股权型房地产资金信托运作流程如图5-3所示。

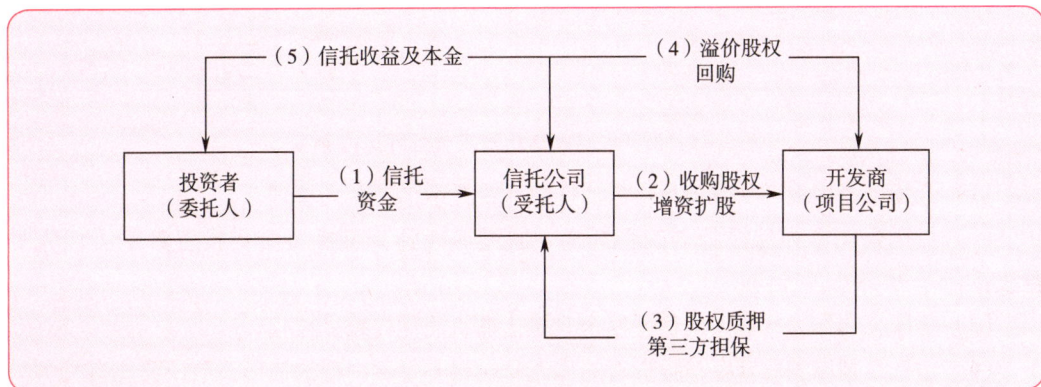

图5-3　股权型房地产资金信托运作流程

（1）投资者用投资款项购买信托产品，并与信托公司签订合同；

（2）信托公司利用筹集的信托资金以购买股份的方式，向房地产项目公司投入资金；

（3）开发商对信托进行担保，并用土地使用权等对股权进行质押；

（4）在一定的时间内，开发商以高于购买价的价格回购信托公司的控股权；

（5）信托公司按照约定期限向投资者支付收益，信托计划到期，投资者会收到信托收益和本金。

股权型房地产资金信托和国外运作成熟的房地产投资信托基金（REITs）较为相近，都是主要以基础资产未来现金流为收益来源，但不同的是，房地产权益投资信托中的基础资产所有权仍归属于房地产企业，基础资产仍由房地产企业管理运作，从而实现优质资源整合放大的作用。

（三）财产收益型房地产资金信托

这种情况一般是房地产开发商开发过程中遇到资金紧张，通过向信托公司出售其部分资产的方式获得资金，等到剩余房地产项目出售后再买回这部分资产，一般是溢价购回。这种操作时间更短，收益更好，风险相对更低。财产收益型房地产资金信托运作流程如图5-4所示。

> *财产收益型房地产资金信托是一种类似资产证券化的产品，主要针对已建成且可产生稳定现金流的物业，即开发商将房地产开发项目作为信托财产委托给信托公司管理，该信托财产的部分受益权由委托人转让给投资人以获得资金，在约定的信托期限届满，由委托人或委托人的关联公司赎回受益权以结束信托。*

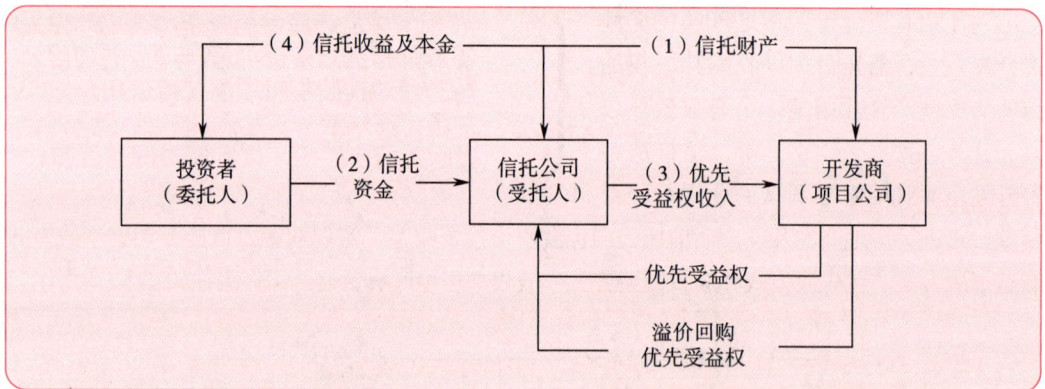

图5-4　财产收益型房地产资金信托运作流程

（1）开发商将房地产开发项目作为信托财产委托给信托公司管理；

（2）信托公司作为信托计划的受托人，通过信托计划募集资金代投资者购买优先受益权；

（3）信托公司作为代理人代替开发企业转让拥有的优先级受益权；

（4）信托计划届满后若存在投资者的优先受益权不足额清偿的情形，信托公司有义务为投资者（信托计划委托人）的利益处理优先受益权，而开发商所持有的次级受益权清偿顺序则位列优先受益权之后。

财产收益型房地产资金信托是房地产准资产证券化，它的核心架构是"房地产财产信托＋信托受益权转让"，通过信托公司受托人与转让代理人之间的身份转换，从而实现基础资产委托人融资的目的，其他方面和房地产权益投资信托无异。

（四）混合型房地产资金信托

从监管部门出台的各种政策来看，其意在限制债权型房地产资金信托（含投资附加回购承诺形式的房地产信托）膨胀，鼓励信托公司开展股权型房地产资金信托、财产收益型房地产资金信托以及组合信托等主动管理类信托。因此，这种房地产组合信托模式的应用作为转向房地产纯股权信托模式的过渡，会越来越受到投资者和信托公司的青睐。

> 混合型房地产资金信托是指信托公司向房地产公司提供资金可以混合以上三种形式来进行，不仅有股权型投资，还有债权型投资。

四、房地产信托投资基金

房地产信托投资基金（Real Estate Investment Trust，REITs）是目前境外市场发展较为成熟的房地产资金信托品种。通过发行受益凭证（股票或单位信托）募集资金，由专业投资管理机构运作，主要投资于房地产及其相关权利，并将投资收益按比例分配给投资者。其基本理念起源于 19 世纪中叶的马萨诸塞商业信托，产业革命创造的财富推动房地产投资需求的增长，而当时法律禁止公司拥有非自用房地产，马萨诸塞商业信托作为第一种被允许投资房地产的合法实体被创设出来，同时享有一定的税收优惠。

我国房地产资金信托和 REITs 有诸多相似之处，两者都是运用信托原理，由他人管理处分财产；都是以集合资金方式，通过专业化运作，投资于房地产及其相关财产权利，为投资者获取最大收益；两者都属于信托行为，受托人或管理人起重要作用。同时，两者也存在本质的区别，REITs 主要投资于持有型物业，而房地产信托可以采用股权投资、信托贷款、特定资产收益权持有物业，或者组合运用，这与我国当前房地产金融现状相适应。两者区别详见表 5 - 2。

表 5 - 2　房地产资金信托与 REITs 的区别

项目	房地产资金信托	REITs
产品性质	非标准化金融产品	标准化可流通的金融产品
投资期限	一般 1~3 年	无限制
收益来源	资金使用方回购款或还本付息	物业租金或抵押贷款利息
税收优惠	无安排	满足条件，免缴企业所得税
收益比例	通常约定投资人收取固定回报	总利润的绝大部分分配给投资人
管理模式	资金监管	资产管理公司或专门团队经营
流动性	无二级市场、流动性差	交易所流通、流动性好

第四节　特定目的信托与权利信托业务

一、员工持股信托业务

（一）员工持股计划的含义

员工持股计划（Employee Stock Ownership Plans，ESOP），是指公司内部员工个人出资认购本公司部分股份，并委托信托机构进行集中管理的一种业务。

（二）我国员工持股计划的现状及存在的问题

我国员工持股计划主要是以员工个人、员工持股会或新设公司作为主体来持股的，但这三种方案都存在较大缺陷。对于员工个人直接持股，存在公司股东不能超过 50 人的限制；员工持股人数较多而且分散，难以真正拥有表决权；如果员工作为发起人出资，其拥有股权 3 年内不得转让。对于员工持股会持股，员工持股会作为社团法人不能成为上市公司的股东。对于通过新设公司来持股，则存在对外投资不能超过公司净资产 50% 的限制以及双重征税问题。以上这些问题通过信托方式可以解决。

（三）员工持股信托的含义

员工持股信托是指企业员工出资委托信托公司认购本公司的股权，信托公司按照出资员工的意愿以自己的名义行使股东权利，承担股东义务，为了员工的利益或特定的目的管理或处分股权的一种信托业务。

✎ 专栏 5 -2

"资管新规"下的员工持股信托：杠杆率已降至 1∶1

"三十年河东，三十年河西"，曾在 2016—2017 年获取大量市场份额的员工持股信托，2018 年以来却逐渐萎缩。

2018 年以来仅有 13 家上市公司公告称，以信托计划的方式进行员工持股计划，在全部员工持股计划中，占比仅为一成左右。而 2017 年同期，选择开展员工持股信托的上市公司共有 45 家，占比接近四成。在"资管新规"落地后，多家计划推出员工持股计划的上市公司根据相关规定调整方案，更多的公司倾向于选择自行管理的方式推行员工持股。

在 A 股市场持续震荡之际，持有上市公司股份的各类信托计划、资管计划也难免存在"爆仓"风险。《证券日报》记者根据 Wind 数据不完全统计，2018 年下半年以来，已有 83 家上市公司发布股份被动减持公告。其中，金龙机电、＊ST 凯迪、智慧松德、康盛股份等公司均系员工持股计划"爆仓"而导致的被动减持。

以智慧松德为例，其在 6 月 22 日公告称，由于资金补偿方未能及时以现金补仓，公司员工持股计划信托受托人兴业国际信托，对信托计划所持的公司股份约 438.51 万股全部减持。根据信托合同约定，智慧松德作为信托计划的一般受益人已经自动丧失其份额，剩余信托利益由优先委托人进行全额分配。

智慧松德表示，公司在收到补仓通知后，立即进行多次电话协商，承诺补足现金，请求给予资金补偿方半天的展期补仓时间。对于该请求，兴业国际信托表示，其作为受托人必须获取委托方南京银行同意豁免的书面文件，方可不执行减持。但南京银行方面一直未同意资金补偿方提出的方案，也不愿意出具豁免执行指令的书面文件，而即使在交易期间内完成足额资金追加，仍会继续实行减持指令。

对于员工持股计划屡见"爆仓"，有业内人士直指系杠杆问题。加杠杆的初衷当然是希望能够放大收益，但加杠杆是一把"双刃剑"，在放大收益的同时也将放大风险。对此，上述信托公司证券部负责人表示，员工持股信托计划属于事务管理类信托，信托业务人员完全按照外部指令对信托计划进行管理。而在员工持股信托计划设立之际，相关方已对信托合同条款进行充分讨论，均按照员工持股计划的要求进行"量身订制"。

而据《证券日报》记者观察，早在"资管新规"征求意见稿公布之后，员工持股计划就已悄然"降杠杆"。此前，业内员工持股信托计划多以 2∶1 的方式进行分级，或引入中间级扩大杠杆。而自 2017 年底以来，市场上推出的员工持股信托计划绝大多数采用了 1∶1 的分级方式，降杠杆趋势明显。

即使是 7 月已有上市公司打破"坚冰"，但大部分信托公司对员工持股信托计划积极性仍然不高。对此，某信托公司相关业务负责人表示，今后员工持股信托业务模式的变化可能会比较大。员工持股计划是否做、怎么做、方案如何变化，主动权都不在信托公司。不过，他也表示，开拓上市公司客户是信托公司的业务重点之一，未来员工持股信托计划的市场仍有开发空间。

⬆ 资料来源：闫晶滢．资管新规下的员工持股信托：杠杆率已降至 1∶1 ［N］．证券日报，2018 - 08 - 08.

（四）员工持股信托的作用

1. 信托公司通过股权信托对员工股份进行管理，解决了员工股权投资及其管理的规范问题，符合监管当局的要求。

2. 信托公司为了持股员工的利益，对股权进行集中管理，有利于防止恶意收购。

3. 信托公司可利用自己强大的投融资功能，部分解决员工购股资金短缺的问题。

4. 信托财产具有独立性，这使员工股份免受委托人（持股员工）债务追索和受托人破产清算的影响。

（五）员工持股信托业务流程

1. 目标公司与信托公司签订员工持股信托方案。在此基础上，目标公司的员工作为委托人与信托公司签订《资金信托合同》，并将资金划至其在信托公司开立的资金信托账户内。

2. 信托公司依据委托人的指定，以自己的名义购买目标公司的股权。

3. 目标公司员工依据共有人会议选出委托人代表，并对其进行授权，通过委托人代表行使资金信托合同中的委托人权利。

4. 信托公司作为受托人按照资金信托合同的约定，对目标公司行使股东权利。

5. 在信托存续期内，受托人根据目标公司的实际收益情况，在扣除相应的税费后，按照合同约定向受益人分配投资收益。

6. 受托人依据资金信托合同的约定或委托人的意愿，在信托关系结束后，对所持有目标公司的股权办理转让或其他处分。

（六）员工持股信托的特点

1. 股权管理规范。信托公司严格按照委托人意愿，发挥专业优势，对股权进行集中管理，保障员工和企业的合法权益，并有利于建立健全企业长期激励机制。

2. 专业理财服务。作为专门从事信托和投资业务的金融机构，信托公司具有一批经验丰富的投资管理专家和资深的专业投资人士，可以针对目标公司开展信息咨询、财务顾问、投资理财、企业融资等服务，增强目标公司盈利能力。

3. 股权安排便捷。通过信托合同的变更，可以方便实现员工股权的增减、转让、加入和退出等的变更。

4. 通过信托持股，不仅能够更好地维护职工的权益，而且解决了目前职工持股在实践中遇到的法律障碍问题。

二、管理层收购信托业务

（一）管理层收购信托的含义

管理层收购（Management Buy-Outs，MBO）信托是指信托公司为拟实施管理层收购的企业管理层提供的集融资安排、股权持有及企业整合于一身的信托计划。与传统的管理层收购方式相比较，管理层收购信托满足了收购主体合法性和隐秘性的要求，实现了收购资金合法性的目的，同时信托公司作为第三方专业中介机构有利于维护参与各方的合法利益。

（二）管理层收购信托业务流程

1. 信托公司对项目公司的情况进行审查，以确定项目公司的资产增值潜力，管理效率空间及是否具有较好的、稳定的现金流预期。

2. 项目公司管理层与信托公司签订管理层收购（MBO）协议，确定人员范围、收购资金的来源及融资计划、股权收购额度等事宜。

3. 项目公司管理层可以以自己名义购买项目公司股权，并将股权质押给信托公司；或者项目公司管理层与信托公司签订资金信托合同，委托信托公司以自己的名义购买并持有项目公司的股份。

4. 信托存续期内，信托公司依据资金信托合同的约定，按照项目公司管理层的意愿，以自己的名义行使股东权利，承担股东义务。

5. 信托终止后，信托公司依据资金信托合同的约定，处理信托财产。以上只是简单介绍了管理层收购信托的一般业务流程或一般操作思路。在进行具体操作时，这一流程将具有多种衍生模式。

（三）管理层收购信托的优点

1. 简便易行：不需另设外部投资人集团（受《公司法》对股东人数、对外投资的限制），通过信托合同即可实现收购目的。

2. 整体服务：提供框架设计、融资安排、法律顾问等全过程的专业服务。

3. 管理规范：通过信托合同约定，保证股权管理的规范，同时，可以保证股权内部转让的方便易行。

4. 公正有效：引入外部金融机构，保证收购过程公正、透明和高效。

（四）管理层收购信托的作用

目前，我国的管理层收购信托案例主要是通过管理层出资设立有限责任公司或者成立职工持股会，受让目标公司股权，进而成为该公司控股股东。这种操作方式存在一系列问题，例如：

（1）如果通过银行融资，则会遇到银行借贷资金不得用于股权投资这一法律障碍；

（2）如果通过新设公司来收购，则限于对外投资不得超过公司净资产50%的规定，收购成本过高，同时面临双重征税问题，降低收购收益；

（3）管理层自筹收购资金的来源合法性也存在法律风险；

（4）监管部门已经明确规定职工持股会不得担任公司股东。

信托介入管理层收购，能够利用信托制度的优势，提升管理层收购的效率和成功率。管理层收购信托的特点表现在以下几个方面：

（1）解决了股权收购资金来源的合规性问题；

（2）不受有关收购主体的法律规定的限制，从而大大降低了收购成本，同时满足了一些收购主体的隐秘性要求；

（3）避免了新设公司导致的双重征税问题，提高了收购收益；

（4）为"国退民进"过程中国有资产安全退出提供新渠道的同时，确保了原企业持续发展；

（5）为管理层提供了有效激励，最大限度地发挥其经营能力，促进了企业发展。

三、表决权信托业务

（一）表决权信托的含义

表决权信托也称为商务管理信托，它是指公司股东依据他们与受托人（信托公司）之间签订的信托契约，将他们所持有的该公司股份作为信托财产转移给受托人，由受托人集中行使约定的权利，通过选举董事或其他方法，以控制公司业务活动的一种制度设计。

（二）表决权信托的特点

1. 信托财产的名义所有权发生转移。在表决权信托中，受托人依信托协议成为财产（权）的名义所有人，财产的所有权发生了转移。

2. 信托机构能够独立行使表决权。表决权信托中，信托机构完全取得股东的表决权，信托机构是以自己的名义参加股东大会行使投票表决权。信托关系中，受托人的行为只要不违背委托人的意愿和信托目的以及法律的规定，可以"自由"选择管理财产、行使财产权的方式，委托人和受益人不得随意干涉其活动。

3. 信托关系稳定。表决权信托中，除非在信托协议中明确委托人保留撤销权，委托人无权终止信托关系。

第五节　个人信托业务

一、个人信托业务的概念及特点

个人信托泛指由符合条件的自然人委托机构办理的各种信托业务。个人信托曾经是信托业务发展初期信托机构的主要业务，后来，随着经济的发展，团体信托业务逐步成为各信托机构的主要业务，个人信托业务的比重明显下降。尽管如此，个人信托业务目前在西方各国的信托业务中仍然是一项十分重要的业务种类。与西方各国不同的是，我国信托业无论是从历史还是从现状考察，个人信托业务的市场都比较狭窄。随着个人财富的增加，一些信托机构开办了家族信托业务。如2012年平安信托推出国内首单家族信托，截至2014年12月，平安信托"鸿承世家"客户已超过180人，业务管理规模超过100亿元。上海信托于2014年4月成立"家族管理办公室"，主要对接具有家族财富信托需求的客户。这些都表明，以家族为代表的个人信托业务在我国开始兴起。

个人信托业务的特点是：信托受益人多数都是委托人以外的第三者，如委托人的亲属，特定的个人或团体；信托财产一般都是非生产性的个人财产；信托目的主要是使委托人的个人财产能按照个人的意愿进行分配和保障受益人的正常生活，或以个人营利为目的进行信托业务，如个人信托公司进行的有价证券买卖。

个人作为委托人，利用信托方式处理自己的资财，是建立在个人拥有私有财产的基础上的。个人拥有私有财产以后，与私有财产相关的利益关系也随之产生，如维护对私有财产的所有权，并使其不断地增值、扩充；或者使私有财产得到有效的利用，所有者个人能充分享受私有财产，获得精神上、物质上的满足，同时，使其他人也能享受私有财产的利益，如财产所有者的配偶、子女、亲属等。所以，随着私有财产的出现，社会关系更加复杂化了。财产所有者很难做到事必躬亲，所以不得不利用他人的力量，由此便产生了各种财产代为管理制度，信托便是其中之一。财产所有者作为委托人，将财产转移给受托人，利用受托人的才能、经验、时间，由受托人去处理与财产有关的事项，使其达到最优的使用效果。这不仅使财产所有者减轻了负担，实现了委托人无法亲自实现的目的，而且也提高了效率，保证了社会的需要，促进了社会的发展。

专栏 5-3
家族信托——传承规划中的顶层财富工具

企业和家业永续可谓是百年大计，不仅包括企业传承、财富传承，还包括精神传承和文化传承。想实现企业永续、福荫后代、惠及社会的目标，企业家们需要把传承作为系统工程，进行顶层设计、长远规划。李嘉诚早在1980年就设立了家族信托基金，控制了包括长江基建、长江实业、电能实业、赫斯基能源等22家上市公司的股份。家族信托具有以下作用：

第一，风险隔离。信托资产不受破产清算、婚姻关系及家庭关系变化的影响。

第二，基业永续。实现企业所有权、管理权和受益权的有效分离，避免在传承过程中家族股权被稀释。

第三，家族稳固。信托资产可以在全球实体和金融市场进行配置和寻求广泛的投资机会，且在部分海外市场可以实现合理减税的功能。

第四，个性化传承。家族信托可以根据委托人的要求灵活设置各种条款，如设立期限、资产分配方式、突发情况时财产的处置、对后代的约束条件等。

近年来，家族信托资产管理规模不断扩大，从2013年的十几亿元增加到2018年的数百亿元。受托资产类型从2013年的现金类资产拓展到2018年的以现金类资产为主，保单、股权、不动产以及艺术品均覆盖。

未来，家族信托将呈现出人员专业化、财产多元化、从生前信托到遗嘱信托、从家族信托延伸到家族慈善等趋势。目前国内的家族信托服务，已经从信托计划的全程跟踪延伸至移民规划、艺术品管理、家族宪章、家族史撰写等，甚至衍生出艺术品收藏、高端运动、财富传承教育等增值性服务。

⬆ 资料来源：家族信托为什么可以作为传承规划中的顶层财富工具？[EB/OL]. [2019-4-22]. http：//www. fuqincaifu. com/news. html？ id=812.

二、个人信托业务种类

（一）遗嘱信托

遗嘱信托是指受理与个人遗嘱和遗产有关的信托业务。

遗嘱信托主要有执行遗嘱和管理遗产两种业务。

执行遗嘱信托是信托机构在受托之后，根据遗嘱和有关法院的裁决，在立遗嘱人死亡之后，代遗嘱人办理债权、债务的收取和清偿，遗赠物品的交付及财产的分割和处理等，信托机构行使遗嘱执行人的职责。

遗嘱是财产所有人处理自己身后财产的一种法律行为。在遗嘱人财产数额不大、遗产处理关系比较简单的情况下，遗嘱人很少委托信托机构代为执行遗嘱。当遗嘱人财产较多、遗产的分割处理比较复杂，而且缺少可靠的执行人时，为了保证遗产按照自己的意愿进行处理，遗嘱人常常在遗嘱中指定某一信托机构作为遗嘱执行人。当遗嘱人在遗嘱中没有指定信托机构作为遗嘱执行人时，遗嘱人的亲属或法院也可以视情况指定信托机构代为执行遗嘱。

管理遗产是信托机构受遗嘱人或法院委托，在一定期间内代为管理遗产的信托业务。该业务分为继承未定前和继承已定后两种情况。继承未定前的管理遗产信托，多是在没有遗嘱、遗产继承存在纠纷或遗嘱中的继承人尚未找到等情况下，信托公司受托在处理、分割遗产前暂时代为管理遗产；继承已定后的管理遗产信托，是指在继承人虽然继承了遗产，但因种种原因不能自理其财产时，事先由遗嘱人或其亲属和法院委托信托机构在遗产继承后的一定时间内，代继承人管理遗产。例如，继承人尚未成年或丧失生活自理能力时，信托机构就可以受托代继承人管理遗产。

（二）监护信托

监护信托依被监护人不同，分为未成年人监护信托和禁治产人监护信托。

> 监护信托是信托机构受托行使监护人职责的信托业务。

法律规定，父母是子女的当然监护人。但是，在子女尚未成年，还没有独立生活能力之前，如果父母因长期在外出差或受到法律制裁，不能照顾子女生活，或者父母早亡，子女失去监护人，又无亲属或他人代为照顾生活时，信托机构就可以受子女父母、生前留下遗嘱者或法院的委托，行使监护人的职责，负责照料未成年子女的生活，保管其所得的遗产，待子女成年后将遗产转交给子女，监护信托即告结束。

信托机构可受禁治产人父母生前遗嘱或其亲属及法院的委托，负责赡养、

> 禁治产人是指因精神疾病无法自理生活，经法院宣告丧失行为能力的人。

医治、护理禁治产人，并代管其财产，行使监护人职责。当被监护人恢复行为能力或死亡后，信托机构办理转交或处理被监护人财产手续，监护信托即告结束。

（三）人寿保险信托

人寿保险信托是信托机构办理的与人寿保险相结合的一种信托业务。保险公司办理人寿保险，一般是在被保人死亡后，将其保险赔偿金一次全部支付给被保人的遗属。至于被保人遗属能否妥善使用领取的保险赔偿金，保险公司概不过问。因此，在被保人遗属缺乏独立生

活能力和正常使用赔偿金的能力时，就很难达到被保人生前投保寿险以保障遗属正常生活的目的。为了弥补人寿保险的不足，被保人在生前投保人寿险的同时，可到信托机构办理人寿保险信托，指定信托机构为保险赔偿金的受托人，其遗属为保险赔偿金受益人。被保人死亡后，由信托机构向保险公司索取赔偿金，并按信托合同规定，一次或分期地将赔偿金转交给死者遗属，以保证死者遗属有稳定的生活来源。

（四）赡养信托

赡养信托是信托机构接受赡养义务人的委托，对赡养金进行管理和按指定用途支付的个人信托业务，这种业务往往是异地或海外赡养义务人在对赡养金不能进行日常管理和使用的情况下信托机构办理的信托业务。

（五）其他个人信托业务

其他个人信托业务主要包括管理财产、处理财产、保全财产、增值财产等。

以上五种个人信托业务，又可以分为两大类，即生前信托业务与身后信托业务。遗嘱信托属于身后信托业务，而其他四种业务则属于生前信托业务。

三、个人信托契约的主要内容

生前信托是个人委托信托机构在委托人生前代为办理的信托事项。它与身后信托不同。身后信托是委托人生前委托信托机构在自己死亡后代为办理的各种信托事项，信托机构只能在委托人死亡后才开始履行信托合同。

我国信托公司受个人委托办理的生前信托主要有以下几种：

（1）受托管理、处理产业。当委托人因某种原因不能亲自经营自己的产业，又找不到可靠的人代为料理时，就可以委托信托机构代为管理。如受托代理保管维修房产、股息红利、定期缴纳税收、支付各种费用和债务等。

（2）基金信托。当个人准备将自己的部分或全部资金在生前资助某项事业时，就可以将资助的资金委托信托公司建立基金，由信托机构按委托人的意愿管理基金使用的各种事项。

（3）保全财产。保全财产指委托人通过财产的信托，利用信托财产的独立性，保护其财产。财产委托出去以后，在信托期间由受托人持有，并由受益人享受信托收益，委托人便不再对信托财产拥有处置权，委托人在信托期间所形成的债务便不会影响到信托财产，从而保全了这部分财产。同时，受益人对信托财产的权利是由委托人确定的，受益人只能享受已定的权利，这样也能达到保全信托财产的目的。

（4）增值财产。委托人把财产委托给有丰富理财经验的受托人，由受托人经营，达到增加收益、增值财产的目的。通过个人生前信托业务，受托人利用自身能力和经验及其他优势为委托人管理经营信托财产，既减轻了委托人的负担、解决了委托人的困难，又能提高财产的收益，于国于民都是非常有益的。

生前信托的受益人可以是委托人自己，也可以是其他第三者。

生前信托契约的主要包括以下内容。

1. 委托当事人。生前信托契约首先要明确信托业务的当事人，即委托人、受托人和受益人。委托人必须是财产的所有人，否则，便不能以此财产确立信托关系。委托人明确后其所拥有的权利和义务也就明确了，这对于处理当事人之间的关系具有非常重要的意义。

受托人在接受委托人委托后便成为信托财产法律上的所有人，对信托财产拥有管理和处理的权利。

受益人在信托关系中是信托收益的享受者。

2. 信托目的。信托契约中应明确信托目的，信托目的不应与国家法律相违背，受托人可以依据此目的执行信托契约。

3. 信托财产。信托契约中要对信托财产有详细的规定。首先要明确财产的性质、品种、数量、质量等，其次要明确信托财产转移的方式、时间，以便于受托人行使相应的职责。

4. 受托人的权利。受托人在委托期间是信托财产法律上的所有人，但对受托人的这种所有权来说又是有限的。受托人的财产所有权是由委托人赋予的。所以受托人具有裁量权，如果委托人与受托人之间发生矛盾，契约有关权限的界定便成了解决争议的重要依据。受托人应当遵守信托契约的规定，为受益人的最大利益处理事务。委托人必须恪尽职守，履行诚实、信用、谨慎、有效管理的义务。

5. 受益人的权利。受益人自信托契约生效之日起享有受益权。受益人的受益权可以依法转让和继承，但信托契约中有限制性规定的除外。总之，受益人的权利在经济上被看作与所有权同等的权利。

6. 信托期限。信托契约中要明确信托期限，信托期限可以是一个准确的时间区段，也可以以信托目的是否实现为依据，即信托目的的实现之日即为契约终止之时。

7. 受托人的报酬。受托人有权依照信托契约的约定取得报酬。信托契约事先未作约定的，经当事人协商同意，可以作出补充约定；未做事先约定和补充约定的，不得收取报酬。约定的报酬经信托当事人协商同意，可以增减其数额。

受托人违反信托目的，或者因违背管理职责、管理信托事务不当，致使信托财产受到损失的，信托公司应予以补偿、赔偿或恢复原状，在未恢复财产原状或者未予赔偿前，信托公司不得请求给付报酬。

四、遗嘱的主要内容

遗嘱是信托公司执行遗嘱信托的主要依据，遗嘱中对信托公司的具体职责应予明确，信托公司要依据遗嘱办理业务。

法律认为，遗嘱是一种要式法律行为，必须按照法律要求的形式制定才有效力。遗嘱应采取书面形式，并且要求遗嘱人的签名。遗嘱的形式一般有自叙遗嘱、自书遗嘱、录音遗嘱、公证遗嘱等。作为确定执行遗嘱信托依据的遗嘱应该具备以下基本内容。

1. 申明本份遗嘱的合法性和有效性。遗嘱人在遗嘱中，首先要明确本份遗嘱的有效性和合法性，并同时取消以前所立下的所有遗嘱等文件。

2. 确定受托人。在遗嘱中要明确确定受托人，即遗嘱执行人，并授予受托人在执行遗嘱中所拥有的权力。

3. 确定受益人。受益人是遗产的继承者，对受益人的资格在遗嘱中要予以明确，说明受益人可以享受的财产形式、数量以及遗产的给付方式。

4. 特殊条款及附录。特殊条款的规定及附录主要是针对执行遗嘱过程中可能出现的问题而列。例如，在处理遗产过程中可能会出现意外的变故，为了使遗嘱执行人能严格按照遗嘱人的意愿行事，遗嘱人应在特殊条款或附录中对遗嘱执行过程中可能出现的情况加以说明，以保证遗嘱的顺利执行。

第六节　其他信托业务

一、法人财产信托业务

信托公司受理财产信托的对象，可以是机器、厂房、仓库、材料和其他物资等各种动产或不动产。信托公司受理财产信托，只负责按照供货单位的信托目的，根据供需双方订立的购销合同，向需货单位提供信托财产。有关信托财产的交货日期、品种、质量、维修、保养等事项，则由供需双方按原合同、契约执行。

> **法人财产信托是指供货单位将准备出售或出租的财产向信托公司提出信托申请，并委托信托公司向其指定的需货单位提供财产的业务。**

财产信托业务按照信托公司是否提供资金融通，又可以分为融资性财产信托和服务性财产信托两种。

1. 融资性财产信托。融资性财产信托是指信托公司接受委托单位（供货单位）的申请，向其指定的需货单位提供信托财产，并予以融资的业务。信托公司在需货单位办妥延期付款或承租手续后，先向委托单位一次性垫付全部货款或租费，以后再逐步向需货单位收回。

融资性财产信托的期限一般为 3 年左右，最长不超过 5 年。信托手续费按信托财产总额的一定比例计收，于正式受理财产信托或垫付信托财产款项时一次收取。信托公司预先垫付的财产信托款项，比照银行流动资金贷款利率，相应计收利息。

为确保如期收回信托公司垫付的资金，财产信托业务原则上必须由需货单位按照延期付款或支付租费的期限，到原开户银行申请签发相应期限的银行承兑汇票。自受理此项业务之日起，至收回融资本息金额之时止为此项业务的信托期。在委托期内，信托财产如发生意外事项，信托公司有权向需货单位追索应收的融资本息。

2. 服务性财产信托。服务性财产信托是指信托公司接受委托单位（供货单位）的财产信托后，负责向其指定的需货单位提供财产，并代委托单位向需货单位分期收取货款或租费，信托公司不为需货单位提供资金，不为需货单位垫付货款和租费。信托财产的应收货款或租费，待向需货单位收妥后，才能转交给信托单位。

信托公司受理服务性财产信托业务，一般应按信托财产总额的一定比率向委托单位收取手续费。手续费可以在正式受理财产信托时一次收取，也可以在每次代收的货款中分次扣收。

服务性财产信托的具体业务处理手续，除信托财产价款要等到向需货单位收妥后逐步转交外，其余均可参照融资性财产信托业务的处理手续办理。

需要强调的是，我国法律、法规禁止流通的财产不得作为信托财产。信托财产不属于信托公司的自有财产，也不属于信托公司对受益人的负债。信托公司终止时，信托财产不属于其清算的对象。

二、债权信托业务

（一）债权信托的含义

债权信托是指信托公司为发挥理财服务职能，维护债权人合法权益，在债权人与债务人双方签订的债权债务确认协议书的前提下，接受债权人委托，为债权人办理债权信托业务。

（二）办理债权信托的程序

1. 信托公司与委托人签订债权信托协议书（见附式5-4）。

附式5-4

债权信托协议书

协议签订人：

债权人：

受托人：××信托公司

受托人为发挥信托理财服务职能，维护债权人合法权益，以债权人与债务人双方签订的债权债务确认协议书为依据，接受债权人委托，为债权人办理债权信托业务。债权人将债权委托给受托人，并由受托人与债权人指定的债务人签订债权信托偿债合同并办理有关手续。现债权人与受托人双方协商达成协议如下：

第一条　受托人接受债权人委托，同意受理债权信托业务。

第二条　本协议规定受托期限为_____年，期满后债权人及受托人可按以下方式处理：

（一）双方协商同意继续债权信托，重新签订债权信托协议书。

（二）债权人因故可随时终止债权信托，收回债权。受托人也可不接受委托，停止办理债权信托。以上终止信托行为必须以书面形式通知对方。

第三条　债权人将债券委托给受托人时，须详细提供给受托人有关债券形成原因、金额、债务人单位情况、原经济合同、债权债务确认协议及受托人所需的其他有关资料。

第四条　债权人须在受托人处开立两个账户，即债权信托专项账户和债权资金收回账户，为鼓励受托人积极催收债务，债权人同意在债权收回后，存款在_____月内不予提取。

第五条　债权人在开具的债权信托指定用项通知书中，应注明债务人名称、债务金额、资金占用费率、期限等事项，受托人审查债务人偿还能力及财务、生产经营状况，同意办理债权信托后，凭此与债务人办理债权信托偿债合同等有关手续。

第六条　受托人在债权受托期内，应负责按_____向债务人收取资金占用费，并督促其按期归还债务及资金占用费，发现问题及时向债权人进行汇报，协助解决。

第七条　受托人在债权受托期内，定期向债权人汇报催收进度，并写出书面报告。

第八条　受托人须将收回的债权资金和资金占用费及时划入债权人开立的债权资金收回账户。

第九条　受托人向债权人收费标准：

（一）按收回资金占用费_____％计收手续费。

（二）按收回债权金额_____％计收受理费。

以上手续费收取可由债权人直接支付，也可由受托人从债权人在受托人处开立的账户中扣收。

第十条　受托人在债权信托期内，如债务人未履行债权信托偿债合同中所规定的义务，未按期偿还债务及资金占用费，经受托人催收无效，债权人应在诉讼时效期间届满十日前书面通知受托人，或者通过法律诉讼手段进行追索，或者通知受托人终止债权信托，受托人均同意并协助办理。如债权人决定以受托人名义亲自办理诉讼事宜，由受托人向债权人指定的或聘请的代理人出具授权信托书，提供有关证据材料，一切诉讼费用、聘请律师费用及诉讼结果由债权人承担。如债权人决定委托受托人进行诉讼活动，具体事宜由债权人与受托人进行协商，但一

切诉讼费用、聘请律师费用及诉讼结果由债权人承担。

第十一条 本协议书的履行地为受托人所在地。

第十二条 本协议受托债权金额，以债权信托指定用项通知书为准。

第十三条 本协议一式两份，双方各执一份，本协议经双方签章后生效。本协议涂改一律无效。

债权人　　　　　　　　　　受托人

法定代表人　　　　　　　　法定代表人

委托代理人　　　　　　　　委托代理人

　　　　　　　　　　　　　　　　　　　　　　　年　月　日

2. 信托公司要求委托人提供"债权债务确认协议书"（"债权债务确认协议书"格式见附式5-5）。

附式5-5

债权债务确认协议书

协议签订人：

债权人：

债务人：

债权人为了更好地维护自身权益，经与债务人协商，并得到债务人同意，将双方原有债权债务关系转化为债权信托，委托××信托公司办理有关手续。债权人、债务人就此达成协议如下，愿共同遵守。

第一条 债务人所欠债权人的债务总额人民币（美元）计_____元，经债权人和债务人双方确认，并无任何经济纠纷。

第二条 债务人同意债权人将该项债权委托××信托公司办理债权信托，并承认××信托公司为债权人之受托人。

第三条 债权人将本债权委托催收期限订为_____年，并经债务人认可。

第四条 债务人同意债权人委托××信托公司对债权进行催收，并按_____‰支付资金占用费。

第五条 债权人将债权信托，债务人同意与受托人××信托公司另签订债权信托偿债合同等有关文件，并提供其他相关资料。债务人同意遵守合同规定，按期向××信托公司偿还所欠债权人的全部债务及资金占用费。

第六条 债务人在债权信托偿债合同规定时间内，愿接受债权人之受托人××信托公司的监督管理，并定期报送财务报表及生产经营状况。

第七条 债务人按债权信托偿债合同的规定，按期清偿债务后，债权人同意给予债务人免收_____%资金占用费的优惠。已收取的资金占用费，债权人将通知××信托公司按上述比例退还。

第八条 债务人必须按债权信托偿债合同规定期限归还债务及资金占用费，如债务人未按期归还，债务人同意债权人委托××信托公司从债务人所有的各类账户中划收全部债务款项及资金占用费，并不再享受本协议第七条的优惠。

第九条 此债权债务确认协议书将作为债权人委托办理债权信托的依据，一经签订即具有法律效力，如需变更或解除需经双方书面协商一致，单方解除无效。本协议正本两份，债权人、债务人各执一份，副本一份交××信托公司作为债权信托合同附件。

本合同涂改一律无效。

债权人（公章）　　　　　　债务人（公章）

法定代表人　　　　　　　　法定代表人

委托代理人　　　　　　　　委托代理人

　　　　　　　　　　　　　　　　　　　　　　　年　月　日

3. 债权人将债权委托给受托人，由受托人与债权人指定的债务人签订债权信托偿债合同（见附式5-6），并办理有关手续。

附式5-6

债权信托偿债合同

合同编号：

合同签订人：

受托人：××信托公司

债务人：＿＿＿＿＿＿＿＿＿＿＿

担保人：＿＿＿＿＿＿＿＿＿＿＿

受托人为发挥信托职能，接受债权人委托，遵照债权人意愿，以债权人、债务人共同签订的债权债务确认协议书为依据，并根据《中华人民共和国民法通则》《中华人民共和国担保法》等法律、法规，及××信托公司《债权信托业务章程》的有关规定，受托人与债务人、担保人协商一致签订本合同，达成以下条款，愿共同遵守。

第一条　债务人、担保人均承认××信托公司作为债权人的受托人之法律地位。

第二条　债务人应偿还债权人债务金额人民币（美元）计＿＿＿＿＿元。

第三条　偿债期限为＿＿＿＿年，自＿＿＿＿年＿＿＿月＿＿＿日起至＿＿＿年＿＿＿月＿＿＿日止。

第四条　偿债方式。

偿债期内，受托人按月利率＿＿＿‰向债务人计收资金占用费，并按时收取，同时债务人应按照本合同规定，按期足额向受托人归还债务。为保证按期收回债务及资金占用费，受托人可直接从债务人账户收取，债务人须向受托人提供全部开户行账号，不得隐瞒。付款人（债务人）同意付款银行凭收款人（受托人）签发的同城特约委托收款凭证将款项划转收款人。

基本账户开户行＿＿＿＿＿＿　账号＿＿＿＿＿＿＿

一般账户开户行＿＿＿＿＿＿　账号＿＿＿＿＿＿＿

临时账户开户行＿＿＿＿＿＿　账号＿＿＿＿＿＿＿

专项账户开户行＿＿＿＿＿＿　账号＿＿＿＿＿＿＿

第五条　当事人各方应履行的职责。

（一）债务人在办理偿债合同时，应向受托人提供上年度及申办前一期的财务报表及有关资料。受托人有权检查、监督债务人经营管理、财务活动、存货及营销等有关账簿和资料，债务人应提供方便。合同期限内，债务人须定期向受托人报送当期财务报表，受托人有权督促债务人按期偿还债务。

（二）本合同担保人同意对本偿债合同所列债务承担不可撤销连带责任保证担保。担保期限自＿＿＿＿年＿＿＿月＿＿＿日至＿＿＿年＿＿＿月＿＿＿日，在此期间担保人对债务人任何违约行为均承担保证责任。

（三）受托人根据债权人要求，认为本偿债合同需要办理抵押、质押等手续的，应由债务人提供受托人认可的抵押物、质物，并填写抵押物、质物保管单，作为本合同不可分割的组成部分，与本合同具有同等法律效力。

（四）受托人根据债权人的要求，认为本合同需要办理公证时，应经公证机构予以公证，费用由债务人承担。

第六条　本偿债合同的履行地为受托人所在地。

第七条　债务人如未按合同规定期限清偿债务及资金占用费，债务人将不再享受资金占用费减免的任何优惠，受托人已收取的资金占用费将不再退还。

第八条　债务人、担保人同意受托人在办理本业务中使用有关贷款传票、担保合同及其他贷款文件。这些文件的形式不影响债务人、担保人承担义务。

第九条　三方协议的附加条款（本条款须经各方当事人盖章方为有效）。

第十条　本合同经三方签章后即具法律效力，各方应认真履行合同规定的条款。本合同正本一式三份，受托人、

续表

> 债务人、担保人各执一份，另副本一份。
>
> **第十一条**　合同附件。
>
> 1. 为本合同所立债权债务确认协议书。
>
> 2. 为本合同所立偿债凭证。
>
> 3. 为本合同所立申请书。
>
> 4. 抵押物清单、质物保管单及对保单。
>
> 5. 其他附件。
>
> 以上合同附件与本合同具有同等法律效力。
>
> 本合同涂改一律无效。
>
> 受托人　　　　　债务人　　　　　担保人
>
> 法定代表人　　　法定代表人　　　法定代表人
>
> 委托代理人　　　委托代理人　　　委托代理人
>
> 　　　　　　　　　　　　　　　　年　月　日

三、风险储备金信托业务

（一）风险储备金的含义

风险储备金是为了防止意外损失而从收益中提留的资金，包括资本储备金、放款损失储备金、证券损失储备金、社会力量办学风险储备金等。以社会力量办学风险储备金为例，风险储备金的含义为：社会力量办学风险储备金是指经当地教育行政部门审批并按规定由当地教育主管部门收缴和管理办学风险储备金的教育机构，按有关规定提取的办学风险储备金。教育机构应逐年从学费总收入中提取一定比例（一般为2%左右），作为办学风险储备金，直至达到当年学费总收入的规定比例（一般为50%）时停止收取。

（二）当事人的权利与义务

1. 委托人的权利与义务。社会力量办学风险储备金信托业务中，委托人的权利与义务主要包括：

（1）向受托人提供教育机构的名单、该机构的开办资金数额以及法人代表、银行账号等。

（2）当教育机构出现重大事故和停办或解散时，向受托人提出支取风险储备金的金额及具体受益对象。

（3）委托人对缴纳风险储备金制度及相关其他一切事项具有最终解释权。

2. 受托人的权利与义务。社会力量办学风险储备金信托业务中，受托人的权利与义务主要包括：

（1）根据委托人的指定向教育机构收缴"办学风险储备金"并设立专户进行管理。

（2）根据各教育机构缴存储备金情况，按国家统一规定的活期利息率及计息办法给各教育机构计息，滚存本金之内。

（3）根据委托人的指定，向受益人支付应付的办学风险储备金。

（4）受托人按年度向委托人出具该项风险储备金的收缴及支付情况书面报告。

（5）受托人负有该项储备金的管理职责，保证该项资金完整无缺。办理该项储备金业务，信托公司免收手续费。

3. 受益人的权利与义务

（1）受益人（教育机构）定期缴纳办学风险储备金，并提供当期学费收入总额的公函。

（2）教育机构出现重大事故、停办或解散时，受益人需要支取风险储备金时，可凭委托人提供的有效文件及盖有委托人预留印鉴的专用划款通知书支取。

（三）签订风险储备金信托协议书

信托公司承办社会力量办学风险储备金信托业务时，必须与委托人签订风险储备金信托协议书（见附式5-7）。

附式 5-7

风险储备金信托协议书

协议人：

委托人：×××教育委员会（以下简称甲方）

受托人：×××信托公司（以下简称乙方）

甲方按照乙方"×××社会力量举办教育机构办学风险储备金"信托业务章程，同意将×××教育委员会审批、规定应由×××教委收缴管理办学风险储备金的社会力量举办的教育机构（以下简称教育机构）缴纳的办学风险储备金委托给乙方。经双方协商，协议如下：

第一条　甲方责任。

1. 甲方于＿＿＿＿年＿＿＿＿月＿＿＿＿日向乙方提供应缴纳办学风险储备金的教育机构的名单。其内容包括：单位名称、开办资金额、缴存比率、电话号码、通信地址、邮政编码等。以上各项如有变更，甲方应随时向乙方提供变更清单，乙方凭甲方的清单及教育机构提供的当期学费总收入的公函，收缴办学风险储备金。

2. 为更好地完成收缴工作，甲方见到乙方为教育机构开具的专用收缴凭证，才能为教育机构办理年检等有关事项。

3. 甲方向乙方提供××教委社会力量办学处及办学处负责人的预留印鉴。当支取风险储备金时，由甲方提供正式文件及由社会力量办学处出具加盖预留印鉴的划款通知单。划款通知单内容包括：取款单位名称、收款方银行账号、金额（不得超过二级账户存款额，若有余额，明示是否同时转入发展社会力量办学专户）。

4. 甲方对缴纳办学风险储备金的制度及相关事项具有最终解释权。

第二条　乙方责任。

1. 乙方为甲方开立账户。

（1）乙方为甲方设社会力量办学风险储备金专户，并按甲方提供的名单为教育机构办学风险储备金设二级账户。

（2）对举办高等教育自学考试的教育机构，乙方为其开设社会助学机构办学风险储备金专户，并按甲方提供的名单设二级账户。

（3）支取办学风险储备金时，其二级账户仍有余额，按甲方要求转入发展社会力量办学专户，用于发展教育事业。以上三个专户余额之和为甲方在乙方的信托资金总额。

2. 乙方按国家规定的银行活期存款利率及计息方法为甲方计息，利息滚存本金同时分别记入二级账户内。

3. 乙方负有对该项资金的管理责任，并保证该项资金的安全，每年度向甲方提供该资金收缴及使用状况的书面报告。

4. 乙方凭甲方审批的文件及其下属社会力量办学处开具的专用划款通知单从办学风险储备金中向甲方指定的收款人支付相应的款项。

5. 乙方为支持教育事业的发展，对该项业务免收手续费。

第三条　乙方未按本协议执行，应负信托管理责任。

第四条　本协议的签订及履行地为受托人所在地。

续表

第五条　本协议正本两份，甲、乙双方各执一份，副本一份由受托人业务部门留存。

第六条　本协议自受托人收到信托资金之日起生效，暂定期限为_____年，期满后可续签协议。双方当事人在执行过程中，如变更有关条款或有未尽事宜，须经协商一致后进行修改。

委托人（甲方）　　　　　受托人（乙方）

负责人章　　　　　　　　负责人章

年　月　日

四、黄金信托业务

1. 黄金信托的含义。黄金信托是指委托人将其持有的资金委托给受托人，由受托人以自己的名义，按照委托人的意愿将该资金投资于上海黄金交易所的黄金产品或其他与黄金相关的投资标的，并由受托人具体负责黄金投资事务，通过黄金投资组合，在尽可能地控制风险的前提下，为投资者提供分享黄金市场发展收益的业务。

2. 上海黄金交易所的黄金产品。

（1）交易品种和规格。目前，上海黄金交易所主要有 8 个黄金交易品种。现货交易有 4 个品种，分别为：Au99.95、Au99.99、Au50g、Au100g；保证金交易有 4 个品种，分别为：Au（T+5）、Au（T+D）、Au（T+N^1）、Au（T+N^2）。

其中，Au（T+D）保证金交易最受投资者欢迎，交易最为活跃。

（2）Au（T+D）交易方式。Au（T+D）递延交易是指以保证金的方式进行的一种现货延期交收业务，买卖双方以一定比例的保证金（合约总金额的 10%）确立买卖合约，和黄金期货一样可以双向交易，买卖双方可以根据市场的变化情况，随时平掉持有的合约，在持仓期间将会发生每天合约总金额万分之二的递延费，递延费支付方向要根据当日交收申报的情况来定，如果客户持有买入合约，而当日交收申报的情况是收货数量多于交货数量，那么客户就会得到递延费，反之则要支付。交易手续费为单边总金额的 1.5‰。Au（T+D）递延交易只有上海黄金交易所的会员才有资格进行交易，普通投资者需在会员处开户才能进行交易。

Au（T+D）是以保证金方式进行交易，可以选择当日交收，也可以延期至下一个交易日交收，同时引入延期补偿费机制的一种交易模式。这种交易模式投资成本小，市场流动性高，同时为投资者提供了卖空机制。

五、艺术品信托业务

1. 艺术品信托的含义。艺术品信托是指委托人将其持有的资金委托给受托人，由受托人以自己的名义，按照委托人的意愿将该资金投资于艺术品市场，并由受托人具体负责艺术品投资事务，通过艺术品投资组合，在尽可能地控制风险的前提下，为投资者提供分享艺术品价值增长的收益。

2. 艺术品信托的主要形式。

（1）艺术品质押融资信托。艺术品所有人持有的艺术品由专业的机构出具鉴定及估值意见后，再质押给信托公司获得信托资金，信托公司将艺术品保存在专业的保管机构，在艺术品持有人偿还信托资金本息后，信托公司将质押的艺术品交还给艺术品所有人。

（2）艺术品投资信托基金。信托公司发行信托计划募集资金，同时聘请专门的艺术品专家或者专业的投资公司提供顾问服务指导投资，通过多种艺术品类组合的投资，以达到最终实现收益的目的。

（3）艺术家共同信托（Artist Pension Trust，APT）是以"以物（作品）代币"为交换基础的投资项目。艺术家不是以现金，而是以若干件艺术作品来投资加入信托。APT 不支付现金来收购作品，而艺术家仍保留作品的所有权，只是把他的经营管理权委托给 APT，以换取投资和回报权益。作品的销售将由专家队伍负责，如果作品在市场价值上出现了明显的增值时，APT 会决定合适的出手时机和价格。信托的每位艺术家都会从中获得均等的一份，是每个人都从集体成功中获利，不仅有利于培养年轻的新锐艺术家，对成熟艺术家也是一种鼓励，使进入该信托计划的艺术家在分享其他艺术家收益的同时，也将自己的收益和其他艺术家分享。

✔ 专栏 5 – 4
艺术品众筹成趋势 ⅢⅢⅢⅢⅢⅢⅢⅢⅢⅢⅢⅢⅢⅢⅢⅢⅢⅢⅢⅢⅢⅢⅢⅢⅢⅢⅢ

"众人拾柴火焰高"，要花多少钱，可以拥有一件"殿堂级"的高端艺术品，并同时拥有其版权、拍卖收益权、销售代理权？答案是几百元，但前提是"众筹"。一个人花几百元办不到，100 个人、1 000 个人……汇集在一起就是成千上万元。通过大家一起"凑份子"，借助信息平台和社交网络，就能得到高品质艺术品衍生品以及享受原作升值带来的收益。这是一种互联网文化金融创新模式，我们叫它"艺术品众筹"。

1. 众筹是发展趋势

根据世界银行预测，到 2025 年，全球众筹市场规模将达到 3 000 亿美元，发展中国家市场规模也将达到 960 亿美元，其中有 500 亿美元在中国。从全球来看，互联网众筹模式已经遍及创意、文化、商业、慈善、教育、人权等各个领域；从国内市场来看，从阿里的"娱乐宝"到大贺的艺术众筹，再到艺筹网、ARTIPO 等专业艺术品众筹网站的问世，互联网众筹模式一路火到极致。

2. 众筹载体众多

"众筹依托网络，减少了中间环节和费用，让投融资双方需求最快撮合与嫁接。众筹模式让大量普通消费者获得了直接参与创新业务投资的权利，共享到创新收益。"ARTIPO 市场总监魏鹏举说。记者了解到，相对于"高冷"的艺术品投资，印有艺术品的生活用品价格更加亲民。在艺术品众筹的鼻祖大贺艺术众筹平台上，各类艺术丝巾、艺术围巾等，众筹认购价都在千元之下，甚至百元之下。大贺艺术总监尚领说，"艺术众筹不同于艺术品份额化，现阶段的众筹产品主要针对艺术品衍生品，属于可规模化生产的标准商品，而非艺术品本身，不会出现艺术品巨涨巨跌等投资风险。"艺术品领域，推出了艺术品融资、艺术品信托、艺术基金、艺术品众筹等各种文化金融衍生品，让艺术品真正走进寻常百姓家。

3. 风险依然存在

中国艺术品交易网的负责人陈思成在接受采访时说："自 2013 年底开始，众筹的概念得到普及，发展到现在，艺术品众筹也从早期的只有小作坊、单件艺术品、低价格作品参与，到现在机构参与其中并用这种方式运作更多的项目。早期都是互联网的人游说艺术圈的人做众筹，现在艺术圈主动拥抱众筹。艺术家、工艺师们有创作的计划，但是对市场并不了解，或者并没有足够的成本投入其中，而城市家庭中很多人有购买艺术品、工艺品的需求，却不一定能够直接找到生产者们并告诉他们自己的诉求，买到量身订制的艺术品。这时，众筹就把他们连接起来。生产者通过众筹发布计划、募集资金，投入到生产中，而买家提前介入了设计和生产，可以获得自己想要的作品。但是，其中的风险也是巨大的，还需理性选择。"

业内专家进一步指出，艺术品众筹能否做大，一方面取决于艺术品衍生品的设计感、实用性及价格；另一方面取决于对众筹模式在机制、执行、维权、道德等方面的考量及认可。但更重要的是，众筹除了筹"资"，更鼓励了创业和创新，"孵化"了梦想。

⬆ 资料来源：陈晓萌. 艺术品众筹成趋势［EB/OL］.［2015－03－06］. http：//m. sohu. com/a/5197922＿118081，本书有所改编.

本章小结

1. 资金信托业务包括集合资金信托业务、企业年金信托业务、证券投资信托业务。

2. 房地产信托是信托机构接受委托人委托，以房地产以及与房地产有关的资产为标的进行投资的信托。运作模式包括债权型房地产资金信托、股权型房地产资金信托、财产收益型房地产资金信托和混合型房地产资金信托四种类型。

3. 特定目的信托与权利信托业务包括员工持股信托业务、管理层收购信托业务、表决权信托业务。

4. 个人信托业务包括遗嘱信托、监护信托、人寿保险信托、赡养信托以及其他个人信托业务。其中，其他个人信托业务主要包括管理财产、处理财产、保全财产、增值财产等。

5. 其他信托业务包括法人财产信托业务、债权信托业务、风险储备金信托业务、黄金信托业务和艺术品信托业务。

本章主要概念

贷款类集合资金信托　投资类集合资金信托　证券投资信托　债权信托　房地产信托
管理层收购信托　人寿保险信托　员工持股信托　风险储备金信托　禁治产人监护信托

思考题

1. 集合资金信托业务由哪几种业务组成，业务流程分别是怎样的？

2. 如何办理年金信托业务？

3. 试述管理层收购信托及员工持股信托的内容。

4. 个人信托业务的种类有哪些？

5. 如何办理债权信托业务？

6. 信托公司办理风险储备金业务的目的是什么？

第六章
基金信托业务

本章知识结构

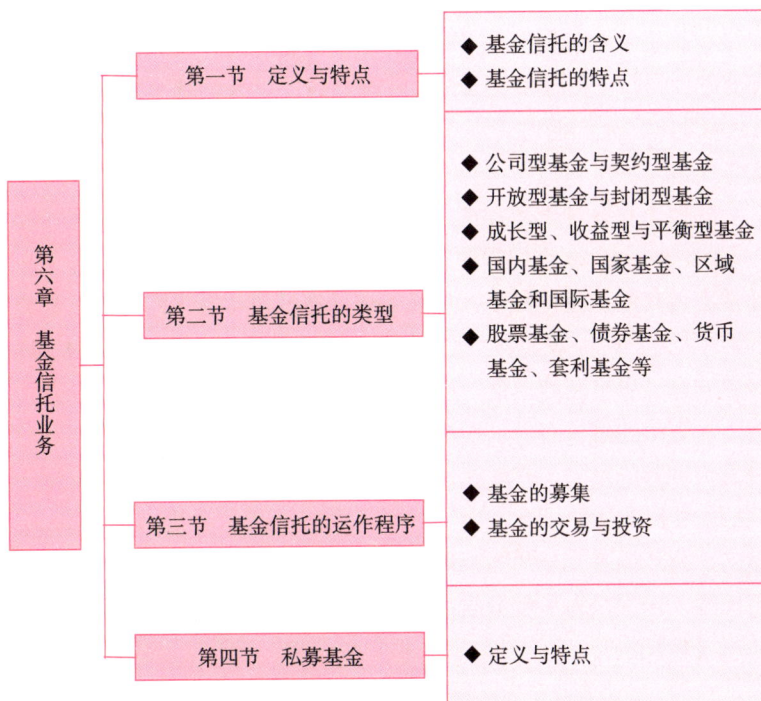

```
                        ┌─────────────┐      ◆ 基金信托的含义
              ┌─────── 第一节 定义与特点 ─────── ◆ 基金信托的特点
              │         └─────────────┘
              │
              │                             ◆ 公司型基金与契约型基金
              │                             ◆ 开放型基金与封闭型基金
              │         ┌─────────────┐      ◆ 成长型、收益型与平衡型基金
第六章  ──────┼─────── 第二节 基金信托的类型 ─── ◆ 国内基金、国家基金、区域
基金信托业务    │         └─────────────┘          基金和国际基金
              │                             ◆ 股票基金、债券基金、货币
              │                                基金、套利基金等
              │
              │         ┌─────────────┐      ◆ 基金的募集
              ┼─────── 第三节 基金信托的运作程序 ─ ◆ 基金的交易与投资
              │         └─────────────┘
              │
              │         ┌─────────────┐
              └─────── 第四节 私募基金 ─────── ◆ 定义与特点
                        └─────────────┘
```

本章学习目标

● 理解基金信托的含义与特点。

● 掌握公司型基金与契约型基金；开放型基金与封闭型基金的含义与区别。了解成长型、收益型与平衡型基金；国内基金、国家基金、区域基金和国际基金；股票基金、债券基金、货币基金、套利基金等的含义与区别。

● 熟悉基金信托的运作程序。

● 掌握私募基金的含义和特点；熟悉其盈利模式；了解我国私募基金的发展情况和存在的问题。

在各种金融机构中，证券投资基金是比较纯粹意义上的投资组织，它专门代客投资于证券市场的各类原生金融工具和衍生工具。而且，它实践着各类投资理论和投资技巧，如组合投资理论等，对投资理论的发展起到重要的推动作用。在现代证券市场上，证券投资基金已经成为一种主流的投资机构，越来越多的个人、机构采用证券投资基金作为主要的理财方式。从发达的美国证券市场到日益繁荣的欧洲证券市场，再到蒸蒸日上的亚洲证券市场，证券投资基金的动向无不成为市场人士关注的焦点。在本章中，我们将介绍证券投资基金。

第一节　定义与特点

一、基金信托的含义

基金信托简称基金，又称投资基金，在世界上有多种称谓。在美国，人们通常称为"共同基金""互惠基金"或投资公司；在英国和我国香港特别行政区，人们把它称作"单位信托基金"；在日本和我国台湾地区，人们把它称为"证券投资信托基金"；在我国大陆，我们通常将它称为"投资基金"。

国际上，关于投资基金的概念有多种表述方式。较常见的是从投资基金的组织方式和形成过程来对其加以定义。《韦伯斯特新20世纪辞典》对"投资基金"一词的解释是："一种信托，它投资于证券，通过出售其股份获得资金，并将其从证券投资中得来的收入分配给其股东。"美国经济学家斯泰纳认为，投资基金是"众多的投资者共同出资，由资金的管理者进行比投资者本人运用时更安全、更有利的投资，投资收益归投资者享有的一种投资方式"。日本学者藤田国之助认为，投资信托是由有价证券专家向大众投资者募集小额资金，以分散风险的方式受托从事各种有价证券的投资，并妥善保管这些证券，且将获得的收益分配于大众投资者的制度。《中华人民共和国证券投资基金法》（以下简称《基金法》）作出如下定义：在中华人民共和国境内，公开或者非公开募集资金设立证券投资基金（以下简称基金），由基金管理人管理，基金托管人托管，为基金份额持有人的利益，进行证券投资活动，适用本法；本法未规定的，适用《信托法》《证券法》和其他有关法律、行政法规的规定。

由此可见，投资基金是一种金融信托，它通过信托、契约或公司的形式，借助发行基金券（如受益凭证、基金单位和基金股份等）的方式，将社会上不确定多数投资者不等额的资金集中起来，形成一定规模的信托资产，交由专门的投资机构按资产组合原理进行分散投资，获得的收益由投资者按出资比例分享，并承担相应风险。投资基金的对象可以是各类有价证券，如股票、债券、银行存款、票据、外汇、期权、期货及认股权证等原生金融工具和衍生金融工具；也可以是某个特定产业，如能源产业、医药产业、金融业等。一般我们把前者称为"证券投资基金"，而把后者称为"产业投资基金"或"直接投资基金"。本章内容以"证券投资基金"为主。

二、基金信托的特点

基金作为专门为众多中小投资者设计的一种间接投资工具和集合投资信托制度，与其他投资方式比较，具有如下主要特征。

第一，实行专业管理、专家操作。基金的运营和投资决策的制定都是由基金经理人或基金管理公司负责的。这些机构都聘有投资专业人士，他们都拥有丰富的证券投资经验，善于利用他们与证券市场的密切联系，收集各种信息、资料、数据，运用各种先进的技术手段系统地对国内外经济形势、行情动态和各行业、各公司的发展前景及经营业绩进行分析，在此基础上作出科学准确的投资决策，从而取得较高的投资收益，避免个人投资者因为时间、精力、信息及专业知识等方面的限制而产生的盲目决策现象。

第二，以"组合投资，分散风险"为基本原则。基金把一定量的资金按不同比例分别投资于不同种类和不同行业的有价证券，构成组合的各种证券的相关性比较弱。在一定时期内，某些证券价格下降的损失，可由另一些证券价格上升的收益来抵补，从而在整体上把风险降到最低限度。个人投资者由于受资金量的限制，一般很难买得起足够多种类的证券，真正达到分散风险的目的。但基金具有相当规模的资金，可以同时投资于数十种乃至数百种有价证券，甚至投资于不同种类的投资工具和不同类型、不同国别的金融市场，从而能够有效地分散投资风险。

第三，实行资产经营与保管相分离的管理制度。任何基金都必须委托给基金保管人（或称基金托管人）负责保管基金资产，与基金管理人有着明确的分工。基金管理人负责基金资产的投资运作，基金保管人负责保管基金资产，并对基金管理人进行监督。这样一种管理制度，能够有效地保证基金资产的安全性。

第四，实行"利益共享，风险共担"的分配原则。基金取得的收益在扣除各种费用后，按投资者的出资比例进行分配。当然，投资中的各种风险也由投资者按出资比例共同承担。如果基金没有取得投资收益甚至基金的净资产值降低，投资者就分配不到收益并要承担基金券价格下降的损失。在基金的运作过程中，投资管理机构只作为基金的受托管理人获得固定比例的佣金，而不参与投资收益的分配。

第五，以纯粹的投资为目的。基金的信托契约中或各国法律法规中一般都明确规定，基金买卖有价证券的目的是取得利息、股息、红利或买卖差价收益，绝无通过买入股票而控制特定企业的意图。

第六，证券投资基金的交易模式可降低交易成本。证券投资基金的资产规模庞大，是券商重点争取的机构投资者，可获得比一般投资者高得多的佣金折扣；我国投资者来自于证券投资基金红利的收入目前可以不交个人所得税，但来自个人获得的股利、债券利息收入要征收个人所得税；证券投资基金比个体投资者的信息更灵通，可降低交易中的信息不对称成本；个人投资者委托专业机构理财后，可以集中精力做好本职工作，有利于降低机会成本。

第二节　基金信托的类型

一、公司型基金与契约型基金

根据法律基础和组织形态的不同，基金分为公司型（Corporate Type）和契约型（Contractual Type）。公司型基金发源于美国，它是美国出台公司法后，股份公司发展到一定程度后诞生的，第一家较规范的公司型证券投资基金是"马萨诸塞投资信托基金"。契约型基金则发源于英国，最早的契约型基金是由英国政府组织成立的"国外及殖民地政府信托基金"。

1. 公司型基金是具有共同投资目标的投资者依据公司法组成以盈利为目的、投资于有价证券的投资公司，基金本身就是投资公司，它是具有法人资格的经济实体。投资人——公司股东按照公司章程的规定，享有股东的各项权利，如表决控制权和受益权。股东大会选举产生董事会、监事会，再由董事会、监事会聘请公司的总经理执行业务，并向股东负责。投资公司成立后，通常委托特定的基金经理公司进行投资的经营、操作，基金资产委托另一金融机构保管，二者权职分明。经理机构只负责经营，保管机构只负责资产保管，即使受托的金融保管机构破产，受托保管的基金资产作为信托财产而不属于清算财产。这种类型的投资基金在英国、美国等国较为流行。

2. 契约型基金也称信托型投资基金，是指根据一定的信托契约（Trust Agreement of Indenture），由委托者、受托者和受益者三方订立信托投资契约而组建的投资基金。它是一种不具有法人资格的虚拟公司，直接表现为一种投资信托。基金管理公司（委托人）与基金保管机构（受托人）之间也订立契约，由前者负责基金的经营与管理操作，后者则负责资金信托资产的保管和处分，而投资成果由投资人（受益人）享受。这种基金以发行受益凭证的方式，向投资大众筹集资金。契约型基金还可以细分为单位型和基金型两种：①单位型基金的设定是以某一特定货币总额单位为限筹集资金，组成一个单独的投资基金管理公司。它往往规定一定的期限，限期停止，信托契约也就解除，退回本金与收益。信托契约期限未满，不能解约或退回本金，也不得追加投资。②基金型基金的规模和期限没有固定限制，基金设定时不以单位形式独立区分，而是综合成一个基金。受益证券价格由受益凭证的净值、管理费及手续费等因素构成。原投资者可以把受益凭证卖给代理投资机构，以解除信托契约，抽回资金，也可以从代理投资机构那里买入受益凭证，进行投资，建立信托契约。日本、韩国及我国台湾地区的基金多是契约型基金。

公司型基金与契约型基金的主要区别有以下几点：

（1）立法基础不同。公司型基金依照公司法组建，契约型基金依照信托法组织和运作。

（2）法人资格不同。公司型基金具有法人资格，而契约型基金则没有。

（3）投资者的地位不同。公司型基金中的投资者是投资公司的股东，契约型基金中的投资者则为信托契约中规定的受益人。

（4）资本结构不同。公司型基金除向投资者发行普通股外，还可以发行公司债和优先股，而契约型基金只能面向投资者发行信托受益凭证。

（5）融资渠道不同。公司型基金在资金运用状况良好，业务开展顺利，又需要增加投资组合的总资产时，可以向银行借款，而契约型基金一般不向银行举债。

（6）投资顾问设置不同。公司型基金的投资顾问在多数情况下由本基金自身担任，或者不设投资顾问，自行操作运用，只有那些以海外投资为主的国际基金，通常设有投资顾问。

此外，公司型基金中筹集的资金作为公司的资产，按公司章程进行投资运用，收益以股利形式分配给投资者；契约型基金的资产是信托财产，按信托契约运用，按信托契约对受益人分配收益。

　　当然，站在投资者的立场上看，这两者没有太大的区别，都是把投资者的资金集中起来，按基金设立时所规定的投资目标和策略，将基金资产分散投资于众多的金融品种。而且两类基金多数为开放型，它们的资本额随着基金单位或股票的售出和偿付而增减。投资者购买它们的基金单位或股票，它们的资本额就增加，反之就减少。这两类基金的功能发挥对投资者没有太大区别。至于一国的证券投资信托制度采用公司型好还是采用契约型好，要根据具体情况进行分析。如果从投资信托的大众化或经营上募集、销售证券观点看，契约型优于公司型；如果从国民经济稳定或运用信托资产的难易方面看，公司型优于契约型。

　　目前，我国《公司法》尚不够完善，在实践中还存在许多诸如产权结构、公司治理等方面的难题，我国发展公司型证券投资基金的条件还不成熟，所以当前我国设立的基金均为契约型证券投资基金。由于公司型基金在基金治理结构方面比契约型基金有显著优势，因此在原来以契约型基金为主的日本和英国也出现了许多公司型基金，公司型基金是证券投资基金发展的趋势。

二、开放型基金与封闭型基金

　　根据基金单位是否可赎回，即按基金规模是否固定，基金信托可以划分为开放型（Open－end）和封闭型（Closed－end）两种。

　　1. 开放型基金是指基金管理公司在设立基金时，发行的基金单位总份数不固定，基金总额也不封顶，可随时根据实际需要和经营策略而增加或减少。这是开放式基金最显著的特点。投资者可以根据市场状况和自己的投资决策决定退回基金单位（要求公司购回自己特有的基金单位份额）或增加该公司的基金单位份额，基金经理人则随时准备按照招募说明书中的规定以资产净值向投资人出售或向投资人赎回基金单位。购买或赎回基金单位的价格是以基金的净值来计算和确定的。

专栏6－1
MIT：马萨诸塞投资者信托 ▪▪

　　MIT（Massachusetts Institute of Technology）——麻省理工学院，1861年由著名的自然科学家威廉·巴顿·罗杰斯在马萨诸塞州剑桥市创立，发展至今已成为全球最负盛名的理工科学院；63年后，同样是在马萨诸塞州的剑桥市，哈佛大学200名教授出资5万美元在波士顿设立了一只信托产品，因为同在马萨诸塞州，因而MIT在基金史上有了自己一个全新的名字Massachusetts Investment Trust——马萨诸塞投资者信托（MIT）。

　　1924年3月21日是基金史上一个具有纪念意义的日子，设立于这一天的MIT在4个月后开始公开募集，资金投资者可以按基金净资产随时购买和赎回基金份额。第一年，MIT吸引了200名投资者，募集了32 000份单位信托，总计价值39.2万美元，MIT见证了基金由封闭式向开放式的过渡，自此基金史上出现了第一只开放式基金。

　　作为一只开放式基金，MIT"开放"的不仅仅是申购、赎回，与那个时代的其他基金相比，MIT向全部持有人"开放"其持有的有价证券组合，MIT开始时投资19只蓝筹股、14只铁路股以及 10 只公用事业股和 2 只保险公司股，更像是一只大市值股票基金，这些都与当年一些沉溺于高风险投资并且操作混乱的封闭式基金完全不同，开放式基金必须随时应对赎回使得这种基金对于流动性的关注远远高于当时的封闭式基金，这也使 MIT 得以幸免于 1929—1932 年的大萧条。

大萧条后，MIT 成为第一只依照 1933 年《证券法》注册的基金，到 20 世纪 50 年代末期，MIT 一度成为基金业最大的基金。这只具有传奇色彩的基金至今依然健在，80 多年来，MIT 经历了美国的大萧条，见证了美国证券交易委员会的成立以及历次经济衰退和复苏，像 MIT 这样历经岁月和市场考验延续至今的幸运者屈指可数。

尽管 MIT 的收益在基金史上平淡无奇，简单加权平均，MIT 成立以来每年平均收益率只有 8%，这个看似实在不具吸引力的收益率经过时间的累积却呈现出高达 1 150 倍的回报，如果从 1924 年开始计算，投资者当时将 1 000 美元投资于 MIT 的话，那么现在的回报是 120 万美元。"要成为大浪淘沙下的'剩者'，难度要远超过成为那一次、两次乃至几十次操作的胜者。"MIT 以其稳健的回报赢得了投资者的信任，在 21 世纪初期，该基金规模超过 110 亿美元。

❶ 资料来源：卢珊. MIT：马萨诸塞投资者信托［EB/OL］．［2010－11－01］. http：//trust. jyj. com. cn/2010/11/0107328451461. shtml.

2. 封闭型基金是指基金单位总额在基金合同期限内固定不变，基金单位可以在依法设立的证券交易场所交易，但基金单位持有人不得申请赎回的基金。因此，基金单位总数不变是封闭式基金最显著的特征，在经持有人大会和监管部门同意扩募时除外。基金的流通采取在证券交易所挂牌上市的办法，在二级市场进行竞价交易。因此，封闭型基金也称为固定型基金。在封闭型基金的发起、设立阶段，投资者是以基金的面值购买的，当基金募集到规定的额度并上市后，投资者是以基金的市价交易的。因而，基金单位的价格在其资产净值的决定下，又受基金市场供求关系的影响，表现为两种形态：一是市价高于净值，即溢价；二是市价低于净值，即折价。

开放型基金与封闭型基金的区别主要表现在以下几个方面。

一是基金规模的可变性不同。封闭型基金有明确的存续期限，我国为不得少于 5 年，在此期限内已发行的基金份额不能被赎回。虽然特殊情况下此类基金可进行扩募，但扩募应具备严格的法定条件。因此，在正常情况下，基金规模是固定不变的。而开放型基金所发行的基金份额是可赎回的，而且投资者在基金的存续期间内也可随意申购基金份额，导致基金的资金总额每日均在不断变化。换言之，它始终处于"开放"的状态。这是封闭型基金与开放型基金的根本区别。

二是份额限制不同。封闭型基金的基金份额是固定的，但封闭期限内未经法定程序认可不能增减，但开放型基金规模不固定，申赎份额自由，可在合同约定的时间和场所申购赎回。

三是交易场所不同。封闭型基金在完成募集后，基金份额在证券交易所上市交易。投资者买卖封闭型基金份额，只能委托证券公司在交易所按照市价买卖，交易在投资者之间完成。而开放型基金的份额不固定，交易在投资者与基金管理人之间完成。

四是价格形成方式不同。封闭型基金因在交易所上市，其买卖价格受市场供求关系影响较大。当市场供小于求时，基金份额买卖价格可能高于每份基金份额资产净值，这时投资者拥有的基金资产就会增加；当市场供大于求时，基金价格则可能低于每份基金份额资产净值。而开放型基金的买卖价格是以基金份额的资产净值为基础计算的，可直接反映基金份额资产净值的高低。在基金的买卖费用方面，投资者在买卖封闭型基金时与买卖上市股票一样，需要在价格之外付出一定比例的证券交易税和手续费；而开放型基金的投资者需缴纳的相关费用（如首次认购费、赎回费）则包含于基金价格之中。

五是激励约束机制与投资策略不同。封闭型基金份额固定，即使基金表现好，其扩展能力也受到很大限制。反之，若业绩表现不佳，也无法提前赎回，基金经理的管理压力相对于开放型基金来说较小。从另一方面看，由于开放型基金份额不固定，其规模的变动也影响着基金经理的管理，而封闭型基金由于份额相对固定，没有申赎压力，基金管理者可以根据预设的投资计划，投入全部资金进行相对长期的投资。

自1990—1991年上海证券交易所、深圳证券交易所相继成立以来，我国资本市场进入了20多年的高速发展期。我国首家相对规范的基金——淄博乡镇企业投资基金1992年正式成立，随后于1993年8月在上海证券交易所挂牌上市。此后，我国封闭型基金经历了20余年的发展历程。由于封闭型基金不能自由申购赎回、只能在二级市场进行交易、流动性和信息透明度较低的局限性，其在基金市场的主体地位逐渐被开放型基金所替代。2001年9月，中国第一只开放型基金华安创新基金发行设立，成为中国基金业新阶段开始的标志，随后的10多年期间，开放型基金的发展进入上升通道。由于开放型基金不仅具有一般基金专业化投资、集合理财的特点，还拥有封闭型基金所不具有的可自由申购赎回的优势；伴随着股市的回升，开放型基金的规模在近些年呈爆发式的增长。随着开放型基金规模和数量的迅速增加，其在基金市场占比远超封闭型基金，成为我国基金市场的发展主流。截至2019年3月底，我国境内共有基金管理公司123家，其中，中外合资公司44家，内资公司79家；取得公募基金管理资格的证券公司或证券公司资管子公司共13家，保险资管公司2家。以上机构管理的公募基金资产合计13.94万亿元。开放型投资基金按其投资对象的不同，可以分为股票基金、债券基金、混合基金、货币市场基金、QDII基金。其中，股票基金（分为股票型基金、指数股票型基金、股票型分级子基金）将上市公司股票作为投资标的，投入资金所占比例在80%左右，其风险高、收益高的特点吸引了大众资金的广泛参与（见表6-1）。

表6-1 各类基金情况（截至2019年3月31日）

类别	基金数量（只）(2019-03-31)	份额（亿份）(2019-03-31)	净值（亿元）(2019-03-31)
封闭型基金	692	9 259.79	9 753.11
开放型基金	5 126	123 501.97	129 678.63
其中：股票基金	964	7 394.86	9 969.97
其中：混合基金	2 435	13 721.18	15 802.14
其中：货币基金	333	78 584.63	78 613.83

类别	基金数量 （只） （2019 - 03 - 31）	份额 （亿份） （2019 - 03 - 31）	净值 （亿元） （2019 - 03 - 31）
其中： 债券基金	1 250	23 091. 75	24 490. 77
其中： QDII 基金	144	709. 55	801. 92
合计	5 818	132 761. 76	139 431. 74

续表

⬆ 资料来源： 中国证券投资基金业协会。

封闭型基金的发行分为公募和私募两种形式。公募是指通过报刊登载招募说明书，以公开方式向公众推销基金。私募是指基金发起人面向少数投资者发行基金的方式。关于私募基金更多的内容详见第四节。

三、成长型、收益型与平衡型基金

根据投资目标的不同，投资基金可以划分为成长型、收益型和平衡型等类型，并由此派生出其他综合类型或变种类型。

1. 成长型基金是指以追求资本的长期增值（而不是当期收益或短期收益最大化）为目标的基金，其投资对象主要为具有成长性的普通股。成长性股票是指由销售额和利润迅速增长，并且其增长速度快于整个国家及其所处行业的企业（一般是中小型企业）发行的普通股，其股票价格预期上涨速度要快于一般公司的股票或快于股价综合指数。由于成长性股票的价格波动性大，损失本金的可能性高，与收益型基金相比，成长型基金被认为是风险暴露程度较高的基金类型。

2. 收益型基金是以获取最大的当期收益为目标的基金，它不强调资本的长期利得和成长。该基金的经理人通常选择能够带来现金定息的投资对象，其投资组合主要包括利息较高的债券、优先股和普通股，以及某些货币市场上的证券。一般来说，收益型基金包括两种特殊基金，即固定收入基金（Fixed - Income Funds）和股票收入基金（Equity - Income Funds）。前者的投资对象多是传统上股息优厚的股票、可转换公司债券及信誉良好的公司债券；后者的投资对象主要是债券和优先股票。二者比较起来，固定收入基金的收益率较高，其长期成长的潜力则不大；而股票收入基金的成长潜力较大，也能够带来当期收入，但很容易受到股票价格波动的冲击。总体上看，收益型基金安全性好，风险较低，适合于较保守的投资者。

成长型基金与收益型基金的区别主要表现在以下几个方面：

（1）投资目标不同。成长型基金着重为投资者带来经常性收益，追求资本长期、稳定和积极的增长；收益型基金强调基金单位价格的增长，追求使投资者获得稳定的、最大的当期收入为目标。

（2）投资对象不同。成长型基金投资于风险较大的金融工具，如股票市场中升值潜力较大的大型公司，二级、三级市场股票，甚至未上市股票；收益型基金投资在资产增值有限的金融工具，如生息证券、优先股、可转换债券、公司债券及政府债券等。

（3）投资策略不同。成长型基金保留较少量现金，基金资产的大部分进行长期投资，牛市时，甚至向银行借贷投资，使投资额增大；收益型基金保留较多现金，资金投资项目也偏向投资工具或投资区域的多元化，以分散投资风险。

（4）派息情况不同。成长型基金为加速基金价格上升，通常不会直接派息给投资者，而是将股息进行再投资，以提高投资回报率；收益型基金定期将股息派予投资者，股息、利息成为他们固定的收入来源。

（5）风险程度不同。成长型基金损失本金的可能性大，价格波动幅度大，被认为是风险暴露度最大的基金；收益型基金安全系数大，风险较低，适合于较保守的投资者。

（6）包含的种类不同。成长型基金主要包括长期成长基金、积极成长基金、新兴成长基金、特殊性基金、成长—收益基金等；收益型基金则主要包括债券基金、货币市场基金、平衡基金、收益—成长基金等。

3. 平衡型基金是介于成长型基金和收益型基金之间且兼具两基金特点的基金类型，是以净资产的稳定、可观的收益及适度的成长为目标的基金。其特点是具有双重投资目标，谋求收益和成长的平衡，因而，风险适中，成长潜力也不大。

四、国内基金、国家基金、区域基金和国际基金

根据投资国别和地域的不同，基金可以区分为国内基金、国家基金、区域基金和国际基金。

1. 国内基金是指把资金只投资于国内有价证券，且投资者多为本国居民的一种基金。

2. 国家基金是指在境外发行基金券或受益凭证筹集资金，然后投资于某一特定国家或地区资本市场的基金。这种基金大都规定了还款期限，并有一个发行总额限制，属于封闭型基金。

3. 区域基金是把资金分散投资于某一地区各个国家资本市场的基金。这种基金的风险相比国内基金和国家基金较小。

4. 国际基金也称全球基金，它不限定国家和地区，将资金分散投资于全世界各主要资本市场上，从而能最大限度地分散风险。

五、股票基金、债券基金、货币基金、套利基金等

根据投资标的的不同，基金可分为股票基金、债券基金、货币基金、专门基金、衍生基金与杠杆基金、对冲基金与套利基金、雨伞基金和基金中的基金等类型。

1. 股票基金是指以股票为主要投资对象的证券投资基金，它的投资目标偏重于资本增值和资本利得。这是最原始、最基本的基金品种之一。尽管股市波动性较大，但从长期来看，股票投资的收益率高于债券投资和货币市场工具投资。因此，股票基金一直是非常受投资者欢迎的基金类型。

2. 债券基金是指以债券为主要投资对象的基金。这是基金市场上规模仅次于股票基金的另一重要品种。

3. 货币基金是指投资于存款证、短期票据等货币市场工具的基金，属于货币市场的范畴。货币基金进行短期投资的性质决定了它具有较低的投资风险，与其他类型基金相比，其价值的波动性要低很多。通货膨胀风险是其面临的主要风险。

4. 专门基金是从股票基金中发展出来的专门投资于单一行业股票的基金，也称次级股票

基金。

5. 衍生基金与杠杆基金，即投资于衍生金融工具，包括期货、期权、互换等并利用其杠杆比率进行交易的基金。

6. 对冲基金与套利基金。对冲基金（Hedge Fund）又称套期保值基金，是在金融市场上进行套期保值交易，利用现货市场和衍生市场进行对冲交易的基金。这种基金能最大限度地避免和降低风险，因而也称避险基金。套利基金（Arbitrage Fund）是在不同金融市场上利用其价格差异低买高卖进行套利的基金，也属风险低、回报稳的基金。

7. 雨伞基金。顾名思义，雨伞基金是指在一个"母基金"之下，设立若干的"子基金"或"成分基金"，或者是一个基金管理人设立一组"子基金"。雨伞基金有两大特点：第一，不同子基金的投资策略和投资活动相互独立，各子基金都有自己专注的投资领域和范围。第二，当市场环境发生变化，投资者想改变投资范围时，可以在不同的子基金之间转换。

8. 基金中的基金，是以其他基金为投资对象的基金。一般认为，这种基金形态通过双重的专业管理，会使基金的投资风险进一步降低，因而是一种非常稳健的投资工具。但是，基金中的基金的投资者要缴纳双重费用，因而基金的投资收益不会很高。

第三节　基金信托的运作程序

一、基金的募集

根据《公开募集证券投资基金运作管理办法》，申请募集基金，拟募集的基金应当具备下列条件：

（1）有明确、合法的投资方向；

（2）有明确的基金运作方式；

（3）符合中国证监会关于基金品种的规定；

（4）基金合同、招募说明书等法律文件草案符合法律、行政法规和中国证监会的规定；

（5）基金名称表明基金的类别和投资特征，不存在损害国家利益、社会公共利益，欺诈、误导投资者，或者其他侵犯他人合法权益的内容；

（6）招募说明书真实、准确、完整地披露了投资者作出投资决策所需的重要信息，不存在虚假记载、误导性陈述或者重大遗漏，语言简明、易懂、实用，符合投资者的理解能力；

（7）有符合基金特征的投资者适当性管理制度，有明确的投资者定位、识别和评估等落实投资者适当性安排的方法，有清晰的风险警示内容；

（8）基金的投资管理、销售、登记和估值等业务环节制度健全，行为规范，技术系统准备充分，不存在影响基金正常运作、损害或者可能损害基金份额持有人合法权益、可能引发系统性风险的情形；

（9）中国证监会规定的其他条件。

基金募集期限自基金份额发售之日起不得超过 3 个月。基金募集期限届满，募集的基金份额总额符合《证券投资基金法》第五十九条的规定，并具备下列条件的，基金管理人应当按照规定办理验资和基金备案手续：基金募集份额总额不少于 2 亿份，基金募集金额不少于 2 亿元人民币；基金份额持有人的人数不少于 200 人。发起式基金不受上述限制。发起式基金是指，基金管理人在募集基金时，使用公司股东资金、公司固有资金、公司高级管理人员或者基金经理等人员资金认购基金的金额不少于 1 000 万元人民币，且持有期限不少于 3 年。发起式基金的基金合同生效 3 年后，若基金资产净值低于 2 亿元，基金合同自动终止。

二、基金的交易与投资

（一）基金的交易

按照国际惯例，基金在发行结束一段时间内，就应安排基金证券的交易事宜。对于封闭型基金，其交易与股票债券类似，可以通过自营商或经纪人在基金二级市场上随行就市，自由转让。对于开放式基金，其交易表现为投资者向基金管理公司认购基金券或受益凭证，或基金管理公司赎回基金券或受益凭证，赎回或认购价格一般按当日每份基金或每份受益凭证基金的净资产价值来计算，大部分基金是每天报价一次，计价方式主要采用"未知价"方式，即基金管理公司在当天收市后才计价，以充分反映基金净资产和基金券或受益凭证总数的变化。

（二）基金的投资运作

1. 基金管理人。经批准设立的基金，应当委托基金管理人即基金管理公司管理和运用基金资产。

《基金法》规定设立基金管理公司，基金管理人由依法设立的公司或者合伙企业担任。公开募集基金的基金管理人，由基金公司或者经国务院证券监督管理机构按照规定核准的其他机构担任。

设立管理公开募集基金的基金管理公司，应当具备下列条件，并经国务院证券监督管理机构批准：（1）有符合本法和《中华人民共和国公司法》规定的章程；（2）注册资本不低于 1 亿元人民币，且必须为实缴货币资本；（3）主要股东应当具有经营金融业务或者管理金融机构的良好业绩、良好的财务状况和社会信誉，资产规模达到国务院规定的标准，最近三年没有违法记录；（4）取得基金从业资格的人员达到法定人数；（5）董事、监事、高级管理人员具备相应的任职条件；（6）有符合要求的营业场所、安全防范设施和与基金管理业务有关的其他设施；（7）有良好的内部治理结构、完善的内部稽核监控制度、风险控制制度；（8）法律、行政法规规定的和经国务院批准的国务院证券监督管理机构规定的其他条件。

公开募集基金的基金管理人应当履行下列职责：

（1）依法募集资金，办理基金份额的发售和登记事宜；

（2）办理基金备案手续；

（3）对所管理的不同基金财产分别管理、分别记账，进行证券投资；

（4）按照基金合同的约定确定基金收益分配方案，及时向基金份额持有人分配收益；

（5）进行基金会计核算并编制基金财务会计报告；

（6）编制中期和年度基金报告；

（7）计算并公告基金资产净值，确定基金份额申购、赎回价格；

（8）办理与基金财产管理业务活动有关的信息披露事项；

（9）按照规定召集基金份额持有人大会；

（10）保存基金财产管理业务活动的记录、账册、报表和其他相关资料；

（11）以基金管理人名义，代表基金份额持有人利益行使诉讼权利或者实施其他法律行为；

（12）国务院证券监督管理机构规定的其他职责。

2. 基金托管人。为了保证基金资产的安全，经批准设立的基金，应当委托基金托管人托管基金资产。基金托管人由依法设立的商业银行或者其他金融机构担任。根据2015年修订的《中华人民共和国证券投资基金法》，商业银行担任基金托管人的，由国务院证券监督管理机构会同国务院银行业监督管理机构核准；其他金融机构担任基金托管人的，由国务院证券监督管理机构核准。

《基金法》规定，申请取得基金托管资格，应当具备下列条件，并经国务院证券监督管理机构和国务院银行业监督管理机构核准：（1）净资产和风险控制指标符合有关规定；（2）设有专门的基金托管部门；（3）取得基金从业资格的专职人员达到法定人数；（4）有安全保管基金财产的条件；（5）有安全高效的清算、交割系统；（6）有符合要求的营业场所、安全防范设施和与基金托管业务有关的其他设施；（7）有完善的内部稽核监控制度和风险控制制度；（8）法律、行政法规规定的和经国务院批准的国务院证券监督管理机构、国务院银行业监督管理机构规定的其他条件。

基金托管人应当履行下列职责：（1）安全保管基金财产；（2）按照规定开设基金财产的资金账户和证券账户；（3）对所托管的不同基金财产分别设置账户，确保基金财产的完整与独立；（4）保存基金托管业务活动的记录、账册、报表和其他相关资料；（5）按照基金合同的约定，根据基金管理人的投资指令，及时办理清算、交割事宜；（6）办理与基金托管业务活动有关的信息披露事项；（7）对基金财务会计报告、中期和年度基金报告出具意见；（8）复核、审查基金管理人计算的基金资产净值和基金份额申购、赎回价格；（9）按照规定召集基金份额持有人大会；（10）按照规定监督基金管理人的投资运作；（11）国务院证券监督管理机构规定的其他职责。

《基金法》第三十五条规定，基金托管人与基金管理人不得为同一机构，不得相互出资或者持有股份。

3. 投资运作与管理。为了规范证券投资基金的投资运作，《基金法》做了如下规定：

（1）基金合同应当约定基金的运作方式。

（2）基金的运作方式可以采用封闭式、开放式或者其他方式。

采用封闭式运作方式的基金（以下简称封闭式基金），是指基金份额总额在基金合同期限内固定不变，基金份额持有人不得申请赎回的基金；采用开放式运作方式的基金（以下简称开放式基金），是指基金份额总额不固定，基金份额可以在基金合同约定的时间和场所申购或者赎回的基金。

采用其他运作方式的基金的基金份额发售、交易、申购、赎回的办法，由国务院证券监督管理机构另行规定。

（3）基金份额持有人享有下列权利：

①分享基金财产收益；

②参与分配清算后的剩余基金财产；

③依法转让或者申请赎回其持有的基金份额；

④按照规定要求召开基金份额持有人大会或者召集基金份额持有人大会；

⑤对基金份额持有人大会审议事项行使表决权；

⑥对基金管理人、基金托管人、基金服务机构损害其合法权益的行为依法提起诉讼；

⑦基金合同约定的其他权利。

公开募集基金的基金份额持有人有权查阅或者复制公开披露的基金信息资料；非公开募集基金的基金份额持有人对涉及自身利益的情况，有权查阅基金的财务会计账簿等财务资料。

（三）基金的期限、变更与终止

基金是集合大众的零散资金来进行投资的，因而必须保证投资者能以一定的方式收回本金。开放型基金的投资者可以资产净值随时向基金管理公司要求赎回其持有的基金单位，所以一般不设立期限。而封闭型基金则不同，即使上市交易，市场价格也往往与基金的每单位净值不一致，因此，投资者有持有基金单位等待基金清盘的权利。一般而言，封闭型基金都有一个存续期限（封闭期）。我国《基金法》规定封闭型基金的存续时间不得少于5年。

基金在存续期内有时会发生如下变更：封闭型基金可以变为开放型基金；封闭型基金的扩募与续期；更换基金管理人和托管人；改变基金券或受益凭证的认购方式、交易方式及资产净值的计算方法等。这些变更都直接涉及各方当事人的切身利益，应当严格按照法律法规、基金章程或信托契约的规定进行。

《基金法》规定，有下列情形之一的，基金应当终止：基金合同期限届满而未延期的；基金份额持有人大会决定终止的；基金管理人、基金托管人职责终止，在六个月内没有新基金管理人、新基金托管人承接的；基金合同约定的其他情形。基金终止时，必须组成清算小组对基金资产进行清算，中国证监会监督基金清算过程，清算结果应当报中国证监会批准并予以公告。基金清算后的全部剩余资产，按基金持有人持有的基金单位占基金资产的比例，分配给基金持有人。

第四节　私募基金

定义与特点

（一）私募基金的定义

根据投资范围不同，私募基金可以分为进行直接投资的私募基金和进行证券投资的私募基

私募基金（Private Placement Fund），是指通过非公开募集方式募集，投资者收益共享、风险共担的集合资金管理方式。

金。进行直接投资的私募基金，主要投资于非上市流通的公司股权或项目，而进行证券投资的私募基金则主要投资于可在证券交易所流通的上市公司股权及其衍生品或其他有价证券。本节讨论的是后一类私募基金。

根据我国《私募投资基金监督管理暂行办法》，私募投资基金（以下简称私募基金），是指在中华人民共和国境内，以非公开方式向投资者募集资金设立的投资基金。私募基金财产的投资包括买卖股票、股权、债券、期货、期权、基金份额及投资合同约定的其他投资标的。非公开募集资金，以进行投资活动为目的设立的公司或者合伙企业，资产由基金管理人或者普通合伙人管理的，其登记备案、资金募集和投资运作适用本办法。

✔ 专栏 6 –2
私募基金牌照申请热退潮　9 家信托公司悄然退出管理人名单 ▪▪▪▪▪▪▪▪▪▪▪▪▪▪▪

2014—2015 年，信托公司曾热衷于申请备案私募基金牌照，经过几年沉淀，这份热度正渐渐退去。

《证券日报》记者近日查询中国基金业协会网站私募基金管理人系统发现，目前登记的信托公司数量已悄然降至 32 家，不足正常经营的信托公司数量的一半。

9 家公司悄然离场

在私募基金牌照推出后，信托公司曾密集谋求私募基金管理人备案，最多时曾有至少 44 家信托公司同时"在册"。不过，现在信托与私募基金管理人的关系正在渐渐淡化。

2016 年 2 月初，中国基金业协会发布的《关于进一步规范私募基金管理人登记若干事项的公告》，要求尚未备案私募基金产品的私募机构在规定期限内完成备案，否则将注销私募基金管理人登记。由于多数备案私募基金管理人的信托公司并未备案私募基金产品，此后，私募基金管理人中的信托公司数量开始逐步减少。2017 年 8 月，中国基金业协会私募基金管理人系统中的信托公司由 44 家降为 41 家。而在近日，《证券日报》记者查询中国基金业协会网站私募基金管理人系统，发现目前登记的信托公司数量已悄然降至 32 家，不足 68 家正常经营的信托公司数量的一半。一年时间里，有 9 家信托公司悄然退出私募基金管理人的队伍。

"公司申请资格之后一直没有使用该管理资格备案和发行产品，后接到中国基金业协会通知，称该私募基金管理人资格已被注销"，某已注销该资格的信托公司相关负责人向《证券日报》记者表示，近期公司尚未有开展私募基金业务的打算，待时机合适的时候或许会考虑重新申请。

另外，较为尴尬的是，在目前 32 家登记的信托公司中，仅有 18 家处于"无提示事项"状态，有 14 家公司因不同原因而"被标记"。中国基金业协会的数据显示，紫金信托、江苏信托、中建投信托等 8 家公司目前没有正在管理的私募基金，且均属于"登记一年以上管理规模为零"的情形。根据中国基金业协会《关于进一步规范私募基金管理人登记若干事项的公告》，"私募基金管理人首次登记 6 个月之内未发行基金产品""私募基金全部清算后，12 个月内未备案新基金的"等情况均属于注销登记情形之一。没有"真实业务需要"，或许正是多家信托公司冷对私募基金牌照的原因所在。

信托公司备案热情下降

业内人士表示，由于信托牌照"自带私募属性"，信托公司对于私募基金业务并不积极。诸多信托公司进行私募基金管理人备案，其动机可能起源于金融业传统的"牌照思维"，认为多一个牌照业务机会更大。但由于信托公司业务发展情况不一，部分公司虽然积极办理私募基金管理人资格备案，其并未大力开展相关业务。

从2017年8月至2018年8月的情况来看，信托公司备案私募基金产品的热情降低。在这一年，仅有5家信托备案52只私募基金，其中外贸信托和民生信托两家公司独占九成以上份额。与同期基金业协会备案的3万余只私募基金相比，占比仅为0.15%。

"私募基金的投资范围与信托相比优势并不明显，大部分项目并没有必要以私募基金的方式发行。"北京某信托公司业务总监此前向《证券日报》记者表示，相比而言，契约型基金的优势倒是比较明显。但对部分中小信托公司来说，由于专业人手不足、项目经验有限，相关项目以信托计划的方式落地显然更为稳妥。

不过，私募基金与信托计划并不能完全相互替代，私募基金业务在部分信托公司中仍占有一席之地。例如，民生信托风险管理总部负责人向《证券日报》记者介绍，民生信托自取得私募基金管理人资格以来，积极开展私募基金业务，目前已累计完成基金备案30余只，存续产品管理规模160多亿元，私募基金业务成为适应转型需要的重要产品形式。

此外，该负责人还表示，作为信托公司产品的重要组成部分，私募基金产品在股权投资方面具有更加灵活的特点。信托公司可以积极创设多种投融资产品，开展投贷联动业务。信托公司还可以在基金业务上进一步探索，如设立产业基金，培养基于产业的专业研判能力，提升主动管理能力，培育高风险偏好及长期类投资客户，增强信托公司作为优质投资管理机构的核心竞争力。

⬆ 资料来源：闫晶滢. 私募基金牌照申请热退潮 9家信托公司悄然退出管理人名单［EB/OL］．［2018-08-30］．http：//29rd. cn/jrjg/xintuo/2018-08-30/A1535644038642. html.

（二）私募基金的特点和盈利模式

1. 私募基金的特点。与公募基金相比，私募基金具有十分鲜明的特点，也正是这些特点使其与公募基金相比具有投资自由度高、投资策略灵活、利益约束和业绩激励机制更为有效等比较优势（见表6-2）。

表6-2 私募基金与公募基金比较分析		
差别	公募基金	私募基金
募集方式	公开募集，直接销售或者通过代销机构	非公开募集，直接洽商
募集对象	所有投资者（主要面对普通个人投资者）	特定对象，多是有一定风险承受能力、具备一定投资知识和经验、资产规模较大的个人或机构投资者
投资方式	投资决策主要基于基金管理公司的风格和策略，投资者被动接受，投资限制多（尤其对于高风险的投资）	没有投资限制，投资决策主要体现投资者的意图和要求，由投资管理人和投资人协商并确定投资方向及目标
信息披露要求	要求定期披露详细的投资目标、投资组合等	相关信息披露较少，一般只需要半年或一年私下公布投资组合及收益，投资更具隐蔽性

续表

差别	公募基金	私募基金
收益评价标准	相对于基金指数的相对收益	绝对收益
收费结构	按资产规模收取管理费用	管理费＋业绩表现费，以业绩表现费为主
基金经理自有资产在基金中的份额	很少	较多，全球平均约5%
投资份额流动性	流动性高（开放式基金可每日申购赎回，封闭式基金可交易）	流动性低。投资份额一般不得交易，开放频率低
监管原则标准	对基金管理人有严格的要求，对基金投资活动有严格的限制	监管宽松，基金运作上自由度高，较少受监管部门的限制和约束，投资更灵活
总体风险评价	相对较小	相对较大

第一，募集对象。公募基金的募集对象是广大社会公众，即社会不特定的投资者。而私募基金募集的对象是少数特定的投资者，包括机构和个人。

第二，募集方式。公募基金募集资金是通过公开发售的方式进行的，而私募基金则是通过非公开发售的方式募集，这是私募基金与公募基金最主要的区别。

第三，信息披露要求。公募基金对信息披露有非常严格的要求，其投资目标、投资组合等信息都要披露。而私募基金则对信息披露的要求很低，具有较强的保密性。

第四，投资限制。公募基金在投资品种、投资比例、投资与基金类型的匹配上有严格的限制，而私募基金的投资限制完全由协议约定，并且多投资于金融衍生市场，投机性强，并经常进行高度杠杆操作。正是由于对私募基金的信息披露程度要求较低，且对其投资限制较少，私募基金的信用风险较高。

第五，业绩报酬。公募基金不提取业绩报酬，只收取管理费。而私募基金则收取业绩报酬。私募基金一个显著的特点就是基金发起人、管理人必须以自有资金投入基金管理公司，基金运作的成功与否与他们的自身利益紧密相关。如果基金发生亏损，投资管理人不能收取业绩表现费，同时还要承受其自有基金份额的投资损失。私募基金的发起人、管理人与基金是一个唇齿相依、荣辱与共的利益共同体，这也在一定程度上较好地解决了公募基金与生俱来的经理人利益约束弱化、激励机制不够等弊端。

第六，流动性。海外大部分私募基金只允许投资者每季度或每年进行申购赎回，有的甚至要求的投资期限更长。开放频率低、开放周期长的私募基金，通常不必保证其资产的高流动性，从而可能获得更高的流动性溢价，为投资人获得更高的回报。

2. 私募基金的盈利模式。正是由于私募基金不同于公募基金的特点，使之有了与公募基金不同的盈利模式。

第一，逆市做多。私募基金一向奉行相反理论的原则，认为股市是少数人赚钱的地方，在大家不敢买的时候买，加上良好的市场宣传和短期收益形成的跟风盘，这造就了私募基金谋定而后动，抬拉犀利、决不恋战的风格。

第二，资金充裕时的盈利模式。此模式运作的个股走势通常情况下与大盘走势节奏无关，大盘涨时整理，大盘调整时盘升。一般情况下，进行这种操作的目的是获得极品上市公司的成长潜力，把这个股票当作融资母盘或者把这个股票的涨跌当作公司运营的手段。

第三，操纵法人股与流通股的盈利模式。投资机构把目光集中到那些法人股股权松动、法人股与流通股比例适中的股票，以其作为投资标的，在公司运营和二级市场两条线作战，通过资产重组的手段改善上市公司的经营业绩和行业背景，投取当时市场投资者的偏好，同时运用杠杆效应提高二级市场股票的价格，从而获得高额收益。

第四，价差套利模式。更多的机构习惯于二级市场的价差套利，这种操作需要顺势运作并提前于大盘运作，职业机构喜欢采取这种方式，以箱体或者变异箱体套利为主，最为典型的案例有深圳板块、次新板块、三通板块、三无概念、奥运概念等。

第五，盲点套利模式。很多人认为，在证券市场上最高境界的盈利模式就是盲点狙击。历史上的盲点套利均获得了极大的成功，南化转债、内部职工股、转配股、增发概念股以及历史遗留问题上市股等都是这种盈利模式。

第六，即日超短线。即日操盘主要是通过与股市直接联网的先进电脑网络，在同一天之内买卖股票并以此来赚取利润。沪深股市目前的交易规则是 T + 1 交易制度，为了降低隔夜被套风险，短线套利者多数选择在交易日的尾段时间操作，并把操作周期适当拉长，很多投机者习惯在周末买进，周一卖出，这使处于平衡市的大盘容易形成在周末上涨、周一下跌的习惯性走势。

第七，操作 ST 板块。在我国的证券市场上，重组的魅力有时候比业绩改善要大得多。因此，相对于其他很多股票来说，ST 板块因为其跌幅较深和未来业绩的不确定性而更容易受到短线资金的关注。

专栏 6 - 3
中国私募基金发展概览 ....

经过 20 多年的孕育成长和 2014 年以来的快速发展，我国私募基金服务实体经济创新发展的功能日益增强。截至 2019 年第二季度末，在中国证券投资基金业协会登记的私募基金管理人有 24 304 家，管理资产规模达 13.33 万亿元，其中私募股权及创投基金规模达 9.23 万亿元。私募基金累计投资于境内未上市未挂牌企业股权、新三板企业股权和再融资项目数量达 10.75 万个，为实体经济形成股权资本金 6.03 万亿元。2018 年当年，私募基金投向境内未上市未挂牌企业股权本金新增 1.22 万亿元，相当于同期新增社会融资规模的 6.3%；2019 年上半年投向境内未上市未挂牌企业股权本金新增 0.25 万亿元，相当于同期新增社会融资规模的 1.9%。私募股权及创投基金支持创新创业，为资本市场培育和输送了大量优质投资标的。截至 2019 年 9 月 30 日，共有 33 家公司在科创板上市，其中私募基金参与投资 31 家（在投 30 家）；共有 320 只产品参与投资，投资本金共 189.76 亿元，其中在投产品 287 只，投资本金 182.99 亿元；有 13 家公司在设立 5 年内得到私募股权投资，有 22 家公司在设立 10 年内得到私募股权投资。从全市场看，私募股权投资基金积极投向中小企业、高新技术企业和布局新经济领域。截至 2019 年第二季度末，私募基金在投中小企业项目为 5.82 万个，在投本金为 1.97 万亿元；在投高新技术企业为 3.01 万个，在投本金为 1.23 万亿元。尤其是互联网等计算机运用、机械制造等工业资本品、原材料、医药生物、医疗器械与服务、半导体等产业升级及新经济代表领域成为私募股权及创投基金布局的重点，在投项目为 5.34 万个，在投本金为 2.64 万亿元。私募股权基金还积极支持国家区域发展战略，在北京、广东、上海、江苏、浙江地区的投资体量领先于其他省份，第二季度末合计投资案例数量占比为 69.7%，合计投资金额占比为 54.1%。私募股权基金已成为发展京津冀地区、长江经济带、粤港澳大湾区的"建设者"和"助推器"。

⬆ 资料来源："券商中国"微信公众号，作者：洪磊，发布日期：2019 - 10 - 21。

本章小结

1. 投资基金是一种金融信托，它通过信托、契约或公司的形式，借助发行基金券（如受益凭证、基金单位和基金股份等）的方式，将社会上不确定多数投资者不等额的资金集中起来，形成一定规模的信托资产，交由专门的投资机构按资产组合原理进行分散投资，获得的收益由投资者按出资比例分享，并承担相应风险。

2. 公司型基金是具有共同投资目标的投资者依据公司法组成以盈利为目的、投资于有价证券的投资公司，基金本身就是投资公司，它是具有法人资格的经济实体。契约型基金也称信托型投资基金，是指根据一定的信托契约（Trust Agreement of Indenture），由委托者、受托者和受益者三方订立信托投资契约而组建的投资基金。

3. 开放型基金是指基金管理公司在设立基金时，发行的基金单位总份数不固定，基金总额也不封顶，可随时根据实际需要和经营策略增加或减少的基金。封闭型基金是指基金单位总额在基金合同期限内固定不变，基金单位可以在依法设立的证券交易场所交易，但基金单位持有人不得申请赎回的基金。

4. 公募是指通过报刊登载招募说明书，以公开方式向公众推销基金。私募是指基金发起人面向少数投资者发行基金的方式。

5. 基金信托的运作程序包括基金的募集、基金的交易与投资。

6. 私募基金是指通过非公开募集方式募集，投资者收益共享、风险共担的集合资金管理方式。

本章主要概念

基金信托　证券投资基金　公司型基金　契约型基金　封闭型基金　开放型基金
私募基金　基金发起人　基金管理人　基金托管人　基金发行　公募　私募

思考题

1. 如何理解证券投资基金是一种投资组织?
2. 请简述基金常见的分类方式。
3. 请比较公司型基金和契约型基金。
4. 请比较开放型基金和封闭型基金。
5. 请简要论述基金募集的方式,并比较公募基金与私募基金。
6. 请简要叙述我国私募基金的主要形式及各自的特点。

第七章
信托机构的管理

本章知识结构

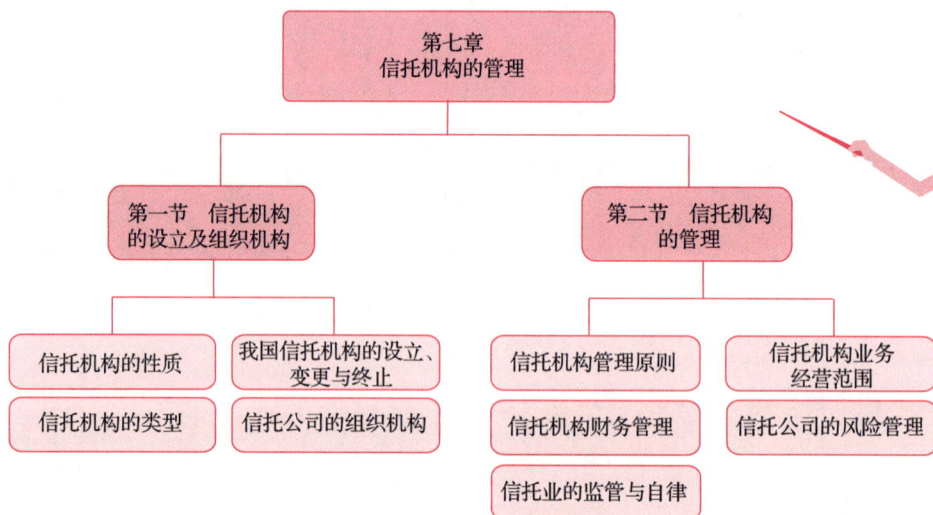

```
           第七章
         信托机构的管理
              │
      ┌───────┴───────┐
  第一节 信托机构      第二节 信托机构
  的设立及组织机构        的管理
      │                   │
  ┌───┴───┐           ┌───┴───┐
信托机构的性质  我国信托机构的设立、  信托机构管理原则  信托机构业务
             变更与终止                        经营范围
信托机构的类型  信托公司的组织机构   信托机构财务管理  信托公司的风险管理
                            信托业的监管与自律
```

本章学习目标

- 掌握信托机构的性质；理解我国信托机构的设立、变更与终止条件。
- 了解信托机构的类型；熟悉信托公司的组织机构。
- 了解信托机构管理原则、信托机构业务经营范围、信托机构财务管理。
- 掌握信托公司的风险管理。
- 了解信托业的监管与自律。

　　我国信托机构是指依据《中华人民共和国公司法》《中华人民共和国信托法》和《信托公司管理办法》设立的主要经营信托业务的信托公司，其性质为非银行性质的金融机构。我国信托机构是在 20 世纪 70 年代末恢复，由于功能定位问题，中国的信托业先后经历了六次大规模的行业发展阶段和起伏周期。2007 年 1 月 24 日，新修订的《信托公司管理办法》对信托机构进行了全面规范，使信托业的机构管理、业务管理等有了新的依据和标准。

第一节　信托机构的设立及组织机构

一、信托机构的性质

随着商品经济的不断发展，人们对信托机构的要求也不断增加，信托机构办理信托业务逐渐成为主体，信托机构本身也在这种客观需求下得到迅速发展。

（一）信托机构是充当受托人的法人机构

在信托业务中，信托机构是指从事信托业务，充当受托人的法人机构。作为受托人，信托机构必须为委托人和受益人的利益服务，绝不能利用信托财产为本身牟利；必须遵照信托合同的规定妥善管理和使用信托财产，最大限度地发挥信托财产的效益，如有违反法律、合同等行为而造成财产损失的，受托人应付赔偿职责；必须把信托财产与自己的财产划分管理。因此，为保证信托业的健康发展，各国一般规定营业性的信托机构必须是法人。

（二）信托机构主要从事信托业务

信托机构主要从事信托业务，是由信托的基本职能所决定的。财产事务管理职能作为信托基本的职能，是指信托机构受委托人委托，为其经营管理或处理信托财产的职能。为有效完成该项职能，信托机构通过开办多样的信托业务，为委托人提供有效的服务，广泛发挥着为财产所有者管理、运用、处理、经营财产的作用。

✔ 专栏 7-1

信托资产规模、信托业务收入双双负增长　粗放型增长方式难以为继 ∙∙∙∙∙∙∙∙∙∙∙

目前，68 家信托公司的 2018 年年报均已披露。数据表明，截至 2018 年末，信托资产管理规模达到 22.72 万亿元，较 2017 年末的 26.25 万亿元下降了 13.45%。

2008 年以来，虽然在一些年份信托资产规模的增长率有些波动，但其绝对数量规模一直保持着正向增长态势。这一态势终于在 2018 年被打破，信托资产规模出现了近年来首次负增长。事实上，信托行业作为重要的金融子行业之一，其资产规模与所处的监管政策环境密不可分。2017 年信托资产规模大幅增加，背后是券商资管、基金子公司的风险监管措施收紧，通道资金大量回流至信托，通道类业务规模的快速上升成为这一时期信托资产规模快速增长的主要推动力。2018 年 4 月 27 日发布的《关于规范金融机构资产管理业务的指导意见》（以下简称"资管新规"）正式落地。"资管新规"出台后，通道类信托业务受到很大限制，从而使信托资产规模出现负增长。这或将成为信托行业发展的一个重要里程碑，传统的规模竞争难以为继，信托业的粗放增长时代基本结束。

具体到各家信托公司来说，中信信托和建信信托的信托资产管理规模超过 1 万亿元，遥遥领先其他信托公司。其中，中信信托以 16 521.97 亿元独占鳌头，建信信托以 14 039.39 亿元紧随其后。2017 年信托资产管理规模排名行业前 10 位的信托公司在 2018 年依旧排名前 10 位，只是先后顺序出现了一些变化，如交银信托、上海信托、中融信托、中航信托排名有所下滑，华能信托、渤海信托排名有所上升。

2018 年，除信托资产规模以外，信托业务收入也是负增长。统计年报数据显示，2018 年 68 家信托公司共实现信托业务收入为 790.87 亿元，相较于 2017 年的 817.45 亿元，同比下降了 3.25%。2018 年，全行业总收入 1 105.49 亿元，较 2017 年的 1 189.40 亿元，下降了 7.05%。不难理解，信托业务收入下降幅度小于总收入的下降幅度，会使信托业务收入的占比提升。2015 年、2016 年、2017 年信托业务收入在总收入中的占比逐年提升，分别为 58.52%、65.38% 和 68.73%，这一占比在 2018 年再次提升到了 71.54%，接近历史高位。

信托业务收入占比的不断提升，标志着信托业务作为信托公司主业的地位不断加强，这背后的原因主要在于 2018 年资本市场呈震荡下行态势，信托公司固有业务收入下降幅度较大。

目前，我国经济正处在高速增长向高质量增长的转换期阶段，信托作为金融行业的重要组成部分，肩负了服务实体经济的责任，理所当然地需要在经济转型过程中实现自身业务的转型。从 2018 年信托资产规模和信托业务收入的变化趋势中可以看出，随着监管强度持续加大，金融去杠杆稳步推进，信托公司原有的粗放型增长方式难以为继。在新的环境下，信托公司应该不断优化资产结构、回归信托本源，实现精细化、内涵式的可持续发展。

⬆ 资料来源：李永辉. 信托资产规模、信托业务收入双双负增长 粗放型增长方式难以为继 [EB/OL]. [2019-05-22]. http://www.financialnews.com.cn/trust/hyzx/201905/t20190522_160394.

二、我国信托机构的设立、变更与终止

信托机构属于金融机构，每一个国家对信托机构的设立都有一定的法律规定。依据我国《信托公司管理办法》的规定，信托公司的设立、变更与终止应当具备以下条件。

（一）信托机构设立

1. 信托公司设立应当采取有限责任公司或者股份有限公司的形式。

2. 信托公司设立应当经中国银行保险业监督管理委员会批准，并领取金融许可证。未经中国银行保险业监督管理委员会批准，任何单位和个人不得经营信托业务，任何经营单位不得在其名称中使用"信托公司"字样。法律法规另有规定的除外。

3. 信托公司设立应当具备下列条件：

（1）有符合《中华人民共和国公司法》和中国银行保险业监督管理委员会规定的公司章程；

（2）有具备中国银行保险业监督管理委员会规定的入股资格的股东；

（3）具有本办法规定的最低限额的注册资本；

（4）有具备中国银行保险业监督管理委员会规定任职资格的董事、高级管理人员和与其业务相适应的信托从业人员；

（5）具有健全的组织机构、信托业务操作规程和风险控制制度；

（6）有符合要求的营业场所、安全防范措施和与业务有关的其他设施；

（7）中国银行保险业监督管理委员会规定的其他条件。

4. 信托公司设立的程序：信托公司的设立需要经过一定的程序。世界各国多采用"许可""登记"制度，除了具备设立的实质要件外，一般还需要经过申请—批准许可—登记三个步骤才能开业经营。中国银行保险业监督管理委员会依照法律法规和审慎监管原则对信托公司的设立申请进行审查，作出批准或者不予批准的决定；不予批准的，应说明理由。

（二）信托机构变更

信托公司有下列情形之一的，应当经中国银行保险业监督管理委员会批准：

1. 变更名称；

2. 变更注册资本；

3. 变更公司住所；

4. 改变组织形式；

5. 调整业务范围；

6. 更换董事或高级管理人员；

7. 变更股东或者调整股权结构，但持有上市公司流通股份未达到公司总股份5%的除外；

8. 修改公司章程；

9. 合并或者分立；

10. 中国银行保险业监督管理委员会规定的其他情形。

（三）信托机构的终止

信托公司终止是指信托机构的法律主体资格消失，组织上解散并终止经营活动的行为或事实。可以分为任意终止和强制终止两类。任意终止一般是指信托公司基于自身意愿而终止。诸如公司章程规定的公司经营期限届满，公司章程规定的解散事由出现等。强制终止是指基于法律或有关机关的决定或裁判而终止，如撤销、宣告破产等。

我国《信托公司管理办法》对两种终止事由分别作出规定。

1. 信托公司依法解散。信托公司出现分立、合并或者公司章程规定的解散事由，申请解散的，经中国银行保险业监督管理委员会批准后解散，并依法组织清算组进行清算。

2. 信托公司被依法宣告破产。信托公司不能清偿到期债务，且资产不足以清偿债务或明显缺乏清偿能力的，经中国银行保险业监督管理委员会同意，可向人民法院提出破产申请。中国银行保险业监督管理委员会可以向人民法院直接提出对该信托公司进行重整或破产清算的申请。

信托公司终止时，其管理信托事务的职责同时终止。清算组应当妥善保管信托财产，作出处理信托事务的报告并向新受托人办理信托财产的移交。信托文件另有约定的，从其约定。

三、信托机构的类型

（一）单一信托机构

单一信托机构也可称为专业信托机构，一般是指专门从事信托业务的经济组织，具有完全独立的法人资格，属于非银行的金融机构。

（二）附属于其他机构的信托机构

附属于其他机构的信托机构也称兼营信托投资的机构，是指既从事信托业务又从事银行业务的金融机构。具体可以分为两种形式。

1. 以信托业为主，银行业为辅的信托公司。这类信托机构典型的国家是日本。二战后，日本出现严重的通货膨胀，国民私有财产减少，长期资金无法吸收，财产资金信托都难以开展，政府的证券交易法又限制了信托公司的证券业务，使信托公司陷入经营的困境。1948年8月，根据《金融机关重建整顿法》，日本将信托公司转换为依银行法而成立的普通银行，从此以后就将信托公司改名为"××信托银行股份公司"。首先，日本在组织形式上把信托公司转化为"信托银行"，借此绕过《信托法》对信托公司不得兼营银行业务的限制；其次，再根据《兼营法》兼营信托业务。形式上似乎是银行兼营信托业务，实际上却是以信托公司的地位，专门经营信托并兼营银行业务。这种状况一直延续到1953年实行信托分离后才被改变，信托银行又称为实质上的专业信托机构。

2. 以银行业为主、信托业为辅的银行信托部。这是目前西方国家采用的主要形式。一般情况下，银行信托部本身不具备独立的法人资格，或本身具备独立法人资格但受到另一机构控制。如美国大部分信托业务都是由商业银行设立的信托部门经营。但是美国的信托业务和银行业务在商业银行内部是相互独立、按照职责严格加以区分的，即实行"职能分开、分别核算、分别管理、收益分红"（按信托投资收益实绩分红）的原则。

在我国，以前银行系统所属的信托投资机构也属于此种类型，但目前，银行系统的信托机构已经和银行完全分离。

四、信托公司的组织机构

各个信托公司的组织结构虽不完全相同，但一般都设有"董事会—总经理—职能部门"这样的组织结构。信托公司的机构设置既要考虑按职能分工的要求，又要考虑按服务对象（如个人信托、公司和团体信托、公司自有资金的运作等）分工的要求，应当体现为综合分类的组织结构。该结构既能够使业务、人事、财务、研发和其他后勤部门各司其职，协调工作和相互制约，就业务部门来说充分体现了"受人之托，代人理财"的信托特色，又能保证客户在信托公司的同一部门内部解决其所有的业务需求，提高对客户的服务效率，提高市场的竞争能力。具体的信托机构设置可参见图7-1。

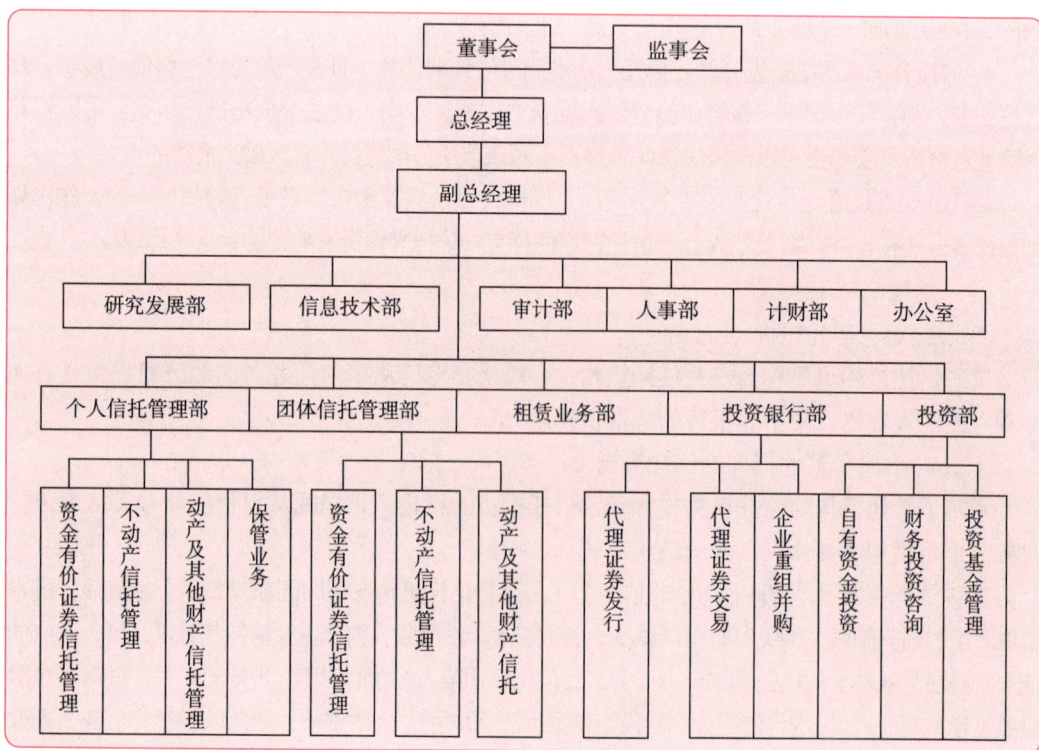

图 7-1 信托公司的组织结构

第二节　信托机构的管理

一、信托机构管理原则

我国信托业的监督和管理部门是中国银行保险业监督管理委员会。《信托公司管理办法》立足于信托的本质和特点，从保护受益人利益的角度，确定了信托业务的一些基本经营原则。

（一）审慎的经营原则

信托公司应当以受益人的最大利益为宗旨处理信托事务，并谨慎管理信托财产。信托公司是基于委托人的高度信任而取得信托管理和处分权的，其承诺为受益人的最大利益出发，勤勉谨慎处理信托事务，既符合信托关系所依存的信任基础，也是信托特性的基本要求，因而成为信托业务运作中必须谨慎遵守的规则。

（二）信托财产独立性原则

信托公司应当将信托财产与其自有财产分别管理，并将不同客户的信托财产分别管理，其各自的债权和债务不得相互抵销。如果信托财产为资金时，可以采取分别记账的方式。在信托合同终止后，信托公司要将信托财产交还给委托人指定的受益人。

（三）信托管理连续性原则

信托一经设立，除委托人保留撤销权外，信托不得撤销、废止。信托公司一旦接受信托后，不得随意辞任。受托人因某些原因致使信托终止时，其继承人或者遗产管理人、监护人、清算人应当妥善保管信托财产，在新的受托人选定之后，移交该信托财产，使信托的续存不以受托人一方的更迭而中断。信托的这一特点，有别于银行的存款业务。居民存在银行的存款会因存款银行经营的终止而损失；但信托财产则可以从一个受托人转移至另一受托人，在信托行为终止前，始终保持着完整性，不因受托人的终止信托而告终。

（四）利益冲突防范原则

信托行为中，委托人将财产委托给信托公司后，该项信托财产的所有权就由委托人处转移给信托公司，信托公司即享有了以自己的名义对此信托财产进行处置和对信托收益进行分配的权利。为避免出现信托公司利用此身份和地位谋取私利而损害信托财产及受益人利益的行为，各国信托立法无不对受托人的行为作出规范和约束。如我国《信托公司集合资金信托计划管理办法》中规定，不得将信托资金直接或间接运用于信托公司的股东及其关联人，但信托资金全部来源于股东或其关联人的除外。

二、信托机构业务经营范围

为了加强对信托公司的监督管理，规范信托公司的经营行为，促进信托公司的健康发展，根据 2007 年 1 月 23 日颁布的《信托公司管理办法》的规定，我国信托公司业务经营范围主要包括如下内容。

1. 受托经营资金信托业务。资金信托是指信托公司依据《信托公司管理办法》办理的信托财产为资金时的信托业务。委托人将自己无法或者不能亲自管理的资金以及国家有关法规限制其亲自管理的资金，委托给信托公司进行管理、运用和处置。资金信托包括单一资金信托和集合资金信托两种。其中，单一资金信托是指信托公司受理单个委托人委托、单独管理和运用信托资金的信托业务；集合资金信托是指信托公司接受两个以上（含两个）委托人委托，共同运用和管理信托资金的信托业务。

2. 受托经营财产信托业务。财产信托业务包括动产、不动产及其他财产的信托业务。即委托人将自己的动产、房产、地产以及版权、知识产权等财产、财产权，委托信托公司按照约定的条件和目的，进行管理、运用和处置的业务。信托财产还应包括因信托财产的管理、处分或者其他情况而取得的财产。法律、法规禁止流通的财产，不得作为信托财产。

3. 受托经营国家有关法规允许从事的投资基金业务，作为基金管理公司发起人从事投资基金业务。

4. 经营企业资产的重组、购并及项目融资、公司理财、财务顾问等中介业务。

5. 受托经营国务院有关部门批准的证券承销业务。

6. 代保管及保管箱业务。

7. 办理居间、资信调查及咨询业务。

8. 法律法规规定或中国银行保险业监督管理委员会批准的其他业务。

9. 信托公司可以开展对外担保业务，但对外担保余额不得超过其净资产的50%。

10. 信托公司同业拆入余额不得超过其净资产的20%。

11. 信托公司可以根据市场需要，按照信托目的、信托财产的种类或者对信托财产管理方式的不同设置信托业务品种。

12. 信托公司经营外汇信托业务，应当遵守国家外汇管理的有关规定，并接受外汇管理部门的检查、监督。

三、信托机构财务管理

信托公司的财务管理是其经营管理的重要组成部分，也是整个信托公司运行机制的重要环节之一，贯穿于信托经营的全过程，对提高企业经济效益和企业的稳健发展具有重要意义。信托公司的财务管理可分为资金管理和财产管理两个主要方面，而每一个方面又要涉及自有资金和财产与信托资金和信托财产的区别对待。

（一）资金管理

1. 资金来源管理

（1）实收资本金。经国家批准的信托公司，必须具有最低限额的实收资本金。2007年1月23日颁布的《信托公司管理办法》规定，信托公司的注册资本不得低于3亿元人民币。经营外汇业务的信托公司，其注册资本中应包括不少于等值1 500万美元的外汇。除此之外，中国银保监会根据信托公司行业发展的需要，可以增加设立投资公司的注册资本最低限额。信托公司随着信托业务的不断发展，还要随时补充资本金的来源。补充的资本金来源有发行股票筹集资本、发行基金债券、每年利润提留，或由地方和主管部门增拨资本金。以上三项补充资金来源的渠道中，发行股票是股份制信托机构增加资本的主要手段。

（2）吸收信托资金。信托资金是指委托人基于对受托人的信任，将其资金委托给信托公司（受托人），由受托人代为管理、运用和处理的资金。吸收信托资金是信托公司的主要资金来源，也是信托公司发放贷款、进行各种信托投资等一系列信托业务的前提。

信托公司吸收的信托资金，按委托人是否指定信托资金运用的范围和用途划分，可分为两大类：一类称为一般信托资金，另一类称为特定信托资金。

一般信托资金是指委托人不具体指定其存款的运用范围，而由信托公司自行决定。信托公司自行负责信托资金的运用和管理，委托人出于对信托人的信任，只收取该项资金所创造的收益的一部分。这种信托资金的运用，风险责任由信托公司承担。而特定信托资金，是指委托人具体指定其存款的运用范围和用途，即存款人委托信托公司按照自己的意图去运营或管理信托资金的一种方式。这种方式的信托资金，在具体运用管理时，风险责任由委托人自己承担，而信托公司不负经济赔偿责任。

信托公司接受由其代为确定管理方式的信托资金，按现行管理办法规定，信托资金总额不得超过注册资本金的 10 倍；信托期限不得少于 1 年；单笔资金信托不得低于 5 万元人民币。

我国信托公司目前吸收的信托资金主要有：财政部门委托投资或贷款的信托资金；企事业单位主管部门委托投资或贷款的信托资金；劳动保险机构的劳保基金；科研单位的科研基金；各学会、基金会的基金；个人长期不用的额度较大的个人特约信托资金等。这些资金吸收的多少，决定着信托公司的发展速度和规模。因此，吸收信托资金是信托公司必须抓好的首要环节，也是衡量信托公司信誉的标志。

信托资金的种类主要有以下几种：

①金钱信托，指委托人委托的财产是金钱，即单纯为了获得利息或红利为目的的信托。

②年金信托，指企业、单位为职工积累的退休金作为信托财产，委托给信托机构代为管理和运用的信托。

③财产形成信托，是指随着住房商品化的出现而形成的信托种类。即为促进职工储蓄以购买房屋，经单位职工与信托公司签订合同后，按合同规定，从职工工资或奖金中定期扣除合同中规定金额的信托种类。

④证券投资信托，这种信托是指委托人（包括企事业单位、社会团体、自然人）将资金委托给信托公司，信托公司按照"封闭管理、共同运用、利益均等"的原则，代委托人在证券市场上进行投资，并根据约定，行使双方权利义务。

⑤特定赠与信托：这种信托业务在我国是为补贴残疾者的生活费和医疗费或其他赠与用途而开办的，由赠与者（委托人）将所赠与的财产或金钱委托给信托公司代为管理和运用。残疾者为受益者，信托公司按委托人的旨意定期支付给受益者。

⑥公益信托：公益信托是以公益为目的，以不特定的多数人为受益人而成立的信托。信托财产包括金钱、金钱债权及有价证券，用以奖励学术，促进学术交流及援助发展中国家的教育、医疗事业等。我国《信托法》规定，为了下列公共利益目的之一而设立的信托属于公益信托：救济贫困、救助灾民、扶助残疾人、发展教育与科技事业、发展医疗卫生事业、发展环境保护事业等。

⑦遗嘱信托：遗嘱信托是根据委托者生前留下的遗嘱而承受的信托。

⑧金钱债权信托：金钱债权信托是以金钱债权的管理、买卖和托收为目的的信托，如国库券的管理、买卖，货款到期的托收等。例如，收款单位向信托机构提出申请，要求协助办

理清欠。信托公司接受委托后，可利用联行关系，要求欠款单位开户行协助代催收，也可派人前往。

⑨担保公司债信托，是为了保护公司债的债权人的利益，由公司债的发行公司将其提供的物的担保权作为信托财产，由信托机构承办的信托。

⑩动产、不动产信托：所谓动产信托，是以管理和处理动产为目的的信托，如车辆、轮船、电子计算机、机械设备等的信托；所谓不动产信托，是以管理和处理不动产为目的的信托，如将公寓、办公大楼、加油站等委托给信托公司，让其代为转让、出售，并由信托公司监督，按期付款。

信托存款的种类主要有十种。其中，前四种为金钱信托，是信托公司直接融资的对象，也是信托公司的主要资金来源。后六种中有的部分也属于金钱信托，由于资金的划存与使用，在时间和数量上往往存在时间和数量"差"，信托公司可以充分利用这些零星资金，发挥积少成多的作用。

信托公司办理国际信托业务所需资金的筹措方式主要有以下几种：

①外汇存款：信托公司办理国际信托业务，可以利用境内设施和境外分支机构吸收外汇委托存款和外汇信托存款，这是外汇资金的主要来源。吸收的主要对象是境外的企业、团体和个人，境内的"三资企业"和拥有外汇的单位及在华的侨民。

②境外借款，即信托公司经有关部门批准，在法律、法规允许的范围内，可以向外国银行及国际金融机构借款。借款期限分为：短期借款——一般为1个月至6个月不等，借款利率一般采用伦敦银行同业拆放利率，该利率反映市场供求；中期借款——1年以上5年以内为中期，金额在1亿美元左右，签订贷款协议，并要求提供担保；长期借款——5年以上，金额在1亿美元以上，由银团提供贷款，并要求提供担保。

（3）同业拆借。信托公司在资金运用上经常发生头寸紧张，这时可向金融机构短时间地拆借所需资金，以解燃眉之急。《信托公司管理办法》规定，信托公司不得开展除同业拆入业务以外的其他负债业务，且同业拆入余额不得超过其净资产的20%。中国银行保险业监督管理委员会另有规定的除外。

（4）发行股票或债券。经过证监会同意，根据证监会具体要求，符合条件的信托公司可以发行股票或债券。

2. 资金运用管理。《信托公司管理办法》规定了公司资金管理应遵循相关的比例指标：

（1）对于信托公司经营委托人授权其确定运用方式的信托资金，应当遵循委托人的要求进行运用，不能擅自做主，可以不必对运行后果承担责任。对于信托公司代委托人确定用途的资金运用，信托公司可以根据自身情况，决定运用方式，各国信托法律都对其运营提出明确要求，以便约束其行为，保护委托人和受益人的合法权益。如我国《信托公司集合资金信托计划管理办法》中规定：向他人提供贷款不得超过其管理的所有信托计划实收余额的30%，但中国银行保险业监督管理委员会另有规定的除外；信托公司应当用管理信托计划所产生的实际信托收益进行分配，严禁信托公司将信托收益归入其固有财产，或者挪用其他信托财产垫付信托计划的损失或收益。

（2）对于信托公司自有资金的运用，不得以固有财产进行实业投资，但中国银行保险监督管理委员会另有规定的除外。信托公司固有业务项下可以开展存放同业、拆放同业、贷款、租赁、投资等业务。投资业务限定为金融类公司股权投资、金融产品投资和自用固定资产投资。

（3）其他指标：信托公司可以开展对外担保业务，但对外担保余额不得超过其净资产的50%。

（二）财产管理

财产物品的管理范围包括：自有财产分为固定资产、低值易耗品、无形资产等；信托财产分为资金、有价证券、动产、不动产和其他财产及财产权，由于资金和有价证券已列入资金管理的范畴，因此，财产管理中的信托财产仅包括动产、不动产和其他财产及财产权。

1. 财产管理的职责分工

（1）自有财产的管理：实物保管为使用部门；价值管理为财务部门；实物管理为行政部门。

（2）信托财产的管理：实物保管和管理为信托业务管理部门；价值管理为公司计财部。

（3）财产的保管应实行归口分级原则，使用中的自有固定资产、低值易耗品由领用部门及领用人负责；对于信托财产，信托业务管理部门应严格按照信托契约的要求和金融法规的限定，保管和运用信托财产，如发生偷盗、丢失、毁损和违反信托契约，对信托公司造成赔偿责任的人员应有相应的处罚措施。

（4）公司董事会为财产管理的最高决策机构，应对每一级涉及财产管理的业务部门、行政部门和财务部门、财务总监、总经理、董事长和董事会设定包括拟、审、核、决、知等各级核决权限的财产管理核决权限明细表，内容包括信托财产和自有财产的获取、运用、处置等方面。

2. 财产管理规定

（1）受益人利益最大化。信托公司管理运用或者处分信托财产，必须恪尽职守，履行诚实、信用、谨慎、有效管理的义务，维护受益人的最大利益。

（2）避免利益冲突。信托公司在处理信托事务时应当避免利益冲突，在无法避免时，应向委托人、受益人予以充分的信息披露，或拒绝从事该项业务。

（3）亲自管理。信托公司应当亲自处理信托事务。信托文件另有约定或有不得已事由时，可委托他人代为处理，但信托公司应尽足够的监督义务，并对他人处理信托事务的行为承担责任。

（4）依法保密。信托公司对委托人、受益人以及所处理信托事务的情况和资料负有依法保密的义务，但法律法规另有规定或者信托文件另有约定的除外。

（5）定期报告制度。信托公司应当妥善保存处理信托事务的完整记录，定期向委托人、受益人报告，信托委托人、受益人有权向信托公司了解对其信托财产的管理运用、处分及收支情况，并要求信托公司作出说明。

（6）分别管理，分别记账。信托公司应当将信托财产与其固有财产分别管理、分别记账，并将不同委托人的信托财产分别管理、分别记账。

（7）依法记账，单独核算。信托公司应当依法建账，对信托业务与非信托业务分别核算，并对每项信托业务单独核算。

（8）重大事项，事先汇报。信托公司的信托业务部门应当独立于公司的其他部门，其人员不得与公司其他部门的人员相互兼职，业务信息不得与公司的其他部门共享。

3. 财产管理禁止行为

（1）信托公司开展固有业务，不得有下列行为：

①向关联方融出资金或转移财产；

②为关联方提供担保；

③以股东持有的本公司股权作为质押进行融资。

信托公司的关联方按照《中华人民共和国公司法》和《企业会计准则》的有关标准界定。

（2）信托公司开展信托业务，不得有下列行为：

①利用受托人地位谋取不当利益；

②将信托财产挪用于非信托目的的用途；

③承诺信托财产不受损失或者保证最低收益；

④以信托财产提供担保；

⑤法律法规和中国银行保险监督管理委员会禁止的其他行为。

四、信托公司的风险管理

（一）信托公司面临的风险

1. 信用风险。信托财产在管理运用过程中会产生信托财产的运作当事人，形成新的委托—代理关系，从而也会产生新的信用风险，

> 信用风险主要指信托财产运作当事人的风险。

该风险主要来自于以下几个方面：

（1）在业务运作前，信托财产的实际使用方（融资方）向信托公司提供虚假的融资方案与资信证明材料、提供虚假担保等，骗取信托财产，最终造成信托财产损失。

（2）在运作过程中，信托财产的实际使用方或控制方为了自身的利益最大化，未严格按合同约定使用信托资金，或将信托资金投向其他风险较高的项目，造成信托财产损失。

（3）在信托业务项目结束后，信托财产的实际使用方或控制方不按照合同约定，向信托公司及时、足额返还信托财产及收益，或担保方不承担担保责任等，造成信托财产损失。

2. 操作风险。操作风险还可以细分如下：（1）执行风险，执行人员对有关条款、高管人员的意图理解不当

> 操作风险是指信托公司由于内部控制程序、人员、系统的不完善或失误及外部事件给信托财产带来损失的风险。

或有意误操作等；（2）流程风险，指由于业务运作过程的低效率而导致不可预见的损失；（3）信息风险，指信息在公司内部或公司内外产生、接受、处理、存储、转移等环节出现故障；（4）系统事件风险，如公司信息系统出现故障导致的风险等。

操作风险内在于信托公司的每笔业务之内，且单个操作风险因素与风险损失之间不存在清晰的数量关系，对业务延伸领域相当广泛的信托公司来说，最容易受到操作风险的冲击。

3. 政策风险。财政政策、货币政策对金融市场影响显著，产业政策则对实业投资领域有明显作用。在我国，市场化程度并不充分，政策因素很多时候对某一行业或市场的发展具有

决定性的影响。这种政策因素可能直接作用于信托公司，也可以通过信托业务涉及的其他当事人间接作用于信托公司。

> 政策风险是指因财政政策、货币政策、产业政策和地区发展政策等发生变化而给信托业务带来的风险。

4. 法律风险。我国现行的法律体系同以《衡平法》为基础的信托法之间存在一定的冲突，且信托登记制度、信托税收制度、信息披露制度等大量信托配套法规尚不健全，在这种情况下，信托业务的法律风险就更为明显。

> 对信托业务来说，其法律风险主要是指信托法律及其配套制度的不完善或修订而对信托业务的合法性、信托财产的安全性等产生的不确定性。

5. 流动性风险。流动性要求信托财产、信托受益权或信托业务产品可以随时得到偿付，能以合理的价格在市场上变现

> 这里的流动性风险是指信托财产、信托受益权或以信托财产为基础开发的具体信托产品的流动性不足导致的风险。

出售，或能以合理的利率较方便地融资。目前，信托公司主要将募集的资金以贷款的方式投入资金需求方，信托财产的流动性主要由资金的需求方控制，信托公司不能对其流动性进行主动设计，加之现行政策法规中对信托产品的流动性制度安排本来就存在缺陷，结果造成流动性风险在当前的信托业务中普遍存在。

（二）信托公司风险管理原则

风险管理的原则各异，但总体来看，可归结为以下几点：

1. 全面性原则，即风险管理应当涵盖公司各项业务管理的各个环节和各当事人。

2. 制衡性原则，即明确划分相关部门之间、岗位之间、上下级机构之间的职责，建立职责分离、横向与纵向相互监督制约的机制。

3. 程序性原则，公司的风险管理过程尽可能落实到公司的制度、工作流程中，使风险管理工作程序化。

4. 独立性原则，即风险管理职能与日常业务管理职能相对分离，不受业务活动的干扰。

5. 适时有效性原则，即公司风险管理制度将随着公司经营战略、经营方针、经营理念等内部环境和国家法律法规、市场变化等外部环境的改变及时进行相应的修改和完善。

⚡ 专栏7-2
信托投资者如何构建自己的风险评价体系 ·······································

要取得信托投资的成功，投资者需要建立一套监控和评价的完整流程。正如选择基金的核心是选择合适的基金经理，选择信托产品的核心是"充分了解你的交易对手"。甚至在购买信托后，对交易对手的跟踪和监控仍然不能停止。

信托风险评估的目标是检测出存在的潜在违约风险，以及就某类市场风险融资人给出的风险补偿大小。一套行之有效的信托风险监控和评估流程至少具有以下几个方面的特征：（1）交易对手的财务健康状况及审计报告情况；（2）信托产品的抵（质）押担保，出现最坏情况后能怎样；（3）受托人资信和信托报酬；（4）宏观行业判断。

交易对手

信托风险中最大的风险就是交易对手风险。信托合同写得再好，如果交易对手不履约甚至欺诈，信托投资者就可能承担 100％ 的损失。对于这类风险，投资前的尽职调查是第一道防范手段，尽职调查的重点是交易对手的实力、财务状况、财务审计情况，以及所有这些情况可能的变化。

有投资者认为，部分信托产品设计复杂，融资人和还款义务人可能不是同一人，交易对手不好确认——我们的方法是按照还款来源的次序，重点考察第一顺位还款来源的还款人。还有投资者认为，即使确定交易对手，交易对手状况千奇百怪，很难放在同一水平上比较——我们的方法是给交易对手分类，重点分成地方政府类、政府机构类、金融类、工商企业类、房地产类等。

然后可以在分类基础上对交易对手的信用状况进行考察。首先是不同分类的交易对手的财务状况差异较大，会有较大的违约风险差异；其次是相同分类的交易对手，信用等级优秀的机构和信用等级较差的机构在财务状况上差异较大，投资者应考察具体融资主体资产、盈利、收支状况后予以判断。借鉴国家发展改革委核准企业债券发行财务报表考核条件，投资者可重点考察交易对手的净资产、累计债券余额、最近三年平均净利润、债券保障倍数等指标。

另外，虽然对上市公司来说财务报表的审计是最正常不过的事，但并不是所有信托产品的交易对手方均会接受审计，而基于目前国内的信用状况，财务报表的审计情况对信托产品投资参考也非常重要。基于常识和经验，建议投资者重点关注提供交易对手财务审计报告。

增信状况

任何投资，了解在最坏情况下可能发生的损失程度对投资者来说都非常重要。信托产品抵押、质押、担保的目的就是保障一旦交易对手发生违约，投资人可以用来最大限度地降低风险。投资者可以在第一还款来源失效或者不能完全偿付时，借助这些风险控制机制将损失降到最低。

土地、房地产抵押在信托设计中很常见，也是认可度最高的风险控制措施。但为了确保抵押物清偿的执行力度，投资者有必要调查所抵押土地、房产的市场价格，然后赋予实际价格一定的折扣（抵押率），使得即使土地、房产市场价格出现大幅下跌，以当时的市场价仍能轻松处置抵押物，且处置抵押物的价值足以补偿投资者本息。

质押通常分动产质押和权利质押两种，比较普遍的是以股权作为质押物，此时投资者需重点考察质押股权的市场价值。通常上市公司股权质押的股权流动性好，最容易变现，最受投资者青睐。只是股票的价值波动大，如果要全面平抑风险，需要一定质押率来兑现，通常而言，上市公司流通股的股权质押率在 50％ 左右，上市公司非限售股的质押率比流通股的质押率低 5％ ~10％。而非上市公司股权的市场价值较难估计，通常的估价方法有现金流折现、市盈率法、市净率法等。由于这部分股权流动性差，部分项目的估价以净资产打三至五折也不为过。

担保通常是交易对手之外的第三方担保，根据《担保法》对信用担保的约定，连带责任担保比一般担保对担保人具有更大的约束力，也即对投资者有更大的偿付责任，投资者要注意区分担保的方式。

信托公司和信托报酬

我们通常将信托分成主动管理信托和被动管理信托两类。所谓主动管理信托，是指信托公司（受托人）在法定信托职责之外，承担额外约定职责，参与投资顾问遴选、投资政策制定、投资标的选择、投资策略调整等一项或几项工作，以帮助投资者（委托人）实现保值增值的信托资金管理方式，如固定收益 TOT 产品就是典型的主动管理信托。所谓被动管理信托，是指信托公司仅履行法定信托职责，对信托产品承担有限责任的信托类型，如绝大多数的单一资金银信合作信托产品属于被动管理信托产品。

由于主动管理信托产品信托公司有更大的自主权，通常也会收取较高的信托报酬（1.5%甚至更高），产品能否达到预期收益一看信托公司的主动管理能力，二看信托公司的偿付实力和偿付意愿。投资者选择这类产品，主要是判断信托公司资信和实力。在分析信托财产独立性设计之外，投资者还需要根据信托公司财务报表、产品结构等分析它们的综合实力强弱，甚至考察信托公司在特定产品上有没有跟投。

宏观判断

因为不能完全依靠单个因素完成对信托产品所有风险因素的评估，投资者需要关注单个因素之外的宏观经济及市场信息，这些信息同样能用来指导监控和辨识某一类信托产品的潜在风险和潜在回报。

如对于利率风险的判断，投资者可以根据宏观经济的走向，市场资金面情况，已发行上市的特定信用等级、特定增信措施（有担保和没有担保等）企业债的收益率走向，自上而下判断未来信托市场的利率走向。

投资者可以通过机构投资者对某类债券的态度转变，理解同类信托产品机构的看法。因为机构担心地方债务危机的爆发，2011年底城投债的到期收益率一度高达9%以上，但目前此类债券再次受到机构青睐，到期收益率普遍在6%以下，投资者可以放心购买部分带回购条款的，以已发债城投公司为融资人的征信合作产品。

如投资者可以根据监管层对某一类行业信贷政策的监管态度，了解这一类企业为信托融资愿意支付的对价。银监会要求信托公司对房地产的贷款必须同时满足"四证"齐全、自有资金超过35%以及开发企业必须具备二级以上开发资质等条件，显著提高了低信用等级房地产企业信托融资的成本。

⬆ 资料来源：庄正．信托投资者如何构建自己的风险评价体系［EB/OL］．［2014-03-17］．http：//www. xtxh. net/xtxh/members/19625. htm.

五、信托业的监管与自律

（一）信托业的监管部门

我国信托业的监督和管理部门是中国银行保险监督管理委员会（以下简称银保监会）。《信托公司管理办法》规定，银保监会对信托公司的监管主要有：（1）对信托公司组织架构和制度建设的监管；（2）对资本及风险的监管；（3）对高管人员及信托从业人员的监管。

银保监会监管的方法主要有以下两个方面：

1. 对信托公司的经营活动进行检查。信托检查是信托监管中的一项重要内容。信托检查的范围主要是调查信托机构的经营、管理和服务情况。信托检查的方式主要有两种：一是书面检查，要求信托机构提出有关其业务或财产状况的报告或资料。二是现场检查，指派有关职员进入营业所及其他设施场所，询问其有关业务或财产状况，或者检查账簿及其他物品。现场检查还可分为定期检查（如年检）和不定期检查。不定期的、事先不通知的检查是信托检查中的有效方式。

2. 与董事、高管人员进行监督管理谈话。银保监会根据履行职责的需要，可以与信托公司董事、高级管理人员进行监督管理谈话，要求信托公司董事、高级管理人员就信托公司的业务活动和风险管理的重大事项作出说明。

（二）行业自律协会

行业自律是指由信托行业自律组织依法制定行业管理规章和行为守则，进行自我约束和管理。在现代经济发展中，政府机构除了对经济活动进行监督管理以外，一般也比较重视行业协会组织的协调、服务职能，行业性组织常常发挥着重要的自律管理作用。在英国，信托业的自律组织就有投资监管协会、个人投资机构等，它们均受到政府的指导，在保护委托人利益、阻止及制裁信托机构违法违规方面发挥着积极作用。我国信托业的自律组织为中国信托业协会，它接受中国银保监会的业务指导和监督管理，截至 2019 年底，中国信托业协会的会员已经达到 68 家。

本章小结

1. 信托机构是充当受托人的法人机构；信托机构主要从事信托业务。

2. 单一信托机构也可称为专业信托机构，一般是指专门从事信托业务的经济组织，具有完全独立的法人资格，属于非银行的金融机构。附属于其他机构的信托机构也称兼营信托投资的机构，是指既从事信托业务又从事银行业务的金融机构。

3. 信托公司面临的风险包括信用风险、法律风险、操作风险、流动性风险和政策风险等。

本章主要概念

单一信托机构　附属于其他机构的信托机构　信用风险　法律风险　操作风险

思考题

1. 信托机构的管理原则是什么？
2. 信托公司开展业务时应如何防范利益的冲突？
3. 信托机构资金管理的主要内容是什么？
4. 行业自律协会在信托业中起到的作用是什么？

第八章
金融租赁概述

本章知识结构

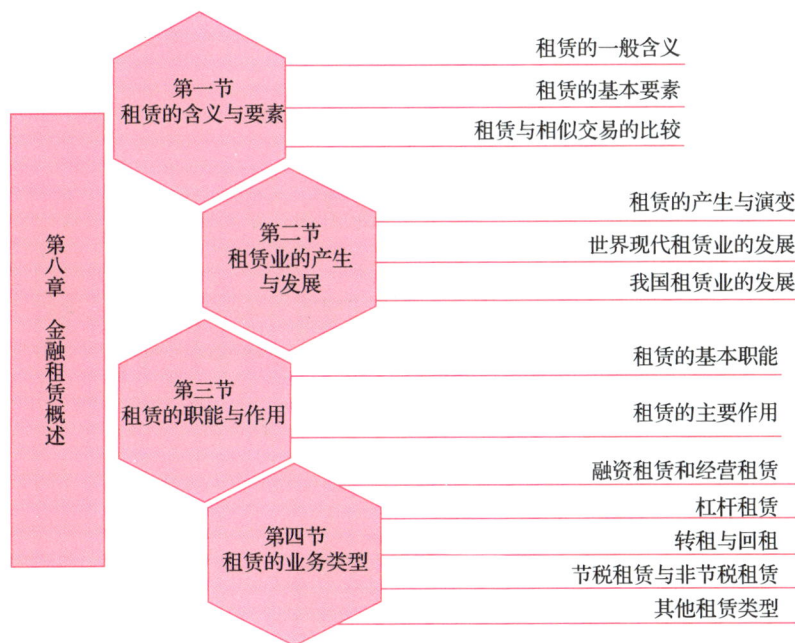

第八章 金融租赁概述

第一节 租赁的含义与要素
- 租赁的一般含义
- 租赁的基本要素
- 租赁与相似交易的比较

第二节 租赁业的产生与发展
- 租赁的产生与演变
- 世界现代租赁业的发展
- 我国租赁业的发展

第三节 租赁的职能与作用
- 租赁的基本职能
- 租赁的主要作用

第四节 租赁的业务类型
- 融资租赁和经营租赁
- 杠杆租赁
- 转租与回租
- 节税租赁与非节税租赁
- 其他租赁类型

本章学习目标

- 掌握租赁的一般含义、基本要素和租赁与相似交易的比较。
- 了解租赁业的产生与发展。
- 掌握租赁的职能与作用。
- 掌握融资租赁和经营租赁、杠杆租赁、转租与回租。
- 了解节税租赁与非节税租赁；了解其他租赁类型。

　　租赁是一种古老的信用形式，金融租赁在现代社会得到迅猛发展，在发达国家成为银行贷款之后居第二位的设备融资方式。本章介绍了租赁的基本含义以及一个完整的租赁关系包含的基本要素，比较租赁与分期付款购买这两种相似交易行为的异同，重点介绍租赁业务的类型。

第一节 租赁的含义与要素

一、租赁的一般含义

租赁，分开来说，租是指将物品借给他人并取得报酬，赁是指借他人物品且支付费用。

人们对租赁的认识大多来源于生活中的某些片断，如房屋租赁、汽车租赁、图书及音像制品租赁等。而租赁发展成为一个重要的行业，主要还是因为机械设备等

租赁是指出租人按照合同的规定，将物品在一定期限内出租给承租人使用，承租人按约向出租人支付租金的经济行为。若从承租人角度看，租赁是指承租人以支付租金为代价，获得在一定时期内对一件物品的使用及收益权的经济行为。

价值很大的大宗（专用）物件的租赁——融资租赁。融资租赁是现代租赁的主体，与传统租赁存在一定差异。虽然租赁形式千差万别，但它们都是一种特殊的信用形式，即物品的所有者以收取报酬为条件，在一定时期内让渡物品使用权的一种方式。可见，租赁是一种所有权与使用权两权分离的经济现象。

租赁行为存在两权分离，有其自身的特殊性。与此紧密相关的，是租赁物品的物权化现象。租赁行为的发生，是基于社会资源的稀缺性。一些不善于利用财产的人拥有大量的财产，而一些善于利用财产的人又没有可供其利用的财产，这种物的归属与物的利用之间的矛盾，最初就是通过租赁解决的。租赁一经产生，就得到了广泛使用。各国民法在继承了租赁的用益权后对其加以发展，出现了租赁物品物权化的倾向，尤其是不动产租赁的物权化趋势日益加强。理解租赁物品的物权化，首先要弄明白什么是物权。根据我国《物权法》的规定，物权是指自然人、法人直接支配特定的物的权利，包括所有权、用益物权、担保物权等，物权权利人排斥他人干涉。实际上，物权就是以所有权为核心的及由此衍生出的承包经营权、抵押权、质押权、租赁权等。因此，租赁物品物权化就是指各国实行的强调承租人对租赁物品具有的物权，从而巩固承租人地位，强化承租人利益保护的一种法律现象，是一种限制出租人行使所有权的典型做法。租赁物品的物权化表现有买卖不破租赁、租赁权优于抵押权、优先购买权、优先续租权等。这就意味着，在租赁的两权分离过程中，所有权被逐渐弱化，使用权被逐渐强化并得到有效保护。

二、租赁的基本要素

一个完整的租赁关系，主要由以下基本要素构成。

（一）租赁当事人

租赁最基本的当事人是出租人与承租人。除出租人、承租人以外，复杂的租赁关系还包含其他当事人，如在融资租赁、杠杆租赁等租赁活动中，涉及的当事人还有供货人、贷款人等。

出租人是物品的所有者，拥有出租物品的所有权，并将物品出租给他人使用，以收取报酬。承租人是出租物品的使用者，租用出租人所有的物品，并向出租人支付一定的费用。

（二）租赁标的

租赁标的是指租赁物品。在租赁业务中，由于出租的是物品的使用权，因而从理论上讲，可以合法转让使用权的物品都可以作为租赁标的。不过，在实际操作中，各国对租赁标的都有一些限制。我国《金融租赁公司管理办法》第四条明确规定：适用于融资租赁交易的租赁物为固定资产。《国际金融租赁公约》规定租赁标的物指的是不动产、场地或某种设备。而我国《企业会计准则第21号——租赁》则对租赁标的做了限制性的规定：租赁标的不包括勘探或使用矿产、石油、天然气及类似不可再生资源的租赁，承租人承租生物资产，采用建设经营移交等方式参与公共基础设施建设、运营的特许经营权合同以及通过许可使用协议取得的电影、录像、剧本、文稿等版权、专利等项目的权利，以出让、划拨或转让方式取得的土地使用权。综上所述，租赁标的具有以下性质：其一，租赁标的必须是有形的实物资产；其二，租赁标的使用后仍然能够保留原有物理、化学形态；其三，租赁标的必须能够相对独立地发挥自身效用而不必依附于其他物品。

（三）租赁权

租赁权在性质上属于债权，它是基于租赁交易在出租人与承租人之间产生的债权债务关系。在古罗马法上租赁权即被定位于债权，现代各国的立法仍把它放在民法典的债权篇中，或以合同法予以规范和调整，没有实质性的改变。但法学专家指出，租赁交易架起了从所有权到用益物权的桥梁，租赁权的物权化成为一种趋势。在英国等西方国家资本主义上升时期，租赁权得到强化，新兴资产阶级强化了土地租赁权。1896年德国《民法典》正式将"买卖不破租赁"列为租赁承租人的重要权利。"买卖不破租赁"意味着承租权对新取得租赁物品所有权的人存在对抗效力，即承认承租人对租赁标的具有部分物权。这一原则被认为是租赁权物权化的标志，对此现代各国民法都已继承。我国《担保法》第四十八条甚至规定：抵押人将已出租的财产抵押的，应书面告承租人，原租赁合同继续有效。承租人对租赁物品拥有的物权化的权利，还表现在其优先购买权与优先续租权上。如，美国财务会计准则委员会第13号公告所规定的租赁定义中有这样的表述：承租人在租期满后有购买租赁物品的选择权；俄罗斯《民法典》第621条规定：承租人正确履行了自己的义务，在租赁期届满时，在相同条件下具有优先于其他人续签租赁合同的权利。

（四）租金

租金一般是按照租赁的时期长短计算，定期支付，而不以租赁物品的使用次数衡量。从出租人角度看，租金是出租人依靠

租金是承租人在租赁期限内获得租赁物品的使用权而支付给出租人的代价。

转让租赁物品的使用权而定期获得的收入。出租人通过收取租金既要收回租赁物品的购置原价、贷款利息和为租赁物品所花费的其他所有开支，又要在此基础上获取必要的利润，可见租金是由以上四个部分构成的。按租赁合同规定定期支付租金，是承租人应尽的法律义务。

（五）租期

租期的长短与租赁标的的性质及租赁业务类型有关，由出租人与承租人约

租期是指出租人出让物品给承租人使用的期限。

定。对可以反复出租给不同承租人的租赁物品而言，每一笔租赁交易的租期较短；对出租人

在一次租赁交易中即收回全部投资并获取利润的融资租赁而言，租期一般与租赁标的的有效使用期相等。在租赁发展的早期，租期较短，如在古罗马，房屋的租期一般为 1 年，土地的租期传统为 5 年。现代各国立法中租赁期限则较长，如我国和日本规定租期最长可到 20 年，意大利和我国澳门地区规定租期可长达 30 年，意大利森林用地的租赁期限可长达 99 年。

三、租赁与相似交易的比较

对承租人而言，租赁交易是定期支付租金获取租赁物品的使用权。在融资租赁中，由于租期与租赁物品的实际有效使用寿命几近相等，在大多数国家，承租人在租期结束后可以以较低的价格购买租赁标的物，从而获得该物品的所有权。这与分期付款购买在付款方式等很多方面颇有相似之处。不过，租赁与分期付款购买这两种相似交易在法律、会计处理及性质上都有很大区别。

1. 目的不同。租赁分期交付租金，承租人仅是为了取得租赁物件的使用权，其所有权始终在出租人手里；而分期付款购买的目的则是取得该项物件的所有权，待买方付清全部或大部分货款时（非信贷型分期购买），或待卖方将货物交给买方时（信贷型分期付款），其所有权即归付款人（买方）所有。

2. 法律关系不同。租赁是出租人和承租人之间的一种特定的信用方式，承租人对所租用的设备除使用权外，不能有改变其性能、形状，甚至迁移使用地点的权利。而分期付款购买则是买方（付款人）和卖方（供货人）之间的买卖行为；一旦买方将货款偿付以后，一切与所有权有关的权利、义务均归买方。

3. 当事人不同。分期付款购买的当事人一般只涉及买卖双方；而租赁的当事人，除出租人和承租人外，还往往涉及第三方——供货人，出租人充任用户（承租人）和供货人之间的纽带。

4. 税收政策不同。许多国家如美国、英国、澳大利亚，政府为了鼓励投资，在税法中规定租赁可以享有诸如投资减税、加速折旧、利息减税等各种优惠条件，折旧和利息还可以从所得税中扣除。分期付款购买属于一般贸易方式，买卖双方都不能享受任何税收上的优惠待遇，与其他贸易方式一样，须按税法规定缴纳营业税和其他规定的税目。

5. 会计处理不同。通过分期付款购买的设备，按通行的会计制度，须按该设备购买金额100% 记入买方的固定资产并列入资产负债表内。采用租赁方式，应当按照租赁期开始日尚未支付的租赁付款额的现值记入固定资产，列在资产负债表上表现出来。

6. 残值处理不同。分期付款购买不存在残值问题，而租赁即使承租人在租期内已将所租物件的全部金额摊付完毕，也还留有一定金额的残值。只要出租人和承租人双方未达成移交产权的协议，出租人就有权收回租赁物件。

第二节　租赁业的产生与发展

一、租赁的产生与演变

租赁的产生与发展大致经历了古代租赁、传统租赁、现代租赁三个阶段。

（一）古代租赁

作为一种古老的信用形式，古代租赁最早出现在公元前 2000 年西亚古巴比伦地区幼发拉底河流域苏美尔人对船只的出租与承租活动中。公元前 20 世纪以楔形文字撰写的《苏美尔法典》中对租赁船只费用有相关规定。在其他文明古国，如古巴比伦，也出现了租赁交易。公元前 1792 至公元前 1750 年古巴比伦的《汉谟拉比法典》，对土地、房屋、船舶、牲畜、车辆等租赁做了详细的规定，其中甚至规定了租赁顺流之船和逆流之船的租金。公元前 5 世纪中叶著名的《十二铜表法》中也有关于租赁的规定。

古代租赁是一种原始的信用形式，其特征是出租人与承租人之间一般缺少固定的契约形式，出租人出租物品的主要目的是换取自己暂时短缺商品的使用权，除法律有明确规定外，租赁的报酬是不固定的。因此，古代租赁表现为物与物的交换使用。

（二）传统租赁

传统租赁是随着生产力的发展而逐步发展起来的。在中世纪的欧洲，租赁标的的范围发展到几乎所有可以租用的物品，不过主要还是闲置物品。我国汉唐时代，以农具、土地、房产为标的物的传统租赁业务已经十分普遍。对传统租赁的法律规定较之古代租赁更加详细而具体，如公元前 6 世纪中叶，东罗马的《查士丁尼法典》对租赁关系已有详细的条文规定；1289 年英国的《威士尔法》是世界上最早的有关租赁的单行法。

传统租赁在性质上属经营租赁范畴。与古代租赁相比，传统租赁具有以下特点：租赁目的主要不是为了盈利；租赁标的主要是闲置物品（土地出租除外）；租赁交易行为受契约约束，报酬也相对固定。

虽然传统租赁产生的年代较为久远，但并未随着经济的发展而消失。在现代社会中，传统租赁仍具有很强的生命力。当前，很多从事出租服务的企业经营的就是传统租赁业务。

（三）现代租赁

现代租赁的典型代表是融资租赁，是随着工业革命的出现而产生的，是社会化大生产和资本主义生产关系的产物。由于英国在近代史上率先实现了工业革命，现代融资租赁最早诞生于英国。但现代租赁作为一个行业得到迅猛发展则是在 1950 年以后。1952 年，美国加利福尼亚州一家食品工业企业的老板亨利·松费尔德，基于"生产资料的价值在于使用，而不在于拥有"这一理论，成立了从事设备租赁业务的美国租赁公司。这是全美也是全球第一家专司融资租赁业务的现代租赁企业。美国租赁公司的成立，开启了现代租赁发展的新纪元。

现代租赁具有强烈的生产属性，是为社会化大生产服务的；现代租赁还具有金融属性，为承租人融资融物。现代租赁已经发展成为一个重要的行业。

二、世界现代租赁业的发展

（一）发达国家租赁业发展程度较高

根据《世界租赁年报》资料，在五种融资方式中，融资租赁方式的融资总量位居第二，仅次于贷款的融资量。目前，融资租赁在经济发达的国家已经成为设备投资中仅次于银行信贷的第二大融资方式。以美国、英国、日本等国为例。美国是当今世界租赁业最发达的国家。2017 年美国租赁新业务量达到 4 103 亿美元，同比增长 6.9%。英国租赁业务额为 924.5 亿美元，同比下降了 0.46%，在所有国家中位居第三。德国的租赁业务额为 783.2 亿美元，同比增长 7.29%，位居第四。日本于 1963 年成立了日本租赁株式会社，开始开展融资租赁业务。日本对租赁业实施非常优惠的税收扶持政策，使租赁业发展迅速。与美国相类似，日本企业的设备投资绝大部分来源于租赁方式，据不完全统计，这一比例高达 93%～95%。第五大租赁市场国日本 2017 年租赁业务额为 604.7 亿美元，同比下降了 2%。法国是全球第六大租赁市场国，租赁业务额达到 497.8 亿美元，同比增长近 9%。

（二）全球租赁交易规模迅速增长

《世界租赁年报》的统计数据显示，10 年来，世界租赁行业整体保持平稳的增长态势。2007 年全球租赁成交额为 7 904 亿美元，2017 年达到 12 827 亿美元，是 2007 年成交额的 1.6 倍。其间，在 2008 年国际金融危机爆发后，世界租赁业遭受重创，出现了前所未有的大幅下滑。2010 年，全球租赁业开始复苏，并在 2011 年出现强劲增长，当年全球范围内租赁成交额上涨 34%，达到 7 967 亿美元，恢复并超越 2007 年的交易规模。2017 年，全球租赁业务新业务量较 2016 年快速增长 17%，达到 12 827 亿美元。通过以上数据可以看出，就世界范围来看，从国际经济危机中复苏之后，租赁行业保持了积极的发展态势。

但从不同区域的发展状况来看，各区域发展状况有所差异（见表 8-1）。北美洲、欧洲和亚洲是全球最主要的租赁市场，三个地区的业务总额占全球的 95% 以上，三个地区 2017 年新增业务额较 2016 年增长了约 1 829.6 亿美元。北美地区（美国、加拿大和墨西哥）仍然是全球最大的租赁市场，2017 年其市场业务额为 4 459 亿美元，占全球整体的 34.8%。尽管如此，其他地区的快速增长导致北美地区在全球市场中的份额下降了 3.1%。2017 年欧洲地区的业务额为 4 283 亿美元，同比增长 32.7%，占全球市场份额的 33.4%（较 2016 年增长 1.9%）；亚洲地区的业务额为 3 544 亿美元，同比增长 58.9%，占全球市场份额的 27.6%（较 2016 年增长 1.3%）。其他地区市场份额所占比例较小：2017 年南美洲的业务额为 315 亿美元，同比增长 0.9%；澳大利亚及新西兰的业务额为 170 亿美元，同比增长 23.2%；而非洲的业务额只有 57 亿美元，下降了近 16%；这三个地区的全球市场份额总计不到 5%。

表 8-1 2016—2017 年各区域交易量及增长率

排名	地区	年成交量（亿美元）	2016—2017 年增长比例（%）	2016 年世界市场份额占比（%）	2017 年世界市场份额占比（%）
1	北美洲	4 459	9.3	37.9	34.8
2	欧洲	4 283	32.7	31.5	33.4
3	亚洲	3 544	58.9	26.4	27.6
4	南美洲	315	0.9	2.6	2.5
5	澳大利亚/新西兰	170	23.2	1.2	1.3
6	非洲	57	-15.8	0.5	0.4
	合计	12 828			

资料来源：*White Clarke Global Leasing Report 2017*，前瞻产业研究院整理。

（三）租赁渗透率不断上升

租赁渗透率是衡量租赁业发展程度的统计指标，主要有设备渗透率和 GDP 渗透率。设备渗透率是指年租赁交易量与年设备投额的比率，GDP 渗透率则指年租赁交易量与年 GDP 的比率；前者自 1980 年开始使用，后者自 2001 年开始使用。租赁渗透率越高，表明租赁业越发达。2017 年世界排名前 10 位的国家年交易额见表 8–2。

表 8–2　2017 年租赁总量排名全球前 10 位的国家租赁市场年交易额

排名	国家	年交易额（亿美元）	2014—2015 年增长比例（%）	租赁渗透率（%）
1	美国	410.35	6.9	21.6
2	中国	265.68	20.42	6.8
3	英国	92.45	5.18	32.4
4	德国	78.32	7.29	17.2
5	日本	60.47	–2.00	5.30
6	法国	49.78	8.69	16.10
7	意大利	33.63	12.89	15.20
8	澳大利亚	31.49	2.10	40.00
9	加拿大	26.46	2.70	38.00
10	瑞典	24.88	10.5	27.10

● 资料来源：http://www.clba.org.cn/newsitem/278275715。

从表 8–2 可以看出，发达国家的租赁市场渗透率明显较高，美国、英国、加拿大等国均超过 20%，说明融资租赁已成为发达国家较为成熟的融资方式，占有重要地位，为社会广泛接受。虽然我国的租赁总额已经跃居世界第二位，但租赁市场渗透率非常低，与发达国家相距甚远。展望未来，金融租赁这一行业在我国市场还具有相当广阔的需求。

（四）发展中国家融资租赁业得到较快发展

发展中国家融资租赁业始于 20 世纪 70 年代，到 20 世纪 90 年代，已有 50 多个发展中国家建立了融资租赁业。在发展中国家建立和发展现代租赁业的进程中，国际金融公司作出了重要贡献。从 20 世纪 70 年代开始，国际金融公司就通过资金投入、技术援助等方式帮助发展中国家引进、发展融资租赁业。经过 40 多年的努力，包括中国在内，一大批发展中国家的融资租赁业从无到有，从小到大，已发展成为规模较为庞大的重要产业。

近年来，发展中国家融资租赁业的增长势头令人瞩目。2008 年国际金融危机过后，欧美诸多国家的金融租赁业呈现负增长，而部分新兴市场国家的金融租赁依然保持两位数的增长。2015 年，拉丁美洲的 6 个国家——阿根廷、巴西、智利、哥伦比亚、秘鲁和波多黎各，非洲的 4 个国家——埃及、摩洛哥、尼日利亚和南非，均进入世界租赁业排名前 50 位。

三、我国租赁业的发展

（一）我国租赁业发展的简要历程

我国传统租赁历史非常悠久并延续至今。传统租赁属经营租赁性质，经营的对象主要为消费资料。融资租赁自 20 世纪 80 年代开始在我国出现，并迅速成为我国租赁业的主体。1980 年，中国国际信托投资公司率先在国内开办融资租赁业务，其中一项业务是运用杠杆租赁为民航引进一架波音 747 客机。1981 年 4 月和 8 月，中国东方国际租赁公司、中国租赁有限公司相继成立，前者为中日合资企业，后者为中资企业。两家融资租赁公司的成立，标志着我国现代租赁业的诞生。从 20 世纪 80 年代至今的 40 年时间里，我国租赁业发展迅速。财政、税务、海关、工商、外贸和外汇管理等有关部门陆续制定了鼓励融资租赁业发展的政策法规。大量企业采用融资租赁手段从国外引进生产设备，完成技术改造与扩大再生产。

随着外资和内资试点融资租赁公司的开放、国家扶持力度的加大以及国有商业银行被允许重新涉足融资租赁领域，我国融资租赁行业迎来了高速发展时期。据中国租赁联盟、联合租赁研发中心和天津滨海融资租赁研究院统计，截至 2019 年 6 月底，全国融资租赁企业（不含单一项目公司、分公司、SPV 公司和收购海外的公司）总数约为 12 027 家，较 2018 年底的 11 777 家增加了 250 家，增幅为 2.1%（见表 8-3）。

表 8-3　2019 年上半年我国融资租赁行业企业类型分布情况

类型	2019 年 6 月底（家）	2018 年底（家）	增加（家）	增长率（%）
金融租赁	70	69	1	1.45
内资租赁	397	397	0	0
外资租赁	11 560	11 311	249	2.20
总计	12 027	11 777	250	2.12

↯ 资料来源：《2019 上半年中国融资租赁业发展报告（最全版）》，https://www.sohu.com/a/331060013_99901684.

截至 2019 年 6 月底，全国融资租赁合同余额约为 67 000 亿元人民币，比 2018 年底的 66 500 亿元增加约 500 亿元，增长了 0.8%。其中：金融租赁约 25 150 亿元，增加 150 亿元，增长了 0.6%；内资租赁约 21 050 亿元，增加 250 亿元，增长 1.2%；外资租赁约合 20 800 亿元，增加 100 亿元，增长了 0.5%（见表 8-4）。

表 8-4　2019 上半年融资租赁业务总量概况

类型	2019 年 6 月底（亿元）	2018 年底（亿元）	增加（亿元）	增长（%）
金融租赁	25 150	25 000	150	0.6
内资租赁	21 050	20 800	250	1.2
外资租赁	20 800	20 700	100	0.5
总计	67 000	66 500	500	0.8

↯ 资料来源：《2019 上半年中国融资租赁业发展报告（最全版）》，https://www.sohu.com/a/331060013_99901684.

✏ 专栏 8-1

首期中国融资租赁发展展望指数在上海发布 ▪▪▪▪▪▪▪▪▪▪▪▪▪▪▪▪▪▪▪▪▪▪▪▪▪▪▪

2019 年 5 月 22 日，在上海举行的中国融资租赁（西湖）论坛 2019 主题峰会上，中国融资租赁（西湖）论坛发布了第一期中国融资租赁发展展望指数。

据悉，中国融资租赁发展展望指数是通过对当前租赁业数据进行收集、调查和整理后，旨在对租赁行业的外部环境、资产质量及风险管理水平进行分析，并对行业发展情况进行展望。

浙江大学经济学院副教授唐吉平对发展展望指数做了解读。他表示，融资租赁发展展望指数主要由行业发展指数、行业信心指数和行业预警指数构成。此次发布的指数中，行业发展指数是以 2018 年第四季度为基期，基期指数为 100，编制成定基指数；信心指数和预警指数，则以报告期前一季度为基期，50 为基准值，编制成环比指数。

行业发展指数主要揭示的是当季度融资租赁公司业务与经营发展的兴衰程度以及机构绩效水平，考察指标主要包括业务发展程度、资金获取程度、业绩水平、资产质量情况及公司高层对租赁业务发展景气度的主观评判。

"经过统计分析，行业发展指数总体的评价是相对偏乐观。"唐吉平介绍说，从统计的数据中看到，租赁公司发展程度整体偏高，业务增长较好，业务结构偏向信贷，优化空间较大。资产不良率持平和下降，资产质量判断偏乐观，公司高层对租赁行业发展的主观评价是稍微偏中性。

此外，综合评判三个指数类型，唐吉平还表示，在融资租赁业务里，比较明显的是债务融资的特征稍微偏强一些。这表明，融资租赁和银行信贷的差异仍有待进一步区分，服务设备投资、回归租赁本源的趋势有待进一步加强。

⬆ 资料来源：陈彦蓉. 首期中国融资租赁发展展望指数在上海发布 ［EB/OL］. ［2019－05－22］.

（二）我国租赁业发展的现实环境

经过 20 多年的努力，我国租赁业的进一步发展已经具备了良好的基础。租赁机构及其资本金也具有一定的规模。与过去相比，租赁业发展的宏观环境有很大改善。

第一是法律环境。1999 年颁布实施的《合同法》对租赁和融资租赁作出了专章规定，租赁业的法律环境得到初步改善。2000 年 6 月 30 日中国人民银行颁布《金融租赁公司管理办法》，2001 年财政部颁布《租赁会计准则》，2001 年 9 月 1 日外经贸部颁布《外商投资租赁公司审批管理暂行办法》。2003 年初，国家财税部门制定了有利于融资租赁业务开展的营业税税收政策。2007 年 8 月，全国人大财经委以文件的形式，向全国人大常委会报送了《关于提请全国人大常委会尽快安排审议融资租赁法（草案）的报告》，业内对《融资租赁法》普遍寄予厚望，但是事与愿违，报送的《融资租赁法（草案）》至今未被列入全国人大的立法审议日程。在法规方面，商务部修改了 2001 年 9 月发布的《外商投资租赁公司审批管理暂行办法》，以允许外商设立独资租赁公司开展经营租赁业务，并进一步开放了融资租赁业务。新的《外商投资租赁业管理办法》于 2005 年 3 月 5 日开始实施，分为二十三条，对外商投资租赁业的投资形式、审批程序、业务规则以及监管作出具体规定。2014 年 3 月，中国银监会发布了重新修订的《金融租赁公司管理办法》，该办法从注册资本、发起人条件等方面规定了严格的准入制度，并且从资本充足率、单一客户融资集中度、单一集团客户融资集中度、单一客户关联度、全部关联度、单一股东关联度、同业拆借比例等方面进行严格管理。2014 年 7 月，中国银监会根据《金融租赁公司管理办法》，结合国内金融租赁公司实际，制定发布了《金融租赁公司专业子公司管理暂行规定》（以下简称《规定》）。《规定》共四章三十三条，内容涵盖总则、设立变更与终止、业务经营规则和监督管理。为进一步加快融资租赁业发展，更好地发挥融资租赁服务实体经济发展、促进经济稳定增长和转型升级的作用，2015 年 9 月，国务院办公厅出台《关于加快融资租赁业发展的指导意见》（国办发〔2015〕68 号）（见表 8-5）。

表 8-5　我国现行金融租赁业政策环境框架

类别	法律法规名称
法律类	《中华人民共和国合同法》第十二章、第十三章
	《最高人民法院关于审理融资租赁合同纠纷案件适用法律问题的解释》
税收类	《中华人民共和国增值税管理条例》
	《中华人民共和国营业税暂行条例》
	《关于融资租赁业务征收流转税问题的通知》
	《财政部　国家税务总局关于营业税若干政策问题的通知》
	《融资租赁货物出口退税管理办法》（财税〔2014〕62 号）
	《关于飞机租赁企业有关印花税政策的通知》（财税〔2014〕18 号）
	《关于将铁路运输和邮政业纳入营业税改增值税试点的通知》（财税〔2013〕106 号）
	《财政部　国家税务总局关于融资租赁合同有关印花税政策的通知》（财税〔2015〕144 号）
监管类	《金融租赁公司管理办法》
	《金融租赁公司专业子公司管理暂行规定》
	《外商投资租赁业管理办法》
	《汽车租赁业管理暂行规定》
	《融资租赁企业监督管理办法》
	《城镇最低收入家庭廉租住房管理办法》
会计类	会计准则——租赁
其他类	《关于促进金融租赁行业健康发展的指导意见》
	《关于加快融资租赁业发展的指导意见》（国办发〔2015〕68 号）

● 资料来源：根据租赁协会等相关网站整理。

中国融资租赁企业协会等行业组织在租赁业发展过程中能够发挥交流信息、增进友谊、行业研究、人才培养等一系列重要作用。2018 年，融资租赁行业在监管层面由商务部、银监会分别监管转变为由银保监会统一监管。在新的政策环境中，租赁行业要主动进行适应性调整。监管部门应继续积极扶持行业协会这样的组织，使其能够更好地充当监管者与被监管者之间的桥梁，从而以行业自律推动行业监管，共同为我国租赁业的繁荣壮大创造良好的金融生态与行业生态。

第二是市场环境。从市场供给方面看，作为市场主体的租赁机构是呈稳步增加态势的。目前，我国存在四类租赁公司：第一类是由中国银保监会监管的金融租赁公司，市场份额较大，银行系金融租赁正逐渐成为金融租赁业务中发展的中坚力量。第二类是资产管理公司类金融租赁公司，在银行加紧建立金融租赁公司之际，资产管理公司也开始涉足金融租赁行业，目前我国四大国有资产管理公司都开展了融资租赁业务。在资产管理公司的商业化转型和综合经营方面，监管部门持开放及支持态度，这势必会推动资产管理公司类金融租赁公司的发展。第三类是由商务部监管的中外合资租赁公司。第四类是数量较多的内资租赁公司，也归商务部及各省市商务厅、商务局监管。国外租赁公司的大量涌入带来了先进的管理模式，灵活的经营方式，高标准、全方位的服务理念。租赁市场的供给无论是在"量"的方面还是"质"的方面都会有较大程度的扩展。从租赁市场的需求来看，我国正处在逐步成为世界制造业中心和消费结构升级的阶段，设备投资的迅速增长将持续一个相当长的历史时期，投资的旺盛需求为提供设备融资的金融租赁带来广阔的空间。而目前国内商品市场供大于求的格局，使以租代售、以租促销、以租代购成为一种科学合理的选择。中小企业融资难的问题也为租赁业扩展了市场。通过租赁，中小企业只需支付较少的保证金就可以获得设备使用权，达到融物、融资的效果。我国租赁业发展的春天已经来临。

（三）我国租赁业发展的主要任务

21 世纪上半叶，伴随着经济的快速发展，我国租赁业面临大发展的历史机遇。为此，有关部门应完成以下任务。

一是推进立法进程。目前，我国金融租赁行业发展的最大障碍是《融资租赁法》的缺位。要通过立法规范租赁行业发展方向，保护租赁公司合法经营，维护投资者、生产者的权益。除了作为行业的基本法《融资租赁法》之外，还应进一步制定相关的行业单行法及部门规章制度，形成比较完善的租赁行业法律体系。

二是放宽市场准入。相比国外的租赁业，我国租赁行业还相当弱小。为此，应放宽租赁业的市场准入，鼓励业外资金投资租赁业。市场既要对外资开放，更应对内资开放；应通过法律、税收、金融等多种手段吸引行业外资金流入。

三是推行税收优惠。新的增值税条例规定，企业购进生产设备可以进行增值税抵扣。但融资租赁方式购入设备不在抵扣之列，这削弱了融资租赁公司的竞争力。美国租赁市场渗透率之所以达 30%，是因为有三大决定因素：税收制度、加速折旧制和金融市场。当前，改进融资租赁的税收制度，成为发展我国租赁业的紧迫需求。

四是培育市场主体。一个行业的发展离不开作为行业龙头的大型、特大型企业的带动作用与示范效应。我国尤其是在北京以外地区的租赁行业，缺少规模较大的经营现代租赁业务的企业，没有能够整合各地租赁资源、具有足够实力与权威的租赁公司。根据国外的经验，商业银行开展租赁业务，不仅可以探索我国金融资本和产业资本相结合的模式，而且可以迅速改变租赁企业规模小、实力弱的局面。如我国于 2007 年 11 月 28 日成立的工银金融租赁有限公司，是国务院确定试点并首家获中国银监会批准开业的银行系金融租赁公司，是中国工商银行的全资子公司，注册资本 110 亿元人民币。因此，国家应扩大商业银行参股租赁业或以其他合法形式开展租赁业务。另外，各地政府应采取经济的、法律的措施，鼓励租赁企业之间的并购重组，引导当地租赁企业做大做强，从而培育租赁行业的"领头羊"。

五是加强行业组织。行业组织能够在信息提供、协调行动、普及教育等方面发挥重要作用。目前，全球开展融资租赁业务的 80 多个国家和地区先后建立了租赁行业协会。如美国租赁协会由 6 000 多个具有特许使用权的生产商、供货商组成，其成员遍及 12 个国家和地区。我国也建立了一些全国性及地方性的租赁行业协会，如成立于 1993 年 4 月 16 日的中国外商投资企业协会租赁业委员会，成立于 1999 年 12 月 7 日的中国金融学会金融租赁研究会。2014 年 1 月 10 日，中国融资租赁企业协会正式成立。

中国融资租赁企业协会等行业组织，在租赁业发展过程中能够发挥交流信息、增进友谊、行业研究、人才培养等一系列重要作用。商务部、银保监会等监管部门应积极扶持行业协会这样的政府组织，使其能够更好地充当监管者与被监管者之间的桥梁，从而以行业自律推动行业监管，共同为我国租赁业的繁荣壮大创造良好的金融生态与行业生态。

专栏 8 – 2
中国银行业协会发布金融租赁行业首个自律公约：
逐步降低售后回租的业务比例

中国银行业协会金融租赁专业委员会（以下简称金融租赁委员会）近日发布了金融租赁行业首个自律公约——《中国金融租赁行业自律公约》（以下简称自律公约）。截至 2018 年 9 月末，全国共开业 66 家金融租赁公司，行业资产总额已超过 2.5 万亿元。

据悉，自律公约主要包括遵章守法行为、严守商业道德、行业自律原则、强化内控建设、制订发展战略规划、建立合理定价体系、建立关联交易管理制度、建立租赁物评估定价体系、降低售后回租业务比例，以及加强对全体会员机构从业人员的自我约束管理和教育培训等内容。

有关负责人认为，自律公约的发布将更好地倡导全行业依法合规经营，维护金融租赁业合理有序、公平竞争的市场环境，建立行业约束和监督机制，促进金融租赁行业高质量发展。

自律公约提出，为不断提高金融服务实体经济的能力和质量，逐步降低售后回租的业务比例，开展售后回租业务时，租赁物必须由承租人真实拥有并有权处分。对租赁物的买入价格应当有合理的、不违反会计准则的定价依据作为参考，不得低值高买。不得接受已设置任何抵押、权属存在争议或已被司法机关查封、扣押的财产或所有权存在瑕疵的财产作为售后回租业务的租赁物。

自律公约要求，金融租赁公司定价体系的建立及执行必须科学、严格，要根据租赁物的价值、其他成本和合理利润等确定租金价格水平，严禁不计成本的市场恶性竞争。进一步完善租金、手续费、保证金的综合定价管理。定价策略应符合客户实际需要，体现租赁行业的特色和优势，遵循行业惯例，不得以各种不当手段变相提高客户的融资成本。开展融资租赁业务时，严格执行国家有关利率、汇率政策，严格执行国家规定的利率、汇率浮动标准，持续满足监管部门有关规定。

据悉，金融租赁委员会实施自律管理，督促各成员单位自觉依照自律公约开展相关业务。对于违反有关法律法规规定及自律公约的约定，致使行业利益受损的成员单位，金融租赁委员会将依据《中国银行业协会章程》和有关规定作出处理。对违反自律公约的从业人员，按照相关管理制度采取惩戒措施，并将处理结果及整改情况报送金融租赁委员会备案。

金融租赁公司是指经监管批准，以经营融资租赁业务为主的非银行金融机构。自 2007 年银监会推进商业银行设立金融租赁公司试点工作后，中国的金融租赁业务逐步走上正轨，探索出了一条健康快速的发展之路。

金融租赁委员会成立于 2009 年 7 月 6 日，是为加强同业合作、鼓励有序竞争、维护金融租赁交易而成立的专业权威的全国性金融租赁组织。银保监会批准设立的金融租赁公司及其他与金融租赁相关的企事业单位在加入中国银行业协会后，可申请成为金融租赁专业委员会成员。金融租赁委员会目前有成员单位 64 家。

   ↑ 资料来源：张末冬．中国银行业协会发布金融租赁行业首个自律公约：逐步降低售后回租的业务比例［EB/OL］．［2019－01－22］．http：//www. financialnews. com. cn/jigou/rzzl/201901/t20190122_153495. html.

第三节　租赁的职能与作用

租赁尤其是现代租赁（也称金融租赁或融资租赁）对租赁当事人及社会经济发展具有重要作用。租赁以其具有的金融职能与贸易职能，为出租人、承租人及社会经济发展提供融资融物的服务，其自身也得到发展壮大。

一、租赁的基本职能

租赁特别是现代租赁具有两个基本职能：金融职能与贸易职能。

（一）金融职能

租赁与金融相结合，成为现代租赁行业快速发展的重要动因，租赁因此具有了较强的金融职能。租赁的金融职能具有不同于银行业的表现形式。虽然现代租赁在我国常被称为金融租赁，租赁公司也常被冠以"金融租赁公司"名称，但租赁公司并没有像银行一样经营一般存贷款业务。租赁的金融职能是在"融物"的过程中实现的，以物为载体，以物的融通实现资金的融通，即融物与融资相结合。具体而言，租赁交易中，出租人融通资金为承租人购买租赁标的，如机器设备等，将其出租给承租人使用；承租人在拥有租赁标的（设备）使用权的同时，也解决了购置租赁标的（设备等）所需的资金。进一步来说，承租人尽管没有从租赁公司直接借得货币资金，但在融资租赁这样的现代租赁中，由于租赁标的是由出租人为承租人专门购置并由承租人长期租赁使用，实际上起到了与借款相同的作用。在我国，现代融资租赁已被社会当作一种特殊的金融服务，被很多学者称为解决中小企业融资困境、发展基础产业、筹办 2008 年北京奥运会、帮助国有企业改制乃至开发中西部的重要金融手段。

（二）贸易职能

租赁业务实质上是一种承租人通过分期支付租金获得商品使用价值的交换活动。承租人用支付租金的形式，在租期内分次购买租赁标的的使用权，因此租赁可看作一种商品交易行为，交易的对象即为租赁标的的使用权。在现代融资租赁中，租赁期满，承租人可以较低的价格向出租人支付租赁物品的清算残值，从而获得租赁标的的所有权。这一购买残值的过程，更清楚地显示了租赁是一种特殊形式的出售租赁标的的商贸活动。

租赁的贸易职能在现代社会得到很好的发挥。租赁交易以其自身的特点参与社会生产与生活过程，可大大促进商品交易的扩大，对生产资料与消费资料都具有明显的促销功能。企业可以通过租赁形式获取生产设备扩大生产，居民也可以通过租赁消费的形式拉动消费需求。从生产企业（厂商）的角度看，租赁的存在能够显著地扩大产品销售。

二、租赁的主要作用

租赁交易对相关的当事人，如承租人、出租人等会产生效用，尤其是对承租人作用明显。

（一）对承租人的作用

租赁对承租人具有多方面的作用，如减少购置设备的一次性资本支出、降低设备无形损耗损失、获得针对租赁标的的专业化管理服务等，但首要的也是最基本的作用是融资，尤其是中长期固定资产（生产设备）的资金融通。融通中长期资金是租赁金融职能的表现形式之一。

租赁所发挥的为承租人融通中长期资金的作用，具有其他融资形式如银行贷款、证券融资所不具有的特点。

1. 融资与融物相结合。现代融资租赁交易对承租人而言，融物是表象，融资是实质；租赁标的与中长期生产资本紧密结合。承租人以租赁标的为载体，获得出租人提供的中长期生产资本。现代租赁成为融通中长期资金的一种有效手段。在美国等发达国家，融资租赁是企业设备来源的第一渠道。

2. 融资门槛较低。融资租赁中，由于出租人在整个租期内始终拥有租赁物的所有权，可以确保出租人的财产安全并有效规避经营风险，因而出租人对承租人的审查更注重其未来使用租赁设备产生的现金流量，而不是过多强调出租人的信用历史或过去的财务记录。也就是说，现代租赁作为一种融资手段，更看重承租人的未来而不是历史。这种有别于银行信贷、证券融资的做法，是基于现代租赁交易中两权分离的特殊机制。实践证明，在风险物权处理上，融资租赁的资金回笼率在 97% 以上，大大高于银行流动资金贷款的回收率。租赁融资门槛不高的特征，使其成为依靠银行信贷等手段融资较为困难的中小企业、农户的新兴金融工具。现代租赁业的发展为解决中小企业融资难问题提供了新的思路。

3. 融资手续简便。对承租人而言，使用租赁方式获得生产设备等租赁标的，并不需要额外提供抵押品，无须办理烦琐的担保手续。因此，租赁交易相对银行贷款来说环节少、手续更简单。这一点对承租人而言具有重要意义。事实上，手续繁简关系到交易成本的高低。一种金融工具能否对客户产生吸引力，交易成本是重要的影响因素。承租人若为不受银行欢迎的中小企业，选择租赁方式获取生产设备，比到银行申请贷款购置设备大大节约时间成本。租赁方式对其他承租人，也会因手续比其他融资方式简便而产生吸引力。

4. 融资比例可达 100%。银行信贷业务中，借款人必须有足够的自有资金，如中长期固定资产贷款，一般要求自有资金比例高达 30%~50%，银行融资的比例为 50%~70%。现代租赁交易中的融资，承租人并不需要为租赁标的额外准备一定数量的自有资金，租赁标的价款由出租人以自有资金或借入资金支付。从承租人角度看，租赁融资的比例可高达 100%，在其扩大再生产的当期只需少量投资甚至不用直接投资即可完成固定资产投资，这样以有限的资金实现生产目标并产生显著的财务杠杆效应。

5. 节税效应。大多数国家对租赁都给予税收优惠。我国现行税制规定，企业融资租赁的固定资产和设备等按照租赁协议或合同确定的价款，加上运输费、途中保险费、安装调试费，以及投入使用前发生的利息支出和汇兑损益后的价值计提折旧。事实上，承租人并没有为购置设备一次性花费巨资，但可以在税前将这笔资金计提折旧。显然这种规定为承租人财务安排提供了很大空间，具有明显的节税效应。

（二）对出租人的作用

1. 一种安全高效的投资方式。对出租人而言，租赁是一种投资形式，且具有安全性好、收益率高的特征。租赁期间租赁标的的所有权归出租人，承租人不能履行支付租金的义务时，出租人有权收回租赁标的；同时，出租人的投资固化在租赁标的上，不存在被挪用的风险。这说明租赁是一种较为安全的投资渠道。租赁作为投资的期限虽然偏长，但出租人可以通过租金收回投资并获取较为可观的报酬，即租金包含了购置设备的成本、其他各项费用以及出租人应取得的利润等。现代租赁时间跨度长，在漫长的租期内出租人可获得稳定的租金收入，因此租赁投资效用较高。

2. 可以通过租赁享受税收和加速折旧的政策优惠。对租赁当事人给予优惠政策是现代租赁业得以生存与发展的重要条件。新加坡在 1998 年引入新的税制，使融资租赁对分期付款的优势消失，结果使新加坡融资租赁行业消亡，2003 年新加坡租赁协会不得不自行解散。但大多数国家为扶持租赁行业的发展，一般都规定出租人对租赁设备投资可以采用加速折旧法计提折旧费用，并将其计入成本，免交所得税。在购买设备用于出租时，政府还会按购买设备出资的一定百分比，直接免除出租人的税款。此外，有些国家对出租人采用贷款购买租赁设备给予贷款利率的优惠。

3. 出租人若为设备生产商，租赁可助其扩大产品销售。对厂商而言，租赁可拓宽其产品销售渠道，表现在以下几个方面：首先，租赁大大减轻了承租人一次性支付的压力，使承租人潜在需求变成现实需求并得到满足；其次，租赁较低的融资门槛使广大中小企业有机会成为承租人，大大扩大了客户群；再次，租赁交易的对象是租赁标的，租赁交易的发生可带动相关配套产品及服务的销售；最后，租赁可帮助产品打进国际市场。由于租赁不涉及产品所有权的转移，出租人可以规避关税和非关税壁垒，使产品更轻松地进入国际市场。

（三）对社会经济发展的作用

1. 有助于中小企业融资问题的解决。中小企业自身具有的一些特点使传统的商业银行对其区别对待，融资难也成了"老大难"的问题。发展现代租赁可以推动该问题的解决。如前所述，现代租赁具有融资与融物相结合、融资门槛不高、融资手段简便、融资比例高、有节税效应等特征。这些特征能最大限度地满足中小企业的融资需求。

2. 有助于促进国有企业改革。国有企业面临着诸多问题，其中资产负债率过高及技术装备落后是制约其发展的重要因素。现代租赁在解决这些问题方面具有优势。首先，租赁能改善国有企业资产负债率。其次，由于融资租赁是以融物形式进行的融资，通过对租赁设备选择的限制，可以实现国企设备的更新换代；而加速折旧的广泛应用对加快国企技术进步的步伐，进而实现产业升级具有重要作用。

3. 有助于基础产业的发展。我国政府一直重视基础设施建设，而且取得了不小的成就，但仍无法满足经济建设发展的需要，主要表现为城市交通、生态环境、供水等方面的基础设施总量不足。究其原因主要是建设资金供给不足。其实，近年来我国社会资金总量相当充裕，居民储蓄存款节节上升，银行存贷差已达数万亿元之巨。当前的形势是，一方面银行资金过剩，另一方面基础产业投入不足。这充分表明我国基础产业不是缺少资金的源头，而是缺乏合适的融资机制。租赁可为基础设施建设提供一种新的筹资方式，可撬动民间投资，动员全社会资源为基础产业发展服务。

4. 有助于扩大内需，为 GDP 增长作出贡献。GDP 增长可分解为三个方面的贡献：投资需求、消费需求、净出口需求。投资与消费合称内需。租赁对投资与消费的扩大能够起到较好作用。就投资而言，租赁对企业生产设备的融通直接扩大了企业投资及社会投资规模。就消费而言，租赁可以帮助买不起却租得起的消费者实现消费需求。在我国，租赁作为扩大内需、刺激消费的一种新的消费形式，已逐步被广大社会公众所接受。在北京、上海、南京、武汉等大城市，近年来出现的汽车租赁、房屋租赁、电脑租赁、家电租赁等业务发展形势越来越好。租赁消费在激烈的市场竞争中已初露锋芒，显示出强大的生命力和广阔的市场前景。

专栏 8-3
融资租赁的新蓝海： 互联网金融＋融资租赁

2015 年 5 月，国务院公布了由李克强总理签批的《中国制造 2025》，这是我国实施制造强国战略建设"三步走"战略的第一个 10 年的行动纲领和路线图，被称为中国版"工业 4.0"规划。规划指出，要"深化金融领域改革，拓宽制造业融资渠道，降低融资成本……支持重点领域大型制造业企业集团开展产融结合试点，通过融资租赁方式促进制造业转型升级"，"加快构建中小微企业征信体系，积极发展面向小微企业的融资租赁等"。可见，融资租赁作为一种融资模式，受到了政府部门的大力提倡。

传统融资租赁现状

目前，融资租赁公司资金融通受到诸多限制，其资金来源主要是资本金、同业拆借和商业银行贷款，远远无法满足业务发展的需求。此外，融资租赁公司迫于资产规模的压力，通常喜欢单笔融资额较大的项目，而此类项目的客户大多数是大型国有企业，这使得更需要融资服务的中小微企业被忽略。

融资租赁与互联网金融的结合

该如何解决传统融资租赁所出现的问题呢？2015 年两会上，李克强总理在《政府工作报告》中首次提出，"制订'互联网＋'行动计划，推动移动互联网、云计算、大数据、物联网等与现代制造业结合，促进电子商务、工业互联网和互联网金融健康发展"。随后，"互联网＋"成为人们关注和讨论的热点。因此，很多人认为可以将融资租赁与互联网结合在一起，形成"互联网＋融资租赁"模式。

互联网融资租赁，是指利用互联网高效、共享、透明的特点搭建互联网融资租赁业务平台，整合多方资源，为承租人提供一整套金融服务方案，切实保障物权，合理调配、使用资金。互联网融资租赁模式可以完美融合物流、资金流、信息流，各参与方利益均沾、风险共担。其所涉及的参与者大概可分为互联网融资租赁业务平台（一般由融资租赁公司成立）、承租人、设备供应商、资金供给者。

那么，互联网融资租赁是如何运行的呢？首先，承租人向互联网融资租赁平台发出租赁设备的购买请求，平台审核承租人的信息并对其进行信用评级；其次，平台制订满足承租人需求的融资租赁方案，并发布资金需求信息。资金供给方针对该资金需求提供资金报价，平台选择适合的资金供给方，确定最终的资金报价，并与资金供给方通过线上签订相关合同；接下来，平台联系设备供应商，并登记公示、监控设备的信息。资金则通过平台投放给设备供应商，设备供应商按约定供货；在设备使用期间，承租人定期向平台支付租金，而平台则需负责租后的监控；最后，待租赁期满，资金供给者可以收回本息。

政府应该如何支持互联网融资租赁

互联网融资租赁模式虽然解决了传统融资租赁的部分难题，如资金融通问题，但仍出现了一些新的问题。那么，大力提倡该模式的政府该如何来支持其发展呢？

首先，政府相关部门应该尽快出台融资租赁及互联网金融监管政策。只有将其纳入监管，互联网融资租赁模式才能得到更好的发展。其次，针对我国融资租赁行业内一直存在的多头管理等制度问题，政府部门也应出台相应措施，保障融资租赁行业健康有序发展，这样才能吸引更多的"资金供给者"。最后，为了促进互联网融资租赁平台的发展，政府可以考虑实施税收优惠或财政补贴等一系列优惠性政策，扶持我国融资租赁业务做大做强。

● 资料来源：姚东旻. 融资租赁与互联网金融的结合［N］. 金融时报，2015 – 05 – 30（006）.

第四节　租赁的业务类型

租赁有很多不同的类型。租赁业务类型的划分与租赁分类的方法和角度有关，如从会计角度及租赁目的、租赁投资回收方式等角度，可将租赁分成融资租赁与经营租赁；从出租人出资比例角度，可将租赁分成单一投资租赁和杠杆租赁；从租赁交易业务规范的角度，可将租赁分成直接租赁、转租赁、回租；从租赁标的角度，可将租赁分成不动产租赁和动产租赁；从租赁税收角度，可将租赁分成节税租赁与非节税租赁；从租赁业务涉及区域角度，可将租赁分成国内租赁和国际租赁；等等。

一、融资租赁和经营租赁

（一）融资租赁

1. 融资租赁的含义。融资租赁是典型的现代租赁。根据国际会计准则委员会的有关定义，融资租赁是指实质上将与一项资产的所有权有关的全部风险和报酬转移的租赁，而该资产（租赁标

> *融资租赁是指出租人根据承租人的请求，向承租人指定的供货人，按承租人同意的条件购买承租人指定的资本货物作为租赁标的，并以承租人支付租金为条件，将该租赁标的的占有权、使用权和收益权转让给承租人。*

的）的所有权最终可能转移，也可能不转移。

我国关于融资租赁的概念可在《合同法》及《企业会计准则》中分别找到解释。我国《合同法》规定，融资租赁合同是出租人根据承租人对出卖人、租赁物的选择，向出卖人购买租赁物，提供给承租人使用，承租人支付租金的合同。可见，《合同法》的规定侧重承租人对租赁物、出卖人的选择。我国《企业会计准则——租赁》中对融资租赁的规定与国际会计准则基本接轨，强调的是租赁资产风险和报酬的转移。我国《融资租赁法草案（三次征求意见稿）》（2006 年 11 月）第二条（定义）指出，本法所称融资租赁，是指出租人根据承租人和供货人的选择，从供货人处取得租赁物，将租赁物出租给承租人，向承租人收取租金的交易活动，租赁期间届满时承租人可以续租、留购货返还租赁物，首次租赁期限最短为一年，出租人限于依法取得融资租赁经营资格的企业。适用于融资租赁交易的租赁物为机器设备等非消耗性动产，为个人、家庭消费目的使用租赁物的不适用本法。

2. 融资租赁的特点

（1）融资租赁是一项融贸易、金融、租借为一体的综合性金融业务。作为现代租赁的主体部分，出租人提供的是金融服务，而不是单纯的租借服务。它借助租赁标的这个载体，既是对金融的创新，又是对贸易的创新。

（2）融资租赁一般签订两个合同。出租人和承租人之间签订承租合同（融资租赁合同），出租人和供货人（出卖人）之间签订租赁标的购货合同。对出租人而言，前一个合同确定了投资收益，后一个合同确定了投资成本。两个合同可以构成一个完整的融资租赁交易。

（3）融资租赁至少涉及三方当事人：出租人、承租人和供货人（出卖人）。在较为特殊的情况下，三方当事人有时可以交叉重叠，如出租人可同时担当供货人的角色，承租人也可以是供货人，承租人还可以担当出租人的角色。

（4）融资租赁是一种中长期投融资的行为。租赁期限较长，租期接近设备有效使用年限。因此融资租赁可以说是一租到底的租赁，租期结束，租赁标的残值已经很小。

（5）租赁物的选择权由承租人决定。与租赁物有关的设备缺陷、技术落后等风险由承租人承担，租赁标的维护也由承租人负责（合同中另有约定的除外）。

（6）融资租赁的支付具有完全支付性或称为全额清偿的特点。出租人通过一次租赁交易即可收回在该租赁标的上的全部投资并获得盈利。

（7）融资租赁合同不可中途解约。如遇某些特殊情况导致租赁合同实质上无法继续履行，只能终止或解除时，承租人要按合同规定付清余下的全部租金并获取租赁标的所有权。

（8）融资租赁租期届满，租赁标的可按留购、续租、退还三种方式处理。除英国等少数国家以外，承租人可以通过支付较少的残值费给出租人从而取得租赁标的物的所有权，即选择留购。

3. 融资租赁的业务流程。一般而言，融资租赁业务流程包含 12 个步骤：（1）选定租赁设备；（2）委托租赁；（3）审查受理；（4）签订租赁合同；（5）签订租赁标的购销合同（买卖合同）；（6）交货和验收；（7）支付设备货款；（8）售后服务；（9）交付租金；（10）办理保险；（11）签订维修合同；（12）租赁期届满后处理租赁标的（见图 8 - 1）。

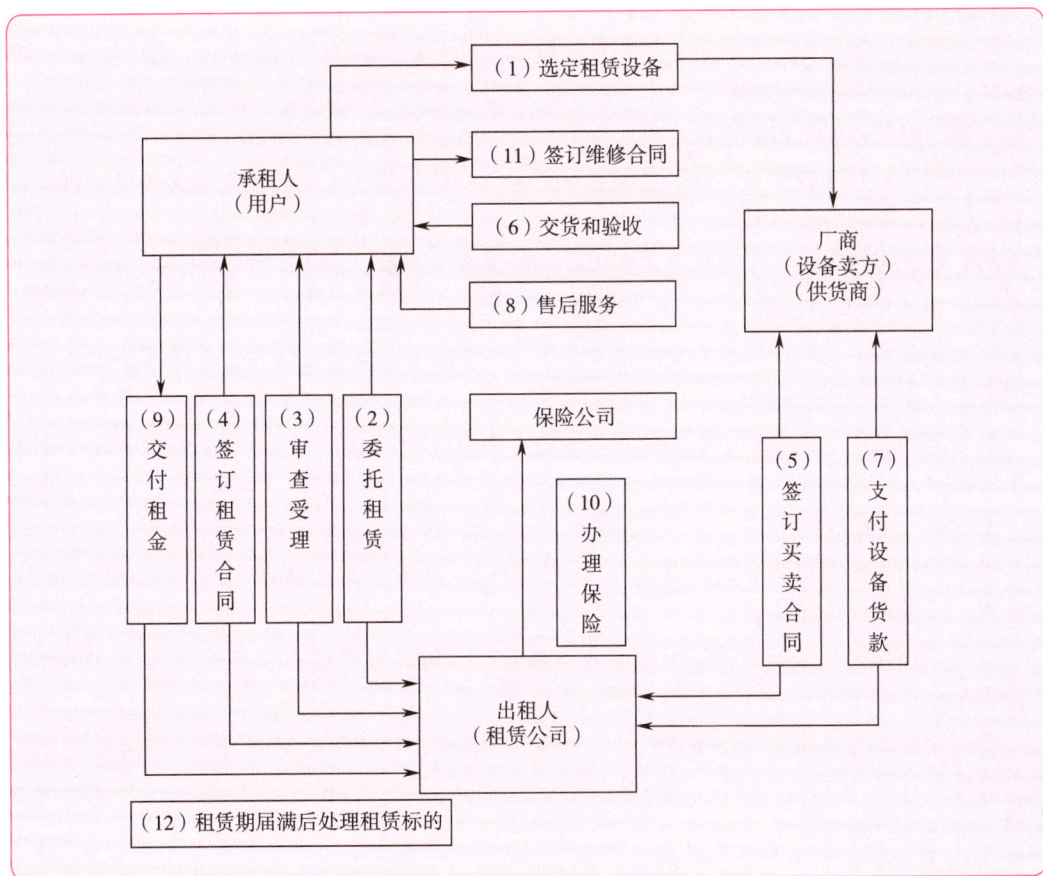

图 8-1　融资租赁的业务流程

（二）经营租赁

1. 经营租赁的含义。如果从会计角度界定经营租赁，则是指在会计准则规定中不属于融资租赁的租赁业务都是经营租赁。传统租赁基本上属于经营租赁范畴。日常生活中人们所熟悉的汽车租赁、房屋租赁等都是经营租赁的具体形式。

> 经营租赁又称操作性租赁，适用范围较广。它是指出租人既为承租人提供所需物件又负责提供设备的维修和保养等服务，同时还承担租赁标的投资风险的一种中短期租赁业务。

2. 经营租赁的特点

（1）经营租赁中途可以撤销。租赁合同执行期间，承租人可以终止合同，退回设备。

（2）经营租赁是不完全支付的租赁。即出租人无法从一次租期内收回租赁标的的全部或绝大部分投资，必须将该租赁标的多次出租给多个承租人使用。出租人对一个承租人的一次出租所收回的租金，只是全部投资的一部分。

（3）租赁标的一般是通用物件。即出租人批量购买，购买时并不针对某一个特定承租人的特定需要。这些物件一般通用性较强并有较好的适用性。租赁标的的维修保养等服务、技术过时等风险一般由出租人负责。

（4）租期较短。融资租赁的一次租期一般远远低于租赁标的有效寿命期，租赁标的一般会被反复出租。即在租赁标的有效寿命期内，租赁标的被多次出租给不同的承租人。当然，这里所说的租期较短是相对设备（租赁标的）有效寿命期而言的，绝对时间不一定很短。如我国《合同法》规定的租赁（指传统租赁，可纳入经营租赁范畴）合同期限最长可达20年。在房屋租赁中这一点表现典型。

（5）租赁关系简单，主要涉及出租人、承租人两个当事人，一个租赁合同。

（6）租赁目的主要是短期使用租赁标的。

（7）租金稍高。由于出租人要承担设备陈旧老化的风险，承担承租人中断契约的风险，因而租金比融资租赁高。

3. 经营租赁的业务流程。相比而言，经营租赁流程较为简单。出租人事先购置机器设备等租赁标的，然后寻找合适的承租人出租；租期满，出租人要就同一租赁标的寻找新的承租人，开始新一轮经营租赁。

（1）出租人购买租赁标的。出租人（租赁公司）一般购置一些通用的物件，便于寻找承租人，以便降低投资风险。

（2）设备投保及保养维修。出租人应向保险公司投保并负责租赁标的的维修、保养等工作。

（3）出租人与承租人签订租赁合同。一般而言，由于租赁标的的通用性，经营租赁合同及租赁费率也相对固定，承租人与出租人并不需要花费太多精力商定这些事项，承租人只需填写一份简单的租约即可。

（4）履行租赁合同。出租人将设备（租赁标的）交付承租人，承租人根据合同规定合理使用租赁物件并按期支付租金。

（5）租期届满，交还租赁标的。租期结束，承租人应依据租赁合同向出租人交还租赁标的。当然，承租人也可与出租人商议续租或留购。

（6）出租人与新的承租人签订租赁合同。由于经营租赁的不完全支付性，出租人收回租赁标的后，还需将租赁标的出租出去，开始一轮新的经营租赁。

（三）融资租赁与经营租赁的差异

作为租赁最主要的两种业务形式，融资租赁与经营租赁主要存在下列差异：

1. 租赁职能不同。融资租赁具有融资与融物双重职能，租赁标的作为载体，承担着中长期生产经营资本的作用。经营租赁对承租人而言是对设备的临时使用，因此融资的职能不突出。

2. 承租人在合同期的权力不同。融资租赁是一种不可撤销的租赁，承租人在租期内不得毁约；经营租赁在租期内可撤销合同，合同期间，承租人可以中止合同，退回租赁标的。

3. 出租人收回投资所需租赁次数不同。融资租赁是一种完全支付的租赁。出租人在一次租期内即可收回全部投资并且盈利。经营租赁为不完全支付的租赁，出租人在同一租赁标的上的投资要通过多次出租才能收回投资并盈利。

4. 租期长短不同。对租赁标的而言，融资租赁是一种一租定终身式租赁，一次租期即接近或等于租赁标的的有效使用寿命；而经营租赁则为"反复出租式"租赁，同一租赁标的物的有效使用寿命被分成多个租期，每一租期时间相对较短。

5. 租金包含的内容不同。经营租赁的租金包含了租赁标的成本以及设备保养、维护、技术服务等项目，融资租赁的租金一般不包括这些费用。

6. 租赁标的不同。融资租赁中租赁标的一般为承租人指定的特定设备，通用性小；经营租赁中租赁标的一般由出租人事先购置，通用性强。

7. 承租人不同。融资租赁中承租人主要是从事生产经营的法人，经营租赁中的承租人既有法人也有个人。

8. 出租人是否需要库存不同。融资租赁中出租人不需要库存，租赁标的完全按照承租人的要求专门购置。经营租赁中出租人需要一定库存，租赁标的一般由出租人事先购置。

二、杠杆租赁

杠杆租赁是相对单一投资租赁而言的，是出租人运用财务杠杆原理的一种非常复杂的租赁交易。在单一投资租赁中，租赁标的由出租人拿自有资金购置；在杠杆租赁中，租赁标的则变成了包含出租人在内的多元投资主体共同投资的方式购置。

（一）杠杆租赁的含义

显然，杠杆租赁方式主要适用于资本密集型设备的长期融资租赁业务，是融资租赁的典型形式。杠杆租赁的做法类似银团贷款。

（二）杠杆租赁的当事人

杠杆租赁中主要有 7 个当事

> 杠杆租赁指的是在一项租赁交易中，出租人只需投资租赁标的的购置款项20%~40%的资金，运用财务杠杆原理，带动其他债权人对该项目60%~80%的款项提供无追索权的贷款，出租人以拥有的租赁标的的所有权向贷款人抵押，以转让租赁合同和收取租金的权利向贷款人作担保的一种租赁交易。

人：物主出租人、承租人、制造供应商（供货人）、物主受托人、债权人（贷款人）、合同受托人和经纪人（包租人）。

1. 物主出租人。也称产权分摊者，负责提供购买设备最初款项（约为购价的 20% ~ 40%）。物主出租人多由数家公司与银行共同组成。

2. 承租人。一般为实力雄厚的大中型企业。

3. 制造供应商。即供货人，负责向承租人交付租赁资产，并从合同受托人手中取得货款。

4. 物主受托人。由于物主出租人一般由数个公司、银行组成，为便于经营管理，通常委托一个物主受托人经营管理租赁标的。物主受托人是杠杆租赁的核心，具有三重身份：出租资产（租赁标的）法律上的所有者，承租人的出租人，债权人的借款人。

5. 债权人（贷款人）。一般由多家银行共同组成。贷款人的贷款保证是物主受托人持有的租赁标的物，贷款人无权向物主出租人追索债务。

6. 合同受托人。即受托管理债权人（贷款人）贷款利益的受托人。

7. 经纪人（包租人）。即出租人与承租人之间的中间人，负责安排起草租赁合同，寻找有利的借款来源，安排、促成租赁合同的签署，从中收取佣金，一般由租赁公司、投资银行或经纪人担任。

（三）杠杆租赁的利与弊

杠杆租赁具有很强的利益及风险的放大效应。

1. 对当事人的有利之处

（1）对物主出租人的益处。物主出租人虽然只投资了租赁标的20%～40%的价款，但拥有租赁标的所有权，享受残值以及获得相当于对设备100%投资的税收优惠，从而获得了杠杆收益。租赁标的剩余60%～80%的资金为不可追索的贷款，如果承租人违约，被清偿的仅限于租赁标的，不涉及物主出租人的其他资产，物主出租人不需要承担连带责任。

（2）对债权人的益处。债权人（贷款人）虽然只投放了相当于租赁标的60%～80%的资金，但获得了价格高于贷款的租赁标的的第一留置权（担保权优于所有权），贷款较有保障。

2. 对当事人的不利之处

（1）对物主出租人的不利之处。在杠杆租赁中由于担保权优先，物主出租人相当于租赁标的20%～40%的投资保障程度较低，即财务杠杆原理在放大了可能的收益的同时，也大大增加了物主出租人的风险。

（2）对债权人（贷款人）的不利之处。贷款人向物主出租人提供的贷款无追索权，仅靠租赁标的作为最后的担保。一旦租赁标的由于技术落后出现无形损耗，或难以变现等状况，则贷款人利益将难以保障。

三、转租与回租

（一）转租

这里所称的出租人是双重身份，既是出租人又是承租人，作为出租人是第二出租人，作为承租人是第一承租人。即如果租赁标的是适合采用经营租赁方式租赁的物件，那么转租的当事人为三个：第一出租人、第二出租人（第一承租人）、第二承租人。第一出租人是初始出租人，以出租租赁标的物的方式投资盈利；第二出租人类似于中间人的角色，以租赁方式获得租赁标的，但并不自己使用，其盈利方式是将租赁标的出租出去获取租金差价；第二承租人为实际承租人。当然，租赁标的若属融资租赁的对象，则转租当事人中增加一个当事人——供货人（租赁标的生产供应商）。

转租又称转租赁，是指出租人先从其他租赁公司租进设备，然后再租给承租人的租赁交易。

转租实际上包含着两种租赁关系，是以同一件租赁标的物连接的两个租赁交易行为，因而至少包含两个租赁合同。

（二）回租

这是一种承租人与供货人（出卖人）为同一人的特殊融资租赁方式。回租虽然有三方当事人，但实际上由卖主（承租人）、买主（出租人）两个经济主体构成。回租涉及买卖合同与租赁合同两个合同。

回租又称售后回租，是指承租人将自有物件卖给出租人，同时与出租人签订一份融资租赁合同，从法律上将该物件作为租赁标的物从出租人处租回使用的租赁交易。

四、节税租赁与非节税租赁

（一）节税租赁

节税租赁可以称为真实租赁，是符合法律规定享受税收优惠的租赁。典型的租赁都是节税租赁。

节税租赁应具备税法所规定的各项条件。出租人据此享受加速折旧及投资减税等税收优惠，并且可以以降低租金的形式向承租人转让其部分税收优惠，使承租人用于租赁的成本低于货物购买成本支出，从而增加了租赁的吸引力，有利于促成租赁交易的发生。

（二）非节税租赁

非节税租赁在美国称为有条件的销售式租赁，在英国被称为租购。这类租赁与分期付款较为接近，如在英国若租赁合同中有"承租人享受留购权"的条款，则此租赁被视为租购，在税收上被当作分期付款交易来对待。通常，非节税租赁中由承租人而不是出租人作为租赁标的物所有者享受税收、折旧优惠和期末残值，但其所付的租金不能当作费用从成本中扣除。

⚡ 专栏 8 – 4

真实租赁和有条件销售 ▪▪

国际上，有些国家把租赁分为真实租赁（True Lease）和有条件销售。真实租赁的标准为：（1）出租人对资产拥有所有权；（2）租期届满，承租人或以公平市价续租或留购，或将设备退还给出租人，承租人不能享受期末资产残存价值；（3）租期开始时预计的期末资产公平市价，不能低于设备成本的 15% ~20%；（4）租期届满，资产仍有两年服务能力，或资产的有效寿命相当于租赁资产原有效寿命的 20%；（5）出租人的投资至少应占设备购置成本的 20%；（6）出租人从租金收入中可获得相当于其投资金额 7% ~12%的合理报酬，租期不得超过 30 年。

符合真实租赁标准的，出租人有资格获得加速折旧、投资优惠等税收优惠，并以降低租金的方式向承租人转让部分税收优惠，承租人支付的租金可当作费用从应纳税利润中扣除。因此真实租赁又称为节税租赁（Tax Oriented Lease）。

真实租赁和有条件销售，实际上就是经营租赁和融资租赁之分。这里的经营租赁是非全额融资租赁（Operating lease），而不是现在被人们误解的《合同法》中定义的租赁（Rental）。

因为在监管和税收优惠政策方面有所缺失，在中国还没有到真实租赁这个发展阶段，很少有人这样操作，目前尚未有节税租赁这种交易模式。

⬆ 资料来源：国开联产业研究院. 中国融资租赁行业深度研究报告［R］. 2015.

五、其他租赁类型

（一）国内租赁与国际租赁

这是以租赁交易涉及的地理区域为标准划分的租赁类型。国内租赁当事人均为国内法人或个人，相对而言较为简单。国际租赁业务非常复杂。国际租赁的出租人可以是下列组织机构：专业租赁公司，银行、保险公司等金融机构，制造商，经销商和经纪人，租赁联合体等。国际租赁可分为进口租赁和出口租赁。进口租赁常被用作引进国际先进技术设备、引进国际资金的手段。出口租赁则可成为扩大国内商品出口的一种途径。

（二）动产租赁与不动产租赁

这是根据租赁标的对租赁业务类型所做的划分。动产租赁是指以各种动产如机器设备、交通运输工具等为对象进行的租赁，大多数融资租赁和经营租赁都属动产租赁；不动产租赁是指以房屋、土地等不动产为对象的租赁。

本章小结

1. 租赁是指出租人按照合同的规定，将物品在一定期限内出租给承租人使用，承租人按约向出租人支付租金的经济行为。

2. 一个完整的租赁关系，主要由以下基本要素构成：租赁当事人、租赁标的、租赁权、租金和租期。

3. 租赁特别是现代租赁具有两个基本职能：金融职能与贸易职能。

4. 融资租赁是典型的现代租赁，是指出租人根据承租人的请求，向承租人指定的供货人，按承租人同意的条件购买承租人指定的资本货物作为租赁标的，并以承租人支付租金为条件，将该租赁标的占有权、使用权和收益权转让给承租人。经营租赁又称操作性租赁，适用范围较广。它是指出租人既为承租人提供所需物件，又负责提供设备的维修和保养等服务，同时还承担租赁标的投资风险的一种中短期租赁业务。

5. 杠杆租赁指的是在一项租赁交易中，出租人只需投资租赁标的购置款项20%~40%的资金，运用财务杠杆原理，带动其他债权人对该项目60%~80%的款项提供无追索权的贷款，出租人以拥有的租赁标的所有权向贷款人抵押，以转让租赁合同和收取租金的权利向贷款人作担保的一种租赁交易。

本章主要概念

租赁 出租人 承租人 融资租赁 经营租赁 杠杆租赁 转租 回租 节税租赁 非节税租赁

思考题

1. 简述租赁的含义与基本要素。
2. 租赁与分期付款有何不同？
3. 简述租赁的职能与作用。
4. 简述杠杆租赁的利与弊。
5. 请比较融资租赁与经营租赁的异同。

第九章
国外租赁公司业务

本章知识结构

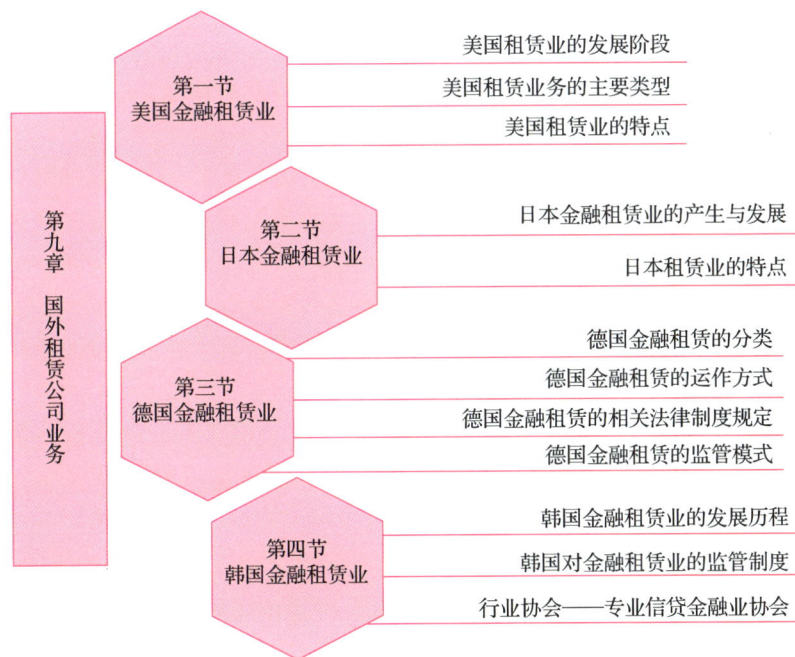

```
第九章  国外租赁公司业务

  第一节 ─── 美国租赁业的发展阶段
  美国金融租赁业 ─── 美国租赁业务的主要类型
           ─── 美国租赁业的特点

  第二节 ─── 日本金融租赁业的产生与发展
  日本金融租赁业 ─── 日本租赁业的特点

  第三节 ─── 德国金融租赁的分类
  德国金融租赁业 ─── 德国金融租赁的运作方式
           ─── 德国金融租赁的相关法律制度规定
           ─── 德国金融租赁的监管模式

  第四节 ─── 韩国金融租赁业的发展历程
  韩国金融租赁业 ─── 韩国对金融租赁业的监管制度
           ─── 行业协会——专业信贷金融业协会
```

本章学习目标

- 了解美国租赁业的主要类型；掌握其业务特点。
- 了解日本租赁业的产生与发展；掌握日本租赁业的特点。
- 了解德国金融租赁业的发展。
- 了解韩国金融租赁业的发展。

　　全球第一家融资租赁公司为 1952 年美国人费尔德成立的美国租赁公司（现更名为美国国际租赁公司）。费尔德是美国一家食品工厂的老板，他收到大量的生产订单，但却没有足够的资金购置设备，于是采取了这种"借鸡生蛋、以蛋还鸡"的新方法，通过先租用设备进行生产经营盈利，然后再归还租金并获得设备所有权，并取得了成功。

　　由于融资租赁具有融资租赁资产的所有权与使用权分离、租金的分期归流以及融资与融物相结合的特点，对解决企业资金不足无疑具有巨大的优势，迅速得到了许多国家的认可。20 世纪 60 年代初，融资租赁业务首先由美国扩展到西欧、日本和澳洲，20 世纪 70 年代开始在东南亚等国家和地区出现。

第一节　美国金融租赁业

一、美国租赁业的发展阶段

　　美国作为融资租赁业务的发源地，是世界上租赁业最发达的国家，在近 60 年的融资租赁业务发展过程中，始终保持领先地位。2017 年美国租赁业务额高达 4 103 亿美元，同比增长 6.9%。

　　美国设备租赁业主要集中在交通设备、计算机设备、农业和建筑设备领域，这几个领域的租赁业务量占据美国租赁业务总量的 2/3 以上。

　　一是融资租赁初创期（20 世纪 50 年代）。在此期间，美国成立了全球第一家融资租赁公司，并随着与租赁相关的税收、法规等的完善，融资租赁业务得到迅速发展，在金融产业中占比日益增加。

　　二是融资租赁发展期（20 世纪 60 年代）。在此期间，随着一些大的科技公司加入，以及美国相关部门修订企业法案，批准银行通过控股公司发展融资租赁业务，许多银行开始办理融资租赁业务，极大地促进了融资租赁业务的发展。

　　三是融资租赁繁荣期（20 世纪 70 年代和 80 年代）。1981 年美国颁布《经济复兴税法》，极大地便利了融资租赁业务，其后其融资租赁市场渗透率不断提高，到 1989 年达到34%。

　　四是融资租赁停滞期（20 世纪 90 年代）。东南亚经济危机对全球经济带来负面影响，导致美国融资租赁业务出现停滞乃至衰退，1995 年美国融资租赁市场渗透率为 28%，较1989 年下降 6 个百分点。

　　五是融资租赁恢复期（21 世纪初期）。随着美国经济的回暖，融资租赁业务的发展也有所复苏，在此期间，市场渗透率保持在 30% 以上。

二、美国租赁业务的主要类型

（一）专业租赁

　　美国从事专业租赁的代表公司是美国租赁公司。其业务特点是典型的金融租赁，即租赁公司不库存租赁设备，而是随时按用户需要，从制造厂商那里购进设备。租期平均为 3 ～ 5年，但不能中途解约。租赁期间，承租人负担设备的维修、保养、纳税和保险。合同的期限、设备的残值处理由双方议定。

　　专业租赁之所以被称为专业，是因为这些公司既不隶属于银行，也不隶属于厂商，从资金筹措到设备购买都是租赁公司独自办理。其筹措资金的方式是多种多样的，如发行股票、债券，或与金融机构合作进行联合筹资。

其业务经营范围，除租赁设备外，同时兼办提供专门知识、介绍代理业务等，以此赢得更多的顾客。

（二）附属单位的租赁

在美国，附属单位的租赁公司主要有两大类：一类是银行所属的租赁公司，另一类是从属于制造商的租赁公司。这两种类型的租赁公司在美国租赁业中占有主要地位。

1. 银行所属的租赁公司。20 世纪 60 年代初（1963 年），美国政府才允许银行开办租赁业务，从而使银行成了租赁经营者。银行办理此业务，一方面促进了设备的销售，从而拉动经济发展；另一方面银行获得了巨额的利润。其原因主要有三个：

一是银行通过开展租赁业务可获得减税好处，同时又可以此来掩盖来自其他方面的经营收入。

二是银行开展租赁业务，既帮助了制造商对产品的销售，又扩大了自身的业务范围，吸引了新的客户，从而增加了盈利机会。

三是在经济衰退时期，租赁对承租人仍有较大的吸引力。银行开办租赁业能获得较稳定的收入，从而减少或避免了经济衰退所带来的不利影响。

正因为对银行有以上好处，所以美国许多银行都建立了租赁机构，走上了混业经营之路，并开辟了国外市场。租赁已成为银行业务中必不可少的组成部分。

2. 从属于制造商的租赁公司。美国早在 20 世纪初，就积极开展了制造商租赁业务。对制造厂商来说，直接开展租赁业务有如下好处：

一是制造商增加销售的一种手段。因为有些客户愿意使用其设备，但苦于无大量现金购置。而直接从厂商租入设备，实际上是一种分期付款的销售形式。

二是从属于制造厂的租赁公司，通过多次出租同一设备，可以获得额外利润，并始终保有设备的所有权。

三是有利于投资减税。

（三）汽车租赁

美国汽车租赁公司目前居世界首位。汽车租赁通过完备的服务，使承租人获得较高的运输效益和降低经营成本。美国汽车租赁发展成为独特的租赁制度。例如，汽车租赁公司仅办理汽车或与汽车有关的车辆租赁，而专业租赁公司则办理所有机械设备租赁，但大都把汽车租赁除外。

汽车租赁的内容是多种多样的，有的仅以金融租赁为目的，有的是附带维修的租借形式。以上两种又分为个人和法人租赁、整批和单体租赁。

专栏 9-1

2018 年美国汽车租赁市场分析 ∙∙∙∙∙∙∙∙∙∙∙∙∙∙∙∙∙∙∙∙∙∙∙∙∙∙∙∙∙∙∙∙∙∙∙∙∙

美国被称为"建立在车轮上的国家"，汽车保有量达到 2.5 亿辆，基本 16 岁以上的美国常住人口都有驾照。此外，美国高速公路发达，加上汽油便宜以及公共假期众多，因此自驾车旅行成为美国人休闲的最佳方式。

除了驾驶自有车辆，美国人也可以从 Hertz、Avis、Budget、National、Zipcar 等老牌公司租车。近年来随着共享经济的盛行，也有了共享模式的 Turo 和 Get Around两家公司可以选择，取车方便，价钱合理。

美国也是汽车保有量最大的国家，租车市场相对比较成熟。就美国汽车租赁的市场容量来看，目前美国汽车租赁市场规模超过 300 亿美元。受限于人口和汽车保有量等因素，未来美国汽车租赁市场的发展空间比中国要小。

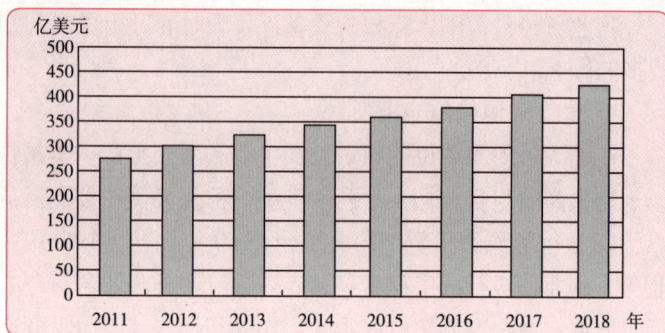

图 9 - 1　2011—2018 年美国汽车租赁市场规模趋势

● 资料来源：前瞻产业研究院整理。

三、美国租赁业的特点

（一）有真实性租赁和非真实性租赁之分

在美国，投资界对金融租赁的广义理解是，它包括两种形式：一为真实性租赁，二为非真实性租赁（有条件的销售）。美国国内收入署规定，构成一项真实性租赁的主要条件如下：

（1）签订正式租赁合同，并且租赁费比真实性租赁要低。

（2）出租人不能将设备的全部经济寿命出租给承租人，最高不得超过 80%（经济寿命是指一项资产的使用寿命）。一项真实性租赁，租赁资产租期届满时的剩余使用寿命必须是原估算使用寿命的20%，至少应有一年的使用寿命。

（3）租期届满，租赁资产的所有权不能转让给承租人。如果承租人需要，可按市价购买或续租。出租人承担残值风险。

（4）出租人直接获得投资减税优惠和加速折旧的好处。

构成非真实性租赁的主要条件如下：

（1）签订非正式租赁合同，并在租入设备时的即日先付 10% ~ 20% 的租金。

（2）出租人在租期届满时，以象征性的价格将租赁资产卖给承租人。

（3）在付清既定的各项租金后，租赁资产的所有权自动转移给承租人。

（4）承租人直接获得投资减税和加速折旧的好处。

（5）租赁公司不承担设备的任何残值或其他所有权方面的风险。但需要指出的是，美国将租赁业分为真实性租赁和非真实性租赁，在实际工作中，有时解释不清。对于同一种租赁，有的被认为是真实性租赁，而有的被认为是非真实性租赁。因而，经常引起租赁部门和税务当局的分歧，致使租赁公司自己也不知能否享受优惠的税收待遇。从而，不冒降低租金的风险出租设备，承租人也就不能分享税收优惠。这对美国的经济发展是不利的。

（二）独特的会计处理方式

在会计处理上，世界上大多数国家不把租赁资产计入承租人的资产负债表。而美国则把租赁资产计入承租人的资产负债表。其根据是：承租人在租赁期内，拥有长期使用和占有资产的权利，这实际上与他自己借款购买设备没有什么区别。同时，会计行业还认为，如果租赁资产不计入承租人的资产负债表，实际上等于掩盖了承租人负债的真实情况。该企业到底有多少资产无法统计，不利于股东及财务人员的监督检查，也容易使会计账目混乱，造成数据资料不真实。

在大多数国家，租赁资产不在承租企业资产负债表上反映出来。其依据是：租赁资产所有权是出租人的资产，被承租人长期使用。承租人没有理由把不属于自己的财产计入自己的资产总额中。这一规定也得到了国际货币基金组织的认可。在国与国的租赁交易中，甲国从乙国租入的资产，不能算甲国的负债。因此，甲国可以扩大其借款能力。如果从鼓励租赁业发展的角度来看，租赁资产不计入承租人的资产负债表是一项非常重要的因素。

（三）　将租赁视为委托

金融租赁在美国法律体系中被视为委托的一种方式。作为受托人的出租人，拥有租赁资产的所有权。因此，出租人通常要明确规定各种保护资产的措施。承租人如有任何不适当的处理或干预租赁资产的行为，都视为对租赁契约的破坏。而且，由于租赁资产本身就是一种担保品，一旦承租人违约或不付租金，出租人便可收回资产，另作处理。

（四）　租赁经纪人活跃在美国租赁市场上

美国租赁市场上的租赁经纪人是专门以介绍租赁交易为职业并收取酬金的中介人。

在美国，除专业出租者外，还有一部分非专业性出租人。非专业性出租人没有经过专门的知识训练，也很少出租设备。但是，由于租赁在税收上能得到好处，因此强烈地吸引着他们。为了最大限度地追求利润，他们也将暂时闲置的设备出租，而租赁经济人的介入方便了这类出租人的交易。这些经纪人以丰富的专业知识和广泛的交际能力，对美国租赁业的发展起着重要的推动作用。

（五）　制造商直接经营租赁业务

在美国，大的制造商都直接经营租赁业务，并始终保持着一定优势，这是美国租赁业的又一特色。他们直接开办租赁业务，有两个最明显的特点：一是资格老，他们从事租赁业务的历史，要远远早于其他类型的租赁公司。早在20世纪初期，美国制造商为了扩大其产品销售，就积极开展了租赁业务。二是专业性强。他们主要经营某一特定范围的设备，并具有该设备的专门技术和知识。这些特点也是他们保持优势的主要原因。从20世纪60年代至今，虽然美国的银行普遍兼营租赁业务，但制造商经营的租赁一直长盛不衰。特别是在计算机、飞机以及一些建筑机械等方面，制造商的租赁业务始终有着举足轻重的影响。

（六）　美国政府对租赁业实施扶植政策

美国租赁业之所以发达，原因之一就是美国政府的支持和扶植。例如，从20世纪50年代至今美国政府一直推行加速折旧制度，并制定了逐步缩短折旧期的规定，乃至给予投资减税等优惠。这些制度保证了租赁公司较高的租金收入，并能经常淘汰过时的技术设备，从而保持技术上的先进性。于是，租赁业的发展促进了商品的更新换代，进而促进了机械工业的发展，推动了新技术的研究和应用。

必须指出的是，随着世界租赁业的发展，进入20世纪80年代后，美国制定的税收优惠一般仅限于美国国内的租赁业，国外承租人很难分享。例如，美国政府税法规定，对于国际租赁业务，只有租赁的设备同时能为美国和国外承租人服务，才能分享税收优惠。又如，国外租用美国的船只、飞机、集装箱等，一年中必须有半年时间在美国境内运转，才能分享税收优惠。

第二节　日本金融租赁业

一、日本金融租赁业的产生与发展

金融租赁是一种新事物，在日本的产生比美国晚了 11 年，即 1963 年 8 月日本第一家租赁公司——"日本租赁公司"诞生。1964 年 4 月 9 日"东方租赁公司"和"东京租赁公司"相继成立。这三家租赁公司掀开了日本租赁业史上的第一页。

日本租赁业的发展大致经历了四个阶段：

第一阶段：1963 年 8 月—1968 年 8 月，这五年为摇篮期。在这一时期，三家租赁公司广泛宣传租赁知识，让社会各界人士都知道租赁方式是筹措设备的新型手段。因此，这一阶段也称为新式租赁业的引进和租赁知识的启蒙时期。

第二阶段：1968 年 8 月—1973 年 8 月，这一时期是日本专业租赁公司纷纷成立的时期。日本租赁公司的产生，不像美国那样自然而然地被产业界认识后才产生的，而是在产业界还没有充分体会到租赁的优点，只是认识到租赁是大资本投资的领域时，便一下子出现了。所以，租赁业的规模一开始就相当大，竞争非常激烈。

这一阶段的租赁特征是：

（1）租赁公司的经营方式以金融租赁为主，经办的物件越来越综合化。

（2）大部分租赁公司的资本，均属于银行或贸易公司系列。银行和大贸易公司之所以进入租赁领域，其根本原因是对贸易公司来讲，既能减轻资金负担，又能促进交易；对银行而言，除了使其业务向多元化发展，吸引客户外，在资金短缺时还能寄托于租赁公司；从租赁公司来看，不仅能掌握所需资金，而且能利用银行和贸易公司的营业渠道。

第三阶段：1973 年 8 月—1978 年 8 月，这一时期租赁业的特征如下：

（1）由于受石油危机的冲击，日本经济从高速发展转入低增长以来，租赁业受到不同程度的影响。因设备投资缩减，租赁业第一次遇到困境，合同成交额下降。1973 年的租赁成交额只有 5 280 亿日元，1974 年也只有 5 290 亿日元，比 1973 年仅增加 0.2%。1975 年仍停留在 5 620 亿日元。1976 年行业景气才出现。到 1978 年，租赁成交额终于第一次过了 1 万亿日元大关。

（2）尽管设备投资停顿，租赁成交额难以进展，但地方银行却着眼于租赁业的前途，1973—1976 年陆续进入租赁领域。其特点是与地方综合租赁公司共同投资创立，力求银行业务多样化。因地方银行手中没有掌握租赁经营的秘诀，必须和综合性租赁公司联合起来经营业务。

第四阶段：从 1978 年至今。日本租赁业在 2008 年国际金融危机中遭到重创，2011 年开始温和增长，2012 年进一步增长 6.2%，2013 年则实现了 30% 的强劲增长，租赁业务量达到 672.6 亿美元。其中，工业设备、建筑设备、医疗设备和计算机硬件的租赁业务都实现两位数增长。2017 年，日本的租赁业务额为 604.7 亿美元，同比下降了 2%。

二、日本租赁业的特点

日本租赁业是从美国引进并仿照美国租赁模式建立起来的。但是，在其发展过程中，却有别于美国租赁特点。

（一）美日两国租赁需求相差悬殊

在租赁成交数额中，日本汽车租赁所占比重比美国低，而电子计算机租赁所占比重比美国高。美日两国租赁需求构成相差悬殊的原因主要有两个：租赁的好处不同、租赁的结构不同。

美国政府对租赁给予投资减税和加速折旧的好处较多。例如，租赁的第一年，租赁公司便可以享受设备采购款 10% 的征税扣除优惠。同时，还可享受加速折旧的好处。租赁公司将这些好处以降低租金的形式转让给承租人一部分。而日本在 1984 年以前没有这种优惠制度，却有如下好处：租赁对象如果是日本税收制度规定的设备，租赁公司可获得优惠贷款，从而租赁公司可以将这些好处以降低租金的形式转让给企业。

日本的租赁结构，大都是综合性租赁公司，以经营金融租赁为主。日本政府规定，金融机构不能直接经营租赁业务。厂商租赁在美国是比较流行的，而在日本由于资金力量所限，很少办理这种业务。综合性租赁公司具有经营一切物品租赁能力。

而美国许多行业的公司都经营租赁业务，如厂商系列的租赁公司、银行和其他金融机构的租赁公司、综合性租赁公司、专业性租赁公司等均经营租赁业务，其中厂商和商业银行系统的租赁公司占比最大。

近年来，在日本由于租赁竞争激烈，厂商为使销售手段多样化，直接租赁业务有一定发展，尤其是技术革新迅速的领域，越来越多地利用租赁来推销产品。

（二）日本不单独设立租赁法

国际上大多数国家都专门设立租赁法规，但日本政府对此不持积极态度，而是以《日本民法》《商法》等一般法律来代替。其原因是，日本法律制度比较健全，如果遇到特殊问题，需要对租赁采取针对性、灵活性较强的措施时，则以通知方式临时下达文件。例如，关于租赁税收处理问题，是以国税厅于 1978 年 7 月颁布的《关于租赁交易的法人税和所得税的处理问题通知》为依据。

（三）日本扶植租赁业的行政措施

1. 制度租赁：日本政府认为租赁对促进企业合理化、现代化极为有利。因此，规定由指定的政府金融机构（如日本开发银行）向经营特定机械设备的租赁公司提供低利贷款。这种方法就叫作"制度租赁"。能利用制度租赁的机种主要有"冷冻"及"冷藏"设备、售货站装置、天然气和液化石油气的泄漏报警器等。

2. 日本政府提供财政融资主要有两项：

（1）由日本开发银行、长期信用银行、兴业银行通过发行金融债券筹集资金，以低利向租赁公司融资。

（2）由日本开发银行向获得通产省批准的特定租赁公司直接提供低利融资，如日本机器人租赁公司。该公司购买设备 60% 的资金来源于开发银行的长期低利贷款，使机器人得到迅速普及和发展。

3. 租赁保险制度：政府为拯救因承租人破产使租赁公司遭受不可预料的损失，以特定的保险形式，由通产省服务产业局、中小企业厅及保险局联合实行机械类保险制度，使租赁公司能从政府收回租金的 1/2 作为补偿。

这项制度必须符合下列条件：

（1）租期为 3 年以上的，不可解约的长期租赁。

（2）在租赁期间，每期租金等额按期支付，但必须是在分期 12 次以上。

（3）合同规定，租期届满后不准将设备的所有权转让给承租人。

（4）租赁的设备必须是最新产品。

第三节　德国金融租赁业

金融租赁业作为一种投资选择，于 20 世纪 60 年代从美国传入德国，此后在德国不断得到推广，自 20 世纪 70 年代德国财政部颁布了有关租赁会计处理方面的规定后，行业发展步伐也随之加快。德国是欧洲设备租赁业最发达的国家，2017 年，德国租赁业务额为 783.2 亿美元，同比增长 7.29%，位居世界第四，租赁渗透率为 16.1%。

一、德国金融租赁的分类

1. 按照租赁主体分类。德国从事金融租赁的主体分为三大类：银行背景的金融租赁公司、厂商背景的金融租赁公司和独立的金融租赁公司。在主体数量上，独立的金融租赁公司所占比例较大；在市场份额上，银行背景和厂商背景的金融租赁公司所占比例较大，在 80% 左右。

2. 按照租赁对象分类。德国习惯将金融租赁对象分为动产和不动产两大类。动产，即可移动的投资产品，不动产指一般房地产。

二、德国金融租赁的运作方式

德国在引进美国金融租赁运作方式的基础上推陈出新，创新了一些新模式：

1. 直接购买租赁。出租人根据承租人的要求用资金直接购回承租人选定的设备供承租人使用，一般是固定期限、固定每期租金等，手续简便、省时省事，能满足承租人的紧急需要。

2. 杠杆租赁。该方式涉及的当事人较多，一般包括承租人、生产厂商、物主出租人、物主受托人、债权人、经纪人等。租赁公司只承担设备成本的一小部分，一般为 20% ~ 40%，大部分由银行等金融机构提供并以设备作为贷款的抵押物。租赁对象大都是一些购置成本特别高的大型设备，如飞机、船舶、卫星设备等。

3. 转租赁。转租赁多发生在跨国租赁业务中，由出租人从另一家租赁公司租进设备，然后转租给承租人使用。第二出租人可以不动用自己的资金而通过发挥类似租赁经纪人的作用获利，并能分享第一出租人所在国家的一些优惠政策。

4. 售后收回租赁。售后收回租赁简称回租。由承租人首先将自己的设备出售给出租人，再由租赁公司将设备出租给承租人使用。通过回租可以满足企业改善财务状况、盘活存量资产的需要，并可与租赁公司共享政府的投资减税优惠政策，以较低的租金即可取得继续使用设备的权利。

5. 收益百分比租赁。该租赁方式的租金不是固定的，而是由承租人的盈利状况决定的，通过租金与设备使用效益的紧密联系将承租人和出租人组成利益共同体。通常由承租人向出租人先支付一定的租金后，其余的租金按承租人营收的一定比例支付租金，比例可以灵活多变，具体由承租人和出租人双方根据实际生产情况确定。

6. 风险租赁。风险租赁实际上是风险投资在租赁业务上的创新表现，与收益百分比租赁有类似之处，但又不完全相同。出租人将设备租赁给承租人，同时获得与设备成本相对应的股东权益，实际上是以承租人的部分股东权益作为出租人的租金的新型租赁方式。出租人作为股东可以参与承租人的经营决策，增强了对承租人的影响。

三、德国金融租赁的相关法律制度规定

德国的金融租赁受《民法典》租赁一篇的支配，虽然法律界和实务界一致认为金融租赁是一种特殊的租赁形式，但德国并未对金融租赁单独立法，而是适用民法典关于一般租赁的规定。目前支配金融租赁的法律法规除民法典以外还有《信贷业法》《商业条件法》《消费者信用法》《生产责任法》《环境责任法》《破产法》等。由于实务界认为民法典体系的租赁概念已经不能适应金融租赁业务，因此创设了一些金融租赁的特殊条款，并且得到了联邦法院通过判例的支持。但德国法律界仍然认为金融租赁不应脱离原有的租赁法律体系，将金融租赁视为传统租赁的一种，在商事法律纠纷处理和破产处理中依据传统租赁原则处理。

四、德国金融租赁的监管模式

德国在 2009 年以前金融租赁业务本身并不受到监管，但根据《巴塞尔协议 II》，银行开办的金融租赁企业从会计处理业务上需要和母体银行并表。因此，银行背景的金融租赁企业通过并表间接受到巴塞尔协议有关监管内容的约束。同时，对于一些规模较大的厂商如大众、宝马、奔驰等，也是通过投资开办银行后由银行再投资成立金融租赁企业的方式开展金融租赁业务的，此类金融租赁企业也要和其母体银行并表，由此也间接受到巴塞尔协议的监管。可以说，2009 年以前的德国金融租赁市场份额的近 80% 是受到间接监管的。

1. 德国金融租赁监管部门。自 2009 年起，由于德国金融租赁业务较快发展，对信贷融资业务构成冲击，加上国际经济危机爆发引发金融市场震荡，德国开始将金融租赁业务纳入金融监管范畴，其监管部门主要是德国金融监管局（BaFin）和德国联邦银行（央行）。

金融租赁监管在德国尚是一项新鲜事物，德国联邦金融监管局还没有成立专门的分支机构，而是将相关监管事务暂时划归内务处（Innere Verwaltung）GW 科和 Q3 科管辖。GW 科主要负责过渡期内金融租赁许可申请审核，Q3 科除负责具体监管事务外，还负责对未经许可的租赁业务的调查事务。

2. 德国金融租赁的监管方式和监管内容。2008 年底之前，德国租赁业没有市场监管。由于 2008 年德国修改了税法，租赁企业为了获得企业税优惠，自愿承认自己为金融服务组

织，类似于银行，从而接受了政府监管。根据有关规定，只要租赁企业开展金融租赁业务，则整个企业须置于监管之下。

金融监管局针对金融租赁监管的主要职能和职责是：

（1）向金融租赁企业颁发营业许可证：租赁企业开展金融租赁业务，必须取得金融监管局颁发的许可证，2008 年底之前已设立的租赁企业适用简易程序即可获监管局审批；在此之后新设立的租赁企业入席开展金融租赁业务，须向金融监管局提交书面申请，材料包括项目计划书、经理人员从业经历和资质证书等。经营许可审批的时间一般为 9 个月。

（2）批准金融租赁企业人事事项：参照德国《信贷业法》（KWG）针对银行业相关规定，德国联邦财政部授权金融监管局对金融租赁企业经营管理人员进行有效管理。金融租赁企业有义务向该机构报告领导人选，该人选必须具备可靠性、专业素质并具有从业和领导经验及相关业务知识。如发现领导人选不符合先决条件要求，监管局有权拒发许可乃至吊销许可。如遇高管人员的变更、地址变更，企业须向金融监管局报告。

（3）金融监管局有权在金融租赁市场追查欺诈者、调查幕后交易以及揭露操控物价、利用金融租赁渠道进行洗钱等行为，可要求金融租赁企业提供详细的业务信息、合作伙伴（承租人）资信情况，指导企业规避风险等。

德国联邦银行针对金融租赁的主要职能是：为企业提供指导性服务；审查企业提交的业务报告。

金融租赁企业有"百万欧元业务"报告义务，即每三个月须向央行报告一次其在前一季度内所签金融租赁合同，尤其是涉案金额累计超过 150 万欧元的合同和承租人债务背景，以便中央银行能及时判断该客户是否过度负债并作出适当反应，防止某一承租人利用金融租赁扰乱市场。

金融租赁企业还须在当业务年度结束后三个月内向联邦银行提交年度业绩（赢/亏）报告，该报告须经独立的经济审计机构/公司先行审计。联邦银行通过获得企业业绩报表对金融租赁业进行宏观监控，同时也是为了获得更多行业信息和统计数据，为政府决策提供背景材料。

3. 德国金融租赁的市场准入要求。从理论上讲，德国针对欧盟以外第三国企业进入其市场开展金融租赁业务并没有特殊限制。自 2008 年加强对该行业监管开始，对外企一视同仁，外企须获得许可方可在德经营金融租赁业务，而获得许可的前提是，外企须拥有一定的注册资本和符合金融监管局规定的从业资质（BaFin – Qualifikation）的经理人。在得到监管局的许可之后，外企便可在德国开展相关业务，同时也须履行相关义务，如向联邦银行提交业务报表等。

德国租赁业协会建议，外国设备制造企业进入德国市场进行金融租赁销售，可采取委托德国租赁公司或自行设立金融租赁子公司的形式。根据欧盟法规，如一家外国租赁企业在某一欧盟成员国依法设立了子公司，则该子公司可在德国直接开展业务，仅需向德国金融监管局和中央银行备案即可。

第四节　韩国金融租赁业

韩国是亚洲租赁第三大市场，截至 2016 年 9 月 1 日，韩国共有 54 家经营租赁业务的公司，其中包括 24 家租赁公司、30 家在韩国登记经营租赁业务的信贷金融公司。2017 年，租赁交易额为 120 亿美元，世界排名第 14 位，较 2016 年度增长 5.3%，租赁市场渗透率为 8.9%。

一、韩国金融租赁业的发展历程

自 1972 年首次引入金融租赁模式 40 多年来，韩国的金融租赁业得到一定发展，主要经历了引入期、巩固期、成长期、竞争期和调整期五个发展阶段。

1. 引入期（1972—1978 年）。随着经济发展，设备投资和资金需求迅速增加，1972 年韩国第一家金融租赁公司——产业租赁公司应运而生，这标志着金融租赁业开始在韩国生根发芽。此间，韩国制定了《设备租赁法》，为行业发展提供法律基础和保障。随后，韩国开发租赁公司和华信泰一租赁公司（现花旗租赁）相继成立。

2. 巩固期（1979—1983 年）。金融租赁相关理念和经营方式开始得到广泛认可，综合性金融公司开始涉足该领域。随着金融租赁融资作用的发挥，政府开始放宽对金融租赁公司的债权发行限制。

3. 成长期（1984—1989 年）。金融租赁业获得较快发展，新成立了 5 个金融租赁公司。综合性金融公司的金融租赁业务获得较快发展，到 1988 年金融租赁业务占综合性金融公司业务总量的 48%。

4. 竞争期（1990—1997 年）。随着市场规模扩大和金融租赁公司数量的不断增加，行业竞争日趋白热化，收益恶化，蕴藏危机。此间，17 家地方性租赁公司相继成立，从事金融租赁业务的公司增加到 40 家，竞争激烈。同时，市场规模也不断扩大，1994 年市场规模达到 100 亿美元，成为世界第五大金融租赁市场。

5. 调整期（1998 年至今）。企业实施“章鱼式”扩张战略，金融危机致使金融租赁业掉入至寒“冰窖”。金融危机前，政府修改法律，将《设备租赁法》并入《专业信贷金融业法》，放宽准入条件，并将许可制改成备案制。登记和监管职能由财经部转移到金融监督院。国家放松监管，企业通过贷款方式大规模扩展海内外业务，呆坏账堆积如山，危机加重。

二、韩国对金融租赁业的监管制度

1. 有关法规。韩国政府 1973 年制定了《设备租赁法》，1998 年修改后并入《专业信贷金融业法》。该法及其施行令（总统颁布）和施行令实施细则（财政经济部颁布）是韩国金融租赁的主要法规。

2. 监管部门。1973 年制定的《设备租赁法》规定，租赁业实行审批制，财政经济部是金融租赁业的审批、监管和政策制定部门。修订后的《专业信贷金融业法》将审批制改成登记备案制，并规定金融监督委员会是金融租赁业的登记备案和监管部门，财政经济部不再具有审批和监管职能，但仍是政策制定部门。

✏ **专栏 9-2**

韩国汽车租赁产业的发展之路 ·····································

韩国汽车租赁业从 1975 年正式启动以来分三个发展阶段。

第一个发展阶段：1997 年韩国金融危机时期。当时，韩国发生了金融危机，政府要求企业确保财务的健全性。为此，诸多韩国企业出现以金融交易形式购买的汽车，而通过长期租赁合同方式逐步扩大租车使用的范围。

第二个发展阶段：2004 年阶段性实施的五天工作制时期。当时，韩国政府开始实施五天工作制，以便利用充分的休闲娱乐时间提高生活水平，将以往的重视工作单位的社会风气改为以家庭为中心的休闲文化，解决了失业问题。这样的结果是，韩国国民对旅游、休闲娱乐的需求急剧增加，并把租车作为交通工具，所以汽车租赁需求量增长得很快。

第三个发展阶段：2010 年以后的百姓观念改变时期。过去，韩国人将汽车看作衡量一个人社会地位及经济水平的标志。但是随着国民经济得到改善，国民意识也随之提高，很多人认为汽车不再是个人财富的象征，而只是一种交通工具。在这种时代背景下，韩国汽车租赁业通过线上、线下渠道提供了多元化服务，从而以个人为对象的长期租赁、拼车等租车服务需求也呈现明显增加的趋势。

据 2014 年 8 月数据，韩国 931 家租赁公司拥有并运营的车辆达 422 674 辆。近 10 年来，该数据以平均注册车辆总数为准呈 14% 的增长趋势。在韩国，企业从事汽车租赁事业是有一定限制的。如企业必须满足注册标准车辆总数为 50 辆、具备办公室及车库等标准。只有依照有关法令程序向所属地方政府机构申请注册，才能开始营业。同时汽车租赁事业单位还必须对人、财物及自身进行投保，以便在出现交通事故时，公司在合同范围内直接承担因事故造成的损害赔偿责任。

目前，韩国汽车租赁业根据用户需求提供长期租赁、短期租赁、拼车等全方位服务。不仅如此，汽车租赁行业根据不同的公司营业方式建立各种服务体系，同时在租车企业间价格竞争及服务竞争也十分激烈。

➋ 资料来源：金周枰. 韩国汽车租赁产业的发展之路［N］. 中国政府采购报，2014-10-31（008）.

三、行业协会——专业信贷金融业协会

根据《专业信贷金融业法》规定，专业信贷金融业协会是金融租赁的行业协会。该协会的会员不但包括金融租赁公司，还有信用卡公司、分期付款金融公司和新技术事业金融公司。该协会于 1998 年经金融监督委员会批准成立，现有职员 40 余人，金融租赁会员 33 家，实行会费制，每年会费收入约 400 万美元。协会的主要作用是加强行业协调与合作；开展市场调查研究，引导正确的经营方向；加强宣传，普及相关知识；协助企业解决业务纠纷；加强与政府部门的沟通，向政府提出法规、政策制定或修改建议。

本章小结

1. 专业租赁是典型的金融租赁，即租赁公司不库存租赁设备，而是随时按用户

需要，从制造厂商那里购进设备。租期平均为 3~5 年，但不能中途解约。租赁期间，承租人负担设备的维修、保养、纳税和保险。合同的期限、设备的残值处理由双方议定。

2. 日本的租赁结构大都是综合性租赁公司，以经营金融租赁为主。

3. 德国从事金融租赁的主体分为三大类：银行背景的金融租赁公司、厂商背景的金融租赁公司和独立的金融租赁公司。

4. 自 1972 年首次引入金融租赁模式 40 多年来，韩国的金融租赁业得到一定发展，主要经历引入期、巩固期、成长期、竞争期和调整期五个发展阶段。

本章主要概念

专业租赁　金融租赁　一次契约收回本金租赁　真正租赁　非真正租赁　租赁经纪人

思考题

1. 简述美国租赁业的特点。
2. 简述美国租赁业的主要类型。
3. 简述日本租赁业产生的历史背景。
4. 简述日本租赁业的特点。
5. 举例说明租赁与贷款购买的优缺点。

第十章
租赁程序和租金

本章知识结构

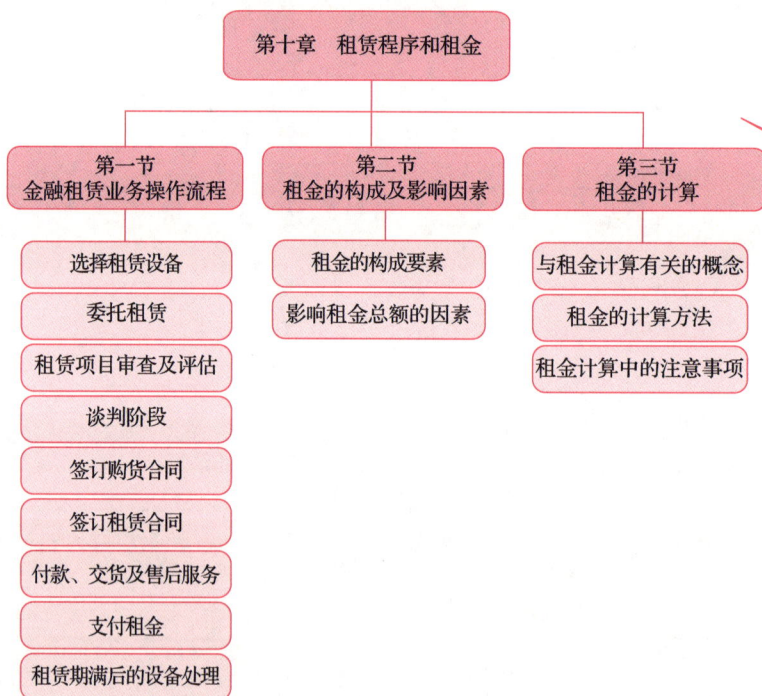

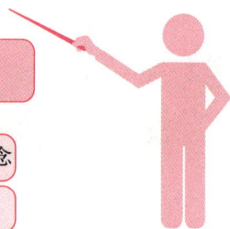

```
          ┌─────────────────────┐
          │ 第十章  租赁程序和租金 │
          └─────────────────────┘
```

第一节 金融租赁业务操作流程	第二节 租金的构成及影响因素	第三节 租金的计算
选择租赁设备	租金的构成要素	与租金计算有关的概念
委托租赁	影响租金总额的因素	租金的计算方法
租赁项目审查及评估		租金计算中的注意事项
谈判阶段		
签订购货合同		
签订租赁合同		
付款、交货及售后服务		
支付租金		
租赁期满后的设备处理		

本章学习目标

- 熟悉金融租赁业务操作流程。
- 掌握租金的构成及影响租金总额的因素。
- 掌握与租金计算有关的概念；掌握租金的计算方法。
- 熟悉租金计算中的注意事项。

第一节　金融租赁业务操作流程

一、选择租赁设备

与经营性租赁不同的是，金融租赁业务中的租赁设备是由承租人来选择的。在租赁前期，企业作为承租人，通过全面的分析和论证来确保项目的可行性。根据自身生产经营状况，通过租赁方式使用设备，并选择设备的供货厂商。承租人应注意从信誉好、产品质量优良、价格合理和售后服务好的供货厂商处购置自己所需的设备。选择过程要注意货比三家。如果承租人缺少选择设备方面的信息和渠道，可以请出租人提供帮助。承租人直接与供货厂商洽谈选择设备，有利于生产与使用的有机结合，能够较好地满足承租人对设备、性能等方面的要求，有利于提高承租人的经济效益。

二、委托租赁

承租人一旦选择好租赁设备，不是自己购买，而是委托出租人筹集资金购买后出租给承租人，因此，承租人要向出租人提出书面委托申请，表明租赁意向。在租赁委托过程中，承租人先要选择好出租人，对出租人的业务范围、经营能力、融资能力、融资条件及资信情况等要有充分了解。出租人要在审核申请人条件后，根据承租人的要求向指定的供货厂商购买设备。一般情况下，出租人应尽可能在最大程度上具备下列条件：

第一，有较高的信用度，在租赁业务方面有较好的经营业绩。一般来说，信用度是对出租人过去经营业绩等的综合评价，能较为准确地反映租赁机构的经营态度和业务水平。信用度较高的出租人，其贸易渠道多，熟悉国内外市场行情，能够保证购入或租入设备的质量和技术水平，充分维护承租人的利益。

第二，资金雄厚，筹资能力强，融资成本低，与国内外金融机构有着广泛联系，能提供较为优惠的租金报价。

第三，可提供期限较长、支付方式灵活、适应承租人现金流量状况的租赁融资便利。

第四，拥有各类专业人员，能提供有关租赁设备的技术、税务、法律、会计方面的咨询，帮助承租人获得有关的经济信息。

在对出租人进行调查比较的基础上，承租人即可向选中的出租人提出书面正式委托申请。租赁委托书是一种非标准合同，它标志着租赁项目的正式启动，确定了整个租赁交易的基本内容。出租人与供货人之间的购货合同，承租人与出租人之间的租赁合同都是以此为依据签订的。

选择好出租人后，承租人应填写租赁委托书（租赁申请书）提交出租人。租赁委托书应载明需要租赁设备的品种、规格、性能、供货来源、租赁期限、还款能力等，还应附有关于租赁项目概况、投资预算、租赁设备明细要求等附件。出租人一般都备有固定格式的租赁委托书。

出租人在收取租赁委托书的同时，往往还要求承租人提供近年来的资产负债表、损益表等财务资料和租赁项目的可行性研究报告，以判断承租人的财务能力和评估租赁项目的可行性，估算租赁项目的风险。

三、租赁项目审查及评估

出租人在接到承租人提交的租赁申请时，要对此项申请进行审查和评估，其目的就是要对此项目进行一个基本的判断，不能只单纯地考察承租人的基本情况，对租赁项目本身也要考察分析选择，即投资于该项目能否保证其安全收回资金并获取一定的收益，如果审查评估结果表明出租人不仅能够收回投资而且能够获得一定的收益，出租人可以作出受理该项目的决定，进而可以与客户进一步磋商；如果答案是否定的，则出租人就要放弃此项目，只有这样才能有效地避免损失。

租赁项目审查评估的内容大致有以下几个方面：

1. 租赁项目的技术可行性。审查租赁项目是否符合国家产业政策，是否有利于调整产业结构、促进技术进步，工艺技术是否先进。

2. 项目的建设条件是否落实，如水、电、气、厂房等配套设施是否到位。

3. 项目建成后的生产条件是否具备，如原材料供应有无保证、生产所需流动资金是否足额、劳动力的数量和技术标准是否能保证生产需要等。

4. 产品销售渠道是否落实，是否具有较强的竞争能力和应变能力，如果是通过租赁引进国外设备，还应审查其能否出口创汇。

5. 租赁项目的盈利能力和财务效益。

6. 承租人的经营管理水平和消化技术的能力。

7. 项目以租赁方式进行的适宜性审查。

8. 担保条件和租赁物变现条件等。

总之，出租人对租赁项目进行审查评估，就是以盈利能力为核心审查内容，根据承租人提交的项目进行可行性研究，对该项目在技术、财务和效益等方面作出的可行性结论加以评估。

四、谈判阶段

承租人与出租人在了解有关设备的技术标准、规格及市场价格等信息后，同供货厂商进行谈判，就有关设备的技术、价格等进行商讨。通常是由承租人与供货厂商进行技术洽谈，选择确定租赁设备各项技术要求、质量保证、零配件供应、技术培训、安装调试及诸如索赔、售后服务等条件。在技术谈判的基础上，以出租人为主，承租企业参与，共同就设备价格、供货方式、运输方式等商务方面的内容与供货厂商进行商务谈判。技术谈判和商务谈判构成购货合同签订的一般程序和主要内容。

五、签订购货合同

供货厂商和出租人就租赁物件买卖的有关事项协商一致并正式签约，购买合同即宣告生效。若一方当事人要求公证机关公证，经公证后合同正式成立。购买合同必须采取书面形式。为便于承租人及时了解设备价格和交易条件，在订立购买合同的过程中，承租人和租赁机构一起与供货方谈判、订货、共同签订购买合同。但购买合同一经确定生效，非经出租人和供货人的同意，承租人对租赁物件的规格、质量、技术指标、数量和价款的要求就不得再变更。其中，在商务谈判中磋商交易的程序一般分为询盘、发盘、还盘、接受和签订购买合同等环节。

六、签订租赁合同

购货合同签订后，承租人与出租人即可按事先商定的条件签订租赁合同。按我国《合同法》规定，租赁合同属于经济合同，但又不同于一般意义上的经济合同。首先，租赁合同是一种持续性合同，即在整个租赁期内持续存在合同关系，而不像购货合同那样是一次性履行的合同。其次，金融租赁合同是一种足额清偿合同，在基本租期内，合同约定的租金总额不仅可使出租人收回为购置租赁设备所垫支的全部资金，还可从中获取一定的利润，金融租赁合同同时具有不可撤销性。这些特点都与不足额支付、可撤销的经营租赁合同有着明显的不同。租赁合同包括一般性条款和特殊性条款等内容。其中一般性条款包括：合同当事人、租赁物件、租赁期限、租金、租赁物件的购置与交付、租赁物件的质量保证与维修保养、租赁物件的保险、残值及期满后的处置、租赁保证金及担保、违约或争议的处理等项内容。特殊性条款则主要涉及购货合同与租赁合同的关系条款、租赁设备的所有权条款、承租人不得中途解约条款等内容。

七、付款、交货及售后服务

租赁双方签订合同后，出租方便开始在国内外融资，筹集用于购买设备所需要的资金，在筹集到足够的资金后，再根据购买合同向供货商付款。供货厂商则按照购买合同的有关规定，及时将设备运交租赁公司，租赁公司再转交承租人或直接将设备发给承租方，同时将发票、运单等交易凭证寄送给出租方。当承租方收到设备后，要向供货方和租赁机构开出收据，表示设备已经收到。租赁机构通常据此计算租赁期限和计收租金。设备交付后，供货厂商还应按购买合同要求，向承租企业提供安装、调试和供应零备件等售后服务。

如果是购入国外厂商提供的设备，在购入过程中还应做好以下几项工作：一是出租方应按合同规定及时向供货厂商开出信用证，供货厂商收到信用证并审核无误后，则办理备货、租船定舱、投保、报关和出运手续。二是在办理运货和付款手续的同时，国内租赁机构的业务专管员应监督检查承租企业厂房、动力、原材料供应等准备情况，以保证租赁设备到厂后能按时安装、试运行和投产。三是办理好减免税及报关工作。承租企业可以凭有关部门盖章的减免税申请书、列入技术改造项目的证明书、购货协议及租赁合同，向当地海关申请办理减免关税手续。设备到货后也由承租企业报关、支付关税等。有时也可委托租赁公司代办申请进出口许可证、报关等事宜。四是租赁设备到达合同规定的交货地点后，承租企业应负责设备的保管，在合同规定的期限内清点货物，清查无误后，向租赁公司出具租赁设备单据。五是办理租赁设备的保险业务。租赁公司应从起租日起就租赁设备向保险公司投保，保险责任通常由承租方承担。如果发生保险事故，则由租赁公司领取保险赔偿金以弥补损失。

八、支付租金

从起租之日起，承租企业应按租赁合同的规定，分期向租赁机构交付租金。租赁合同对租金的规定包括租金总额、租金支付方式、支付地点、支付次数、每期租金金额、租金计算方法等。一般租赁合同中的租金是按估算成本计算出来的，当实际成本与估算成本有出入时，租金要作相应的变更，承租企业应按变更通知书的规定交付租金。

九、租赁期满后的设备处理

租赁期限届满时，承租企业在租赁物件的处理上有三种选择权：留购、续租或退租。我国目前的金融租赁业务中多选取留购方式，即承租企业支付设备残值价格或象征性的价格购得租赁物件产权，租赁业务结束。

退租是租赁期满时，承租方把处于良好状态下的租赁物件按出租方要求的运输方式运抵指定地点，退还给出租人。由此产生的一切支出，如包装、运输、途中保险等费用均由承租方负担。

续租是指租赁期满时，承租方与出租方更新租赁合同，继续租用租赁物件，或租赁期满承租方未退还租赁物件，出租方同意原租赁合同继续生效。其租金可按原合同的规定支付，也可按新合同的有关规定支付。

留购是指租赁期满时，承租方支付给出租方一笔双方商定的设备残值费或象征性的价款而取得租赁物件的所有权。在金融租赁的实务操作中，租赁双方都愿意将此条款作为交易的必备条件。

第二节 租金的构成及影响因素

一、租金的构成要素

不同类型的租赁使租金的构成要素也有所不同。对于经营性租赁，租金中除租赁资产购置成本、租赁期间利息及相关手续费外，还应包括租赁资产的维修费、保险费、营业费（租赁资产的服务费）、租赁资产技术落后的风险费用及税金；在金融租赁条件下，除前三项费用外，其余均由承租人负担，故其租金通常由租赁资产的购置成本、租赁期间的利息及手续费三项要素构成。

（一）租赁设备的购置成本

租赁资产的购置成本包括租赁资产的货价、运输费及途中保险费。货价一般是根据市场行情，由承租人与出租人协商后加以确定。为防止出租人在租赁资产货价上私自加价，承租人也可直接与供货方洽谈以商定价格，然后再与出租人谈判。如果租赁资产是从国外引进的，其购置成本通常是指到岸价（CIF 价，Cost Insurance and Freight）。如果租赁资产的货价用的是离岸价（FOB 价，Free on Board），则租赁资产的购置成本还应在此基础上加途中保险费及运输费；如果进口货价用的是离岸加运费价（C&F 价，Cost and Freight），则应加上运输途中的保险费才能构成租赁资产的购置成本。

（二）租赁期间的利息

出租人购买设备向银行贷款而支付的利息，在租赁完成后，以租金的形式转移给承租人承担，是构成租金的又一重要因素。利息按租赁业务成交时的银行利率计算，一般以复利计算。租赁利率的确定，主要是租赁合同签订时出租人在金融市场上所能筹措到的资金的成本，即金融市场利率加其他筹措费用。利率有固定利率和浮动利率两种。使用固定利率计算时，租金在整个租赁期间不变；以浮动利率计算的租金，每期租金则按期初利率的变化而变化。一般来说，固定利率有利于承租人避开利率波动的风险，还可据此预计成本；出租人则须筹措固定利率的贷款以规避风险。

（三）营业费用

营业费用是指出租人办理租赁业务过程中所开支的费用，包括办公费、业务人员工资、差旅费和相应的盈利。我国将营业费用分成手续费和利润两部分，即将手续费列入成本，与价款和利息合起来形成租赁设备的概算成本。另外，也可以将手续费在租赁交易发生时一次性收取。租赁手续费的收取依租赁项目的不同和市场供需情况而变化，各租赁公司都有自己的规定和方法。降低手续费在租金中的比例是租赁公司参与市场竞争，获取更大利益的重要条件，也是承租人在租赁选择中的重要依据。

二、影响租金总额的因素

在租金的构成中，租金总额除了受租赁设备购置成本的影响以外，下列因素对其也有直接影响。

（一）利率

在本金一定时，利率是影响租金总额的重要因素，利率通过利息额的变动来影响租金总额。在固定利率条件下，若其他因素不变，一般而言，利率越高，租金总额就越大；反之则越小。在浮动利率条件下，浮动利率一般以 LIBOR（伦敦银行间同业拆借利率）再加上一定的利差作为当期租金利率。因此，若其他因素不变，LIBOR 利率加上利差之和越高，当期的租金越大，反之则相反。

专栏 10 – 1
伦敦银行间同业拆借利率 ∣∣∣

伦敦银行间同业拆借利率（London Inter Bank Offered Rate，LIBOR），是大型国际银行愿意向其他大型国际银行借贷时所要求的利率。它是在伦敦银行内部交易市场上的商业银行对存于非美国银行的美元进行交易时所涉及的利率。LIBOR 常常作为商业贷款、抵押、发行债务利率的基准。同时，浮动利率长期贷款的利率也会在 LIBOR 的基础上确定。LIBOR 同时也是很多合同的参考利率。

最经常使用的是 3 个月和 6 个月的 LIBOR。我国对外筹资成本即是在 LIBOR 利率的基础上加一定百分点。从 LIBOR 变化出来的，还有新加坡同业拆放利率（SIBOR）、纽约同业拆放利率（NIBOR）、香港同业拆放利率（HIBOR）。

❶ 资料来源：百度百科。

（二）租赁期限

租期的长短直接影响租金总额的大小，租赁期限越长，承租人占用出租人资金的时间就越长，出租人为此所承受的融资利息负担也就越重，而出租人必将通过租金的方式收回这样的利息负担。因此，租期与租金总额成正比，租期越长，租金总额就越大，反之则相反。

（三）付租间隔期

付租间隔期是指上期租金支付日与当期租金支付日之间的时间间隔。付租间隔期一般有月付、季付、半年付、年付等。在这一段时期内，承租人占用出租人资金的时间将延长，因此，付租间隔期越长，租金总额越大；反之，总额越小。

（四）保证金的支付数量与结算方式

保证金是承租人在签订租赁合同时向出租人缴纳一定数额的资金，以作为履行合同的保证。一般情况下，承租人向出租人支付的保证金越多，租金总额越小；反之则越大。另外，保证金是从概算成本中扣除，还是用作抵交最后一期租金的一部分，对租金总额的影响很大。当保证金冲减租赁设备概算成本时，租金总额就减小，反之就增大。

（五）支付币种

在国际租赁中，由于国际金融市场上各种货币的利率及其相互之间的汇率多变，汇率的波动影响本国货币与支付币种的兑换比率，进而直接影响租金总额。一般而言，采用利率高、汇率高的币种，租金总额就高些。出租人和承租人应充分协商，尽可能采用利率低、汇率稳定的币种。

（六）付租方式

租金支付的方式很多，可以分为期初付租和期末付租等方式。期初付租是指承租人在各个付租间隔期期初支付租金。期初付租时，承租人占用资金时间相对缩短，则租金总额较小。期末付租是指承租人在各个付租间隔期的期末支付租金，承租人占用资金时间相对增加，租金较高。

（七）起租日与计息日

起租日并不一定是计息日，它只是名义计息日。由于付款条件不同，起租日与计息日确定方法不同，两者有一定

> 起租日是指租赁合同的法定正式生效日；计息日是指出租人为租赁项目的各类开支开始计息之日。

的时间差。计息日与起租日之间的利息应累计计入租赁设备的概算成本中。因此，起租日与计息日对租金总额将产生一定的影响。

第三节　租金的计算

一、与租金计算有关的概念

（一）货币时间价值

由于货币的时间价值，今天的 100 元和一年后的 100 元是不等值的。今天将100 元存入银行，在银行利息率 10% 的情

> 货币时间价值是指货币经历一定时间的投资和再投资所增加的价值，也称资金的时间价值。

况下，一年以后会得到 110 元，多出的 10 元利息就是 100 元经过一年时间的投资所增加的价值，即货币的时间价值。显然，今天的 100 元与一年后的 110 元相等。由于不同时间的资金价值不同，所以，在进行价值大小对比时，必须将不同时间的资金折算为同一时间后才能进

行大小的比较。计算货币时间价值量时，我们引入"现值"和"终值"两个概念表示不同时期的货币时间价值。现值，又称本金，是指资金现在的价值。终值，又称本利和，是指资金经过若干时期后包括本金和时间价值在内的未来价值。通常有单利终值与现值、复利终值与现值、年金终值与现值。

（二）单利终值与现值

单利是指对借贷的原始金额或本金支付（收取）的利息。在以单利计息时，无论计息数多大，只以初始本金额计息，当期所产生的利息额不计入下期计算本金。我国银行一般是按照单利计算利息的。

在单利计算中，设定以下符号：P 为本金；i 为利率；I 为利息；n 为期数；F 为本利和（终值）。

1. 单利终值。单利终值是本金与未来利息之和。计算公式为

$$I = P \times i \times n$$
$$F = P + I$$

例：将 100 元存入银行，利率假设为 10%，一年后、两年后、三年后的本利和是多少？（单利计算）

一年后：$100 \times (1 + 10\%) = 110$（元）

两年后：$100 \times (1 + 10\% \times 2) = 120$（元）

三年后：$100 \times (1 + 10\% \times 3) = 130$（元）

2. 单利现值。单利现值是资金现在的价值。单利现值的计算就是确定未来终值的现在价值，如公司商业票据的贴现。商业票据贴现时，银行按一定利率从票据的到期值中扣除自借款日至票据到期日的应计利息，将余款支付给持票人。贴现时使用的利率称为贴现率，计算出的利息称为贴现息，扣除贴现息后的余额称为贴现值即现值。单利现值的计算公式为

$$P = F - I = F - F \times i \times n = F \times (1 - i \times n)$$

例：假设银行存款利率为 10%，如果三年后获得 20 000 元现金，某人现在应存入银行多少钱？

$P = 20\ 000 \times (1 - 10\% \times 3) = 14\ 000$（元）

（三）复利终值和现值

复利就是不仅本金要计算利息，本金所产生的利息在下期也要加入本金一起计算利息的方法，即通常所说的"利滚利"。

在复利的计算中，设定以下符号：P 为本金；i 为利率；I 为利息；n 为期数。

1. 复利终值。例如，公司将一笔资金 P 存入银行，年利率为 i，如果每年计息一次，则 n 年后的本利和就是复利终值。

一年后的终值为

$$F_1 = P + P \times i = P \times (1 + i)$$

两年后的终值为

$$F_2 = F_1 + F_1 \times i = F_1 \times (1 + i) = P \times (1 + i) \times (1 + i) = P \times (1 + i)^2$$

$$\vdots$$

由此可以推出 n 年后复利终值的计算公式为

$$F = P \times (1 + i)^n$$

例： 将 100 元存入银行，利率假设为 10%，一年后、两年后、三年后的终值是多少？（复利计算）

一年后：$100 \times (1 + 10\%) = 110$（元）

两年后：$100 \times (1 + 10\%)^2 = 121$（元）

三年后：$100 \times (1 + 10\%)^3 = 133.1$（元）

复利终值公式中，$(1 + i)^n$ 称为复利终值系数，用符号 $(F/P, i, n)$ 表示。如 $(F/P, 8\%, 5)$，表示利率为 8%、5 期的复利终值系数。

复利终值系数可以通过查"复利终值系数表"（见本书附录）获得。通过复利系数表，还可以在已知 F、i 的情况下查出 n；或在已知 F、n 的情况下查出 i。

2. 复利现值。复利现值是指未来一定时间的特定资金按复利计算的现在价值，即为取得未来一定本利和现在所需要的本金。例如，将 n 年后的一笔资金 F，按年利率 i 折算为现在的价值，这就是复利现值。由终值求现值，称为折现，折算时使用的利率称为折现率。

复利现值的计算公式为

$$P = \frac{F}{(1 + i)^n}$$
$$= F \cdot (1 + i)^{-n}$$

例： 某公司计划 4 年后进行技术改造，需要资金 120 万元，当银行利率为 5% 时，公司现在应存入银行的资金为

$$P = F \times (1 + i)^{-n} = 1\,200\,000 \times (1 + 5\%)^{-4} = 1\,200\,000 \times 0.8227$$
$$= 987\,240（元）$$

式中，$(1 + i)^{-n}$ 称为复利现值系数，用符号 $(P/F, i, n)$ 表示。如 $(P/F, 5\%, 4)$，表示利率为 5%、4 期的复利现值系数。

与复利终值系数表相似，通过现值系数表在已知 i、n 的情况下查出 P；或在已知 P、i 的情况下查出 n；或在已知 P、n 的情况下查出 i。

（四）年金终值与现值

年金是指一定时期内一系列相等金额的收付款项。如分期付款赊购，分期偿还贷款、发放养老金、支付租金、提取折旧等都属于年金收付形式。按照收付的次数和支付的时间划分，年金可以分为普通年金、先付年金、递延年金和永续年金。

在年金的计算中，设定以下符号：A 为每年收付的金额；i 为利率；F 为年金终值；P 为年金现值；n 为期数。

1. 普通年金（后付年金）。普通年金是指每期期末有等额的收付款项的年金，又称后付年金。

（1）普通年金终值。通过复利终值计算年金终值比较复杂，但存在一定的规律性，由此可以推导出普通年金终值的计算公式。

> 普通年金终值是指一定时期内每期期末等额收付款项的复利终值之和。

根据复利终值的方法计算年金终值 F 的公式为

$$F = A + A \cdot (1 + i) + A \cdot (1 + i)^2 + \cdots + A \cdot (1 + i)^{n-1} \qquad (10 - 1)$$

等式两边同乘 $(1 + i)$，则有

$$F \cdot (1 + i) = A \cdot (1 + i) + A \cdot (1 + i)^2 + A \cdot (1 + i)^3 + \cdots + A \cdot (1 + i)^n \quad (10 - 2)$$

公式（10 - 2）- 公式（10 - 1）

$$F \cdot (1 + i) - F = A \cdot (1 + i)^n - A$$

$$F \cdot i = A \cdot [(1 + i)^n - 1]$$

$$F = A \cdot \frac{(1 + i)^n - 1}{i}$$

式中，$\dfrac{(1 + i)^n - 1}{i}$ 通常称为年金终值系数，用符号 $(F/A, i, n)$ 表示。

年金终值系数可以通过查年金终值系数表获得。该表的第一行是利率 i，第一列是计息期数 n。相应的年金系数在其纵横交叉之处。

例：某公司每年在银行存入 4 000 元，计划在 10 年后更新设备，银行存款利率为 5%，到第 10 年末公司能筹集的资金总额是多少？

$$F = A \times \frac{(1 + i)^n - 1}{i}$$

$$= 4\,000 \times \frac{(1 + 5\%)^{10} - 1}{5\%}$$

$$= 4\,000 \times 12.578$$

$$= 50\,312(元)$$

在年金终值的一般公式中有四个变量 F、A、i、n，已知其中的任意三个变量都可以计算出第四个变量。

例：A 公司计划在 8 年后改造厂房，预计需要 400 万元，假设银行存款利率为 4%，A 公司在这 8 年中每年年末要存入多少万元才能满足改造厂房的资金需要？

$$F = A \times \frac{(1 + i)^n - 1}{i}$$

$$400 = A \times \frac{(1 + 4\%)^8 - 1}{4\%}$$

$$400 = A \times 9.214$$

$$A = 43.41(万元)$$

A 公司在银行存款利率为 4% 时，每年年末存入 43.41 万元，8 年后可以获得 400 万元用于改造厂房。

（2）普通年金的现值。通过复利现值计算年金现值比较复杂，但存在一定的规律性，由此可以推导出普通年金终值的计算公式。

> 普通年金现值是指一定时期内每期期末收付款项的复利现值之和。

根据复利现值的方法计算年金现值 P 的计算公式为

$$P = A \cdot \frac{1}{(1+i)} + A \cdot \frac{1}{(1+i)^2} + \cdots + A \cdot \frac{1}{(1+i)^{n-1}} + A \cdot \frac{1}{(1+i)^n} \qquad (1)$$

等式两边同乘 $(1+i)$，则有

$$P \cdot (1+i) = A + A \cdot \frac{1}{(1+i)} + A \cdot \frac{1}{(1+i)^2} + \cdots + A \cdot \frac{1}{(1+i)^{n-2}} + A \cdot \frac{1}{(1+i)^{n-1}} \qquad (2)$$

公式 (2) – 公式 (1)

$$P \cdot (1+i) - P = A - A \cdot \frac{1}{(1+i)^n}$$

$$P \cdot i = A \cdot \left[1 - \frac{1}{(1+i)^n} \right]$$

$$P = A \cdot \frac{1 - (1+i)^{-n}}{i}$$

式中，$\dfrac{1 - (1+i)^{-n}}{i}$ 通常称为年金现值系数，用符号 $(P/A, i, n)$ 表示。年金现值系数可以通过查年金现值系数表获得。该表的第一行是利率 i，第一列是计息期数 n。相应的年金现值系数在其纵横交叉之处。

例：某公司预计在 8 年中，从一名顾客处收取 6 000 元的汽车贷款还款，贷款利率为 6%，该顾客借了多少资金，即这笔贷款的现值是多少？

$$P = A \cdot \frac{1 - (1+i)^{-n}}{i}$$

$$= 6\ 000 \times \frac{1 - (1+6\%)^{-8}}{6\%}$$

$$= 6\ 000 \times 6.2098$$

$$= 37\ 258.8(元)$$

在年金现值的一般公式中有四个变量 P、A、i、n，已知其中的任意三个变量都可以计算出第四个变量。

2. 先付年金。先付年金是指每期期初有等额的收付款项的年金，又称预付年金。

（1）先付年金的终值。先付年金与普通年金的付款期数相同，但由于其付款时间的不同，先付年金终值比普通年金终值多计算一期利息。因此，可在普通年金终值的基础上乘以 $(1+i)$ 就是先付年金的终值。

> 先付年金终值是指一定时期内每期期初等额收付款项的复利终值之和。

先付年金的终值 F 的计算公式为

$$F = A \cdot \frac{(1+i)^n - 1}{i} \cdot (1+i)$$

$$= A \cdot \frac{(1+i)^{n+1} - (1+i)}{i}$$

$$= A \cdot \left[\frac{(1+i)^{n+1} - 1}{i} - 1 \right]$$

式中，通常称 $\dfrac{(1+i)^{n+1}}{i} - 1$ 为先付年金终值系数，它是在普通年金终值系数的基础上，期数加 1，系数减 1 求得的，可表示为 $[(F/A, i, n+1) - 1]$，可通过查普通年金终值系数表，得 $(n+1)$ 期的值，然后减去 1 可得对应的先付年金终值系数的值。

例：某企业租赁写字楼，每年年初支付租金 $5\,000$ 元，年利率为 8%，该企业计划租赁 12 年，需支付的租金为多少？

$$F = A \cdot \left[\frac{(1+i)^{n+1} - 1}{i} - 1 \right]$$

$$= 5\,000 \times \left[\frac{(1+8\%)^{12+1} - 1}{8\%} - 1 \right]$$

$$= 5\,000 \times 20.495$$

$$= 102\,475\,(元)$$

或 $F = A \times [(F/A, i, n+1) - 1]$

$\qquad = 5\,000 \times [(F/A, 8\%, 12+1) - 1]$

查年金终值系数表得

$(F/A, 8\%, 12+1) = 21.495$

$F = 5\,000 \times (21.495 - 1) = 102\,475$（元）

（2）先付年金的现值。先付年金与普通年金的付款期数相同，但由于其付 { **先付年金现值是指一定时期内每期期初收付款项的复利现值之和。** 款时间的不同，先付年金现值比普通年金现值少折算一期利息。因此，可在普通年金现值的基础上乘以 $(1+i)$ 就是先付年金的现值。

先付年金现值 P 的计算公式为

$$P = A \cdot \frac{1 - (1+i)^{-n}}{i} \cdot (1+i)$$

$$= A \cdot \left[\frac{(1+i) - (1+i)^{-(n-1)}}{i} \right]$$

$$= A \cdot \left[\frac{1 - (1+i)^{-(n-1)}}{i} + 1 \right]$$

式中，$\left[\dfrac{1 - (1+i)^{-(n-1)}}{i} + 1 \right]$ 通常称为先付年金现值系数，先付年金现值系数是在普通年金现值系数的基础上，期数减 1，系数加 1 求得的，可表示为 $[(P/A, i, n-1) + 1]$，可通过查年金现值系数表，得 $(n-1)$ 期的值，然后加上 1 可得对应的先付年金现值系数的值。

例：小张分期付款购买住宅，每年年初支付 $6\,000$ 元，20 年还款期，假设银行借款利率为 5%，该项分期付款如果现在一次性支付，小张需支付现金多少？

$$P = A \cdot \left[\frac{1 - (1+i)^{-(n-1)}}{i} + 1 \right]$$

$$= 6\,000 \times \left[\frac{1 - (1+5\%)^{-(20-1)}}{5\%} + 1 \right]$$

$$= 6\,000 \times 13.0853$$

$$= 78\ 511.8(元)$$

或 $P = A \times [(P/A, i, n-1) + 1]$

$= 6\ 000 \times [(P/A, 5\%, 20-1) + 1]$

查年金现值系数表得

$(P/A, 5\%, 20-1) = 12.0853$

$P = 6\ 000 \times (12.0853 + 1) = 78\ 511.8$ （元）

3. 递延年金。递延年金是普通年金的特殊形式，第一期和第二期没有发生收付款项，一般用 m 表示递延期数，$m = 2$。从第三期开始连续 4 期发生等额的收付款项，$n = 4$。

> 递延年金是指第一次收付款发生时间是在第二期或者第二期以后的年金。

（1）递延年金终值：递延年金终值的计算方法与普通年金终值的计算方法相似，其终值的大小与递延期限无关。

（2）递延年金现值：递延年金现值是自若干时期后开始每期款项的现值之和。其现值计算方法有两种：

方法一，第一步把递延年金看作 n 期普通年金，计算出递延期末的现值；第二步将已计算出的现值折现到第一期期初。

方法二，第一步计算出 $(m+n)$ 期的年金现值；第二步，计算 m 期年金现值；第三步，将计算出的 $(m+n)$ 期扣除递延期 m 的年金现值，得出 n 期年金现值。

4. 永续年金。永续年金是指无限期支付的年金，如优先股股利。由于永续年金持续期无限，没有终止时间，因此没有终值，只有现值。永续年金可视为普通年金的特殊形式，即期限趋于无穷的普通年金。其现值的计算公式可由普通年金现值公式推出。

永续年金现值 P 的计算公式为

$$P = A \times \frac{1 - (1+i)^{-n}}{i}$$

$$= A \times \frac{1 - \dfrac{1}{(1+i)^n}}{i}$$

当 $i \to \infty$ 时，$\dfrac{1}{(1+i)^n} \to 0$

故：$P = \dfrac{A}{i}$

在企业价值评估和企业并购确定目标企业价值时用到。

二、租金的计算方法

租金计算有多种方法，目前采用较多的方法有以下几种。

（一）附加率法

附加率法是指在租赁资产货价或概算成本（出租人和承租人签订租赁合同时，根据租赁设备的货价再加上估算的有关费用等而匡算的成本）上再加上一个特定的比率来计算租金的方法。附加率法的特点：（1）每期期末平均支付租金；（2）单利计息；（3）对于分期偿还的租金中的成本，在整个租期内都计算了利息。所以，在附加率法和年金法的成本、利率、期限相同的情况下，按附加率法计算的租金总额要比按年金法计算的租金大得多。一般在经营性租赁或使用特殊的租赁物件时才采用。

附加率法的计算公式为

$$R = \frac{Pv(1 + ni)}{n} + Pv \cdot r$$

式中，R——每期租金；Pv——租金资产的货价或概算成本；n——还款次数，按月、季、半年、年计算；i——利息率，与还款次数相对应；r——附加率。

例： 设某租赁设备的概算成本为 100 万元，分 3 年 6 期偿还租金，年利率为 10%，附加率为 5%，求平均每期租金与租金总额。

期利率 $i = \dfrac{10\%}{2} = 5\%$

解：每期租金 $R = \dfrac{Pv(1 + ni)}{n} + Pv \cdot r$

$$= \frac{1\,000\,000 \times (1 + 6 \times 5\%)}{6} + 1\,000\,000 \times 5\%$$

$$= 216\,667 + 50\,000$$

$$= 266\,667\ （元）$$

总租金 $\sum R = 266\,667 \times 6 = 1\,600\,002$（元）

（二）年金法

年金法是以现值理论为基础将承租人在未来各租赁期内应付租金按一定的利率换算成现值，使其现值总和等于租赁资产成本的租金计算方法。等额年金法的主要特点是在租赁期间内，每期租金的支付时间及支付的金额固定不变。该方法又可分为等额年金法和变额年金法。变额年金法包括等差变额年金法和等比变额年金法。

1. 等额年金法。等额年金法是指运用年金法，并使各期租金均等的租金计算方法，又可分为期初支付与期末支付两种。

其中，R 为每期租金，i 为期利率，Pv 为租赁物的成本，n 为租期。

（1）期末支付租金的计算。承租人在每个租期的期末固定支付相同的租金。

$$R = Pv \frac{i(1 + i)^n}{(1 + i) - 1}$$

（2）期初支付租金的计算。

$$R = Pv \frac{i(1 + i)^{n-1}}{(1 + i)^n - 1}$$

两种方法的计算大致相同，区别仅在于租金的支付时间。如每半年支付一次租金，1 月 1 日起租，则按先付法，支付首次租金的日期应为 1 月 1 日，第二次为 7 月 1 日；按后付法则支付日期分别为 6 月 30 日和 12 月 31 日。对于承租人来说，采用先付法可减少其租金总额；就出租人而言，可使其早日收回垫支的资金。

例： 某租赁设备的成本为 10 万元，租期 3 年，每半年等额支付一次租金，后付，年利率为 8%，每半年复息。求每期租金和租金总额是多少？

（1）后付租金的计算。

解：每期利率 $i = \dfrac{8\%}{2} = 4\%$，租期 $n = 3 \times 2 = 6$，则每期的租金 R_1 即

$$R_1 = Pv \cdot \frac{i(1+i)^n}{(1+i)^n - 1} = 10 \times \frac{4\% \times (1+4\%)^6}{(1+4\%)^6 - 1} = 1.9076(万元)$$

则租金总额为

$$R_总 = 6 \times 1.9076 = 11.4456(万元)$$

（2）先付租金的计算。

$$R = Pv \cdot \frac{i}{1 + i - \dfrac{1}{(1+i)^{n-1}}} \quad 或 \quad R = Pv \cdot \frac{i(1+i)^{n-1}}{(1+i)^n - 1}$$

如上例改为每期期初支付租金，则由上面公式计算可得

$$R_1 = 10 \cdot \frac{4\%}{1 + 4\% - \dfrac{1}{(1+4\%)^{6-1}}} = 18\,342.48(元)$$

$$R_总 = 6 \times 18\,342.48 = 110\,054.88(元)$$

在先付租金中，租赁物件可能尚未正式使用产生效益，但承租人仍需支付第一期租金，对承租人来说负担较重，因此采用期初支付租金还是期末支付租金，承租人应根据资金周转情况具体商定。

2. 变额年金法。租赁资产投产后，出租人在生产经营活动中，其获利水平并非固定不变，有可能逐年递增，也有可能逐年递减。在这种情况下，承租人可能要求逐年增加或减少租金，以适应其支付能力现实。这就是租金按变额年金法的计算。

（1）等差变额年金法。等差变额年金法是指从第二期开始，使每期租金比前一期增加（或减少）一个常数 d 的租金计算方法。

假设：Pv 表示租赁物件的成本；n 表示租期数；i 表示每期利率；$R_1, R_2, \cdots, R_n$ 分别表示第 1，第 2，…，第 n 期租金额。

$$R_1 = \frac{1}{(P_A/A, i, n)}\left\{ Pv + \frac{d}{i}[n - (P_A/A, i, n)]\right\} - nd$$

上式即为等差变额年金法第一期租金的计算公式。因为以后每期租金都比前一期增加同一个常数，所以根据第一期租金，即可求出其余各期租金。

式中，$(P_A/A, i, n) = \dfrac{(1+i)^n - 1}{i(1+i)^n}$ 表示等额年金现值系数，可查表求之；d 表示每期租金比前一期增加（或减少）的常数。当 $d > 0$ 时为等差递增变额年金法；当 $d < 0$ 时为等差递减变额年金法；当 $d = 0$ 时为等额年金法。事实上，等额年金法可以看作等差变额年金法的特殊情况。

租金总额的计算公式由等差数列 $a, a+d, \cdots, a+(n-1)d$ 的求和公式 $S_n = na + \dfrac{n(n-1)d}{2}$ 可得

$$R_{总} = nR_1 + \frac{n}{2}(n-1)d$$

例：设某租赁物件的成本为 100 万元，租期 3 年，每半年支付一次租金，后付，年利率为 8%，每半年复息，从第二期起每期租金比前一期多支付 50 000 元，求第一期支付的租金和租金总额是多少？

解：每期利率 $i = \frac{8\%}{2} = 4\%$，租期数 $n = 3 \times 2 = 6$

则根据等差变额年金法的计算公式得，第一期的租金为

$$R_1 = \frac{1}{(P_A/A,4\%,6)}\left\{1\ 000\ 000 + \frac{50\ 000}{4\%}\left[6 - \frac{1}{(P_A/A,4\%,6)}\right]\right\} - 6 \times 50\ 000$$

$$= 71\ 476.16(元)$$

式中，$(P_A/A,4\%,6)$ 可通过公式 $\frac{(1+i)^n - 1}{i(1+i)^n}$ 或查表求得。

租金总额为

$$R_{总} = \frac{6}{2} \times [2 \times 71\ 476.16 + (6-1) \times 50\ 000]$$

$$= 1\ 178\ 856.96(元)$$

如果双方商定，从第二期起每期租金比前一期减少 50 000 元（即 $d = -50\ 000$），则第一期租金：

$$R_1 = \frac{1}{(P_A/A,4\%,6)}\left\{1\ 000\ 000 + \frac{-50\ 000}{4\%}\left[6 - \frac{1}{(P_A/A,4\%,6)}\right]\right\} - 6 \times (1 - 50\ 000)$$

$$= 310\ 047.63(元)$$

$$R_{总} = \frac{6}{2} \times [2 \times 310\ 047.63 + (6-1) \times (-50\ 000)]$$

$$= 1\ 110\ 285.78(元)$$

根据以上计算的各年应付租金、应计利息、本金减少数、未收回本金等数据，可编制租赁摊销表。

（2）等比变额年金法。等比变额年金法是从第二期开始，每期租金与前一期租金的比值是一个常数 q 的租金计算方法，即租金按一定比率（而不是绝对值）逐期递增或递减。如果租金按一定比率逐期递增则称为等比递增变额年金法。反之，称为等比递减变额年金法。

假设：Pv 表示租赁物件的成本；n 表示租期数；i 表示每期利率；R_1，R_2，…，R_n 分别表示第 1，第 2，…，第 n 期的租金；q 表示每期租金与前一期租金的比值。

则首期租金的计算公式为

$$R_1 = \frac{Pv(1+i-q)}{1-\left(\frac{q}{1+i}\right)^n}$$

$$q \neq 1+i$$

当 $q > 1$ 时为等比递增变额年金法；当 $q < 1$ 时为等比递减变额年金法；当 $q = 1$ 时为等额

年金法。同样，等额年金法也是等比变额年金法的特殊情况。

租金总额的计算公式为

$$R_{总} = R_1 + R_1 q + R_1 q^2 + \cdots + R_1 q^{n-1}$$

$$R_{总} = \frac{R_1(1 - q^n)}{1 - q}$$

例： 设某租赁物件的成本为 10 万元，租期 4 年，每年末支付一次租金，年利率为 12%，按年复息，从第二期起每期租金较前一期递增 5%，求第一期租金和租金总额是多少？

解： 根据等比变额年金法的计算公式得第一期租金 R_1 为

$$R_1 = \frac{Pv(1 + i - q)}{1 - \left(\dfrac{q}{1 + i}\right)^4} = \frac{100\ 000 \times [1 + 12\% - (1 + 5\%)]}{1 - \left(\dfrac{1 + 5\%}{1 + 12\%}\right)^4}$$

$$= 30\ 769.23(元)$$

租金总额为

$$R_{总} = \frac{R_1(1 - q^4)}{1 - q} = \frac{30\ 769.23 \times [1 - (1 + 5\%)^4]}{1 - (1 + 5\%)}$$

$$= 132\ 619.23(元)$$

如果双方商定，后一期租金较前一期递减 5%，则第一期租金应为

$$R_1 = \frac{Pv(1 + i - q)}{1 - \left(\dfrac{q}{1 + i}\right)^4} = \frac{10\ 000 \times [1 + 12\% - (1 + 5\%)]}{1 - \left(\dfrac{1 + 5\%}{1 + 12\%}\right)^4}$$

$$= 35\ 240.46(元)$$

租金总额为

$$R_{总} = \frac{R_1(1 - q^4)}{1 - q} = \frac{35\ 240.46 \times [1 - (1 - 5\%)^4]}{1 - (1 + 5\%)}$$

$$= 13\ 037.70(元)$$

根据计算的数据，可编制租赁摊销表。在实际工作中，究竟采用等额年金法还是采用等比变额年金法？要具体情况具体分析。一般来说，采用等额年金法或递增变额年金法的情况是：物价水平及市场利率较稳定；未来各期间的租金收取有合理保障；租赁市场竞争激烈；出租人有足够的流动资金；出租资产损耗率低并有相当长的耐用期限；租赁资产不易被新产品取代。在上述情况下，宜采用等额年金法或递增变额年金法进行年金的计算，否则就应该采用递减变额年金法为宜。

（三）成本回收法

各期租金没有统一的计算公式，各期成本的回收额经双方商定，可以是等额的，也可以是等差或等比变额，也可以是无规律的。

{ *成本回收法，是指由租赁双方在签订租赁合同时商定，各期按照一定的规律收回本金，再加上应收的利息即为各期租金。*

例： 设某租赁物件的成本为 100 万元，分三年 6 期每半年末等额还本一次，年利率为 8%，息随本清（每半年支付利息），求各期租金与租金总额。

解：每期利率 $i = \dfrac{8\%}{2} = 4\%$

各期租金与租金总额计算如表 10 – 1 所示。

				表 10 –1 租金表（1）					单位：元
期数	每期租金① ①=②+③	利息② ②=④×4%	收回成本③ ③=$\dfrac{1\,000\,000}{6}$	未收回成本④
				1 000 000
1	206 666.67	40 000.00	166 666.67	833 333.33
2	200 000.00	33 333.33	166 666.67	666 666.67
3	193 333.33	26 666.67	166 666.67	500 000.00
4	186 667.67	20 000.00	166 666.67	333 333.33
5	180 000.00	13 333.33	1 666 166.67	166 666.67
6	173 333.33	6 666.67	166 666.67	0
总计	1 140 000.00	140 000.00	1 000 000.00	

例：设某租赁物件的成本为 100 万元，分两年半共 5 期每期末支付租金，第一期租金中还本 10 万元，以后每期还本额增加 5 万元，年利率为 8%，息随本清，求各期租金与租金总额。

每期利率 $i = \dfrac{8\%}{2} = 4\%$

各期租金与租金总额计算如表 10 – 2 所示。

				表 10 –2 租金表（2）			单位：元
期数	每期租金① ①=②+③	利息② ②=④×4%	收回成本③	未收回成本④
				1 000 000
1	140 000	40 000	100 000	900 000
2	186 000	36 000	150 000	750 000
3	230 000	30 000	200 000	550 000
4	272 000	22 000	250 000	300 000
5	312 000	12 000	300 000	0
总计	1 140 000	140 000	1 000 000	

可见，租金总额与上例是相同的。

（四）特殊租金的计算方法

1. 带付租宽限期的租金计算方法。在宽限期内承租人可以不付租金，但要计算利息。宽限期的利息累计计入计息成本中，计算原则仍要符合余额计息，对不同的币种，按不同的复息周期复息。

> 付租宽限期，是指承租人引进设备，从安装、调试到投产需要一定的时间，在这一段时间内承租人没有偿还租金的资金来源，针对这种情况，租赁双方可以洽商从起租日起确定一个时间期限(如三个月或半年等)后开始付租。这一段时间间隔称为付租宽限期。

例： 设某租赁物件的成本为100万元，年利率为8%，半年复息，分三年5期每期期末支付租金，第一期支付在使用后第一年末支付，第一期支付金额为成本的 $\frac{1}{5}$ 再加上当期利息，以后4期按等额支付，后付，求每期租金与租金总额。

解：第一期租金为

$$R_1 = \frac{1}{5} \times 1\,000\,000 + 1\,000\,000 \times \left[(1 + 4\%)^2 - 1 \right]$$
$$= 281\,600.00(\text{元})$$

第二期到第五期租金为

$$R = (1\,000\,000 - 200\,000) \times (A/P_A, 4\%, 4)$$
$$= 800\,000 \times 0.27549 = 220\,392(\text{元})$$

租金总额为

$$R_{\text{总}} = 281\,600 + 4 \times 220\,392 = 1\,163\,168(\text{元})$$

例： 仍如前例，宽限期半年，租金两年半分五次等额偿还，租金均在期末支付，求每期租金与租金总额。

解：宽限期半年，则实际计息成本为

$$Pv = 1\,000\,000 \times (1 + 4\%) = 1\,040\,000(\text{元})$$

每期租金：

$$R = 1\,040\,000 \times (A/P_A, 4\%, 5)$$
$$= 1\,040\,000 \times 0.22463 = 233\,615.2(\text{元})$$

租金总额为

$$R_{\text{总}} = 5 \times 233\,615.2 = 1\,168\,076(\text{元})$$

2. 浮动利率的租金计算方法。在国际租赁市场上可能在租赁期内采用浮动利率，一般以起租日 LIBOR（伦敦银行间同业拆借利率）加上利差作为计算第1期租金的利率。第1期租金偿还日的 LIBOR 利率加上利差则作为计算第2期租金的利率，以此类推，这种租金计算方法称为浮动利率计算法。

例： 设某租赁物件的成本为100万元，分三年6期每半年末支付一次租金，每六个月复息，第一期计息年利率为7.625%，以后各期计息利率分别为8.125%、8.625%、9.125%、9.625%及10.125%，计算各期租金与租金总额。

解：现在先讨论第一种支付方式。第一期支付的租金为

$$R_1 = Pv\left(A/P_A, \frac{7.625\%}{2}, 6\right)$$

$$= 1\ 000\ 000 \times \frac{\dfrac{7.625\%}{2}}{1 - \left(1 + \dfrac{7.625\%}{2}\right)^{-6}}$$

$$= 189\ 599.099(元)$$

第一期的利息为

$$I_1 = 1\ 000\ 000 \times \frac{7.625\%}{2} = 38\ 125.00(元)$$

第一期收回的成本为

$$189\ 599.09 - 38\ 125.00 = 151\ 474.09(元)$$

第一期末尚未收回的成本为

$$Pv_1 = 1\ 000\ 000 - 151\ 474.09 = 848\ 525.91(元)$$

第二期支付的租金为

$$R_2 = Pv_1\left(A/P_A, \frac{8.125\%}{2}, 5\right)$$

$$= 848\ 525.91 \times \frac{\dfrac{8.125\%}{2}}{1 - \left(1 + \dfrac{8.125\%}{2}\right)^{-5}}$$

$$= 190\ 936.70(元)$$

第二期的利息为

$$I_2 = 848\ 525.91 \times \frac{8.125\%}{2} = 34\ 471.37(元)$$

第二期收回的成本为

$$190\ 936.70 - 34\ 471.37 = 156\ 465.33(元)$$

第二期末尚未收回的成本为

$$Pv_2 = 848\ 525.91 - 156\ 465.33 = 692\ 060.58(元)$$

第三期支付的租金为

$$R_3 = Pv_2\left(A/P_A, \frac{8.625\%}{2}, 4\right)$$

$$= 692\ 060.58 \times \frac{\dfrac{8.625\%}{2}}{1 - \left(1 + \dfrac{8.625\%}{2}\right)^{-4}}$$

$$= 192\ 061.92(元)$$

第三期的利息为

$$I_3 = 692\ 060.58 \times \frac{8.625\%}{2} = 29\ 845.11(元)$$

第三期收回的成本为

$$192\ 061.\ 92 - 29\ 845.\ 11 = 162\ 216.\ 81(元)$$

第三期末尚未收回的成本为

$$Pv_3 = 692\ 060.\ 58 - 162\ 216.\ 81 = 529\ 843.\ 77(元)$$

以此类推，计算结果如表 10 - 3 所示。

		表 10 - 3　租金表 （3）		单位：元
期数	每期租金	利息	收回的成本	未收回的成本
				1 000 000
1	189 599. 09	38 125. 00	151 474. 09	848 525. 91
2	190 936. 70	34 471. 37	156 465. 33	692 060. 58
3	192 061. 92	29 845. 11	162 216. 81	529 843. 77
4	192 970. 26	24 174. 12	168 796. 14	361 047. 63
5	193 657. 44	17 375. 42	176 282. 02	184 765. 61
6	194 119. 37	9 353. 76	184 765. 61	0
总计	1 153 344. 78	153 344. 78	1 000 000	

由表 10 - 3 可知，在浮动利率下各期租金是逐期递增的。

3. 带保证金的租金计算方法。目前，我国租赁公司对保证金的处理方法有两种，一种是在计算租金时，把承租人已付的保证金从实际成本中减去，但这种情况很少采用，因为它失去了保证金的意义，只有在会计处理上有不同的结果。另一种是保证金抵扣某几期租金的全部或大部分。通常的做法是抵扣最后几期租金的全部或大部分。对租赁公司而言，则希望采取第二种处理方式，因为这相当于租赁公司从承租人手中借得一部分钱（保证金），不付利息而在最后一期支付中偿还，这当然对租赁公司有利。

例：设某租赁物件的成本为 1 000 000 元，分三年 6 期每半年末等额支付租金，承租人先付 10% 的保证金，租赁公司要求此保证金在最后一次支付中作为抵免支付用，租赁公司申明租赁的年利率为 7.75%。由于该保证金作为最后一次支付中抵免项，因此，此时计算租金的本金仍为 1 000 000 元。每期租金为

$$R = 1\ 000\ 000 \times \left(A/P_A, \frac{7.75\%}{2}, 6 \right)$$

$$= 1\ 000\ 000 \times \frac{\dfrac{7.75\%}{2}}{1 - \left(1 + \dfrac{7.75\%}{2}\right)^{-6}} = 189\ 986.\ 33(元)$$

但是，对租赁公司来说，由于先收入 1 000 000 元的保证金，因此其实际成本只有 900 000 元，当每期收租金 189 986. 33 元，而最后一期收租金 89 986. 33 元（189 986. 33 -

100 000 元）时，下列方程成立：

900 000 $= 189\,986.33 \times (P_A/A,i,5) + 89\,986.33 \times (P/F,i,6)$

可以求得：

$i \approx 4.70\%$

因此，实际年利率（内含真实利率）约为：$2 \times 4.70\% = 9.40\%$

可见，这高于租赁公司申明的年利率为 7.75%。

同样方法，可求知保证金抵扣第一期租金的内含真实利率大约为 8%。

三、租金计算中的注意事项

（一）租赁利率及影响

除了租金计算方法不同对租金有影响外，利息的计算方法也会在相同利率的情况下影响租金总额的大小。出租人向承租人提供的租赁利率一般为年利率，但不同的币种有不同的做法，其复利周期可能分为月、季、半年、一年不等。常出现计息期以半年、季度、月，甚至以天为期间的计息期，相应复利计息频数为每年 2 次、4 次、12 次、360 次。如贷款买房按月计息，计息为 12 个月。年金法计算租金时偿还租金的期间可能包含几次复利周期，所以具体计算时应考虑复利因素，将年利率折算为期利率。

计息期数和计息率均可按下列公式进行换算：

$$r = \frac{i}{m}$$

$$t = m \cdot n$$

式中，r 为期利率，i 为年利率，m 为每年的计息次数，n 为年数，t 为换算后的计息期数。其终值和现值的计算公式分别为

$$F = P \cdot (1+r)^t = P \cdot \left[1 + \frac{i}{m}\right]^{m \cdot n}$$

$$P = F/(1+r)^t = F/\left[1 + \frac{i}{m}\right]^{m \cdot n}$$

例：存入银行 1 000 元，年利率为 12%，计算按年、半年、季、月的复利终值。

1. 按年复利的终值。

$F_1 = 1\,000 \times (1 + 12\%) = 1\,120$（元）

2. 按半年复利的终值。

$F_2 = 1\,000 \times [1 + (12\%/2)]^2 = 1\,123.6$（元）

3. 按季复利的终值。

$F_3 = 1\,000 \times [1 + (12\%/4)]^4 = 1\,125.51$（元）

4. 按月复利的终值。

$F_4 = 1\,000 \times [1 + (12\%/12)]^{12} = 1\,126.83$（元）

从以上计算可以看出，按年复利终值为 1 120 元，按半年复利终值为 1 123.6 元，按季复利终值为 1 125.51 元，按月复利终值为 1 126.83 元。

一年中计息次数越多，其终值就越大。一年中计息次数越多，其现值越小。这两者的关系与终值和计息次数的关系恰好相反。

另外，期利率的计算除考虑复利因素外，还涉及生息天数和基础天数的关系，目前在国际上大体分为三种方式。

1. 大陆法。大陆法以 360/360 表示生息天数和基础天数的关系，即把一年中各个月份的天数都视作 30 天，对月对日计算。

2. 英国法。英国法以 365/365 表示生息天数和基础天数的关系，逢闰年改为 366/365。即将具体年份的日历天数作为基础天数，同时严格按照日历计算生息天数。

3. 欧洲货币法。欧洲货币法以 365/365 表示生息天数和基础天数的关系，逢闰年改为 366/360。即按实际日历天数计算生息天数，基础天数则固定为 360 天。

采用大陆法计算利息，由于计息天数和基础天数相同，一般不会对租金产生影响。采用英国法，除闰年有一天的利息差额外，平年时不会对租金产生影响。欧洲货币法由于生息天数大于基础天数，就造成实际利率提高，引起总租金的增加。

采用何种计息方法，应在合同中明确，按照惯例，如果合同未明确计算方法，通常采用合同货币使用国的计算方法。我国的利息计算方法的惯例与欧洲货币法相同。

（二）手续费的影响

我国的租赁公司在办理金融租赁业务中不但参与资金融通，而且要从事国内外贸易活动，也就是说，租赁公司兼有金融机构与外贸公司的双重职能，因此租赁公司在出租设备时常要收取一定的手续费。手续费是租赁公司的一项收入，因而也就是承租人的一项经济支出。目前国内各租赁公司一般按 CIF 货价的 1.5% ~ 3% 收取手续费，也有按租赁物件的实际成本总额的百分比收取，或租金总额收取的。尽管手续费收取的比例可能相同，但因收取的方法不同也会对租金总额产生不同的影响。为了说明和比较，下面通过例子来讨论手续费的计算方式。

例：设某租赁物件的成本为 1 000 元，租期 2 年。每半年末等额支付租金，年利率 i 为 10%，半年复息，手续费费率 e 为 1.5%，求手续费 G。

解：（1）单独计算，在合同规定的时间内一次收回。这又有两种计算方法：

（A）以租赁物件的成本 Pv 为基数计算：

$$G = Pv \cdot e$$
$$= 1\,000 \times 1.5\% = 15\,(\text{元})$$

（B）按租金总额为基数计算：

$$R_{\text{总}} = 4 \times Pv \times (A/P_A, 5\%, 4)$$
$$= 4 \times 1\,000 \times (A/P_A, 5\%, 4)$$
$$= 1\,128.05\,(\text{元})$$
$$G = R_{\text{总}} \cdot e = 1\,128.05 \times 1.5\% = 16.92\,(\text{元})$$

可见（B）方法比（A）方法多支付手续费 1.92（元），而（B）方法的实际手续费费率为原 Pv 值的 1.692%。

（2）纳入租赁物件的成本计算，随每期租金等额收回。纳入租赁物件的成本后，实际成本为

$$Pv_1 = Pv + Pv \cdot e = 1\,000 + 1\,000 \times 1.5\% = 1\,015\,(\text{元})$$

则调整后的租金总额为

$$R_{1总} = 4 \times Pv_1 \times (A/P_A, 5\%, 4)$$
$$= 4 \times 1\ 015 \times (A/P_A, 5\%, 4)$$
$$= 1\ 144.97(元)$$

所以此时手续费为

$$G = R_{1总} - R_总 = 1\ 144.97 - 1\ 128.05 = 16.92(元)$$

可见本方法的实际手续费费率也为原 Pv 值的 1.692%。但是这里应注意，本方法与前面的（B）方法所求得的手续费虽然都是 16.92（元），但两者是不一样的。按本方法，此手续费 16.92（元）是随 4 年期租金等额收回，而前面的（B）方法有可能在开始租赁时或是某一规定时间内一次付清。（B）法的现值大于（2）法的现值。

（3）直接纳入利率计算，随每期租金等额收回。

纳入利率后，新的年利率为

$$i_1 = i + e = 10\% + 1.5\% = 11.5\%$$

则此时租金总额为

$$R_{2总} = 4 \times Pv \times (A/P_A, 5.75\%, 4)$$
$$= 4 \times 1\ 000 \times (A/P_A, 5.75\%, 4)$$
$$= 1\ 147.36(元)$$

所以手续费为

$$G = R_{2总} - R_总$$
$$= 1\ 147.36 - 1\ 128.05 = 19.31(元)$$

（4）把手续费费率换算成年费率，再纳入利率计算。把 1.5% 手续费费率换算成年费率，就涉及平均占用资金期限问题。

平均占用资金期限 $= (0.5 + 1 + 1.5 + 2) \div 4$
$$= 1.25（年）$$

年手续费费率 $= 1.5\% \div 1.25 = 1.20\%$

新的年利率 $i_2 = 10\% + 1.20\% = 11.20\%$

则此时租金总额为

$$R_{3总} = 4 \times Pv \times (A/P_A, 5.75\%, 4)$$
$$= 4 \times 1\ 000 \times (A/P_A, 5.75\%, 4)$$
$$= 1\ 143.81(元)$$

所以手续费为 $G = R_{3总} - R_总 = 1\ 143.81 - 1\ 128.05 = 15.76(元)$

通过对以上四种手续费的计算方法简单的分析与比较，我们发现不同的计算方法对租金总额产生不同的影响，租期越长影响越大。单独计算一次性收回的方法，承租人不会因手续费转为租金的收取而加重租金总额的负担，但如果承租人资金周转紧张，可要求出租人将手续费转为租金收取，转为租金收取时，将手续费计入实际成本较为合理，而转为租赁利率时要考虑资金占用时间，确定转入租赁利率的百分比。

（三）余值因素的影响

金融租赁是指实质上转移了与租赁资产所有权有关的全部风险与报酬，其所有权最终可能转移，也可能不转移的租赁方式。{ 资产余值是指在租赁起始日估计的租赁期满时租赁资产的公允价值。余值一般不得高于租赁起租日租赁资产公允价值的10%。

所以在计算租金时，必须考虑租赁资产余值对租金的影响。

金融租赁资产余值的处理一般有三种方式：一是转移，意指承租人在租赁期满支付完全部租金后再向出租人支付余值以获得租赁资产的所有权；二是续租，即以余值为计息本金，承租人与出租人重新订立租赁合同；三是不转移，意指租赁期满时，出租人收回租赁资产。

对上述三种不同的处理方式，余值在计算租金中也有不同的处理方式。在转移或续租的方式下，余值现值可以从计算租金的成本中扣除，也可将余值终值从租金中扣除；但在不转移的方式下，如果出租人认为无能力承担租赁期满租赁资产处理风险，大多不同意余值从成本中或租金中扣除，而是将余值处理所得归承租人，如果从成本或租金中扣除，余值处理结果自然归出租人。

（四）租赁期起算日

国际上通常确定租赁期起算日（起租日）的办法有三种：进口租赁设备按其装船提单日期作为起租日；按出租人向卖方支付租赁设备价款之日作为起租日；按租赁设备运抵承租人处之日作为起租日。其中，第一种方法增加承租人的利息负担，从而增加租金总额，对承租人不利；第三种方法增加出租人利息支出，对出租人不利，但可通过向承租人收取租前利息来弥补；第二种方法是较为合理的。

（五）租赁概算成本的调整

金融租赁交易涉及三方当事人和两个合同，两个合同一为租赁合同，二为购买合同。租赁合同签订生效时，购买合同可能没有签约，生效或执行完毕，往往无法确定某租赁物件的实际成本，这是因为实际成本的确定包含多种因素，如起租日、计息日的确定，实际支付货款的确定，以及其他一些不可预见费用的确定等。所以租赁合同签约时估算的成本只能是一种概算成本，因此在计算承租人实际应支付的各期租金时，应首先核算租赁物件的实际成本。由于概算成本是匡算的，因此，当实际支出发生以后，概算出的租金和保证金应根据实际支出作出相应调整。具体核算租赁物件的实际成本时，双方要弄清：出租人为购买租赁物件共支付了哪些款项；双方一致同意计入成本的费用包括哪些；支付上述款项的具体日期或实际负担日期以及上述款项从计息日到起租日间的利息计算是否正确。

本章小结

1. 金融租赁业务操作流程包括选择租赁设备，委托租赁，租赁项目审查及评估，谈判阶段，签订购货合同，签订租赁合同，付款、交货及售后服务，支付租金，租赁期满后的设备处理。

2. 租金通常由租赁资产的购置成本、租赁期间的利息及手续费三项要素构成。

3. 在租金的构成中，租金总额除了受租赁设备购置成本的影响以外，下列因素对其也有直接影响，如利率、租赁期限、付租间隔期、保证金的支付数量与结算方式、支付币种、付租方式、起租日与计息日。

4. 货币时间价值是指货币经历一定时间的投资和再投资所增加的价值，也称资金的时间价值。

5. 租金计算有附加率法、年金法、成本回收法和特殊租金的计算方法，如带付租宽限期的租金计算方法、浮动利率的租金计算方法和带保证金的租金计算方法。

本章主要概念

租金　起租日　计息日　年金现值　年金终值　租赁资产余值　租赁保证金

思考题

1. 简述租赁业务的一般程序。

2. 如何认识租金的性质？

3. 租金是由哪些因素构成的？

4. 常用的租金计算方法有哪些？

5. 影响租金的因素有哪些？

6. 某租赁公司以金融租赁的方式将一台机器租给某物资公司，机器的购置成本为100 000元，租期4年（2019年1月1日起），利率12%，分别按先付和后付年金法计算每年年末应交付的租金数额。

7. 某出租人购置一台机床，其成本为400 000元，并以金融租赁给乙工厂（租期2021年1月1日—2025年12月31日），若经双方商定，租金每年年末支付，每年递增额为4 000元，在年利率为12%的情况下，计算其各年租金。

第十一章

租赁资金管理与决策分析

本章知识结构

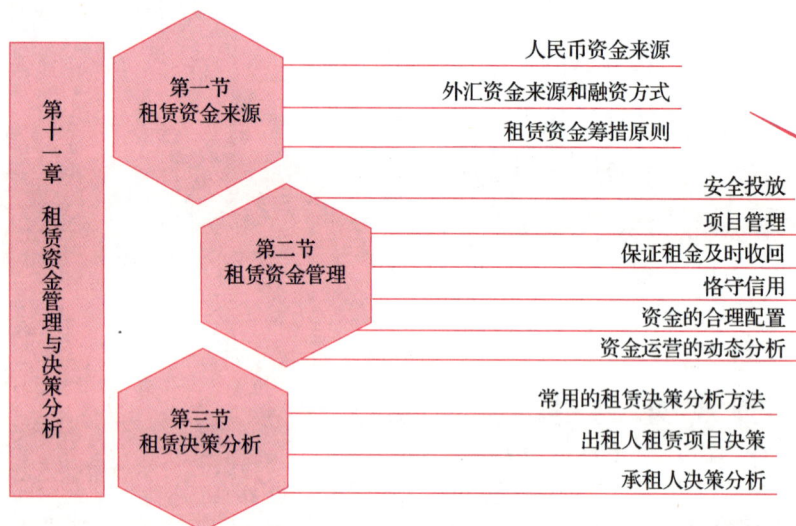

- 第十一章 租赁资金管理与决策分析
  - 第一节 租赁资金来源
    - 人民币资金来源
    - 外汇资金来源和融资方式
    - 租赁资金筹措原则
  - 第二节 租赁资金管理
    - 安全投放
    - 项目管理
    - 保证租金及时收回
    - 恪守信用
    - 资金的合理配置
    - 资金运营的动态分析
  - 第三节 租赁决策分析
    - 常用的租赁决策分析方法
    - 出租人租赁项目决策
    - 承租人决策分析

本章学习目标

- 掌握租赁资金来源的不同方式和租赁资金的筹措原则。
- 理解租赁资金管理的内容。
- 掌握常用的租赁决策分析方法。
- 了解出租人租赁项目决策。
- 掌握承租人决策分析。

对于资源跨时配置的金融租赁活动，了解和掌握其现金流动态并以此作出融出或融入决策是非常重要的。本章重点介绍租赁资金来源、租赁资金管理和租赁决策分析等相关内容，从实务角度对组织资金来源的方式和原则、租赁资金的投放管理和回收以及不同关系人的决策分析等方面做了具体介绍与阐述。

212

第一节　租赁资金来源

金融租赁公司开展业务需要大量的资金，仅靠自有资本是不能满足业务要求的，开辟多种融资渠道，筹集营运资金对租赁公司来说是至关重要的问题。我国金融租赁公司的资金来源除了自有资本，还包括人民币资金和外汇资金。经营国内租赁业务需要人民币资金，而经营进口设备租赁则需要外汇资金。

一、人民币资金来源

随着我国经济体制改革和金融体制改革的逐步推进，货币市场与资本市场的发展为突破以银行为中心的传统的借贷方式，实现融资渠道多样化创造了条件。租赁公司人民币资金来源主要有以下几种。

（一）短期拆借

同业拆借是租赁公司的流动资金来源。通过短期拆借方式取得的资金一般期限较短，主要是为了解决临时资金头寸不足和资金周转的暂时困难。根据 2014 年中国银行业监督管理委员发布的《金融租赁公司管理办法》，租赁公司可以进行同业拆借，但金融租赁公司同业拆入资金余额不得超过资本净额的 100% 。

✔ 专栏 11 –1
同业拆借 ▪▪▪

同业拆借，是金融机构之间进行短期、临时性头寸调剂的市场，是指具有法人资格的金融机构及经法人授权的金融分支机构之间进行短期资金融通的行为，一些国家特指吸收公众存款的金融机构之间的短期资金融通，目的在于调剂头寸和临时性资金余缺。金融机构在日常经营中，由于存放款的变化、汇兑收支增减等原因，在一个营业日终结时，往往出现资金收支不平衡的情况，一些金融机构收大于支，另一些金融机构支大于收，资金不足者要向资金多余者融入资金以平衡收支，于是产生了金融机构之间进行短期资金相互拆借的需求。资金多余者向资金不足者贷出款项，称为资金拆出；资金不足者向资金多余者借入款项，称为资金拆入。一个金融机构的资金拆入大于资金拆出叫作净拆入；反之，叫作净拆出。

同业拆借是临时调剂性借贷行为，其有以下几个特点：

1. 融通资金的期限比较短。

2. 同业拆借的参与者是商业银行和其他金融机构。参与拆借的机构基本上在中央银行开立存款账户，在拆借市场交易的主要是金融机构存放在该账户上的多余资金。

3. 同业拆借基本上是信用拆借，拆借活动在金融机构之间进行，市场准入条件较严格，金融机构主要以其信誉参与拆借活动。

4. 利率相对较低。一般来说，同业拆借利率是以中央银行再贷款利率和再贴现率为基准，再根据社会资金的松紧程度和供求关系由拆借双方自由议定的。由于拆借双方都是商业银行或其他金融机构，其信誉比一般工商企业要高，拆借风险较小，加之拆借期限较短，因而利率水平较低。

↑ 资料来源：百度百科。

（二）贴现

贴现是指将未到期票据向银行贴现，银行按照票面金额扣除从贴现日至到期日之间的利息付给票据持有人现款，待票据到期后，由银行向票据付款人收款。通过贴现，票据的持有人可以在票据到期之前获得资金融通。随着我国票据市场的发展，租赁公司可以将作为租金收回的商业或银行票据向银行或其他金融机构贴现。

（三）向金融机构贷款

银行信贷是我国租赁公司传统的融资方式，也是目前我国租赁公司主要的融资渠道。由于我国的租赁公司大多是银行参股投资组建的，所以作为股东的银行会积极支持租赁公司的融资需要。在我国现阶段金融市场还不够发达的条件下，租赁公司难以在资本市场融资，于是银行信贷便成为主要的融资渠道。

（四）发行企业债券

债券是依照法定程序发行，约定在一定期限内还本付息的有价证券。债券一般发行的期限较长，租赁公司出租设备的租期也较长，从而租赁公司可以通过发行债券的方式来筹集长期资金。发行债券需经中国人民银行审核批准，目前我国租赁公司离人民银行对发行债券的要求还比较远。利用这种方式融资还需待以时日。

（五）发行股票

股票是股票发行人发给股票购买者以证明其对公司所有权的有价凭证。股份制租赁公司在证监会批准的前提下可以通过发行股票的方式来筹集资金。但是就现阶段而言，我国的租赁公司通过发行股票来筹资还存在很大困难。但是，随着国内金融租赁业的不断发展及改革的不断深入，发行股票融资必将成为租赁公司的一种重要的融资方式。

二、外汇资金来源和融资方式

金融租赁公司筹措外汇资金的方式主要有以下几种。

（一）银行信贷

我国租赁公司所需外汇资金可从经营外汇业务的金融机构获得贷款，也可以从国外银行贷款，但必须经中国人民银行和国家外汇管理局批准。

（二）出口信贷和无追索权信贷

出口信贷是西方国家为扩大销售市场，在对外贸易中采取提供低利率贷款，以刺激本国商品出口的一种信贷方式，包括卖方信贷和买方信贷。在大型机器设备与成套设备贸易中，为便于出口商与外国进口商延期付款方式而出卖设备，出口商所在地的银行对出口商提供的信贷就是卖方信贷。买方信贷是指在大型机器装备或成套设备贸易中，由出口商所在地的银行贷款给外国进口商或进口商的银行，以给予融资便利，扩大本国设备的出口。

无追索权信贷是指出口方银行通过出口商给予进口商的信贷，利率与市场利率相等。

（三）吸收外汇存款

西方发达国家的租赁公司可通过吸收外汇存款的方式筹集外汇资金：一是通过国外的分

支机构从当地吸收居民和企业的存款，作为母公司的资金来源；二是直接吸收本国居民和外商投资企业的外汇存款。目前，我国租赁公司还不允许吸收外汇存款。

（四）母公司的外汇贷款

这种方式主要针对有国外金融机构投资的合资租赁公司，在我国投资于租赁业的国外金融机构资本实力相对雄厚，可以通过提供低利率的外汇贷款支持租赁公司。如上海联合租赁公司由日本的几个金融机构投资，这些机构给予该租赁公司优惠利率的贷款。

（五）向国外租赁公司转租

转租是租赁公司按照用户要求选择供货商，并与供货商签订购买合同后，将该合同转让或出售给外国租赁公司，然后再与国外租赁公司签订租赁合同，将设备租回，再转租给用户。在国际租赁业务中，转租赁是非常普遍的业务，通过这项业务，国内租赁公司可获得外汇资金来源。

（六）国际金融市场融资

国际金融市场是国际间进行货币活动的领域。通过国际金融市场筹集外汇资金是金融租赁公司获得外汇资金来源的重要渠道。金融租赁公司一般可从国际金融市场的货币市场和资本市场融资。

1. 国际货币市场。国际货币市场是指资金借贷期限在一年以内的外汇资金交易市场，可以解决租赁公司的短期资金需要。主要形式有：

（1）借贷市场，即企业向银行借款的市场和银行同业拆借的借贷市场。

（2）票据贴现市场，主要是一年以内短期票据的贴现，包括商业承兑票据和银行承兑票据。

（3）短期证券市场，指短期证券发行和流通的市场。短期证券主要有政府债券（国库券）、公司债券和大额可转让定期存单。

2. 国际资本市场。国际资本市场是筹集中长期（一年以上）外汇资金的场所。主要形式有：

（1）银行中长期借贷市场，是指通过银行获得期限在一年以上的中长期贷款的市场。租赁公司可以在中长期信贷市场向国际银行融入外汇资金，并根据签约从收取的租金中返回贷款本息。

（2）国际证券市场，包括国际债券市场和股票市场。它已成为国际租赁公司筹集外汇资金的重要来源。我国从实行对外开放以来，在日本、中国香港、新加坡、伦敦等地的国际金融市场上发行了多种币种的债券，为筹集外汇资金开辟了重要渠道。

（3）外汇市场。外汇市场是进行外汇买卖的场所，虽然不是筹集外汇资金的场所，但是，租赁公司的本币资金与外币资金需要转换时就要通过外汇市场。从这个意义上讲，外汇市场充当了资金来源的角色。

与发达国家租赁公司相比，我国租赁公司的融资渠道相对单一，融资租赁公司的资金来源绝大部分是银行贷款，虽然金融债、点心债等渠道也受到融资租赁公司的重视，但鉴于融资条件、跨境使用的限制，以及考虑综合融资成本等因素，提供的资金量非常有限。而融资租赁业务大都是中长期业务，银行短期贷款与租赁业务期限的不匹配，给融资租赁公司留下了很大流动性风险隐患。

为了降低流动性风险，一些租赁公司开始谋求新的融资出路，诸如开展租赁资产证券化、发行信托产品、引入保险资金、通过自贸区融入境外资金、通过 P2P 平台出售租赁收益权等。这些尝试为融资租赁公司丰富融资渠道提供了新的思路，但目前还未能被租赁公司大规模使用。

三、租赁资金筹措原则

1. 组织资金的范围必须符合有关金融政策法规的要求。我国租赁公司向国外金融机构借款或贷款时，必须先向外汇管理局申请，经中国人民银行和国家外汇管理局批准后方可进行。

2. 长期、中期、短期资金相结合。借用中长期资金，利率高但比较稳定；借用短期资金，利率低但存在利率浮动风险，可能遭受损失。因此，租赁公司应按业务需要合理配置中长期与短期资金比例，做到长期、中期、短期有效结合。

3. 选择优惠条件。包括争取低利率贷款、争取低廉费用条件、争取有利的汇价等。

第二节　租赁资金管理

租赁公司效益的好坏不仅取决于雄厚的资金实力，更取决于租赁资金的管理与应用。租赁公司在租赁资金管理中应注意以下几点。

一、安全投放

金融租赁作为融通资金的一种方式，也会面临租金不能按时收回甚至不能收回的风险。租赁公司在租赁资金投放时，必须认真审核，确保资金的安全性。为此，租赁公司应认真审查承租人关于承租项目的可行性报告、资产负债情况、经营管理情况、生产管理情况、还款能力情况等。

（一）审查租赁项目的可行性

租赁项目安全投放的含义是根据项目的性质特点重点考虑项目的盈利能力和项目潜在的各种风险，明确项目的主要风险和相应防范和化解风险的措施。根据承租人提供的可行性报告，对该项目在市场、技术、效益等方面的可行性进行评估，包括：考察项目产品的市场供求状况、市场竞争力和应变能力；对承租人的技术力量、生产布局、项目规模、项目成本、技术设备性能及对外采购等方面进行评估，对项目的工艺设备各方面进行经济技术论证，从而判断技术上的可行性；判断项目的经济效益。

（二）评估承租人的综合情况

1. 审查承租人的资信能力。主要通过承租人近几年的财务报表和有关明细表分析经营情况；调查承租人的存货结构和应付款项，判断产品销路和债务拖欠情况；了解产品的生产能力和销售能力；分析产品的市场周期是处在上升阶段、发展阶段还是下降阶段；核算承租人资产和负债的比例，以及短期和长期的负债比例，这些都是预测承租人交付租金能力的重要依据。在核实过程中，对财务报表中的数据应查询有关凭证和账簿。公众数据应来源于有关政府部门和专业的权威管理部门。

2. 审查承租人的经营管理能力。承租人的经营管理能力直接关系到是否能够充分发挥租赁设备使用效率从而影响租赁项目的盈利能力。善于经营管理的承租人能够最大限度地发挥租赁设备的作用，实现盈利。而如果承租人的经营管理能力差，即使拥有先进的设备，也难以发挥设备的效用，创造利润。因此，租赁公司必须对承租人的经营管理能力进行全面的评估和审查，包括管理人员及员工素质、管理理念、管理方法、管理技术等。

3. 审查承租人的盈利能力。承租人的盈利能力越强，交付租金就越有保证，租赁公司承担的风险就相对要低。由于承租人的经营管理能力直接影响盈利能力，因而审查盈利能力时，首先要了解承租人的经营管理能力，除此之外，还需要审查承租人的经营状况及财务状况，重点是能够反映承租人盈利能力的指标，如销售利润、资产周转率等。

二、项目管理

项目管理是防范租赁项目出现风险、保证租赁项目顺利实现的一个重要环节，租赁公司在完成签订租赁合同、订货、报关和监督验收等一系列租赁前期工作后，还要做好租赁项目的后期管理工作。

（一）　与项目相关资料的管理

租赁公司应建立健全文件资料管理体系，整个业务活动都要保存文字记录和原始资料，对与租赁项目有关的资料要进行统计并作登记，对于直接反映租赁项目经济效益的数据资料，在整个租期内应当及时进行统计分析，如项目的投资构成、项目预期收益、产品市场占有率等，租赁公司应随时掌握项目的进展情况。

（二）　对租赁项目进行监测

租赁公司在项目开始实施后，必须对项目实施情况进行跟踪监测，以便及时发现问题、解决问题，确保项目预期收益的实现和租金的收回。租赁公司项目监测的内容主要包括项目的投资资金是否到位；项目设备的到货、安装、调试、运转情况；项目的工程进度；项目投产后的经营管理情况；项目的产值、利润、税金的实现情况；租金的支付情况等。其中，核心的监测内容是项目的经济效益情况和租金的支付情况。租赁公司可以根据以上内容制定一系列的监测指标，定期测算并作相应的记录。如要定期对承租企业的现金流量实际情况和项目评估资料中的现金流量预测进行比较，定期对承租企业的市场销售实际情况和项目评估资料中的市场销售预测进行比较，定期收集承租人的财务报表，对其整体经营情况进行财务分析。如果出现问题，应及时采取相应措施。而且，项目监测应贯彻整个项目实施过程的始终。

（三）　对租赁项目进行评价

租赁项目实施投产后，要对租赁期间租赁项目的情况进行总结和评价，主要目的是考察业务成果，为以后开展业务提供参考。

项目评价的内容主要包括租赁设备的运转情况、项目的经济效益等，其中项目经济效益是考核的重点，一般用量化的指标进行考核，主要有：租赁期间年产值平均增长率、租赁期间项目投资平均利润率、租赁期间项目投资年平均创汇率。计算公式分别为

$$租赁期间年产值平均增长率 = \frac{各年新增产值总和 \div 年数}{租期前一年的产值} \times 100\%$$

$$租赁期间项目投资平均利润率 = \frac{各年利润总和 \div 年数}{投资总额} \times 100\%$$

$$租赁期间项目投资年平均创汇率 = \frac{各年的创汇总额 \div 年数}{投资总额} \times 100\%$$

上述三个指标数值越大，表明租赁项目投资效益越好。

三、保证租金及时收回

租金及时按约交付与收回是租赁公司继续发展的基础。由于租赁公司资金大部分是借入资金，如果租金收不回，租赁公司不但得不到利润，而且面临无法偿还债务的风险，使租赁公司信誉受到损失。如果租赁公司所借的是外汇资金，由于租金未及时收回而延误了外债偿还，不仅在政治上造成不良影响，而且很可能在延误期间，由于外汇的汇率发生变动而造成经济上的损失。因此，租赁公司必须保证及时收回租金。

1. 租赁公司内部实行项目负责制。保证每一个项目有专人负责，实行专项控制，及时掌握承租人交租情况及欠款原因，积极督促承租人及时交租。

2. 建立指标监控系统来监督和掌握承租人交租情况，使租赁公司的损失尽可能降到最小。主要指标有交付租金次数逾期率和交付租金金额逾期率。交付租金次数逾期率是累计交租逾期次数与应交次数的比率，交付租金金额逾期率是累积逾期交租金额与应交租金额的比率。这两项指标的数值越大，表明承租人的经济效益越差，租赁公司应高度重视并采取相应措施。

3. 依法收取租金。承租人无论经营状况如何，均应按租赁合同规定交付租金。租赁合同中应严格明确租金的总额、租金的支付方式、支付日期，以及租金的构成、计算方法。当承租人拖欠租金时，租赁公司应当运用法律手段，依法维护自身的经济利益。为了预防承租人毁约致使租金无法收回，租赁公司应当要求承租人提供保证金，同时要求承租人提供担保。若承租人违约，则有担保人代替支付，担保人不能履行支付义务时，租赁公司有权依法追究承租人及担保人的经济责任。

四、恪守信用

租赁公司在筹措资金时能否争取到优惠的条件和价格，不仅取决于租赁公司的经济实力，从某种意义上讲，更重要的是取决于租赁公司的信用状况。如果租赁公司信用记录好，金融机构就愿意与之建立长期的合作关系，有利于租赁公司融通资金；如果租赁公司信用状况不佳，那么不仅融资成本高，而且可能无法及时筹集到所需资金。租赁公司融资时要恪守信用，保证按时偿还借款本息，尤其向外融资时，绝不能延迟支付本金和利息，而应主动还款。还款来源的是租金的按时收回，若租赁项目的租金回收发生困难，应及时从其他融资渠道筹集资金，保证及时还款。假如有不能还款或延迟还款的记录，往往会影响租赁公司的信用形象，增加以后融资的难度。

五、资金的合理配置

资金的合理配置包括资金来源的合理配置、资金运用的合理配置以及资金来源、资金运用的合理配置。从资金的来源来看，租赁公司的资金来源中既有通过票据贴现、拆借等方式获取的短期资金，也有通过贷款或股票、债券等方式获取的中长期资金，既有外汇资金，也有本币资金。租赁公司应根据自身的资信状况、筹资能力、筹资优势以及资金运用的需求，合理安排各种资金来源，争取以尽可能低的成本获得稳定的资金来源。从资金的运用来看，租赁公司应通过对租赁项目的评估及效益分析，尽可能将资金运用于回报率高、风险低的项目，而且也应按风险分散原则将资金分散投放。另外，由于租赁公司的资金来源有长有短，而资金的运用一般期限较长，租赁公司在安排筹资和投资时，应将两者合理配置，既避免偿债危机，又要防止资金的闲置浪费。

六、资金运营的动态分析

金融租赁公司属于负债经营，其负债的期限分为长期、中期、短期。资产的期限也各不相同。金融租赁公司对租金的收取是分次进行的，在某些情况下，对租赁设备价款的支付也是分次进行的。因此，租赁公司营运资金的流进与流出之间存在如何协调的问题。如果安排不当，就会或者导致资金闲置，造成融资成本的上升，或者导致资金周转出现问题，无法按时归还贷款。所以，租赁公司需要对资金运营进行动态分析，其方法主要是现金流量分析法。采用这种方法须事先根据有关资料估算出一定时期内租赁公司的现金流入量和现金流出量，对现金流入量和流出量在期限和金额上搭配不妥之处应适当调整，然后编制现金流量计划，并严格遵照执行。

第三节　租赁决策分析

对出租人而言，租赁决策是通过对租赁项目评估审查，作出是否对项目进行投放资金的决定。对承租人而言，租赁决策是运用长期投资决策的基本技术进行租赁的可行性分析，在此基础上决定融资方案，就某一特定项目而言，确定应否添置设备，采用何种方式融资；经过综合的、周密的、正确的经济效益分析，作出最佳方案的选择。

一、常用的租赁决策分析方法

一般来说，金融租赁期限较长，租金的支付发生在不同的时点上，因而必须考虑资金的时间价值，租赁决策分析方法是建立在资金的时间价值基础上的，常用的分析方法有比较成本现值法和比较净现值法。

（一）比较成本现值法

比较成本现值法是对几种不同的租赁方案的成本，分别用贴现的方法，将其换算成现在同一时期的资金，然后再对几种不同的租赁成本现值进行比较的一种方法。

例如，某企业拟租赁一台价值为 22 000 元的设备，设备的使用期限是 3 年，估计残值是 1 000 元，利率 10%，贴现率与利率相同，有两种租赁方案可供企业选择：

方案 1：为期 3 年的租赁，规定承租人每年年末支付租金 9 000 元，投资减税优惠由出租人享有，同时在第三年年末还要额外支付给出租人 500 元。

方案 2：为期 3 年的租赁，规定承租人每半年支付一次租金 4 490 元，同时还要预付两期租金，投资减税优惠转让给承租人（假定第一年初得到的投资减税额为设备价值的 10%）。

上述两种方案计算结果如表 11 - 1 所示。

方案	租金现值	租赁期满时支付金额的现值	投资减税额的现值	租赁成本总现值
		表 11 - 1　租赁比较成本现值法分析结果		单位：元
方案 1	22 381.67	375.66	—	22 757.33
方案 2	22 790.11	—	-2 200	20 590.11
差额（方案 1 与方案 2）	-408.44	+375.66	+2 200	+2 167.22

❶ 注：计算结果保留整数；差额结果如 "+" 号表示方案 2 比方案 1 好；反之，方案 1 好。

从表 11 - 1 中可以看出，方案 2 比方案 1 租金现值多 408.44 元，但由于方案 1 需要一笔最后付款，因此有一笔不利的差额达 375.66 元。最后，在租赁方案 2 中转让给承租人减税优惠为 2 200 元，这就是方案 2 同方案 1 相比，为什么会有 2 167.22 元的节省额的原因。这一点对承租人进行租赁决策很有帮助。

（二）比较净现值法

比较成本现值法所考虑的只是与租赁有关成本的现值。而净现值法除了要考虑现金流出因素外，还考虑使用租赁设备将给企业带来的效益，然后进行评价。

现仍以上述两种租赁方案为例，作如下补充：该项设备在三年寿命期内，分别产生 8 000 元、9 500 元、10 000 元的效益，固定费用、人工费用等暂不考虑。求出每种方案的净现值。计算结果如表 11 - 2 所示。

方案	租金现值	租赁期满时支付金额的现值	投资减税额的现值	资金流出现值总额	资金流入现值总额	净现值
			表 11 - 2　净现值比较表			单位：元
方案 1	22 381.67	375.66	—	22 757.33	22 637.11	-120.22
方案 2	22 790.11	—	-2 200	20 590.11	22 637.11	2 047
差额（方案 1 与方案 2）	-408.44	+375.66	+2 200	+2 167.22	—	-2 167.22

根据上述计算结果，方案 1 减去方案 2 的净现值差额为 -2 167.22 元，这说明方案 2 的现金流出量小于方案 1 的现金流出量。因此方案 2 对承租人来说更有吸引力，企业选择方案 2 是较有利的，同上述的比较成本现值法的结论完全一致。

二、出租人租赁项目决策

金融租赁公司租赁项目决策主要是指如何对租赁项目进行评估，并运用科学方法选择最有价值的项目的过程，其中评估内容和评价方法是最重要的步骤。

（一）评估内容

承租企业概况。出租人在与承租人达成租赁协议前，必须利用各种信息来源和资讯渠道对承租人进行深入细致的了解，以评估承租企业的资信情况、经营管理能力和盈利能力。这是因为，企业的盈利能力是租赁租金偿还的最好保证，只有具有较好的经营管理能力的企业才可能实现项目投资的效率，同时，资信也是十分重要的因素，企业有能力还债，如果没有好的资信，还是可能会故意拖欠租金。

租赁项目的前景。对租赁项目的评估是租赁评估的核心内容，项目的盈利能力是出租人收回租金的直接保证，也是出租人租赁的目的。企业的盈利能力和经营管理能力并不能保证企业投资新项目就一定能获得好的投资回报，更取决于项目本身的发展前景，作为出租人一定要对项目进行深入的研究，确定项目发展空间，防止因项目失败导致承租企业到期无法偿还租金。

（二）评价方法

租赁项目决策方法主要是针对项目进行的，这为最终的租赁方案决策提供依据，一般主要使用三种方法：净现值法、现值指数法和内部收益率法。

1. 净现值法。净现值的实质是比较项目成本现值与项目未来收益现值大小的一种方法，计算方法是将项目起始日开始到项目结束期间内不同时点上的所有的净现金流入（现金流入减去现金流出）以一定的收益率进行折现所得到净值，净值为正，表明未来收益足以弥补项目的成本支出，投资可以获得相对某一收益率高的收益率，净值为负，则表明项目成本支出大于项目收益现值。用于折现的收益率是关键，一般用于折现的收益率应该是其机会成本，即相对可选择的其他投资项目收益率中最高的一个，净现值为正，表明该项目比其他任何可选择的投资方式都是更有效的。

2. 现值指数法。现值指数是指未来现金流入的现值与未来现金流出现值的比率，这是以相对数表示的收益与成本比较。如果指数大于1，则表明投资项目是值得的；小于1，则表明投资不是最佳的，同样，这里最关键的因素也是折现率的选择。

3. 内部收益率法。内部收益率是指使项目未来净现金流现值为0的折现率，其实质是指一个项目在运营期间从起始日到结束日投资的平均收益率，平均收益率越高，表明项目盈利能力越大，反之则越没有投资价值。但值得注意的是，由于项目未来现金流包括在不同时点上的流出部分和流入部分，因而以不同折现率折现时，可能使项目净现值排列出现两次以上改变正负的情况，此时，内部收益率可能会失去其价值，即可能出现多个内部收益率的情况，此时宜使用净现值法。

三、承租人决策分析

承租人进行设备投资的方式一般有自有资金购买、银行贷款、金融租赁等方式。至于采用哪种方式更适合于承租人，需要对上述几种方式进行比较，从而决定最优方案。

（一）金融租赁与自有资金购买比较

金融租赁与自有资金购买比较，对于承租人而言，关键的问题是决定租赁还是购买，最简单的方法是将租赁成本和购买成本加以比较，取成本较低者。这里的租赁成本不仅包括租金的支付，而且包括在租赁期内维持设备正常状态所需的生产运转费用；购买成本不仅包括设备价款，也应包括使用设备所发生的运转费用、维修费用。在决策中使用的基本标准是将租赁成本与购买成本的全部现值都减少到最小值。举例分析说明。

例如，某公司需要一台机器设备，设备货价（包括运输费、保险费在内）为 185 000 美元，使用寿命为 10 年，预计设备残值为 500 美元，此项设备每年营运费用为 25 000 美元，各种维修费用为每年 3 000 美元，若向租赁公司租用，每年租金为 25 500 美元，在贴现率假定为 10% 的情况下，哪一种方式对企业更为有利？

经分析，此项融资性租赁的成本现值计算如下：

租赁成本的每年成本 = 25 500 + 25 000 + 3 000

$$= 53\ 500（美元）$$

在根据年金现值公式，将 $i = 10\%$，$n = 10$ 代入可计算出结果：

$$租赁成本 = 328\ 704（美元）$$

同样道理，购买的成本中包括设备价款、每年的营运费用和维修费用。购买的设备价款一次支付无须折现，只需将营运费用和维修费用折现。另外残值是作为收益，应从购买成本中折现后扣除，计算如下：

$$购买的成本现值 = 185\ 000 + (25\ 000 + 3\ 000)\frac{(1+i)^n - 1}{i(1+i)^n} - 500\frac{(1+i)^n - 1}{i}$$

其中营运费用和维修费用是用年金现值公式，而残值 500 是用年金终值公式，代入 i，n 后，可得出

$$购买的成本现值 = 356\ 839（美元）$$

由此可见，租赁设备对企业较为合算。

（二）金融租赁与银行贷款购买比较

当承租人决定要添置设备而又资金不足时，可以考虑租赁或是向银行借款来购买设备。租赁要付租金，借款要支付利息和本金，此时也要比较哪种方案成本较低。

1. 在不考虑税收情况下的比较。例如，某企业决定添置一套新设备。如采用租赁方式，每年年末需付等额租金 15 000 美元；如果借款购买，则设备价款为 50 000 美元，借款利率为 10%，借款期 4 年，设备寿命期 4 年，无残值。在不考虑税收的情况下，问企业该租赁设备还是借款购买？

我们采用年金比较的方式：

若租赁，则 4 年内每年所付年金为 15 000 美元。

若采用借款方式，4 年内每年还本付息数为

$$A = P \cdot \frac{i(1+i)^n}{(1+i)^n - 1} = 50\ 000 \times \frac{10\% \times (1+10\%)^4}{(1+10\%)^4 - 1} = 15\ 773.54（美元）$$

可见，租赁比借款购买更合算一些。

2. 在考虑税收影响下的比较。由于每个企业都要就其收入交税，我们还应把税收因素考虑进去，选择税后收益更大的方案。

例如，某企业需要一套生产流水线设备，采用租赁方式融资，则企业每年应付给租赁公司 45 000 元的租金，每年年末支付；若采用银行贷款方式，则设备价款为 120 000 元，贷款利率为 10%，企业每年等额还本付息 43 000 元。设备的寿命期为 3 年，无残值。

假设企业应付的收入税税率为 46%，采用哪种方式更为有利？

表 11-3　借款购买			单位：元
年份	年初欠款	利息	归还本金	还本付息
1	120 000	12 000	31 000	43 000
2	77 000	7 700	35 300	43 000
3	34 000	3 400	39 600	43 000

如果借款购买，企业可以将折旧及借款利息计入成本而免税；如果采用租赁方式，企业可将租金支出计入成本而免税。

表 11-4　采用租赁方式				单位：元
年份	利息	直线折旧额	借款购买减税额	租赁减税额
1	12 000	30 000	42 000	45 000
2	7 700	30 000	37 700	45 000
3	3 400	30 000	33 400	45 000
总减税额			113 100	135 000

以上是在没有考虑资金时间价值的情况下进行的比较，租赁所引起的税收减免额总数大于借款购买。下面再引进资金的时间价值来比较一下（假设企业预定的折现率为15%）。

借款购买可免税额的现值为

$42\ 000/(1+15\%)+37\ 700/(1+15\%)^2+33\ 400/(1+15\%)^3=86\ 989.4$（元）

而租赁所产生的可减税额的现值为

$45\ 000\times(P/A,15\%,3)=102\ 745.1$（元）

租赁所获得税收减免的现值依然大于借款购买所带来的税收优惠。由于税率为46%，则实际免税的数量为

借款购买：$86\ 989.4\times46\%=40\ 015.1$（元）

租赁：$102\ 745.1\times46\%=47\ 262.8$（元）

可见，租赁方式的减税额大于借款购买方式的减税额。

（三）自有资金购买、贷款购买和租赁对企业财务比率影响的比较

财务比率反映企业的财务状况，如企业的流动比率越高，负债比率越低，企业的偿债能力就越高，为了进一步分析企业用自有资金、贷款、租赁添置设备对企业财务比率的影响，我们仍然通过实例来分析。

某企业有资产300万元，其中流动资金为200万元，固定资产为100万元的设备。分别比较三种方式对企业财务比率的影响（见表11-5）。

表 11 –5　对财务比率影响比较

项目 摘要	资金运用 （万元）			资金来源 （万元）				流动比率 （％）	负债比率 （％）
	流动资产	固定资产	合计	流动负债	固定负债	自有资金	合计		
设备购买前	200	100	300	100	50	150	300	200	100
自有资金购买后	190	110	300	100	50	150	300	190	100
贷款购买后	200	110	310	100	60	150	310	200	107
租赁设备后	200	110	310	100	50	150	300	200	100

从表 11 –5 中可以看出，当用 10 万元自有资金购买后，企业的流动资金减少 10 万元，固定资产增加 10 万元，使流动比率下降 10％；而使用银行贷款时，使固定负债由原来的 50 万元上升至 60 万元，企业负债比率由原来的 100％ 上升至 107％；而采用租赁方式购买设备，其流动比率和负债比率没有发生变化。因此，从对财务比率的影响来看，企业会优先选择租赁方式获得设备使用权。

（四）承租企业对租赁公司的优选分析

通过租赁与购买的比较分析，假定企业选择了租赁，又进一步通过租赁投资方案的优选分析，确定了某一种租赁方法，那么，在实施过程中，承租企业还必须对租赁公司再做优选分析，否则租赁公司选择不当可能会让以前的分析前功尽弃。选择租赁公司时，主要从以下几个指标来分析。

1. 租赁公司的信用度。一般来说，信用度是对租赁公司过去经营业绩的舆论评价，能较为准确地反映租赁公司的经营态度和水平。承租企业既可通过相关的金融机构进行调查，也可向曾与该租赁机构发生过业务关系的其他企业调查，还可直接要求租赁公司提交它以往及现在业务状况的报告书。

选择信用度高的租赁公司，其贸易渠道也多，能及时从国内外生产厂家购入或租入符合要求的优质的租赁标的物，而且能千方百计地争取优惠价格，并以低租方式将优惠部分转给承租企业，加上他们信息反馈快，技术力量强，能够保证租入或购入设备的技术水平。相反，信用度低的租赁公司在交货时间、设备质量、租期内服务等方面可能都会相差很多。

2. 租赁公司的经济实力。实力雄厚的租赁公司多以财团或金融机构为依托，容易取得较低的贷款利息，争取到更多的税收等优惠待遇。

为增强竞争力，许多租赁公司联合成为实力更强大的公司，有些国家还成立了多边租赁组织。许多大租赁公司更积极争取从本国政府或其他有关设备供应国获得进口信贷优惠；还有的租赁公司结合各种租赁业务的特点，运用高明的融资手段，借贷来源不同、期限不同的各种有利贷款，降低租赁成本中的贷款利率，这些都可能间接导致租赁成本的降低，从而给承租企业带来好处。

3. 租赁合同的质量。租赁合同是出租方和承租方为租赁一定财产而明确彼此之间权利、义务的协议。在租赁合同中，对于合同的主要内容及相关条款应作出明确规定，尽量避免由于合同出现漏洞或规定不详而带来财产损失的风险。在保证合同公正、翔实的基础上，承租企业应尽量争取各种优惠待遇或有利条件。

本章小结

1. 租赁资金来源包括人民币资金来源和外汇资金来源。

2. 租赁资金管理包括安全投放、项目管理、保证租金及时收回、恪守信用、资金的合理配置、资金运营的动态分析。

3. 比较成本现值法是对几种不同的租赁方案的成本，分别用贴现的方法，将其换算成现在同一时期的资金，然后再对几种不同的租赁成本现值进行比较的一种方法。净现值法除了要考虑现金流出因素外，还考虑使用租赁设备将给企业带来的效益，然后进行评价。

4. 现值指数法：现值指数是指未来现金流入的现值与未来现金流出现值的比率，这是以相对数表示的收益与成本比较。内部收益率法：内部收益率是指使项目未来净现金流现值为 0 的折现率，其实质是指一个项目在运营期间从起始日到结束日投资的平均收益率，平均收益率越高，表明项目盈利能力越大，反之则越没有投资价值。

本章主要概念

比较成本现值法　比较净现值法　现值指数法　内部收益率法

思考题

1. 我国租赁公司的融资渠道有哪些？
2. 筹措租赁资金时需遵守哪些原则？
3. 对租赁项目进行评价的内容及量化考核指标有哪些？
4. 简述现代租赁与分期付款的区别。
5. 租赁公司在进行资金管理时应从哪几个方面入手？
6. 如何对租赁决策进行分析？

第十二章
租赁风险管理和税收管理

本章知识结构

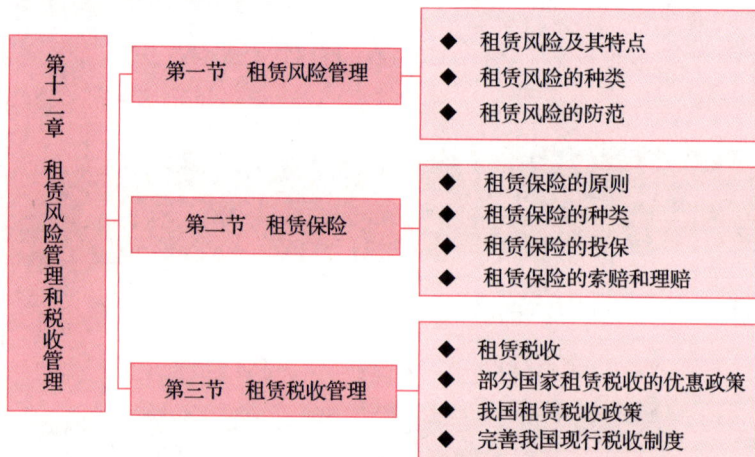

```
                            ◆  租赁风险及其特点
         第一节  租赁风险管理    ◆  租赁风险的种类
                            ◆  租赁风险的防范

                            ◆  租赁保险的原则
第                          ◆  租赁保险的种类
十                第二节  租赁保险   ◆  租赁保险的投保
二                          ◆  租赁保险的索赔和理赔
章

租赁风险管理和税收管理            ◆  租赁税收
                            ◆  部分国家租赁税收的优惠政策
         第三节  租赁税收管理    ◆  我国租赁税收政策
                            ◆  完善我国现行税收制度
```

本章学习目标

- 掌握租赁风险的定义、特点及其种类；掌握租赁风险的防范。
- 掌握租赁保险的原则及其种类；理解租赁保险的投保、索赔和理赔。
- 了解租赁税收及部分国家的优惠政策。
- 了解我国租赁税收政策。

金融租赁业务是一项参与主体众多、合同延续时间长、交易复杂的业务，在实际操作中兼具融资与融物双重特征，因此在实际操作过程中更容易受到不确定性因素的影响，产生各种风险。本章重点分析租赁风险管理的相关内容，主要有租赁风险的类型及租赁风险的管理和租赁保险，同时对国外租赁税收政策进行介绍。

第一节　租赁风险管理

一、租赁风险及其特点

本质上金融租赁业务是一种融物与融资相结合的特殊金融业务，它具有一般金融风险的特征，与其他金融机构业务的风险相比，也有其自身的一些特殊性。

> 租赁风险是指由于租赁经营过程中的各种不确定因素给租赁当事人带来损失的可能性。

（一）金融租赁内部运营机制的特点易导致风险

金融租赁属于金融服务业的一种，其自身运营模式注定容易产生风险，在金融租赁项目操作中，金融租赁公司与交易客户在融资过程中存在信用风险。交易客户是否能够在租赁周期内履行还款义务，确保金融租赁公司回收全额本息，往往取决于交易客户自身的经营管理状况及其对租赁物件的使用情况。在租赁期间，承租人的偿付能力也会因为租赁物的使用不当发生各种意外，或者因为其自身经营原因形成停产、停业甚至破产，出现不确定性，形成交易客户违约责任风险。另外，金融租赁产品的一次性投入较大和不可转让的特点，使租赁公司面临流动性困难的可能性大大提高。

（二）金融租赁业的外部运行环境易诱发风险

我国金融租赁已走过四十余年的历程，但金融租赁市场仍是一个发育很不成熟的市场，相关的政策和制度不健全或滞后是引发租赁业务风险的另一个重要外因。为了适应金融租赁对经济立法的需要，保障融资交易当事人的合法权益，我国《合同法》在借鉴国际公约和国际惯例，并总结我国金融租赁交易具体实践的基础上，将金融租赁专章立法；新修订的《金融租赁公司管理办法》（以下简称《办法》）于 2014 年 3 月施行，修订后的《办法》分为六章，共六十一条，重点对准入条件、业务范围、经营规则和监督管理等内容进行了修订完善。但是，金融租赁业的纵向法律关系，如财务制度、行业管理、税务规定等问题仍需要进一步统一和完善。2020 年 1 月 8 日，中国银保监会发布了《融资租赁公司监督管理暂行办法（征求意见稿）》，对融资租赁企业业务范围、经营规则、监管指标、监督管理等进行了全面的规范，较 2013 年出台的《融资租赁企业监督管理办法》涉及的相关规定更为明晰也更加严格。[①]

除此之外，不少租赁企业利用外资进行金融租赁项目操作，而国际金融市场又容易受到国际政治经济等诸多因素的影响而发生波动，使得租赁企业的风险加剧。

二、租赁风险的种类

（一）信用风险

信用风险分为三种情况：一是承租人违约的风险，主要表现为承租人因本身经营不善、资金周转不足，甚至恶意欺诈而发生延付甚至不付租金的行为。这种风险在经济不景气时比

---

① 见 https：//baijiahao. baidu. com/s? id = 1655241220749679742&wfr = spider&for = pc.

较突出，在融资法规不完善、市场缺乏有效约束时也比较突出。二是出租人违约的风险，主要表现为融

> 信用风险是指租赁三方当事人各自所承担的对他方的责任不能全部或部分按时履约的风险，又称违约风险。

资公司本身资金不足或因工作疏忽、失误而导致供货人拒绝或推迟交货，使租赁物不能如期交给承租人而使之蒙受损失。三是供货人违约的风险，主要表现为供货人未能按合同规定按时交货，或未能达到约定的要求（如货物质量、包装物、技术等），从而使承租人、出租人蒙受损失。

（二）政治风险

政治风险主要有如下三种类型：一是转移风险。即政府在资本市场、产品市场、技术市场以及利润和人员转移方面采取的限制措施。二是

> 政治风险主要是指在国际租赁业务中，由于当事人一方所在国家发生重大政治事件，政局动荡或政策制度改变，而给另一方造成损失的可能性。

所有权风险。它包括资本的国有化、对外资的限制、取消特许专卖权、在部门和地区等方面的限制等。三是政府在企业生产、销售、筹资等方面的干预。此外，还有工潮、动乱、冲突、战争和政策变更等因素也会造成政治风险。例如，2011年埃及和利比亚局势动荡，两国经济、社会和安全受到严重冲击，外国人纷纷撤出。因而，在国际间的金融租赁业务中，当事人任何一方所在国政局不稳时，都要注意政治风险的发生。

（三）金融风险

在金融租赁业务中，金融风险主要来自利率风险和汇率风险。

1. 利率风险。金融租赁的特征之一就是租金，而租金所包含的因素除

> 利率风险是指利率变动给借贷双方所造成的损失。

了租赁物件的货价外，主要是融资利率。融资利率是租赁公司向银行或其他融资机构筹措的资金利率，贷款还本付息和收取租金的时间是同步的，否则如在租期内利率发生不利的变动，租赁公司的融资成本就会相对增加，原定的收益水平会下降。从承租人来看，即使市场利率下降，承租人仍有责任支付固定租金，不能享受利率下跌的好处。因此，出租人的浮动利率和承租人的固定利率将直接对投资设备的成本和投资回收产生影响。同时，出租人给承租人的利率结构也应与自身融资的利率结构相符，否则也会出现利率风险。目前，金融租赁公司的利率风险管理尚处在低水平阶段，对利率风险认识不充分，对利率变动不敏感，缺乏利率风险管理的经验和技术。

2. 汇率风险。汇率风险包括商业性风险和融资性风险，前者是指进口商所承担的汇率风险，后者则

> 汇率风险是指在国际租赁业务中，各国货币之间汇率发生变动导致交易者发生经济损失的可能性。

是债权人和债务人双方所承担的汇率风险。在租赁交易中，从购货合同的签订到租赁合同的完成，一般都需要比较长的时间。在此期间，尽管货价不变，但用于支付的币种汇率可能发生变动，对出口商而言，若用于支付的币种汇率下跌，则导致其实际收入减少；而对进口商来说，若结算汇率上升，则导致实际进口成本增大。另外，如果租赁公司跨国筹资，若其归还贷款时汇率升水，则需要多付利息。因此，在国际支付过程中，对于每一项支付细节都应

充分考虑到会产生的风险。

（四）自然灾害风险

自然灾害风险是指由于火灾、雷击、暴风、海啸、地震和冰雹等自然灾害的发生给租赁物的运输、安装、使用等造成不利影响，从而影响租赁合同的履行，给租赁当事人带来的损失。

（五）税务风险

随着金融租赁行业的发展，相应的监管、财政和税收政策也经历不断探索和完善的过程，其中税务风险是最主要的政策风险之一，以税收为基础的金融租赁交易中，纳税条款和税率的调整对出租人有很大影响。出租人核定收取的租金是在考虑了纳税上给予优惠待遇后确定的，如果在租赁期间税率发生了变动，出租人就会遭受损失。同时，税率调整还会影响到承租人的经营效益和财务状况，致使租金偿付能力下降。另外，在国际金融租赁业务中，如果两国之间没有签订避免双重征税的协定，或未提供税收饶让的优惠政策，还会出现双重征税的风险。

（六）技术落后风险

技术落后风险是指因为市场需求或技术不断变化而引起租赁物件过时的风险。尤其是在科技发展迅速的当今，技术落后风险发生更为普遍。这种风险大小直接决定企业在市场中发展的前景及方向，尤其是在高尖端技术产业内，所以承租人在金融租赁项目合同签署之前，必须充分了解市场及行业发展情况动态，从而决定是否采用金融租赁模式。否则，很可能会影响向出租人支付租金的及时性。

✔ 专栏 12 –1
2018 年融资租赁行业发展分析 ···

2017 年以来，受宏观经济增速放缓、金融监管环境趋严、行业竞争加剧等因素影响，我国融资租赁行业企业数量、注册资金和租赁合同余额增速均明显放缓；从目前已在公开市场发行债券的租赁企业来看，租赁业务新增投放量减少，租赁资产规模增长乏力，融资成本上升，盈利水平呈下降趋势。

但从整体来看，虽然融资租赁行业增长放缓，但盈利仍处于较好水平，融资和资本补充渠道也逐步拓宽，资本仍保持充足水平，融资租赁行业整体发展态势较好。另外，与发达国家租赁市场相比，我国融资租赁行业仍处于初级发展阶段，市场渗透率远低于发达国家，仍有很大的提升空间和市场潜力。

展望未来，随着"供给侧改革""一带一路""中国制造 2025"等国家政策的持续推进，融资租赁行业运营环境持续优化，市场需求逐步提升，给融资租赁行业带来良好的发展空间和机遇。

在宏观经济增速放缓、利率市场化进程持续推进的背景下，租赁企业资产质量下行压力未减，利差收窄使得盈利承压；随着租赁企业数量较快增长，同业竞争日趋激烈，业务领域同质化也越发严重，业务的发展对租赁企业风险管理和专业化运营水平也提出更高要求。

此外，随着融资租赁企业的监管职能划归到银保监会，融资租赁行业面临的监管趋严趋紧，但也有利于防范金融风险，促进行业健康发展。综上所述，联合资信认为，在未来一段时间内我国融资租赁行业的信用风险展望为稳定。

⊕ 资料来源：深度解读 2018 年融资租赁行业发展分析 ［EB/OL］． ［2019 - 02 - 20］． http：//www. sohu. com/a/295905974 _ 99944367.

三、租赁风险的防范

（一）信用风险防范

对出租人而言，要严格按经济规律的要求办事，要利用各种信息和咨询渠道，进行深入细致的信誉咨询和调查。包括确立和检测信用风险暴露限额，在信用危机中取得和保留抵押品或终止交易，对订约另一方和客户不断地进行信用评价，对项目后期实行跟踪管理等。在订立租赁合同时，严格规定约束条件和责任条件，使可能产生的风险降到最低。

对承租人而言，承租人也应在租赁合同签订前全面了解出租人的经济实力及信用状况，并监督租赁设备的购买，防止出租人不能按时交货。对租金的支付，应尽可能考虑利率风险的影响，争取在租赁合同中写明租金变动条款。一旦利率变化超过事先约定的浮动幅度，则调整租金支付额，尽量使风险合理分担。如果出租人是外国的租赁公司，则承租企业应利用多种渠道对外咨询，借以评估对方资信。

（二）金融风险防范

1. 利率风险防范。第一，合理选择利率。金融机构在筹措资金时，一般可供选择的贷款利率有商业银行优惠利率、银行间同业拆放利率、政府贷款利率、国际金融组织贷款利率等。金融租赁公司在签订信贷协议时，应考虑是使用上述类别的浮动利率贷款，还是选择固定利率贷款。一般的选择准则是：当市场利率处于上升趋势时，应力争以固定利率成交；当市场利率处于下降趋势时，争取以浮动利率成交；因市场利率通常变化莫测，走势忽高忽低，因此大多数融资都应采取浮动利率计价。第二，利率掉期。为了利用在某一市场上享有的有利条件或机会，在另一市场上获得更优惠的利率，借款者通常采用利率掉期的办法。利率掉期是指两方之间的一项交易安排，即两者有互补的需要，双方对同一种货币的利率债务进行互利性的交换，通过利率掉期，可将互换双方已有的资产或负债转变成另一种利率。由于协议双方各自得到的借款利率有差别，双方进行调换便会带来费用方面的节省。第三，货币互换。货币互换是双方之间的一项货币交易安排，双方有互补的需要，将不同货币的债务或投资进行互利的货币交易和结算的交换，从而达到双方都认为有利的交易目的。

2. 汇率风险防范。第一，妥善选择交易中使用的货币，出口时力争用趋于升值的货币，即硬货币收汇，而进口时争取用趋于贬值的货币，即软货币支付，或两者搭配使用。第二，采用划拨清算方式，在一定时期内，双方的经济往来以同一货币计价，每笔交易数额只在账面上划拨，到规定期限进行清算。这样双方交易额的大部分都可以互相轧平，从而避免汇率波动带来的风险，或使用外汇保值条款，双方把签订合同之日的汇率固定下来，到实际交割清算时仍使用此汇率，以避免汇率风险。第三，做远期外汇买卖时利用篮子货币。因为篮子货币是由多种货币组成的复合货币，按一定的权重组成，有强有弱，强币与弱币互相抵销，因此汇率相对稳定。第四，使用外汇保值条款。即买卖双方把签订合同之日的汇率固定下来，在合同中注明实际付款时仍然使用此汇率，从而避免汇率风险。

（三）　政治风险防范

政治风险的管理侧重于预防，尤其在国际间的金融租赁交易前，对租赁交易的合作者（出租方、承租方或供货方）所在国的社会制度、劳资关系、民族问题、政治局势等要进行比较详尽的了解，避免与政局不稳国家的交易合作者进行合作。

（四）　技术落后风险防范

技术落后风险的管理重点是进行租赁项目的可行性研究和财务经济的可行性研究，做好对国际同类产品的技术比较分析。

（五）　自然灾害风险防范

自然灾害风险属于纯粹风险，出租人除了可以进行防范和补救，还可以向保险公司投保不同险别的运输险和财产险（详见本章第二节），出租人向保险公司投保财产险后，将保险费计入租金内，由承租人负担。一旦灾害发生，出租人可凭承租人提供的保险事故证明书，向保险公司提起索赔。

（六）　税务风险防范

一般国外公司为了补救这种风险造成的损失，在租赁合同中规定有税款变化的条款。

第二节　租赁保险

租赁保险是规避租赁项目所在国的政治风险以及承租人自身的信用风险从而促进本国租赁业发展的有效手段。租赁保险是对租赁物件（保险标的）在运输、装卸、存储、安装以及租赁物件在租赁期内的使用过程中，可能遭受的意外事故和风险损失进行经济补偿的一种经济措施。由于风险的客观存在，租赁保险可以帮助租赁企业将风险尽量降低，减少出租人或承租人的损失，维护出租人或承租人的利益，有利于租赁业务的开展。

一、租赁保险的原则

（一）　最大诚信原则

最大诚信原则是保险合同当事人在订立合同时及合同有效期内应依法向对方提供影响对方是否缔约以及缔约条件的重要事实，同时绝对信守合同缔结的约定与承诺；否则，受害方可主张合同无效或解除，甚至要求对方赔偿因此而受到的损失。最大诚信原则是签订和履行保险合同所必须遵守的一项基本原则。

最大诚信原则的两个条件：

1. 告知。告知是保险合同当事人一方在合同缔结前和缔结时以及合同有效期内就重要事实向对方所做的口头或书面陈述。最大诚信原则要求的告知是如实告知，投保人或被保险人和保险人都有如实告知的义务。投保人或被保险人在保险合同缔结前或签订合同时以及在合同有效期内应尽量将已知和应知的与保险标的有关的重要事实如实告知保险人；保险人在保险合同缔结前或缔结时也应将对投保人有利害关系的重要事实如实向投保人陈述。

2. 保证。保证是投保人或被保险人在保险期间对某种事项的作为或不作为、存在或不存在的允诺。保证是一项从属于主要合同的承诺，违反保证使受害方有权请求赔偿；保险合同的保证是保险合同成立的基本条件，它可以使受害方有权解除合同。

（二）保险利益原则

保险利益是投保人或被保险人对保险标的具有的法律上承认的利益。保险利益产生于投保人或被保险人与保险标的物之间的经济联系，并为法律所承认的、可以投保的一种法定权利，是投保人或被保险人可以向保险人投保的利益，是保险人可提供保险保障的最大额度。它体现了投保人或被保险人对保险标的的所具有的法律上承认的利害关系，投保人或被保险人因保险标的的未发生风险事故而受益，因保险标的的遭受风险事故而受到损失。

（三）近因原则

近因是引起保险标的的损失的直接、有效、起决定作用的因素。反之，引起保险标的的损失的间接的、不起决定作用的因素称为远因。在保险理赔中，近因原则的运用具有普遍的意义。近因原则在处理赔案时，赔偿与给付保险金的条件是造成保险标的的损失的近因必须属于保险责任，若造成保险标的的损失的近因属于保险责任范围内的事故，则保险人承担赔付责任；若造成保险标的的损失的近因属于责任免除，则保险人不负赔付责任。只有当保险事故的发生与损失的形成有直接因果关系时，才构成保险人赔付的条件。

（四）损失补偿原则

损失补偿原则是当保险事故发生时，被保险人从保险人处所得到的赔偿应正好填补被保险人因保险事故所造成的保险金额范围内的损失。这是保险中理赔的基本原则。在保险事故发生后，被保险人有权利要求保险人按合同给予补偿，保险人则有义务向被保险人对其损失进行补偿。通过补偿，被保险人的保险标的的在经济上恢复到受损前的状态，不允许被保险人因损失而获得额外的利益。保险人在运用补偿原则时，在补偿金额上应根据不同情况掌握几个限度。

1. 经济补偿以实际损失为限。若在超额保险条件下，由于保险金额超过保险价值，因此当保险标的的发生保险事故时，被保险人遭受的实际损失最大为保险价值，不可能等于或超过保险金额。因而，按照补偿原则，被保险人的保险标的的在经济上恢复到损失前的状态，保险人只能以发生损失时的市场价格来确定赔偿金额，不得超过损失金额，以防被保险人获得额外利益。

2. 经济补偿以保险金额为限。保险金额是保险人承担赔偿或给付保险金责任的最高限额，投保人因保险标的的受损所获得的经济补偿，也就只能以保险金额为限。在保险标的的发生全部损失时，若投保的是不定值保险，当保险金额等于或小于保险标的的实际价值时，赔偿金额以保险金额为限；当保险金额大于保险标的的实际价值时，赔偿金额以保险标的的实际价值为限。若投保的是定值保险，则补偿金额应以保险金额为限，以便弥补被保险人的损失。

3. 经济补偿以保险利益为限。保险利益是投保人对保险标的的所具有的法律上承认的利益。被保险人对所遭受损失的财产具有保险利益是被保险人索赔的基础，其所获得的赔款也不得超过其对被损财产所具有的保险利益。

二、租赁保险的种类

根据各国的租赁保险实践，租赁保险可分为租赁物件运输保险和租赁期内租赁物件保险两大类。

（一）租赁物件运输保险

租赁物件运输保险按照运输方式的不同，可以分为海洋运输保险、内陆运输保险和航空运输保险。

1.海洋运输保险。海洋货物

租赁物件的运输保险是指投保人与保险公司订立保险合同，对租赁物件投保运输险。投保人按投保金额、投保险别及保险费率，向保险公司支付保险费；保险公司根据保险合同的规定对租赁物件在运输过程中发生承保责任范围内的损失，给予经济赔偿。

（租赁物件）运输保险条款通常由各国保险公司自行制定。一般规定，海洋运输货物保险的基本险别有平安险、水渍险和一切险三种，此外还有附加险。被保险货物遭受损失时，按照保险单上订明承保险别的条款规定，负赔偿责任。

（1）平安险。平安险的责任范围主要包括以下几个方面：

第一，被保险货物在运输途中由于恶劣气候、雷电、海啸、地震、洪水等自然灾害造成整批货物的全部损失或推定全损。当被保险人要求赔付推定全损时，须将受损货物及其权利委付给保险公司。被保险货物用驳船运往或运离海轮的，每一驳船所装的货物可视作一个整批。推定全损是指被保险货物的实际全损已经不可避免，或者恢复、修复受损货物以及运送货物到原定目的地的费用超过该目的地的货物价值。

第二，由于运输工具遭受搁浅、触礁、沉没、互撞、与流冰或其他物体碰撞以及失火、爆炸意外事故造成货物的全部或部分损失。

第三，在运输工具已经发生搁浅、触礁、沉没、焚毁意外事故的情况下，货物在此前后又在海上遭受恶劣气候、雷电、海啸等自然灾害所造成的部分损失。

第四，在装卸或转运时由于一件或数件整件货物落海造成的全部或部分损失。

第五，被保险人对遭受承保责任内危险的货物采取抢救、防止或减少货损的措施而支付的合理费用，但以不超过该批被救货物的保险金额为限。

第六，运输工具遭遇海难后，在避难港由于卸货所引起的损失以及在中途港、避难港由于卸货、存仓以及运送货物所产生的特别费用。

第七，共同海损的牺牲、分摊和救助费用。

第八，运输契约订有船舶互撞责任条款，根据该条款规定应由货方偿还船方的损失。

（2）水渍险。水渍险承保的责任范围除包括平安险的各项责任外，还负责被保险货物由于恶劣气候、雷电、海啸、地震、洪水等自然灾害所造成的部分损失。水渍险的保险责任大于平安险，因此，水渍险的保险费率高于平安险。

（3）一切险。一切险的保险责任除包括平安险和水渍险的所有责任外，还包括被保险货物在海上运输途中由于各种外来原因所造成的全部损失或部分损失。这里所指的"外来原因"并非是运输途中的一切外来风险，而是以一般附加险中的风险为限。对海上运输货物保险的上述三种基本险别，保险公司规定有以下除外责任：

第一，投保人的故意行为或过失所造成的损失。

第二，属于发货人责任所引起的损失。

第三，在保险责任开始前，被保险货物已存在的品质不良或数量短差所造成的损失。

第四，被保险货物的自然耗损、本质缺陷、特性以及市价跌落、运输延迟所引起的损失或费用。

第五，属于战争险条款和罢工险条款规定的保险责任和除外责任的货损。

（4）附加险。被保险货物在投保了平安险、水渍险和一切险三种基本险别之后，还可以在这些险别保障范围的基础上协商加保附加险。附加险不能单独投保，必须在主要险别的基础上加保，加保多少，可由投保人自行选择。一般附加险包括短量险、玷污险、渗漏险、串味险、锈损险、钩损险、偷窃提货不着险、淡水雨淋险、碰损破碎险、受潮受热险、包装破损险；特殊附加险包括交货不到险、进口关税险、舱面险、罢工暴动民变险、战争险。

2. 内陆运输保险。陆上运输货物保险包括陆上运输险、陆上运输一切险和陆上运输货物战争险等，陆上运输险和陆上运输一切险属基本险，陆上运输货物战争险属附加险。承保对象是火车和汽车运输货物。

（1）陆上运输险。陆上运输险的承保责任范围与海洋运输货物保险条款中的"水渍险"相似。对被保险租赁物件在运输途中遭到暴风、雷电、洪水、地震等自然灾害，或由于火灾、爆炸以及运输工具遭受碰撞、倾覆、出轨、隧道坍塌、岩崩和水上驳运工具搁浅、触礁、沉没等意外事故所造成的全部或部分损失负赔偿责任。

（2）陆上运输（租赁物件）一切险。陆上运输一切险的责任范围与海上运输货物保险条款中的"一切险"相似，除包括上述陆上运输险的责任外，还对被保险租赁物件在运输途中，由于外来原因所致的全部或部分损失负赔偿责任。陆上运输险与陆上运输一切险的除外责任与海洋运输货物险的除外责任相同。

（3）陆上运输（租赁物件）战争险。陆上运输租赁物件战争险是陆上运输货物保险的特殊附加险。只有在投保了陆上运输险或陆上运输一切险的基础上，经过投保人与保险公司协商同意后才可加保。陆上运输租赁物件战争险的责任范围是直接由于战争、类似战争行为和敌对行为、武装冲突所致的损失；各种常规武器包括地雷、炸弹所致的损失。

陆上租赁物战争险的除外责任：

第一，由于敌对行为使用原子弹或热核武器所造成的损失和费用。

第二，根据执政者、掌权者或其他武装集团的命令而扣押、拘留引起的承保运程的丧失和挫折而提出的任何索赔要求。

3. 航空运输保险。航空运输保险可分为航空运输险和航空运输一切险两种。此外，还有航空运输货物战争险。

（1）航空运输险的责任范围。被保险货物在运输途中遭受雷电、火灾、爆炸或由于飞机遭受恶劣气候或其他危难事故而被抛弃，或由于飞机遭受碰撞、倾覆、坠落或失踪意外事故所造成的全部或部分损失。除此之外，还包括被保险人对遭受承保责任内危险的货物采取抢救，防止或减少货损的措施而支付的合理费用，但以不超过该批被救货物的保险金额为限。

（2）航空运输一切险。除包括上述航空运输险的责任外，本保险还负责货物由于外来原因所致的全部或部分损失。

（3）航空运输货物战争险。航空运输货物战争险是航空运输货物保险的一种附加险。它主要对直接由于战争、类似战争行为和敌对行为、武装冲突以及由此引起的捕获、拘留、禁卸、扣押所造成的损失赔偿，但不包括因使用原子或热核制造的武器所造成的损失。

（二）租赁期内租赁物件保险

租赁期内租赁物件保险，是指承租人与出租人根据租赁项目的具体需要，选择适当的险别，在租赁合同的保险条款中列明在租赁期内投保的险种，由承租人以出租人的名义具体办理投保。投保期限分为按年投保或以租赁期为单位一次性投保。可分为财产保险、盗窃险、建筑和安装工程一切险、营业中断险、机器损坏险等。

1. 财产保险。目前我国企业财产保险分别采用财产保险基本险条款和财产保险综合险条款。其中财产保险基本险条款承保的基本责任有四项：火灾、雷击、爆炸、飞行物体及其他空中运行物坠落。而财产综合险条款采取一揽子保险责任的承保方式，通过在保险单中予以列明的方式承保 16 项意外危险和自然危险。除了承保上述四项基本责任，还包括洪水、暴雨、台风、龙卷风、雪灾、冰凌、泥石流、崖崩、突发性滑坡、地面突然塌陷等 12 项风险。

值得注意的是，我国财产保险对于战争、敌对行为、军事行动、武装冲突、罢工、暴动；被保险人及其代表的故意或纵容行为所致；核反应、核子辐射和放射性污染等原因所导致的保险标的损失不予赔偿。

2. 盗窃险。盗窃险是财产保险的附加险。盗窃险的财产在保险期内因被抢劫、偷窃或盗贼暴力侵入保险财产存放处所造成的灭失或损失负责赔偿。

盗窃险的除外责任是：

（1）被保险人的故意行为或重大过失造成保险财产的损失。

（2）被保险人的家属或雇佣人员或同住人或寄宿人盗窃，或纵容他们盗窃保险财产而造成的损失。

（3）在保险财产存放处所无人居住或看管超过 7 天的情况下，保险财产被盗窃所造成的损失。

（4）在发生地震、洪水等自然灾害时，保险财产被盗窃而造成的损失。

（5）在发生火灾时，保险财产被盗窃而造成的损失。

（6）对保险财产进行盘点时发现的短缺或损坏。

3. 建筑和安装工程一切险。建筑工程一切险是承保以土木建筑为主体的民用、工业用和公共事业用的工程在整个建筑期间因自然灾害和意外事故造成的物质损失，以及被保险人对第三者依法应承担的赔偿责任为标的的保险。建筑工程一切险是以工程建设期为保险期，以完工时的总价值（包括运费、关税、施工及安装费用）作为保险金额。若投保时工程总价无法确定，可先以概算数额投保，待工程完工时再进行调整。

安装工程一切险是以各种大型机器设备的安装工程项目在安装期间因自然灾害和意外事故造成的物质损失，以及被保险人对第三者依法应承担的赔偿责任为保险标的的保险。与建筑工程一切险相同，安装工程险也按工程总额投保，在总额一时难以确定时，可先以核算数额计算投保额，待完工后再予以调整。与建筑工程一切险不同的是安装工程一切险多了一个试车考核期间的保险责任。

安装工程一切险的除外责任有：

（1）被保险人及其代表的故意行为或重大过失所引起的损失。

（2）战争（敌对行为、武装冲突、恐怖活动、政变、谋反、罢工、暴动及骚乱）、行政或执法行为所致的损失。

（3）核反应（核辐射、放射性）污染、自然磨损（氧化、锈蚀）、错误设计引起的损失。

（4）原材料缺陷或工艺不善所引起的事故、非外力引起的损坏或失灵、全部或部分停工引起的损失。

（5）罚金、耽误损失。

（6）丧失合同、相关资料的损失。

（7）保险合同规定的由被保险人承担的费用、盘点租赁物发生的短缺及安装工程第三者责任险条款规定的责任范围和除外责任。

4. 营业中断险。营业中断险又称利润损失保险或间接损失保险，是对物质财产遭受火灾责任范围内的损毁后被保险人在一段时间内因停产、停业或经营受影响而损失的预期利润及必要的费用支出提供补偿的保险。营业中断险是企业财产保险的附加险。

营业中断险赔偿的是承租方合法的、正当的损失，是承租方如果不遭受灾害事故在正常营业或生产的条件下能够有根据实现的收益或支出。营业中断险应逐年投保，保费按上年度承租方的毛利金额和规定的保险费率计算。营业中断险为承租方按时支付、出租方及时回收租金提供了一种保障。营业中断险还可以按照被保险人要求在增加支付保险费的基础上扩展以下责任范围：通道堵塞条款、谋杀条款、遗失债权证明文件条款等。

5. 机器损坏险。机器损坏险的保险责任范围包括设计制造或安装错误、铸造和原材料缺陷、工人或技术人员操作错误（缺乏经验、技术不善、疏忽、过失、恶意行为）、离心力引起的断裂、超负荷（超电压、碰线、电弧、漏电、短路、大气放电、感应电等）造成的损失等。财产保险基本险和综合险不承保上述风险，为得到全面保障，租赁保险一般应在投保财产保险基本险或综合险时，附加机器损坏险。一般是根据保险机器新的重置价值承保，包括新机器的价值、关税、运费、保费及安装费用。

机器损坏险的除外责任有：

（1）机器设备运转后引起的物理或化学反应、各种易损易耗品、被保险人及其代表在保险前就已知租赁物存在缺陷而引起的损失。

（2）根据法律或契约应由第三方负责的损失。

（3）非意外事故引起的停电（停气、停水）、被保险人及其代表的故意行为或重大过失、战争（敌对行为、武装冲突、恐怖活动、政变、谋反、罢工、暴动及骚乱）、行政或执法行为所致的损失。

（4）核反应（核辐射、放射性）污染、保险事故发生后引起的间接损失。

（5）保险合同规定的由被保险人承担的费用、自然灾害及一般意外事故。

三、租赁保险的投保

租赁保险的具体投保事项，要考虑投保人是谁以及租赁物件处于什么状态。通常情况下，出租人以自己的名义向保险公司投保。保险费计入租金，由承租人承担。当租赁物件发生意外事故时，由出租人出面向保险公司索赔。获得赔偿金后，出租人扣除属于自己的租金余额，其余部分退还给承租人。

如果投保是按租赁物件所处的不同状态进行的，那么出租人要为租赁物件的运输进行保险，保险费计入租金，由承租人承担；当设备运抵承租企业后，承租人要为租赁期内的租赁物件进行保险，保险费计入产品成本。

租赁保险投保的一般程序：投保人（出租人或承租人）向保险公司提出投保的要求，向保险公司索取投保单，如实填写保险单中的具体内容。保险公司接到投保人的投保单后，经核实同意保险后，即出具正式保单，并通知投保人缴付保险费。

四、租赁保险的索赔和理赔

（一）租赁保险的索赔

租赁保险索赔原则上应由投保人提出，因为投保人在法律上享有索赔权。当保险标的发生保险单规定的损失时，投保人应及时提出索赔要求，以免丧失时效。按照有关规定，对租赁物的运输保险，索赔时效一般为租赁物发生属于保险责任范围内的损失之后的两年内；对租赁期内租赁物的保险，索赔时效一般为租赁物发生属于保险责任范围内的损失之后的一年内。如果有影响承租人索赔的客观原因，索赔期限可适当延长。

> 租赁保险索赔是指投保人在租赁物件遭遇意外事故造成财产损失时，根据保险合同请求保险人给予经济补偿或给付保险金的行为，是投保人获得实际的保险保障和实现其保险权益的具体体现。

租赁保险索赔的具体程序包括以下几个环节：

1. 出险报案。由于索赔有时效限制，当发生保险责任范围内的损失时，被保险人应立即通知保险公司，采取一切措施减少损失，并提出索赔要求。

2. 施救措施。保险事故发生后，投保人应采取一切合理的措施对保险标的进行施救，防止损失扩大，并争取把损失减小到最低程度。

3. 现场查勘。遭遇意外事故后，投保人有责任保护好出险现场，并配合保险公司做好事故检验工作，以便保险公司能迅速地作出判断并正确地进行核赔，使投保人的利益得以保障。

4. 填写出险通知书。承租人按照保险公司的要求认真填写出险通知书，内容包括租赁物名称、保险金额、保险单号码、出险日期、出险原因、出险经过、损失程度及要求赔付的金额等。

5. 提供索赔单证。其目的是证明承租人索赔的事实，主要索赔单证有：

（1）保险单及支付保险费的凭证；

（2）租赁物账册、发票、进出口海关税单等，若在运输中则还需运单、提货单、装箱单、运输合同等；

（3）出险调查报告、出险证明书，若在运输中，则还需承运人、海关或港务局提供的货损货差证明或损失鉴定证明；

（4）受损财产及费用清单，若涉及第三者责任，需提供追偿函电及其他有关单证；

（5）施救费用单证。

6. 领取赔偿或保险金。保险公司接到上述索赔单证，应根据保险责任范围，迅速核定应否赔偿；赔偿金额一经确定，保险公司应在十日内赔付。

7. 出具权益转让书。当涉及第三者责任时，并且出租人已经得到保险公司先予赔付后，出租人向保险公司出具权益转让书。

（二）租赁保险的理赔

在租赁保险的实际理赔工作中，应把握以下三项原则：一是重合同、守信用原则。保险人应当严格按照合同中规定的条款，

> 租赁保险理赔是指保险公司在保险标的发生风险事故后，对被保险人提出的索赔请求进行处理的行为。投保人购买保险的主要目的就是在保险事故发生时获得补偿，保险理赔是保险补偿职能的具体体现。

认真履行应由保险公司承担的赔偿责任。二是实事求是原则。要求保险公司对保险事故所造成的损失不夸大、不缩小、不惜赔、不滥赔，严格按照保险合同的约定进行赔偿。三是主动、迅速、准确、合理的原则。投保人发生保险事故后，保险公司要积极、主动、及时地了解受损情况，迅速赔偿损失。

租赁保险的理赔一般需经过以下程序：

1. 受理登记。保险事故发生后，为使保险公司能够及时开展调查，投保人、被保险人或受益人应及时将保险事故情况告知保险公司，这是其必须履行的义务。保险公司在接到被保险人的报案后，应及时记录通知事项，并查抄有关保险单底，了解承保情况。而后，将承保条件与报案内容进行核对。例如，出险日期是否在保险责任有效期内，所受损失是否在承保责任范围等。对于存在保险关系且符合索赔时效的申请，应及时编号立案。

2. 审查单证和证明材料。被保险人或受益人向保险公司索赔时，保险公司应要求提供下列材料：保险单、支付保险费的收据、保险事故证明或损害结果证明。一般来说，财产险应提供财产损失清单、技术鉴定证明、事故报告书、抢救费用收据等。理赔人员需检查单证是否齐全、相符，事故是否真实可靠。

3. 现场查勘。现场查勘是理赔的重要环节，为处理赔案提供第一手资料，是审查投保人或被保险人是否履行诚信的关键。现场勘查一般需要理赔人员确认受损财产是否属于保险财产，出险时间是否在保险公司承担赔偿责任的时间段内，导致风险发生的原因是否在保险责任范围等内容，必要时可请有关部门和专家予以协助。现场勘查时，通常要对出险地点、财产损失情况等进行拍照，以便存档。若理赔人员到达受灾现场后，险情尚未排除，应立即与被保险人及有关部门一道进行施救，减少损失。此外，为了解损失的大小，必要时理赔人员应向被保险人索要相关会计资料进行核对。现场查勘结束后，理赔人员应完成现场查勘报告，为后续程序做好准备。

4. 责任审核。现场查勘之后，理赔人员根据现场查勘报告和被保险人提供的各项证明材料，认真对照保险条款的规定，分析事故发生原因，确定损失是否属于保险责任的赔偿范围。例如，理赔人员需要审查保险合同的有效性，被保险人所提供证明材料的可靠性，保费是否按期足额缴纳，投保人对被保险人或保险标的是否具有可保利益，引发事故的原因是否在承保范围内等。若事故属于保险责任范围，则进入核定损失环节；若不属于保险责任范

围，则需进行全面的分析论证后作出拒赔结论，并书面通知被保险人。若事故是由第三方引起并由第三方负责的，保险公司可以先行赔付，随后向第三者实施代位追偿。

5. 核定损失。若风险损失属于承保责任范围，核保人员将根据被保险人提供的财产损失清单和有关证明，逐项核对损失数量和金额。这时，核保人员主要将财产损失清单与实物及会计账目进行核对，审查报损是否准确；若被保险人对保险事故采取了必要的施救措施，对其所支付的合理的施救费用由保险公司负责赔付；最后根据核实结果填制保险标的损失清单，作为计算赔款的依据。

6. 损余物资处理。在财产保险中，可能受损后的财产仍具有一定的价值，保险公司在全部赔付之后，可以将损余财产折价卖给被保险人，以冲抵保险金额。

7. 赔付计算。对于财产保险来说，保险公司按照保险金额与保险价值的比例承担赔偿责任。若保险金额高于保险价值，当发生全部损失时，赔偿金额以不超过保险价值为限，当发生部分损失时，赔偿金额按实际损失计算；若保险金额低于保险价值，当发生全部损失时，按保险金额赔偿，当发生部分损失时，按保险金额与保险价值比例计算。施救费用要与保险标的的赔款分开计算，其额度不得超过保险金额。

具体理赔程序因险种不同而有所区别。

第三节 租赁税收管理

一、租赁税收

金融租赁虽是契约产物，但其产生与发展不仅单纯依赖契约法的进步与完善，还是世界各国经济政策、行政法规、金融制度等诸多方面共同作用的结果。在影响金融租赁的众多因素中，税收政策是促进金融租赁业快速发展的关键因素，并被作为刺激租赁业发展，进而刺激投资的重要因素。各国对于金融租赁的税收规定不同，使当事人在不同国家可以得到不同的税收优惠。西方国家在税收方面的主要措施有以下几种。

（一）投资抵税制度

世界上租赁业发达的国家普遍实行投资抵免的税收制度，即允许企业按照一定的比例，以新增投资额为基数计算出应减免税额，然后从应纳税额中扣除。投资减免税政策并不是专就租赁业而制定的，但是租赁业务的特点使这个政策发挥作用的范围得到了很大的扩展。因为对企业而言，要真正得到投资减免税的需要有可纳税额，但是许多企业却没有可纳税额，也就享受不到这个优惠，而有些企业有可纳税额，但由于没有新增投资而无法减免税款。如果双方采用租赁方式，就可以共同分享减免税的好处。英国从 1970 年开始实施第一年减税的投资税收抵免政策，并根据形势调节投资减税率。具体规定是：第一年的税收减免为设备成本的 60%，在 1971 年又规定将减免税率提高到 80%，1972 年提高到 100%，后来又改为按每年 25% 的比例逐年减税。在英、美资产的法定所有者被看作纳税者而享有税收优惠，出租人可以通过优惠租金的方法将这一优惠转移给承租人，由出租人和承租人共同享有。

（二）加速折旧

加速折旧是拉动设备投资的有效措施之一，很多国家都对金融租赁设备制定了加速折旧的鼓励制度。《国际会计准则》规定，金融租赁投资设备按照折旧年限与租赁年限两者孰低的原则计提折旧，而通常情况下，租赁年限低于折旧年限。美国《税法》规定，金融租赁的期限比法定折旧年限短 10%～25%，并允许在租期内足额折旧；日本《税法》规定，现代租赁的租期一般为设备法定耐用年限的 60%～70%。在加速折旧中，虽然提取的折旧总额没变，但法定折旧可以提前完成，使企业实现延期纳税、获得资金时间价值的好处，从而降低设备更新损失以及通货膨胀风险。目前大部分国家是由出租人提取折旧，并通过租金的增减转移，使租赁双方都能获得利益。加速折旧制度充分发挥了金融租赁在促进设备投资方面的功能，大大促进了租赁业的发展。

（三）允许租金税前扣除

大多数西方国家允许承租人把租赁的总成本当作费用在税前扣除。如美国规定，采用真实租赁的承租人，可把租赁的总成本当作一种费用在纳税利润中扣除。由于金融租赁的租期一般短于法定折旧年限，因此，承租人获得类似加速折旧的好处。这种优惠使金融租赁对承租人产生了极大的吸引力。

（四）杠杆租赁的税收优惠

20 世纪 60 年代以来，西方国家出现一种特殊的金融租赁方式——杠杆租赁。杠杆租赁的出租人在购买设备时仅需用自有资金支付设备款的一小部分，其余款项通过将要出租的设备作为抵押品向银行或者其他金融机构贷款取得并支付，然后用该项设备的租金来偿还贷款。可见，利用贷款购买设备对出租人有杠杆作用的好处，使出租人获得租赁收入超过贷款成本的那部分收益。美国《税法》规定，贷款利息可以在税前作为财务费用列支，出租人可相对减少所得税的支出。出租人进而通过降低租金的形式使承租人也分享到该优惠。

（五）准备金及亏损处理政策

从财务审慎原则出发，西方发达国家普遍允许出租人根据应收租金的拖欠情况，提取足额的呆账准备金，及时核销坏账损失，且不同程度地对准备金给予税收优惠。如美国规定出租人可以自定呆账准备金比率并自主提取，虽然准备金提取时不免税，一旦发生损失，损失的部分就可以免税；日本政府规定，当债务人（承租人）无法偿还债务、债权人（出租人）无法回收资金时，其债权额作为呆账损失在计算应纳税所得额时可计入呆账发生日的年度损失额中。

二、部分国家租赁税收的优惠政策

（一）美国

美国《税法》对于不同租赁交易的区分标准与美国财务会计标准委员会对租赁所做的分类标准不同，将租赁区分为有条件销售和真实租赁，并据其判断确定不同租赁业务的税收适用主体和适用税种。符合下述条件的租赁形式为真实租赁。

1. 出租人的投资至少占设备购置总成本的 20%。

2. 租赁期末，租赁资产的剩余价值至少为租赁资产价值的 20%。

3. 租赁期末，租赁资产剩余使用寿命应长于 1 年，或者长于其有效寿命的 20%。

4. 没有优惠购买选择权。

5. 没有承租人所在集团的成员公司向出租人贷款或担保以购买租赁资产。

6. 出租人能够从租赁交易中获得合理报酬。

如果被界定为真实租赁，由租赁公司享受加速折旧、投资减税等税收优惠。租赁公司可以将租金在应纳税所得额中扣除，而且对其销售收入征收资本利得税。在美国，资本利得税比普通所得税税率低很多，租赁公司可以通过降低租金的方式向承租人转让其部分税收优惠。

如果被界定为有条件销售，在税收上按债务对待，对租赁公司销售收入征收普通所得税。由承租人享受折旧优惠和投资减税等税收优惠，但承租人所付租金不能作为费用从成本中列支。一般而言，经营性租赁基本上属于真实租赁，而金融租赁则是真实租赁和有条件销售的混合体。美国租赁发展如此迅猛，不仅得益于完备的法律法规，更得益于政府一系列税收优惠政策，包括：

1. 投资税收抵免。投资税收抵免最初由美国在 1962 年出台，其目的是通过增加设备投资来刺激经济活力与就业。其规定对汽车、新型卡车、特殊工具等研究和开发方面的机器，实行三年加速成本回收，税收减免 6%；对其他符合《税法》规定的合格装备实行三年、十年或十五年的加速成本回收，税收减免 10%。在满足真实租赁的情况下，租赁公司可以将这一优惠通过租金减免的方法转移给承租人，这构成美国租赁业的一个重要特征。

2. 折旧计提方式。1981 年税法推行"加速成本回收制"，并特别针对租赁业，创立了能充分利用减税原则的"安全港租赁"模式。这种模式允许租赁双方在出租人、租赁期以及租赁物符合一定条件的前提下，约定出租人为设备所有权人，自动授予出租人获取投资减免税、加速成本回收等税收优惠的权利。

3. 政府对租赁公司，特别是在发展中国家开展业务的租赁公司提供全面的政治风险保险，进出口银行对租赁公司的对外租赁交易提供综合性的出口信贷、出口担保、政治和商业风险的保险。

（二）日本

日本租赁市场规模仅次于美国，居世界第二位。日本金融租赁的《会计准则》《国际会计准则》和美国《会计准则》有很大不同。在日本的《会计准则》中，有金融租赁和经营性租赁两种交易形态。其中金融租赁必需满足以下两个条件：

1. 全额偿付，即租金总额要达到出租人全部投入成本的 90% 以上。

2. 不可撤销，即租赁期间承租人不可中途解除合同。

金融租赁以外的，即为经营性租赁。

在金融租赁中，又分为所有权转移的金融租赁和所有权不转移的金融租赁。只要在合同上附带让渡所有权的，或者优惠购买权的条款，或者租赁物是只能为承租人使用的专属资产，或者租赁物附着于他物而无法返还出租人的，也就是说，只要事先可以预见租赁物的所有权最终会转移给承租人的，都属于所有权转移的金融租赁，其在会计上视同销售处理，即租赁物记在承租人的资产负债表内，由承租人计提折旧。而所有权不转移的金融租赁在附"注记"之后和经营性租赁一样，在会计上可以按照普通租赁处理，即租赁物记在出租人的资产负债表内并由其计提折旧，承租人支付的租金按照当期费用处理。

日本对金融租赁业主要课征三种税：一是法人所得税，针对法人企业经调整后的利润课征，税率为30%，其中20%为地方税；二是消费税，即流转税，税率为5%，其中1%为地方税，纳税金额为从营业税中扣除进货等相关税额后的差额，也就是用销项税减去进项税后的余额，相当于环环抵扣的增值税制；三是固定资产税，针对土地、建筑物、动产等固定资产的所有人课征，税率为固定资产估价的1.4%，属于地方税。另外，日本《税法》规定，金融租赁的折旧期限不得短于租赁物正常使用年限的70%，也不得长于120%，只能在两者之间。对于特定设备，如IT设备，经批准后可以实行加速折旧。金融租赁公司也可以提取坏账准备金并在税前扣除，但提取的比例只能与普通工商企业相同。进口租赁物的关税需要一次性支付，不可分期支付。

投资减税制度。对引进符合税收政策导向的设备用户，可以在租赁总额中扣除一定比例的税额，金融租赁业同样适用此项税制。主要有三类优惠税制：一是IT投资促进税制，适用对象设备主要是计算机、数码复印机、传真机、集成电路卡利用设备、数码播放接收设备等IT关联机器，减税额度为租赁费用总额的6%；二是中小企业投资促进税制，适用对象设备主要是机器装置、电脑、数码电话设备、数码交换设备等，减税额为租赁费用总额的4.2%；三是中小企业基础强化税制，适用对象是批发、零售、饮食、特定服务业等行业，减税额为租赁费用总额的4.2%。

（三）英国

英国法在确认税收主体方面，是将资产的法定所有者看作纳税者，并享有税收优惠。因此，在金融租赁中，通常是由出租人而非承租人享有此种税收优惠。但实务中，这种优惠往往会通过双方协议而由双方共同享有。

1. 金融租赁适用增值税。在英国境内销售应税货物和提供应税劳务征收增值税。金融租赁的实质是租赁资产的所有风险和报酬由出租方转移到承租方，根据经济实质出租方的交易行为被视为销售或金融交易，在增值税的纳税范围之内。

2. 税收优惠制度。一是英国1960年《税法》首次规定包括金融租赁在内的租赁业享受投资减税的税收优惠，1966年以财政补助制代替投资减税，1970年取消财政补助实行设备税收减免制。1970年的减税制度适用于有关机械设备和厂房投资，投资者对机械设备的投资，均可按购置成本的一定百分比从投资人当年的税前所得中扣除。第一年的税收减免规定是设备成本的60%，该项减免可在支出的年份为了缴税目的而索回；实行减免资产账面值的减免标准率，该减少额在以后逐年的账面上冲销。为了进一步鼓励投资，减税在1971年提高至80%，在1972年提高至100%。二是1972年的投资减税制度。1972年对《金融法》进行了修订，扩大了税收减免制度的适用范围，将大部分设备第一年减税提高到100%。三是1984年的金融财政法案。1984年3月颁布了《金融财政法》，规定经过1984年和1985年过渡期后，于1986年4月起将原规定第一年100%资本投资减税降至25%，并延长设备的折旧年限，使其与设备的实际耐用年限大致相同。

（四）俄罗斯

俄罗斯在金融租赁立法上制定了专门的《俄罗斯联邦金融租赁法》，并设专章规定国家可以采取各种扶持政策和措施支持金融租赁业的发展。

1. 加速折旧。《俄罗斯联邦金融租赁法》第 36 条第 11 款规定，为鼓励更新机器设备，在使用加速折旧法的同时，允许出租人将使用寿命 3 年以上的固定资产在其投入使用的第一年以快速折旧的方式抵销其原始价值的 35%。在间接税方面，俄罗斯对金融租赁以租金扣除租赁物购置成本及相关价外费用后的差额为税基征收增值税。

2. 成本扣除。2006 年《俄罗斯联邦税法》规定，如果租赁资产记在承租人的资产负债表内，则出租人可以在租赁期开始之日一次性扣除租赁物的全部购置成本及相关价外费用，而此前出租人只能分期次扣除成本。这样有利于金融租赁企业提高运营资金的周转率，提前收回租赁物成本。另外，俄罗斯还允许金融租赁公司按金融机构的标准计提呆账准备。在跨境金融租赁中，入境租赁物按照每期缴纳的租金为基税，分期缴纳进口环节的税收。俄罗斯规定，金融租赁进口租赁设备的关税可以在 34 个月内按租赁分期支付，如果租赁期超过 34 个月，则在第 35 个月将剩余关税一次性付清。关税可先由出租人支付，然后以租金的形式转嫁给承租人。

（五）德国

德国税制规定了节税租赁的标准：一是租赁合同规定的租期不短于设备有效寿命的 40%，但不超过 90%；二是租赁合同规定承租企业有留购权，留购价格为公平价格或不低于按直线法折旧计算的账面剩余价值。同时符合该标准的租赁业务可被税务局认定为节税租赁，即出租企业不仅在法律上拥有设备的所有权，而且在经济上享受所有权利益。出租企业享受折旧所带来延迟付税的好处，承租企业支付的租金，可作为费用从成本中列支。否则，将由承租企业作为经济利益上的所有权人，享受折旧的优惠，但承租企业要将租赁设备资本化。另外，使用一年以上的贷款需要缴纳长期债务利息税，但金融租赁则不用缴纳。

专栏 12 -2
融资租赁回顾与展望
政策助力创新先行　航空租赁跃上新高度 ꞏꞏꞏꞏꞏꞏꞏꞏꞏꞏꞏꞏꞏꞏꞏꞏꞏꞏꞏꞏꞏꞏꞏꞏꞏꞏꞏꞏꞏ

作为租赁行业最具特色的一个业务板块，航空租赁伴随着中国航空制造产业的腾飞而更具活力。航空公司、通用机场、飞机制造商、飞机维修厂等各类航空企业都是租赁公司提供服务的对象。

释放政策红利

目前，全球航空公司近一半的飞机通过融资租赁的方式获得。对于起步较晚的中资租赁公司来说，航空租赁不仅是促进航空产业发展的助推力，也是参与全球市场竞争的一个重要业务领域。

2018 年，航空租赁在税收层面迎来了诸多政策利好。2018 年 6 月，《关于进口租赁飞机有关增值税问题的公告》正式实施，海关对符合条件的进口租赁飞机停止代征进口环节的增值税，标志着长期以来进口租赁飞机存在的双重征税问题得到了彻底解决，航空公司的税收负担大幅降低。

在业内人士看来，飞机租赁的首道关口就是海关，因此，更为规范且完善的海关管理政策是飞机租赁业务发展的重要基础，也是保障租赁公司相关业务落地的前提。

航空租赁业务特别是飞机租赁具有较强的资金密集型特点，因涉及成本等问题，对会计、税收等较为敏感。

针对租赁领域的税收问题，各自贸区都在积极探索，落实更为合理、有效的税收政策。2018年上半年，《进一步深化中国（天津）自由贸易试验区改革开放方案》就明确提出，落实与完善促进服务贸易的税收政策，基于真实贸易和服务背景，结合服务贸易创新发展试点工作，研究探索服务贸易创新发展试点扩围的税收政策安排。与此同时，研究融资租赁企业税前扣除政策，为航空租赁业务的开展以及航空公司、租赁企业降低财务成本释放了政策红利。

加大布局力度

国际航空运输协会发布的数据显示，我国航空运输总周转量已连续10年位居全球第二位。同时，波音公司也预测，未来20年，我国需要7 240架飞机，平均每年引进飞机超过300架，预计超过一半的飞机将通过租赁方式引进。

面对广阔的航空租赁市场，我国的租赁公司在2018年持续加码布局，加大对于相关业务的投入力度。如交银租赁在2018年深入推进航空租赁服务，截至2018年第三季度末，其航运、航空业务新增投放186.84亿元，占比超过44.57%。

在飞机租赁方面，建信租赁目前的机队数量也超过了170架，同时还与C919国产大飞机签订了50架的订单，并准备继续加大新订单量。

2018年，行业头部公司的发展优势进一步凸显。如渤海租赁、工银租赁、国银租赁等在飞机租赁市场中较早布局的公司，其飞机租赁资产规模持续扩大，国际竞争力也在不断提升。数据显示，2018年上半年，国银租赁在总机队规模就已经超过400架；截至2018年9月末，工银租赁拥有和管理的飞机总数达到670架。

根据Flight Global最新的全球租赁公司的排名，渤海租赁全资收购的爱尔兰飞机租赁公司（Avolon）位列第3位，工银租赁和国银租赁分列第6位和第10位。

在产品设计方面，租赁公司也加快了创新步伐。少数公司开始探索"资产管理型"的轻资产运营模式，以优化公司资产结构，保持较好的资产流动性和年轻化的机队规模。有的租赁企业则积极在保税租赁、出口租赁、联合租赁以及单架飞机双币和融资等新型飞机租赁产品上进行开发，扩增业务品种，灵活设计交易模式。

服务国家战略

开展全球化经营是航空租赁产业发展的必由之路，也是租赁公司响应"一带一路"倡议、"走出去"战略的必然要求。

从国内租赁公司的实践来看，已有部分实力较强的飞机租赁公司着手布局全球销售网络，与国外主流航空租赁企业同台竞技，以发掘更多机会服务客户。对于成立时间较晚的租赁企业而言，"一带一路"沿线国家所产生的巨大的民航需求，也是推动我国飞机租赁产业"走出去"的历史性机遇。国内租赁企业可以根据政府政策支持和当地政府的配套资源，因地制宜设计出有针对性的产品。如工银租赁在2018年继续进军国际主流航空市场，已为全球近40个国家和地区约80家优质客户提供了量身定制的航空金融综合解决方案；国银租赁所开展的飞机租赁业务，大多以长期经营租赁的方式出租给包括中国在内的亚洲、欧洲、中东及非洲以及美洲等28个国家及地区的54家航空公司。

在与境外航空公司、制造商建立更为深入的合作关系的同时，国内租赁公司还加快对国内民用航空制造业的支持力度，积极服务实体经济。如帮助C919大型客机、中国商飞ARJ21支线客机等国产飞机在国内和全球市场进行营销；工银租赁、交银租赁、国银租赁、建信租赁、平安租赁等均采购了 C919 大型客机，以实际行动支持国内民用航空"走出去"。

业内人士分析认为，在全球航空运输业持续增长的背景下，在近一个时期内，航空租赁市场仍将表现出较强的盈利能力和增长活力。我国租赁公司应在准确评估业务风险和预测行业周期性的基础上，加强专业性人才队伍建设和飞机资产管理能力建设，不断提升航空租赁业的国际竞争力。

↑ 资料来源：李珮，陈彦蓉．融资租赁回顾与展望政策助力创新先行　航空租赁跃上新高度 [EB/OL]．［2019 - 01 - 19］．http：//www. financialnews. com. cn/jigou/r221/201901/t20190119_153318. html.

三、我国租赁税收政策

我国税法未对金融租赁单独立法，金融租赁自产生就只存在如何适用既存税法的问题，如根据税收法律和行政法规确定金融租赁适用何种税种、税率多少和税基组成。其中，与金融租赁相关的，主要有增值税、营业税、企业所得税、关税、印花税等税种。

（一）流转税政策

1. 营业税。

（1）税目。1993 年 12 月，国家税务总局颁布的《关于印发〈营业税税目注释（试行稿）〉的通知》，首次明确将经中国人民银行或对外贸易经济合作部批准可从事金融租赁业务的单位所从事的具有融资性质和所有权转移特点的设备租赁业务划归为金融保险业。1995 年 4 月，国家税务总局颁布的《关于营业税若干问题的通知》又进一步明确《营业税税目注释》中的"金融租赁"，是指经中国人民银行批准经营金融租赁业务的单位所从事的金融租赁业务，其他单位从事金融租赁业务应按"服务业"税目中的"租赁业"项目征收营业税。

（2）税种。2000 年 7 月，国家税务总局颁布的《关于金融租赁业务征收流转税问题的通知》，明确对经人民银行、外经贸部、国家经贸委批准经营金融租赁业务的单位所从事的金融租赁业务，无论租赁货物的所有权是否转让给承租方，均征收营业税，不征增值税。其他单位从事的金融租赁业务，租赁货物的所有权转让给承租方的，征收增值税；未转让给承租方的，征收营业税。

2003 年 1 月，《财政部　国家税务总局关于营业税若干政策问题的通知》规定，"经中国人民银行和国家经贸委批准经营金融租赁业务的单位从事融资租赁业务的，以其向承租者收取的全部价款和价外费用（包括残值）减除出租方承担的出租货物的实际成本后的余额为营业额。以上所称出租货物的实际成本，包括由出租方承担的货物的购入价、关税、增值税、消费税、运杂费、安装费、保险费和贷款的利息（包括外汇借款和人民币借款利息）。"至此，金融租赁流转税政策基本成型，主要有三层含义：①金融租赁，被视为金融保险业征收营业税，而传统租赁和经营性租赁，被视为租赁和商务服务业征收营业税；②取得从事金融租赁业务行政许可的租赁公司（以下简称有资质的金融租赁公司），营业税税基为全部价款和价外费用（包括残值）减除出租方承担的出租货物的实际成本后的余额；③未取得从事金融租赁业务行政许可的租赁公司（以下简称无资质的金融租赁公司），其从事的金融租赁业务不受法律保护，且该业务视同产品销售，征收增值税。

2. 增值税。在 2012 年营业税改征增值税试点之前，只有租赁物所有权转让给承租人的无资质租赁企业才缴纳 17% 的增值税。金融租赁业的税收政策经历财税〔2011〕111 号文到财税〔2013〕37 号文以及到财政部、国家税务总局颁布的财税〔2013〕106 号文三次变迁。"营改增"后，有形动产租赁业被纳入增值税转型的试点行业。财税〔2013〕106 号文和财税〔2013〕121 号文已执行。增值税法上对金融租赁的界定与营业税法类似，兼顾了法律形式和经济实质两方面的内容。

（1）税率。有形动产金融租赁的增值税适用税率为 17%。

（2）计税依据。提供有形动产融资性售后回租业务的出租人以收取的全部价款和价外费用，扣除部分项目后的余额作为销售额，用以计算增值税。

（3）税收优惠。对试点出租人增值税实际税负超过 3% 的部分实行增值税即征即退政策。

（二）所得税政策

2008 年 1 月 1 日，新《中华人民共和国企业所得税法》在全国范围内实行，内外资企业所得税税率统一调整为 25%。从此，外商投资金融租赁公司不再享受超国民待遇，这为内资金融租赁公司的快速发展铺平了道路。

1. 提取折旧。财工字〔1996〕41 号文件规定，"企业技术改造采取金融租赁方法租入的机器设备，折旧年限可按租赁期期限和国家规定的折旧年限孰短的原则确定，但最短折旧年限不短于三年。"根据现行《税法》规定，一般生产设备的折旧年限为十年，而租赁期限一般仅为三年。企业通过金融租赁"购买"设备，按照"孰短的原则"，允许企业将折旧年限缩短为三年。然而，根据国家税务总局其他规定，企业采用加速折旧的方法提取折旧，需报总局批准，不仅手续复杂，而且难以获得批准，这极大地限制了加速折旧优惠政策发挥作用。

根据 2008 年 1 月 1 日施行的《中华人民共和国企业所得税法实施条例》第四十七条规定，企业根据生产经营活动的需要租入固定资产支付的租赁费，按照以下方法扣除：以经营租赁方式租入固定资产发生的租赁费支出，按照租赁期限均匀扣除；以融资租赁方式租入固定资产发生的租赁费支出，按照规定构成融资租入固定资产价值的部分应当提取折旧费用，分期扣除。但资产折旧能否由出租人计提直接影响其税负的高低。出租人不能计提折旧导致税负偏重，很可能通过抬高租金将部分税收成本转移至承租人。如此，计提折旧的税收利润被升高的租金成本抵消，承租人计提折旧的意义也不复存在。

2. 投资税收抵免。为使投资税收抵免这项政策惠及融资租赁产业，2009 年《财政部 国家税务总局关于执行企业所得税优惠政策若干问题的通知》（财〔2009〕69 号）第十条曾经规定，实施条例第一百条规定的购置并实际使用的环境保护、节能节水和安全生产专用设备，包括承租方企业以融资租赁方式租入的，并在融资租赁合同中约定租赁期届满时租赁设备所有权转给承租方企业，且符合规定条件的上述专用设备。凡融资租赁期届满后租赁设备所有权未转移至承租方企业的，承租方企业应停止享受抵免企业所得税优惠，并补缴已经抵免的企业所得税税款。目前该条款已经失效，没有专门的法律法规提及相关内容。一些地方在促进本地区租赁业发展过程中对于投资减税有相关规定。例如，甘肃省《关于加快融资租赁业发展的实施意见》（甘政办发〔2015〕170 号）中规定，将融资租赁业发展纳入政府财政资金和产业引导基金的支持范围。加大政府采购支持力度，鼓励各地政府在提供公共服务、推进基础设施建设和运营中购买融资租赁服务。通过融资租赁方式获得农机的实际使用者可享受农机购置补贴。2020 年 12 月 31 日前，符合条件的融资租赁企业可享受按 15% 税率征收企业所得税的西部大开发税收优惠政策。对开展融资租赁业务（含融资性售后回租）签订的融资租赁合同，按照其所载明的租金总额比照"借款合同"税目计税贴花。

（三）关税政策

在关税政策中，租赁企业最为关心的是减税待遇由谁享受。根据《中华人民共和国海关法》第四十七条的规定，"特定地区、特定企业或者有特定用途的进出口货物，可以减征或者免征关税"，这表明承租人应享受减免税待遇，因其是进口设备的实际使用者。1982 年署税处字第 130 号文也证明了这一点。最近几年，海关总署陆续通过了几个国内企业通过金融租赁方式进口国外设备的关税减免申请，但依然采用个案申请处理方式，没有正式、普遍适用的规范文件出台。

2012 年，财政部、海关总署、国家税务总局联合下发了《关于在天津东疆保税港区试行金融租赁货物出口退税政策的通知》（财税〔2012〕66 号），使东疆保税港区成为当时全国唯一的允许金融租赁货物出口退税的试点。2012 年天津为民生租赁公司的第一笔视同出口的业务退税 8 000 万元，在全国起到了示范作用。

此外，根据租赁物种类的不同，金融租赁还涉及一些其他税种。如房屋不动产金融租赁涉及的契税、房产税及土地增值税，汽车金融租赁涉及车辆购置税、车船税等，在此不再一一赘述。

四、完善我国现行税收制度

结合我国金融租赁及税收政策的发展现状和基本国情，吸收世界发达国家金融租赁税收政策的经验，提出完善我国金融租赁税收政策的建议。

（一）平衡税负

建议按照金融租赁业务内容而不是经营主体来确定适用的税收政策，这有利于金融租赁行业的发展，有利于小型的、地区性的金融租赁公司发展，充分发挥金融租赁支持中小企业融资的优势。如可先实现不同企业经营同类金融租赁业务税负均等，即确定金融租赁业务使用流转税税种，不以是否为监管体制内公司和货物所有权是否转移为标准，而以是否经营同类金融租赁业务为标准。同时根据实质课税原则，缓解增值税转型给租赁业带来的冲击。

（二）完善流转税制

金融租赁流转税政策存在问题的深层次原因，在于我国现行流转税制实行的是增值税和营业税并行的模式，这加大了金融租赁流转税制改进的复杂性。如果增值税征收范围扩大到对一切商品和劳务普遍征收，则金融租赁流转税制存在的上述问题将不复存在。如果将金融租赁公司无论有无资质一律并入增值税征收范围，那么，在目前增值税标准 17% 税率的情况下，金融租赁公司整体缴纳的流转税将大幅提高。如果要保持金融租赁公司现有的流转税负，可以考虑再增设一档 5% 的税率，该方案能解决目前从事金融租赁企业之间流转税负不均的问题，以金融租赁方式取得的货物自然可直接进行增值税抵扣，这将极大地促进金融租赁业务，尤其是中小企业融资业务的发展。如果还是保持目前金融租赁企业各自适用不同流转税的格局，权宜之计是，可以规定企业以金融租赁方式取得货物可凭出卖人开具增值税专用发票（或复印件加盖税务部门的核定章）抵扣，为保障出租人的所有权，出卖人可根据出租人要求在增值税专用发票备注档内注明货物的所有权，并且该备注不影响承租人的进项税额抵扣。

（三）完善所得税制

建议由金融租赁出租方提取折旧，出租人的收益是租金收入减折旧后确定的。同时，允许承租人租金费用的扣除，降低融资成本。出租人提折旧有以下好处：一是由拥有法律所有权的一方提取折旧，便于判断和管理，而且符合企业所得税中固定资产折旧提取的基本要求。二是减少企业所得税纳税调整工作量。为了鼓励金融租赁业的发展，建议实行更加灵活的折旧政策，在金融租赁中允许企业将符合国家产业政策要求的机器设备纳入允许加速折旧的范围。

（四）完善印花税制

金融租赁印花税政策制定较早（1988 年），当时从事金融租赁业务的主要是银行系的金融租赁公司，与目前金融租赁公司、外商投资金融租赁公司和试点内资金融租赁企业并存的现实情况有较大距离，而且以个案的形式逐一确定飞机租赁合同适用的印花税标准，不仅与《合同法》无法衔接，在实务中也不具有可操作性。建议对各类金融租赁业务适用同一印花税政策。

（五）制定明确的金融租赁税收优惠政策

进一步明确金融租赁业务的税收优惠政策，如国内金融租赁公司在承接飞机租赁业务时享受和国外金融租赁公司相同的优惠政策，对国内租赁公司通过购置船舶租赁给外国企业的，允许享受与直接出口相同的出口退税优惠政策。在关税和增值税方面，通过金融租赁方式进出口设备的承租人，以金融租赁合同向海关备案后，符合减免税优惠政策的，可作为减免受益人，享受相关优惠政策。

本章小结

1. 租赁风险是指由于租赁经营过程中的各种不确定因素给租赁当事人带来损失的可能性。信用风险是指租赁三方当事人各自所承担的对他方的责任不能全部或部分按时履约的风险，又称违约风险。利率风险是指利率变动给借贷双方所造成的损失。汇率风险是指在国际租赁业务中，各国货币之间汇率发生变动导致交易者发生经济损失的可能性。

2. 租赁保险是规避租赁项目所在国的政治风险以及承租人自身的信用风险从而促进本国租赁业发展的有效手段。

3. 租赁保险的原则包括最大诚信原则、保险利益原则、近因原则和损失补偿原则。

4. 根据各国的租赁保险实践，租赁保险可分为租赁物件运输保险和租赁期内租赁物件保险两大类。

5. 在影响金融租赁的众多因素中，税收政策是促进金融租赁业快速发展的关键因素，并被作为刺激租赁业发展，进而刺激投资的重要因素。

本章主要概念

租赁风险　信用风险　利率风险　汇率风险　租赁保险　租赁物件运输保险
租赁保险索赔　租赁保险理赔

思考题

1. 金融租赁业务风险与其他金融业务相比较有何特殊性？
2. 租赁风险的种类有哪些？
3. 我国租赁税收涉及的税种有哪些？
4. 租赁保险的种类有哪些？
5. 租赁保险的理赔程序是什么？

第十三章
金融租赁合同

本章知识结构

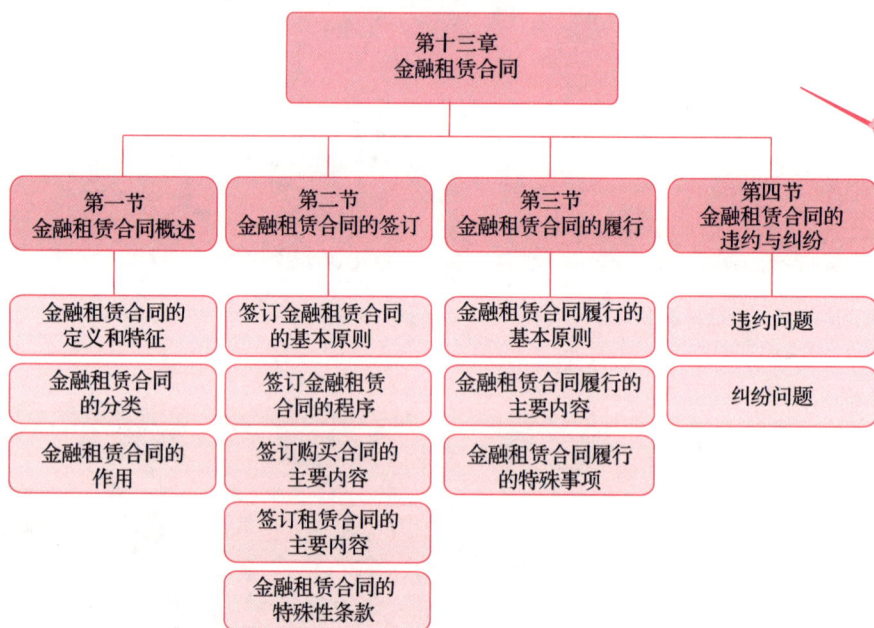

```
                        第十三章
                      金融租赁合同
    ┌──────────┬──────────┴──────────┬──────────┐
  第一节        第二节               第三节        第四节
金融租赁合同概述  金融租赁合同的签订    金融租赁合同的履行  金融租赁合同的
                                              违约与纠纷

金融租赁合同的   签订金融租赁合同       金融租赁合同履行的   违约问题
定义和特征      的基本原则           基本原则

金融租赁合同    签订金融租赁          金融租赁合同履行的   纠纷问题
的分类        合同的程序           主要内容

金融租赁合同的   签订购买合同的       金融租赁合同履行
作用         主要内容            的特殊事项

            签订租赁合同的
            主要内容

            金融租赁合同的
            特殊性条款
```

本章学习目标

● 掌握金融租赁合同的定义与特征、分类。了解金融租赁合同的作用。

● 掌握签订金融租赁合同的基本原则和主要内容。了解购买合同的主要内容；熟悉签订金融租赁合同的程序。

● 掌握金融租赁合同履行的基本原则；掌握合同履行的主要内容；熟悉合同履行的特殊事项。

● 掌握金融租赁合同的违约问题的处置；熟悉金融租赁合同的纠纷问题。

金融租赁合同作为合同当事人进行经济协作的法律保障，是金融租赁业务的重要内容之一。本章介绍了金融租赁合同的定义、特征、分类和作用，重点阐述了签订金融租赁合同的原则、程序、主要内容以及合同履行的主要内容，并对金融租赁合同的违约和纠纷的解决进行了说明。

第一节　金融租赁合同概述

金融租赁合同属于经济合同的范畴，具有经济合同的特征和作用，同时还具有其特殊的适用范围。它涉及三方当事人——出租方、承租方和供货方，由出租方与供货方之间的购买合同和出租方与承租方之间的租赁合同组成。

一、金融租赁合同的定义和特征

（一）金融租赁合同的定义

我国《合同法》对金融租赁合同的定义有明确规定，"融资租赁合同是出租人根据承租人对出卖人、租赁物的选择，向出卖人购买租赁物，提供给承租人使用，承租人支付租金的合同"。

（二）金融租赁合同的特征

由于金融租赁业务具有交易涉及三方、双合同关联、承租方对设备和供货方具有选择权、租赁期限比较长等特点，金融租赁合同区别于一般的经济合同和传统租赁中的租赁合同，它具有以下特征：

1. 金融租赁合同的主体范围广泛。传统的租赁是出租方和承租方双方交易，而金融租赁涉及出租方、承租方和供货方三方的交易。出租方根据承租方的要求和选择，与供货方签订购买合同并支付货款，与承租方签订租赁合同，由供货方直接将租赁标的物送交承租方。在租赁期间，承租方按租赁合同规定，分期向出租方交付租金。

2. 金融租赁合同由购买合同和租赁合同构成。购买合同和租赁合同在标的物上和签订目的上保持一致，二者紧密相连。购买合同的签订是租赁合同订立的前提和条件，因为购买合同首先对作为标的物的设备的规格、型号及交付日期等都作出了明确的规定。同时，购买合同必须在承租方表示租赁意向后方可签订，并需要经过承租方的确认。在实践中，人们通常将购买合同作为租赁合同的附件，从而购买合同成为租赁合同的组成部分。

3. 金融租赁合同是财产使用权转移的合同。金融租赁是在使用价值和价值同时让渡的基础上，出现的所有权和使用权的分离，是融资和融物相结合的信用。财产所有人对财产享有占有、使用、收益和处分四项权利。租赁就是财产所有人将财产占有、使用和收益的权利有偿转让，如果这种转让是出租方以融资方式进行的，就是金融租赁。无论金融租赁合同的期限多长，承租方只能取得有关租赁物的占有权、使用权和收益权，处分权仍被出租方所享有。

4. 金融租赁合同的标的物必须是有形的、特定的非消费品。金融租赁合同的标的物，必须是有形的物质财产，商标、专利、商誉等无形财产不能作为金融租赁合同的标的物；金融租赁合同的标的物，必须是特定的、不能被其他物件代替的，所谓特定，就是独一无二的物件和指定一类物件中的某一物件；同时，金融租赁合同的标的物必须是非消费品，即能够供权利人反复使用的各种耐耗物件，不是只能使用一次的消费品。

5. 金融租赁合同分期收回租金。从租金回收方式来看，金融租赁不同于传统的租赁业务合同。传统的租赁业务一般为短期租赁，按月按量交付租金。金融租赁则是一种长期租赁，租期一般在两年以上，承租方交付租金的次数和每次交付的金额都可以与出租方协商，采取灵活处理的方式，直到租赁期末，租金回流累计额才接近或超过租赁标的物的购买价格。租金的分期回流可以使承租方从中直接受益，因为先期付出的部分租金就能支配全部设备的适用价值，同时用创造出的新价值来偿还租金，可以用今天的钱还昨天的债。

6. 金融租赁合同具有不可撤销性。金融租赁合同是中途不能要求解约的合同。在租赁融资中，租赁标的物是由承租方根据自身的需要选定的，不仅租赁物具有特定性，其使用者也是特定的。出租方以出租为目的购买租赁物，若允许承租方随意解约，很难再找到另一个客户租用该物件，出租方必定要蒙受损失。另外，出租方在租期内还需保证承租方对该租赁物的使用权，不得另行出租给他人，也不得以该租赁物作为抵押。因此，金融租赁合同与一般经济合同相比，其解除条件更加严格。

二、金融租赁合同的分类

金融租赁合同分为两类：一类是标准合同，另一类是非标准合同。

（一）标准合同

标准合同是指适用于任何交易的合同，金融租赁中的标准合同主要包括以下几种：

1. 购买合同。该合同是金融租赁交易的首要环节，以融资方为买方，以供货方为卖方，以租赁物件所有权的转让为标的物，以货价为对价，卖方确认承租方在购买合同中作为最终用户的权利和义务。

2. 海上货物运输合同。该合同以融资方为托运方，以第三方为承运方或承运代理，以购买合同货物的运输为标的，以运费为对价，以提单为凭证。

3. 海上保险合同。该合同以融资方为投保方，以第三方为承保方或其代理，以海上运输危险赔偿为标的，以保费为对价。

4. 财产保险合同。该合同以融资方或承租方为投保方，以第三方为承保方，以租赁物件的事故损失赔偿为标的，以保费为对价。

5. 担保函。在金融租赁交易中有两种无偿合同性质的担保函：第一种，由非承租方的第三方以保证人身份出立，以融资方为债权人，以承租方金融租赁合同中的支付责任的履行或由担保人代为履行为标的。第二种，由非卖方的第三方以保证人身份出立，以融资方为债权人，以卖方在购买合同中的交付责任的履行或不履行赔偿为标的。

6. 产权转让证书。该证书以融资方为转让方，以承租方为受让方，以租赁物件所有权的转移为标的，以物价为对价，以金融租赁合同的中止为前提。

（二）非标准合同

非标准合同是指适用于特定形式交易的合同。金融租赁中的非标准合同主要包括以下几种：

1. 租赁委托书。租赁委托书以拟承租方为申请方，以拟融资方为受理方，以受理方为了申请方的要求并按申请方的条件去同申请方指定的供货方订立购买合同为标的，以申请方在该购买合同订立后便同受理方订立金融租赁合同并承担该购买合同中的部分买方责任为对价。

在整个金融租赁业务中，租赁委托书是总揽整个交易的合同。租赁委托书是融资方和承租方金融租赁关系发生的依据，否则融资方、承租方和供货方三方当事人在购买合同和租赁合同中权利和义务的交叉就没有了根据。

受理方按申请方的条件与申请方指定的供货方订立购买合同，受理方就履行了他在租赁委托书中的义务，否则视为受理方违约。申请方同意以承租方身份签署符合要求的购买合同，申请方就履行了他在租赁委托书中的义务，否则视为申请方违约。金融租赁合同订立的时间顺序为：租赁委托书在先，购买合同其次，租赁合同最后。如果申请方在购买合同订立后，以受理方违约为由拒绝订立租赁合同，双方就根据租赁委托书的规定相互追究违约责任。一旦双方订立了购买合同和租赁合同，租赁委托书就视为已经履行，双方不得再追究对方在该委托书中的违约责任。

2. 租赁合同。金融租赁按其业务分类，可分为直接租赁、转租赁、回租和杠杆租赁等，相应的租赁合同就有直接租赁合同、转租赁合同、回租租赁合同和杠杆租赁合同等。

转租赁是层次不止一层的金融租赁交易。因此转租赁中每层租赁合同必须注意，上一层的承租方的全部合同责任都通过下一层合同转移给了下一层的次承租方，直到转移到最末一层的最终承租方身上。对中间层次的承租方某些责任的要求，可以不同于对最末一层的最终承租方的责任要求。同时，除了第一出租方，各层次的次出租方并不拥有租赁物件的所有权，而是由于受让了租赁物件的占有权、使用权和收益权，因此有权向本层次的承租方转让租赁物件。

回租是承租方与供货方同为一个主体的租赁交易。由于回租交易中拟租赁的物件并没有在两个主体间交换，而是该物件所有权在两个主体间转移，因此回租的转让合同，其实质是所有权转让协议。同时，回租的租赁合同无须规定各方在购买合同中的责任。

杠杆租赁是租赁交易中最发达、最复杂的形式，它采用国际通行的种类和文本，由《国际金融租赁公约》管辖。

专栏 13-1
经济合同

经济合同（Economic Contract），从内涵上看，是指平等民事主体的法人、其他经济组织、个体工商户、农村承包经营户相互之间，为实现一定的经济目的，明确相互权利义务关系而订立的合同。从外延上看，它主要包括购销、建设工程承包、加工承揽、货物运输、供用电、仓储保管、财产租赁、借款、财产保险以及其他经济合同。

根据经济合同法规定，经济合同的形式主要有口头形式和书面形式两种。

（1）口头形式，是指当事人双方用对话方式表达相互之间达成的协议。当事人在使用口头形式时，应注意只有及时清洁的经济合同，才能使用口头形式，否则不宜采用这种形式。

（2）书面形式，是指当事人双方用书面方式表达相互之间通过协商一致而达成的协议。根据经济合同法的规定，凡是不能及时清洁的经济合同，均应采用书面形式。在签订书面合同时，当事人应注意，除主合同之外，与主合同有关的电报、书信、图表等，也是合同的组成部分，应同主合同一起妥善保管。书面形式便于当事人履行，便于管理和监督，便于举证，是经济合同当事人使用的主要形式。

❶ 资料来源：百度百科。

三、金融租赁合同的作用

金融租赁合同具有规范性和法律效力，它对交易者获取收益、社会综合经济效益的提高和国际间经济协作的加强都具有推动作用。

（一）　金融租赁合同是当事人进行经济协作的法律保障

金融租赁是现代科技发展的产物，它在设备投资方面所显示的作用越来越大，对产业结构调整的影响也越来越明显。企业可以通过金融租赁的方式，引进先进的技术设备，使用合理的资金完成设备更新，在激烈的市场竞争中占据领先的技术地位。金融租赁合同就是组织技术设备引进的有效载体，促成各方签订协议，明确各自的权利和义务，并赋予该经济协作关系以法律效力，哪方违反了合同，就要依法承担违约责任。这就促使合同各方严肃对待经济协作，认真履行合同规定的各项义务，促进了先进技术设备的引进和企业的长期发展。

（二）　金融租赁合同有利于稳步发展投资规模

金融租赁在不受企业现有资金积累限制的情况下，具有融资和融物的功能，将资金信用和商品信用融为一体。同时我国鼓励租赁投资并提供优惠政策，这使金融租赁成为刺激投资、抑制投资萎缩的有力手段。企业利用金融租赁还可以避免受到国家货币政策的影响，有利于防止企业生产的过度扩张和急剧下滑。金融租赁合同具有法律效力，不可随意撤销，不会导致迅速扩张和迅速收缩，有利于企业投资规模的稳步发展。

（三）　金融租赁合同有利于提高综合经济效益

金融租赁是以物质的形态为企业融资，这就保证了企业的资金真正用于先进科技设备的投资和使用，而不挪为他用。金融租赁合同中规定，承租方只取得了租赁物件的占有权、使用权和收益权，并没有得到所有权的核心权利——处分权，因此承租方必须对租赁物件的投资方式、使用、管理等问题作出优化配置。金融租赁交易多方在签订金融租赁合同过程中，为降低投资风险，必须对承租方进行全面、深入的调查，选择最佳承租方和项目进行投资，从而起到了优化资源配置的作用。因此，金融租赁合同将金融机构、承租企业、供货企业和贸易机构紧密地联系在一起，加快了社会资金的流转和利用，有利于社会综合经济效益的提高。

（四）　金融租赁合同有利于引进外资

资金投入不足是制约我国经济发展的一个重要因素。金融租赁不仅具有在不动用或少量动用国家和企业资金的情况下，成功引进先进的技术设备，不增加我国债务总量的特点，还具有融资和融物同时进行，申请贷款和委托进口合二为一，提高了外资的实际利用效果的优点。另外，金融租赁只涉及租赁物使用权的转移，因此在国际业务中的担保和审项要求都相对容易。金融租赁合同是维护中外多方当事人合法权益、促进国际经济协作发展、成功引进外资的有效法律形式。

第二节　金融租赁合同的签订

金融租赁合同由购买合同和租赁合同构成，这两个合同是金融租赁业务的法律文件，是进行交易和解决争议的法律依据。因此，金融租赁合同的签订在金融租赁业务中相当关键。

一、签订金融租赁合同的基本原则

签订金融租赁合同并使其具备法律效力，必须遵循签订合同的基本原则，依据法律程序，具备法定形式等有效条件。根据我国法律规定，签订金融租赁合同应遵循以下基本原则。

（一）合法原则

合法原则是指合同当事人必须严格遵守国家的法律和法规，这是金融租赁合同成立的有效要件。该项要件包括以下要求：一是双方当事人必须共同遵守我国法律及有关法规，任何经济组织均不得签订与我国宪法、法律、法规和政策相抵触的合同。不能在合同中出现违反法律的条款。凡是内容不符合法律和法规要求的合同都不具有法律效力。二是订立合同必须符合法律规定的形式和程序。合同应采用书面形式，并由当事人的法定代表人或凭法定代表人授权委托的经办人签字或盖章，并加盖单位公章或合同专业章。不具备法律规定形式或不符合法定程序要求的合同不具有法律效力。三是涉外金融租赁合同的订立不但要遵守中国的法律，还要符合中国的社会公共利益。任何损害社会公共利益的合同都不具有法律效力。除此之外，涉外金融租赁合同还要遵守我国参加的国际条约和我国承认的国际惯例。

（二）自愿原则

合同当事人在法律面前享有签订合同的权利，双方在法律地位上是平等的。任何一方不得把自己的意志强加给对方，任何单位和个人都不得进行非法干预。金融租赁合同订立的过程，就是双方当事人在平等的基础上，遵循自愿的原则，达成符合双方意愿的一致协议的过程。

双方当事人自愿协商的过程，可分为两个阶段：要约和承诺。要约是当事人向对方发出订立合同的建议和要求，是希望对方签订合同的意愿表达，承诺是当事人一方对他方提出的要约表示同意的答复。一次合同的签订，可能要经过几次要约和承诺的反复，双方当事人才能最终达成协议。

（三）互惠原则

互惠原则是指双方当事人在经济上都能合理、合法地满足自己的利益。互惠是市场经济条件下商品交换的根本要求。无论合同双方当事人是从事何种经营的，是国有企业还是私有企业，都必须坚持互惠原则，避免金融租赁合同成为利益不对等的"霸王合同""衙门合同"。双方当事人在权利和义务上是对等的，任何一方不能只享受权利而不承担义务，不允许任何一方在损害对方利益的基础上获得自己的利益，也不允许损害社会公共利益和任何第三方的利益。

（四）信用原则

信用原则对金融租赁合同尤为重要。金融租赁合同一般为不可撤销合同，且经常是涉外经济合同，因此，重合同、守信用是金融租赁合同的一贯基本立场。合同一旦签订，即具有法律效力，双方当事人应当履行合同规定的各项义务，任何一方不得擅自变更或解除合同。

二、签订金融租赁合同的程序

签订金融租赁合同的程序可概括为以下步骤：选择租赁设备、租赁委托（选择出租方）、项目受理、签订购买合同、签订租赁合同。

（一）选择租赁设备

承租方根据自身的需要选择供货方和租赁设备。由于选择的租赁设备关系到金融租赁合同的签订、履行和自身未来业务发展等问题，因此租赁设备的选择是金融租赁合同签订前必须认真对待的问题。租赁设备的选择一般从以下方面考虑：

1. 选择合适的供货方。承租方应选择信誉高、产品质量优良、售价合理和售后服务好的供货方来购买自身需要的设备。

2. 选择最适合自身需要的设备。在选择设备时，出租方应重点考察设备的规格、型号、功能、质量和价格等，承租方应重点考虑与供货方的技术交流问题和租赁该设备的可行性分析。

（二）租赁委托（选择出租方）

承租方选择令其满意的出租方时，一般从以下方面考虑：

1. 能迅速作出一项确信的承诺，接受承租方的委托，受理该项目。

2. 有足够的资金实力实现该承诺。不仅要求出租方有足够的初期资金购买设备，还要求在整个租赁期间都不会发生资金短缺。

3. 筹资能力强，筹资渠道多，融资成本低，与国内外金融机构联系广泛、密切。

4. 租金保价较低，支付方式灵活，还款期限较长。

5. 在同行业中，出租方要具有较高的知名度、较好的业绩、丰富的金融租赁交易经验，有能力维护承租方的权益。

6. 出租方有专业技术人员，可以提供一揽子服务，包括提供技术咨询和经济信息，帮助解决法律、税务、保险、会计和谈判等问题。

承租方经过调查，择优选择出租方，并向其提出委托，双方签订金融租赁委托书。金融租赁委托书标志着租赁项目的正式启动，并成为购买合同和租赁合同签订的基础。

（三）项目受理

金融租赁交易的实质是出租方向承租方提供一笔长期贷款。因此，出租方必须对租赁项目本身和承租方的资信情况进行全面的审查和评估，以降低其风险。

1. 租赁项目的审查。租赁项目的审查主要是全面审查租赁项目背景和承租方，包括该项目的上马是否符合国家产业发展及技术进步的大方向，该项目的配套原材料和基础设施是否落实，该项目是否有市场开发潜力；承租方的背景和资信情况，承租方近年的经营和效益情况，承租方是否已经落实了租赁项目的配套资金等。

2. 租赁项目的评估。租赁项目的评估主要是对项目本身效益的可行性分析。

（1）技术评估。首先重点评估承租方的技术力量和管理水平；其次论证承租方的生产力布局、项目规模和项目成本等经济技术参数，重点分析项目的投入产出情况；最后分析设备的适用性和经济合理性，重点分析租赁设备和原有设备是否配套。

（2）财务评估。利用财务指数重点分析该项目的盈利能力和偿还资金的能力。可以采用不考虑资金时间价值的静态法和考虑资金时间价值的动态法加以分析，同时要考虑到风险因素的影响。

（3）效益评估。从整个项目的经济效益、社会效益、生态效益等方面综合评估该项目是否具有可持续发展性，重点分析那些无法以货币度量的因素，如生态环境的保护、消费者利益的满足等外部效应。

（四）签订购买合同

通常，购买合同的洽谈与签订需要出租方和承租方通力合作。技术方面的洽谈和相关条款的确定，以承租方为主进行；商务方面的洽谈和相关条款的确定，以出租方为主进行。技术谈判和商务谈判构成了签订购买合同的一般程序和主要内容。技术谈判的内容，主要在于选择租赁设备，上面已进行了介绍，这里主要介绍商务谈判的内容。商务谈判中磋商交易的程序一般包括以下五个环节：询盘、发盘、还盘、接受和签订购买合同。

1. 询盘，又称询价。出租方欲购买某项设备，向供货方询问购买该设备的各项交易条件。询盘对交易双方均无法律约束力，主要起到邀请对方发盘、传递购货信息的作用，是租赁交易的起点。

2. 发盘，又称发价或报价。供货方欲出售出租方购买的设备，向出租方提出购置该设备的价格和其他交易条件。这是卖方向买方的承诺，是租赁交易洽谈必不可少的一个环节。

3. 还盘，又称还价。接盘方接到发盘后，若不能完全同意发盘方的交易条件，可用口头或书面的形式就发盘的内容提出不同意见，以寻求双方都可以接受的交易条件。还盘不仅包括对价格提出不同意见，还可以包括对支付方式、交易时间等主要交易条件提出不同意见。还盘并非只进行一次，可以是多次还盘和再还盘。还盘内容很简化，对已同意的发盘交易条件无须重复，只提出更改或变换的交易条件。从这个意义上讲，还盘可以视为一项新的发盘。

4. 接受，又称成交。交易双方无条件地同意发盘或还盘重提出的各项交易条件，并愿意按照这些条件达成交易，订立合同。这标志着双方的买卖合同关系已经形成，是租赁交易洽谈必不可少的一个环节。

5. 签订购买合同。交易双方反复洽谈达成共识后，为明确规定各方的权利和义务，出租方和供货方根据洽谈达成的条件签约，并由承租方联署签字确认同意书面合同。购买合同不仅涉及了出租方、承租方和供货方，还直接影响了租赁合同的签订。在金融租赁交易中，由于购买合同和租赁合同是联立的，因此，购买合同制定时要考虑到它与租赁合同条款的一致性。

（五）签订租赁合同

租赁合同的洽谈与签订在出租方和承租方之间进行。谈判的主要内容包括确认租金和支付方式、租期、担保、租赁物件租赁期满后的归属等问题，其中租金是核心问题。

租赁合同的条款对承租方权利和义务的规定更为详细、严格。因此，承租方在签订租赁合同时应注意以下几点：

1. 力求合理的租赁费率。研究和参考各租赁公司的报盘，若是国际租赁业务，还要参考该国的贷款利率水平，在知己知彼的基础上讨价还价。

2. 把握好租赁费的起始日和偿还期限。租赁费的起始日应定在出租方的实际付款日，而不是租赁物件的装船日。偿还期限应根据自身的情况，不要过长也不要过短。

3. 避免提供无条件担保。

4. 处理好租赁物件质量和租赁期满后租赁物件的所有权归属问题。

租赁合同一经生效，即对租赁双方产生法律效力，双方必须遵守合同的规定，不得随意变更合同或无故拖延履行合同。

三、签订购买合同的主要内容

购买合同在金融租赁业务中不作为一个独立的主体合同，而起到租赁合同的一个不可分割的辅合同的作用。因此，在签订购买合同条款时，交易双方要预先考虑它与租赁合同条款的一致性，分清合同当事人的权利和义务，保护当事人的权利，明确当事人的义务。

（一）技术洽谈

技术洽谈以承租方为主进行，因为租赁设备必须适应承租方的实际需要，以取得预期使用效率。同时出租方也应认真参与，根据自身的经验，在签订验收、培训等技术服务条款时，帮助承租方把关。

1. 进行技术交流。它是承租方选定设备的基础，也是项目审查的补充，通过与预选的供货商进行多次详细的技术交流，拟定适合承租方实际需要的设备清单。

2. 选择租赁设备。应注意选择合适的供货方和最适合承租方实际需要的设备。关于选择租赁设备的要求，在签订金融租赁合同程序的介绍中已经进行了详细说明，这里不再赘述。

3. 技术服务。购买合同中应明确，交货前提供结构图纸、安装基础图纸、操作手册、设备维修手册、设计数据和配方等技术资料，同时应根据工程进度，分阶段提前提供技术资料。

技术洽谈应注意：一是防止将一般技术当作技术诀窍来确定技术费用；二是明确安装、调试、试生产时所需原材料和费用由哪方承担。

（二）商务谈判

商务谈判在出租方和供货方之间进行，出租方必须按照承租方的要求，为承租方的权益而谈判。

1. 选择签约对象。在签订购买合同前，出租方应调查、审核签约对象的资信。可以采取的方式有请签约对象提供开户银行出具的资信证明，向外商所在地的我国驻外机构了解，向国外有关部门或机构调查等。

2. 价格谈判。争取合理的价格成交签约是商务谈判的主要努力目标。价格谈判应做好以下工作：

（1）收集价格资料。主要从四个方面进行：请有关研究机构提供该设备的价格情报；向引进同类产品的部门了解价格水平；收集同类产品的成交价格和不同渠道的自由报价资料；向有关的国外厂家询价。

（2）研究报价。比较对外报价内容和己方询价要求；比较所报价与过去联系情况；综合考虑报价的主体部分和附加资料；综合考虑价格、支付条件和售后服务。

（3）比较报价。先比较各家总报价，在比较分项价时，硬件价、软件价应分开比较；将各家报价可比部分列出比较；根据不同支付条件，将报价换算成现值比较；在考虑通货膨胀和汇率等变化因素下，比较报价和过去成交价；比较报价还应考虑交货期、工期和技术保证等因素。

（4）压价成交。防止让对方揣摩到己方的购买意图；按"货比三家"原则，与几家理想的供货商分别谈判，形成竞争局面；若无竞争者，可人为制造竞争假象，以利压价；压价时，应先压下总价，再根据手中比价资料分项压价；有条件的话，应先谈价格水平，再谈支付方式，谈妥价格，再争取免费提供一些技术服务；防止商务谈判前松后紧，不能因压价困难而急于求成；压价到一定程度，应当机立断，以免贻误时机；防止因为盲目压价而使交付的租赁设备质量低劣。

（三）选择支付方式

选择支付方式应考虑两个方面：选择哪种货币进行计价结算和选择哪种支付方式。

选择货币应采取"币比三种"原则，即对货币的汇价、利率的走向和趋势进行分析比较，慎重选择有利于己方的货币。

在租赁的国际业务中，购买合同的支付方式通常采用信用证结算方式和凭公司出具的银行保函交货方式，有时也采用托收方式。单机引进，若签约对象资信高、设备质量有保证，可接受100%即期信用证付款方式；同时若卖方提供安装、调试等售后服务，则应争取预留5%～10%的货款，在设备验收合格后支付。单机引进，一般应争取不预付定金；生产线引进，一般采用分期付款方式。

📝 **专栏13-2**

定金 ▪▪▪

定金是在合同订立或在履行之前支付一定数额的金钱或替代物作为担保的担保方式。给付定金的一方称为定金给付方，接受定金的一方称为定金接受方。

定金的性质确定

1. 定金的性质可以由当事人约定。当事人可以在合同中约定定金具有互不排斥的多重性质。例如，对立约定金，当事人可以约定在正式订立主合同后，定金不予以返还，转而用作违约定金；对于成约定金、证约定金，也可通过约定使其给付后同时具有违约定金性质。

2. 在有些情况下，即便当事人未约定，也可以推定定金兼具约定性质以外的其他性质。如违约定金、解约定金和成约定金合同，是主合同的从合同，而从合同存在必能证明主合同的存在，故上述三种定金当然同时具有证约定金的性质。

3. 当事人未对定金性质作出约定时，应当作出相应的推定。一般情况下，应当推定该定金仅具有定金的一般性质。根据《担保法》规定的立法精神、我国的交易习惯以及司法实践的普遍认可，我国定金的一般性质应当为违约定金。

↻ 资料来源：百度百科。

出租方为保障承租方的利益，在谈判中应争取晚开信用证（一般以交货前 15～30 天，最多不超过 45 天为宜）、最小比例的预付定金和较大比例的预留货款，以保证设备质量和技术服务的可靠，或发生交货拖延、设备质量不高、规格不服等问题时，承租方能处于有利地位。但最终采取哪种支付方式，要根据综合条件全盘考虑，如价格、设备质量、售后服务、市场供求情况和买卖双方力量对比等。

（四）交货期与装运条款

项目一经签订，承租方大多希望租赁设备尽早抵厂投产，产生经济效益。出租方应在可能的条件下，争取让供货方尽早交货，将合同交货期尽量提前。

对于交货，合同应明确规定一批交货还是分批交货；交货日期是在合同生效日后数天内，还是支付定金后数天内，或者明确规定在某一特定日期前；分批交货时，每批交货设备、金额应附有清单明细，以便审单议付时进行核对。

在国际租赁业务中明确交货条件时，当事人应考虑我国外运部门的运输能力、派船条件、服务质量等实际情况，根据不同的设备、交货时间、交货港口和条件灵活掌握。原则上，对租赁设备的进口，由己方向我国保险公司投保。最方便可行的做法是，由国内租赁公司代国内承租方向中国人民保险公司投保一揽子综合险，该投保从租赁物件启运装船开始到租赁期满为止，包括运输险和财产险。

（五）安装调试、设备验收和质量保证条款

关于安装调试条款，应明确规定卖方派出人员条件、专业、人数、抵达日期，安装调试期限和安装调试期限所发生费用的责任负担方等。若卖方不能按期抵达或不能按期完成安装调试，应规定罚款条款。

关于设备验收条款，应明确租赁物件的最后验收地点为承租方所在工厂。合同还应明确引进设备的验收标准和验收期限，若不能按期完成验收，应规定卖方承担直接损失或支付罚款。

关于租赁设备的质量保证期，最好争取规定为"卖方与用户在合同货物验收合格证书签署之日起某几个月（通常为 12 个月）"，尽量不要接受"租赁物抵达用户工厂之日起某几个月"，甚至"租赁物件抵达目的港之日起某几个月"的条款。因为一旦发生由于卖方原因而造成的安装、调试、验收和投产的延误，就会缩短规定的质量保证期，不合理地减轻卖方本应提供的质量保证义务。

（六）索赔、仲裁条款

签订合同时应注意索赔条款的规定，买方同意将索赔权转让给买方用户即承租方，由买方协助承租方直接向卖方提出索赔。同时，还应注意仲裁条款的规定，特别是设备进口业务，应尽可能争取在我国由中国对外贸易仲裁委员会仲裁，也可由双方同意的第三国仲裁机构仲裁。

（七）特记事项

1. 卖方承认本合同货物是买方购入用以出租给承租方使用的。

2. 卖方向买方和承租方保证合同规定的货物的规格、式样、质量、性能及其他全部条件符合承租方的使用目的。

3. 有关合同的货物质量保证及根据该合同卖方提供的其他服务，均由卖方直接向承租方负责。

（八）其他条款

1. 明确购买合同生效条件。

2. 规定合同的文字文本和正副本份数。

3. 附件的件数、页数，明确附件为合同组成部分。

4. 规定承租方同意并确定购买合同的全部条款。

四、签订租赁合同的主要内容

金融租赁形式的多样性决定了租赁合同的内容也不尽相同，下面介绍对金融租赁业务中租赁合同的主要内容。

（一）出租和承租条款

出租与承租条款是租赁合同的第一项条款，是出租方同意按承租方的要求购进承租方选定的设备，将设备出租给承租方使用的简要说明。该款项包括：

1. 合同当事人。合同应明确双方当事人，即出租方和承租方，详细写明双方当事人的名称、法定地址及各自的法人代表。

2. 租赁物件。合同应明确列出租赁物件的名称、规格、型号、数量、技术性能、交货地点等。

3. 租期和起租日。租期是承租方使用租赁设备的期限。租期的长短可根据租赁方式、承租方的需要、支付能力和国家有关规定等情况，由双方当事人具体商定，通常略短于租赁设备的法定使用寿命，发达国家的惯例是租期约为设备法定折旧年限的75%。起租日是租金的开始计算日，通常以租赁物件交付之日为起租日，也可以开证日（出租方开出信用证的日期）或提单日（承运方开出提单的日期）为起租日。

（二）租金条款

租金是合同的主要内容之一，具体内容包括：

1. 租金的构成。它主要包括出租方为承租方购进租赁设备所支付的货款、融资利息、银行费用、出租方的经营费用和利润。若出租人为租赁设备投保，保险费也要计入租金。

2. 租金的支付方式。双方当事人根据实际因素共同商定租金的支付方式，具体因素包括：一是租金的支付周期，即每期租金间隔的时间；二是期前付租或期后付租，期前付租即在每次付租开始日交付租金，期后付租即在每次付租期末日交付租金；三是均等付租或不均等付租，均等付租即每期租金相等，不均等付租即根据承租方流动资金情况而商定各期租金数额。

3. 支付租金的货币。国际租赁业务应明确支付租金的货币，国际惯例规定汇率风险由承租方承担，因此我国国际租赁业务中，支付租金的货币是外汇，具体币种根据出租方的筹资货币情况确定。

4. 续租期的租金。若某项金融租赁业务允许承租方在基本租期后有一个续租期，除非有税收或其他考虑，续租期的租金通常是象征性的。

5. 租金支付的完整性。规定承租方按期支付的租金，不负担和不能扣除其他税款、费用，也不能以任何理由抵销或扣除出租方对承租方的其他债款。若在租赁物件实际支付之日，租赁物件的实际成本与概算成本有出入，一般以实际成本为准调整租金。为防止承租方延迟支付租金，保证出租方按期收到租金，合同中应规定加收的罚息。

（三）所有权保护条款

租赁物件的所有权属于出租方，承租方在租赁期间无权对租赁物件进行销售、转让、转租、抵押或其他任何侵犯出租方所有权的行为。未经出租方同意，承租方不得将租赁物件迁移使用地点或加拆零部件或进行技术改造等，要保证租赁物件的完好。

（四）风险责任条款

该条款是经出租方和承租方协定，用以明确在金融租赁关系存续期间，因某种不可归责于当事人的客观原因而导致租赁物件损毁、灭失时，应由谁承担责任的条款。

合同中应详细规定，在金融租赁关系存续期间，租赁物件因不可抗力等不可归责于当事人双方的客观事由出现损毁、灭失，导致承租方不能正常占有、使用、收益时，其风险责任由承租方承担。在这种情况下，承租方不仅不能解除合同，还应向出租方支付约定的损害赔偿金。

（五）维修条款

合同中应详细规定承租方承担的服务项目，租赁物件的维修保养要求和费用负担，若租赁物件在起租日前或租赁期间内失去规定的使用价值或因不可抗力造成损坏时，出租人应承担责任等。

（六）纳税条款

合同中应明确交易中涉及的海关关税、工商统一税和其他多种税款的缴纳问题，由双方当事人商定各自承担的税种。

（七）保险条款

在金融租赁业务中应对租赁物件投保，合同中应明确规定保险范围，谁负责投保、保险费用及承担、保险公司的选择、投保时间和保险收益人等。

（八）担保条款

金融租赁合同的担保有保证金和保证人两种方式。保证金是承租方在订立合同时缴纳给出租方，作为履行合同的保证金额。由于保证金一般少于租金总额的20%，因此合同中还规定须有经济担保人。担保人是保证承租方按合同规定履行义务的有保证资格和实力的单位或个人。若承租方违约，由保证人代为支付租金或承担连带责任。合同中应明确保证的范围、期限、责任的承担等，并由保证人在合同上签字。

（九）租赁期满处置条款

租期届满时，租赁物件的处置有留购、续租和退租三种方式。同等条件下，承租方比第三方享有廉价购买权和廉价续租权。目前，我国企业多数选择留购的方式，承租方交纳一定的名义价款后即取得设备的所有权。

（十）　违约和争议条款

出租方、承租方和担保方应事先对合同履行中出现的违约和争议，协商并在合同中确定解决方式、地点等。

合同中应明确，若承租方不支付租金或违反合同条款，出租方有权以租赁保证金抵扣，要求承租方即时付清租金和其他费用，有权中止合同，收回或要求归还租赁物件，并要求承租方赔偿由此造成的一切损失和合同规定应由承租方履行的其他义务。

五、金融租赁合同的特殊性条款

金融租赁合同除上述主要条款，还有一些特殊条款。

（一）　购买合同和租赁合同的关系条款

在金融租赁交易中，购买合同是租赁物件的依据，是辅合同；租赁合同是购货成立的前提，是主合同。两者缺一不可，构成联立关系。出租方与承租方、出租方与供货方之间是正式合同关系，承租方与供货方之间是准合同关系。在购买合同和租赁合同中都应明确出租方只承担支付货款的责任，其他责任，如交货、验收、索赔等都由承租方负责。租赁合同一旦生效，未经承租方同意，出租方不得擅自变更购买合同，以确保承租方的利益；未经出租方同意，承租方不得擅自变更租赁物件，以确保出租方的利益。

（二）　承租方不得中途解约条款

金融租赁合同大多是不可撤销合同。出租方为承租方购买设备的资金，除自有资金外，绝大部分来自信用贷款等方式，因此合同应规定承租方发生租赁物件灭失或损坏等情况时，不得中途解约，全部损失由承租方承担，同时不能免除承租方支付租金的义务。

（三）　对出租方免责和对承租方保障条款

购买合同中的设备由承租方选定，出租方根据承租方的要求与供货方签订购买合同，合同签订后，由供货方将设备直接交给承租方，并由承租方验收。因此，合同中应规定，出租方对租赁设备的质量、适用情况和供货方的售后服务等均不承担任何责任。

同时为了保障承租方的权益，合同中还应规定，出租方应将向供货方就租赁设备的索赔权，转让给承租方。索赔发生的费用和金额均由承租方承担和所有，但承租人无论索赔结果如何，都应向出租方交纳租金。

（四）　对第三方的责任条款

为防止在履行合同过程中涉及出租方和承租方以外第三方的权益，合同中应规定，在租赁期间，出租方应排除第三方对租赁物件权益的异议，确保承租方对租赁物件的使用权不受干扰。在使用租赁物件过程中，由于承租方自身过错导致第三方的权益受到损失，则应由承租方负责赔偿。

（五）　转租赁条款

承租方有权提出要求将租赁物件转租赁给他人使用，但由于承租方在租赁期间承担绝对和无条件支付租金的义务，同时租赁物件有可能转租给无信用的第三方使用，使出租方遭受损失，因此承租方必须先取得出租方的书面同意，方可进行转租赁业务。

（六）租赁债权的转让和抵押条款

有些租赁合同中规定，出租方可以不经过承租方的同意，将租赁合同规定的全部或部分权利转让给第三方，或提供租赁物件作为抵押。但这项转让或抵押必须以不影响承租方对该租赁物件的各项权益为前提，同时不能解除出租方在租赁合同中的任何义务，从而保障承租方的权益。

（七）预提所得税条款

预提所得税是指各国（除少数免税国家和地区之外）对外国公司、银行、企业和其他组织，在该国境内没有设立机构而有来源于该国的所得时都要征收所得税。出租方和承租方都很重视预提所得税，因为这关系到出租方的收益和承租方的成本。在合同中，应对预提所得税作出明确规定，如出租方根据承租方国家的税法规定，在该国缴纳所得税，其应缴税款由承租方在每次支付租金时从租金中直接扣缴，并立即将税务部门所出具的缴税收据寄交出租方。

第三节　金融租赁合同的履行

金融租赁合同的履行，是指出租方、承租方和供货方按照购买合同和租赁合同的内容，全面完成各自的义务，实现合同权利的过程。合同的履行是金融租赁业务的中心环节，因此对于三方当事人都至关重要。下面从合同履行的基本原则、合同履行的主要内容和合同履行的特殊事项三个方面分别介绍。

一、金融租赁合同履行的基本原则

（一）实际履行原则

实际履行原则，是指当事人按照合同规定的标的完成各自承担的义务的原则。合同的履行分为三种：全面履行、部分履行和不履行。全面履行，是指双方当事人按照合同规定的义务，全面、如期完成。部分履行，是指双方当事人只完成合同规定的部分内容，或一方当事人全面履行合同，而另一方当事人只部分履行合同。不履行，是指双方当事人均未履行合同规定的全部内容。

（二）全面履行原则

全面履行原则，是指当事人除按照合同规定的标的履行外，还要按合同规定的其他条款全面履行。该原则是判定经济合同是否履行和是否违约的法律标准，是衡量经济合同履行程度和违约责任的尺度。合同对双方当事人均具有法律效力，每方当事人既是权利方，又是义务方，一方权利的实现取决于另一方义务的履行，因此双方当事人均全面履行义务才能全面完成合同。全面履行的条款如下：

1. 履行合同规定的条款。除合同规定的标的履行外，合同的数量条款、价格条款和质量条款也是合同的主要条款。

2. 履行的主体、时间、方式和地点均应符合合同规定，未经对方当事人的同意，不得更改。

3. 合同中未作规定，但法律或惯例要求履行的义务，必须履行。

（三）协作履行原则

协作履行原则，是指当事人在合同履行过程中，应互相协作，共同完成合同规定的各项义务。双方当事人签订合同的目的，就在于追求并实现各自的利益，权利的实现需要义务人的合作，义务的履行也需要权利人的支持，没有互相协作，就无法全面完成合同，实现双方的利益。该原则的具体要求如下：一方当事人履行合同义务，另一方当事人应尽力为其义务的履行创造方便条件；一方当事人因客观情况发生变化依法变更合同时，双方当事人应及时沟通，共同协商，妥善完成合同的变更；一方当事人确实不能履行合同时，应及时通知对方，对方可以尽快采取补救措施，尽量减少或挽回损失；一方当事人过错违约时，对方应尽快协助纠正，并设法避免或减少损失；履行过程中遇到分歧或争议时，双方应以合作的姿态及时协商解决。

二、金融租赁合同履行的主要内容

（一）购买合同的履行

1. 支付定金、开证。对外支付定金时，出租方应在接到供货方按合同规定提交的全部文件（银行履行保函、出口许可证复印件等），审核无误后，在合同规定的期限届满前支付定金。

对外开立信用证时，出租方在接到供货方货已备妥的预装船通知后，按合同规定开立信用证。租赁业务项下开立购买租赁物件的信用证有两种情况：一是直接租赁进口项目的开证，由国内租赁公司申请国内的外汇银行办理；二是转租赁项目的开证，由外国租赁公司申请其往来银行办理。

2. 安排国际运输。我国金融租赁业务项下的设备进口，在国际运输阶段，绝大部分采用海洋运输方式，少部分采用铁路运输方式，也采用航空运输方式。在海洋运输方式下，以FOB交货条件进口的租赁物件，由国内租赁公司在收到供货方寄来的预备装船通知后，安排租船定舱。

3. 办理投保。我国金融租赁业务项下的租赁物件保险，一般由国内租赁公司向我国保险公司，以租赁合同的外币价值对租赁物件抵达工厂前的运输、装卸、存储等投保运输险，对租赁物件抵达工厂后的安装、试车、租赁期间内的生产过程投保财产险。

4. 付款赎单。租赁物件装船后，供货方在信用证有效期内凭装运单向银行提出议付。出租方收到银行送来的信用证议付单据，审核无误后，对外付款。

5. 接货和报关。出租方在收到供货方发来的装船通知后，立即填写"代合同"，连同给外运的委托函和设备分交、订货卡片、进口许可证及减税证明等文件寄送卸货口岸的外运分公司，一次性委托其办理合同货物的接货、报关和国内运输事宜。出租方议付每批货款后，应将正本付款单据一套寄送外运分公司处，将副本单据一套连同"到货通知书"寄送国内承租方处。

出租方对外代办接货、报关和国内运输所发生的有关费用和海关关税、增值税等，通常不垫付，委托函注明由外运向承租方直接收取。

6. 处理索赔。在复验、清点租赁期间内租赁物件时，承租方若发现货损、货缺或者货差，应立即书面通知出租方，并附上商检及其他索赔需要的文件或证明，出租方将上述文件连同原始发票、提单等单据一并交由保险公司，申请检查。若完全由于供货方责任而造成损失，应向其索赔；其他责任而造成损失，通常由出租方向保险公司提出索赔。

（二）租赁合同的履行

1. 租赁合同的起租。租赁物件交付后，出租方应在规定的起租日前，根据其购买该租赁物件所发生的实际成本与合同中估算的成本进行调整，同时将租金做相应的变更。出租方将上述租金及成本计算通知书一并通知承租方，合同正式起租。承租方按租赁条件变更通知书的规定支付租金。允许承租方核查出租方的相关实际成本的财务记录和凭据。

2. 对承租方的监督。租赁项目投产后，出租方应做好对承租方经营管理的监督工作，具体包括：要求承租方定期提供财务报表，定期检查承租方的生产情况，关注承租方的财务活动状况；对生产和销售过程中出现或可能出现的问题，出租方应利用自身的优势，协助承租方妥善解决；不定期检查租赁物件是否完好无损、使用正常，以维护自身的所有权利益。

3. 支付租金。出租方应在每期租金支付日前两周，书面通知承租方及其经济担保人到期支付的租金金额，以便承租方做好付款准备。承租方应按照合同的规定，按时按量支付租金。若是前期支付租金，第一次租金金额应按概算支付，到出租方结算后，多退少补。

4. 期满所有权的处置。租赁期届满后，出租方根据承租方在签订租赁合同时的选择处置租赁物件，处置方法有三种：留购、续租和退租。留购，就是在租赁期满日，若承租方已全部付清应交租金，再向出租方支付合同规定的名义货款，该租赁物件的所有权就转移给承租方。续组，就是承租方按照合同规定的续租租金和预定损失金继续承租，通常续租租金比较便宜，续租期可长可短。退租，就是租赁期满后，承租方自动将租赁物件退还出租方，并保证租赁物件除正常损耗之外，继续保持良好的工作状态。承租方负责将租赁物件按出租方要求的运输方式运送至出租方指定地点。在我国的金融租赁业务中，租赁物件多为国外引进的生产线或大型设备，可移动性差，同时国内也缺乏发达的二手设备市场，因此租赁期满后，租赁物件通常采用留购的方式处置。

三、金融租赁合同履行的特殊事项

（一）条款不明确

如果合同中对货物质量、价款、租金、履行期限或履行地点没有约定或者约定不明确，双方当事人应采用协商的方式达成共识；若协商不能解决分歧或争议时，可借助以下办法解决分歧或争议。

1. 货物质量要求不明确时，应按照国家质量标准履行；没有国家质量标准的，应按照该行业标准履行；没有国家质量标准和行业标准的，应按照货物产地的地方标准或货物生产厂家的企业标准履行。涉外经济合同，还应考虑国际标准或所在国标准。

2. 价款或租金不明确时，应按照国家规定执行法定价格或按租金标准履行，还应按照合同履行地点的市场价格水平或租金标准履行。

3. 履行期限不明确时，双方当事人采用协商、仲裁或法律方式达成统一意见。若双方当事人同意采用变通的方式，即义务人可随时向权利人履行义务，但这种方式容易引起争议。

4. 履行地点不明确时，通常以履行义务一方的所在地为履行地点，涉及支付租金时，通常以接受租金一方的所在地为履行地点。

（二）价格变动或汇率变动

我国《合同法》规定，执行国家定价的，在合同规定的期限内，国家价格调整时，应按交付时的价格计价。逾期交货的，价格上涨时，按原价格执行，价格下降时，按新价格执行；逾期付款或租金的，价格上涨时，按新价格执行，价格下降时，按原价格执行。执行浮动价格、市场价格的，按合同规定的价格执行，逾期交货和逾期付款或租金时，由双方当事人协商解决或采用适当方式依法解决。

合同中的价款和租金，除法律另有规定之外，采用人民币结算。国际租赁业务中，经有关部门审核同意，可以采用外币结算。采用外币结算的租赁业务，若发生逾期交货和逾期付款或租金时，汇率发生变动，按国家有关规定或国际惯例执行。

（三）不可抗力事件

在金融租赁关系存续期间，租赁物件因不可抗力事件出现损毁、灭失，导致承租方不能正常占有、使用、收益时，承租方不仅不能解除合同，还应向出租方支付约定的损害赔偿金。理由如下：

1. 根据"契约自由"的原则，一经双方当事人协商达成一致，且不违法，合同应为有效。

2. 金融租赁业务的实质是出租方向承租方的融资，因此民法中关于金钱债务不得以不可抗力为免责事由的原则适用于金融租赁关系。

3. 由承租方承担租赁物件的风险责任，是保证出租方投资的必要手段。

4. 租赁物件由承租方选定，供货方直接提供给承租方，由承租方实际占有、使用和收益，出租方只是支付货款，起到融资作用，享有租赁物件形式上的所有权及相关收益权，因此，由承租方承担租赁物件的风险责任是民法中公平原则的体现。

第四节　金融租赁合同的违约与纠纷

金融租赁合同依法成立后，就具有法律效力，双方当事人都必须严格遵守，全面履行各自承担的义务。当合同当事人一方或双方未能完全履行合同义务时，就造成了违约，违约方承担相应的违约责任。若双方当事人出现纠纷时，可以采用协商或调解的方式解决，也可以采用仲裁或诉讼的方式解决。

一、违约问题

签订金融租赁合同后，该合同就对双方当事人具有法律约束力，当事人必须认真履行合同规定的义务和责任，否则就应按照相关规定承担违约责任。

（一）违约的定义和形式

在金融租赁业务中，由于出租方和承租方各自承担的义务不同，因此在合同执行中违约事件多发生于承租方。实际中常见的违约形式有：

> 违约是指由于一方或双方当事人的过错而造成合同不能履行或不能完全履行。

1. 付款违约，承租方未按照合同规定的时间或金额支付租金或其他费用。在国际租赁业务中，除租金的支付外，通常还涉及对外付款与租赁期起算之间一段时间的融资利息，办理进口的手续费等，这些款项的支付常会因某些原因发生拖欠或争议。

2. 其他责任违约，承租方违反了在合同中规定履行的其他义务或责任，如承租方未能按合同要求对租赁物件投保相应的保险，在生产过程中对租赁物件使用不当，没有对租赁物件履行应尽的维修义务等。

3. 串联违约，也称偿还期提前，是指一旦承租方对其他协定（包括构成其负债的任何贷款协议或其他租赁合同）违约，则承租人对本租赁合同的租金立即到期。

4. 租赁物件被扣押、查封或处置，如承租方因为从事非法经营活动，有关部门将租赁物件查封等。

5. 承租方采取任何一种歇业的措施或行为，实际上承租方将丧失其法人地位，无法继续履约。

（二）承担违约责任的原则

1. 过错责任原则。过错又分为广义过错和狭义过错，广义过错包括故意和过失，狭义过错只是过失。故意 **｛** *过错责任原则是指由哪方当事人的过错造成违约行为的发生，就由哪方当事人承担违约责任。*

是当事人明知自身的某种行为会引起不履行合同的不良后果，仍然希望或放任这种结果的发生。过失是当事人应预见到自身的某种行为可能引起不履行合同的不良后果，但由于疏忽大意没有预见，或者虽然预见却轻信这种后果可以避免而未采取必要的措施，以致造成合同不能履行或不能完全履行。由于故意违约比过失违约的过错更严重，因此贯彻过错责任原则时，应体现对故意违约方依法从重处置。

2. 赔偿实际损失原则。贯彻赔偿实际损失原则，必须解决损失范围和损失计算的问题，采用科学办法计算 **｛** *赔偿实际损失原则是指一方当事人违约行为如果给对方已经造成损失，造成损失的一方必须负责实际赔偿。*

实际损失，包括财产或收入的减少、损失、灭失和费用的增加。由违约方向对方支付违约金，若违约给对方造成的损失超过违约金，超过部分必须由违约方进行补偿。

3. 违约责任与违约方经济利益相结合原则。违约责任与违约方经济利益相结合原则，是指违约方支付的违约金和赔偿金，要从违约方的税后留利或其他自有资金中解决。贯彻违约责任与违约方经济利益相结合原则，只有使违约方真正承担违约责任和经济损失，才能促使合同当事人严肃履行合同义务，从而维护了法律的权威。

（三）承担违约责任的形式

1. 违约金。一方违约，无论这种违约是否造成了对方的实际损失， **｛** *违约金是指违约方应根据合同或法律规定向对方支付的一定数额的货币。*

也无论对这种违约是否适用其他责任形式，违约方均应支付违约金。违约金制度具有担保、惩罚和赔偿等功能。

2. 赔偿金。赔偿金责任的成立，应具备以下条件：合同当事人确实发 **｛** *赔偿金责任是指违约方在给对方造成实际经济损失时，应以货币方式补偿对方。*

生了不履行或不完全履行合同的违约行为；违约行为的发生是因为合同当事人的主观过错造成，包括故意违约行为和过失违约行为；造成合同当事人一方实际损失的直接原因，是违约方行为所致；违约方给对方造成了实际损失，但合同中没有规定违约金或违约金总额小于实际损失金额。

3. 定金制裁。定金制裁是指合同当事人一方为了证明合同的成立和担保合同的履行而支付给对方一定数量的货币。这种方式是为了保证合同的履行，任何一方当事人违约都会受到定金制裁。

4. 继续履行。继续履行是指合同当事人一方违约后，对方要求违约方继续履行合同。双方当事人签订合同的目的就是取得一定的经济利益，各种货币制裁无法实现当事人所希望达到的经济目标，因此应继续履行合同。

二、纠纷问题

当金融租赁合同发生纠纷时，双方当事人可以通过协商或调解解决纠纷。若当事人不愿采用协商或调解解决，或协商或调解无法解决当事人之间的纠纷，当事人可以根据合同中的仲裁条款或事后达成的书面仲裁协议，申请仲裁解决纠纷。若当事人在合同中没有订立仲裁条款，事后也没有达成书面仲裁协议，可以向法院提出起诉。

（一）协商

合同发生纠纷后，双方当事人根据合同和各自在合同中应承担的义务和责任，分析合同发生纠纷的原因和双方在纠纷中应承担的责任，以平等、自愿、互相谅解为原则，自行磋商解决纠纷。

协商是合同当事人解决纠纷的一种常用方式，因为它的程序简便，节省费用，可以迅速解决问题，避免损失的扩大。当事人通过协商解决纠纷的关键在于，双方不仅考虑到自身的利益，同时也要考虑到对方的利益，互相谅解，都适时作出让步，磋商找到解决纠纷的最佳方案。

（二）调解

合同发生纠纷后，双方当事人在当事人以外的第三方主持下，通过说服的方式，调停双方的纠纷和争议，最终当事人达成一致意见。第三方可以是法人，也可以是自然人，或者国际调解组织、仲裁机构等。调解解决纠纷过程中应注意以下事项：

1. 调解不具备法律效力，要靠当事人自愿履行。一是双方当事人都愿意接受第三方的调解；二是在调解过程中，应始终坚持自愿的原则，不能强迫当事人一方或双方接受第三方的意见或建议；三是最终达成的调解协议应真实，双方自愿接受。

2. 第三方应客观、公平，深入调查，以事实为依据，以法律为准绳进行调解。

3. 第三方应准确分辨纠纷性质，分清双方当事人的是非和责任，促成双方尽早达成调解协议。

（三）仲裁

仲裁是指由双方当事人选定的仲裁机构对合同的纠纷作出有约束力的裁决。仲裁机构对合同纠纷的裁决权以双方当事人的书面仲裁协议或仲裁条款为依据。仲裁裁决实行一次性仲裁，不能申请再次仲裁。仲裁裁决书送至当事人之时生效，裁决一经生效，双方当事人必须执行，拒不执行方，对方当事人可以请求法院强制执行。

（四）诉讼

诉讼是指合同双方当事人请求法院对其纠纷或争议进行裁决，以解决纠纷或争议的方式。诉讼具有程序复杂、费用高、周期较长、最有权威和最具强制性的特点，是解决纠纷的有效途径，也是最后途径。诉讼裁决实行两审终审制度和再审制度相结合的方式，合同当事人一方对法院作出的一审判决不服时，有权向上一级法院提出上诉。

附式 13－1

金融租赁合同书

合同号码：

合同签订日期：

合同签订地：

出租人：（以下简称甲方）

法定地址：	邮政编码：
法定代表人：	电传：
电话：	开户银行：
传真：	账号：
电挂：	

承租人：（以下简称乙方）

法定地址：	邮政编码：
法定代表人：	电传：
电话：	开户银行：
传真：	账号：
电挂：	

第一条　租赁物件

甲方根据乙方的要求及乙方的自主选定，以租给乙方为目的，为乙方融资购买附表第（1）项所记载的物件（以下简称租赁物件）租予乙方，乙方则向甲方承租并使用该物件。

第二条　租赁期间

租赁期间如附表第（5）项所记载，并以本合同第五条第1款所规定的乙方签收提单日为起租日或以本合同第五条第2款所规定的甲方寄出提单日为起租日。

第三条　租金

1. 甲方为乙方融资购买租赁物件，乙方承租租赁物件须向甲方支付租金，租金及其给付时间、地点、币种和次数，均按附表第（9）项的规定。

2. 前款租金是根据附表第（7）项所记载的概算成本（以下简称概算成本）计算的。但租赁物件起租之日，当实际成本与概算成本有出入时，以实际成本为准，租金按实际成本相应计算。

3. 前款的实际成本，是指甲方为购买租赁物件向乙方交货以外汇和人民币分别所支付的全部金额、费用及其利息的合计额（其利息均从甲方支付或实际负担之日至租赁物件起租日，以外币（　%/年的利率和人民币　%/年的利率）计算。

4. 根据本条第2款、第3款，当实际成本与概算成本有出入时，甲方向乙方提供《租赁物件实际成本计算书》及"实际租金表"，向乙方通知实际成本的金额和以实际成本为准，对附表一中第（8）、（9）、（10）、（11）、（12）项的调整（调整后的实际情况见附表二中的对应项），乙方承认上述的调整。该调整不属于合同的变更或修改，且无论租赁物件使用与否，乙方都以"实际租金表"中载明的日期、金额、币种等向甲方支付租金。

5. 本合同租金币种由乙方选定，在合同履行期间不得变更。如因汇率变化给乙方造成利益盈亏，由乙方受益或负担。

第四条　租赁物件的购买

1. 乙方根据自己的需要，通过调查卖方的信用力，自主选定租赁物件及卖方。乙方对租赁物件的名称、规格、型号、性能、质量、数量、技术标准及服务内容、品质、技术保证及价格条款、交货时间等享有全部的决定权，并直接与卖方商定，乙方对自行的决定及选定负全部责任。甲方根据乙方的选定与要求与卖方签订购买合同。乙方同意并确认附表一第（1）项所记载的购买合同的全部条款，并在购买合同上签字。

2. 乙方须向甲方提供甲方认为必要的各种批准或许可证明。

3. 甲方负责筹措购买租赁物件所需的资金，并根据购买合同，办理各项有关的进口手续。

4. 有关购买租赁物件应缴纳的海关关税、增值税及国家新征税项和其他税款，国内运费及其他必须支付的国内费用，均由乙方负担，并按有关部门的规定与要求，由乙方按时直接支付。甲方对此不承担任何责任。

第五条　租赁物件的交付

1. 租赁物件在附表一第（3）项的交付地点，由卖方或甲方（包括其代理人）向乙方交付。甲方收到提单后，立即电报通知乙方凭授权委托书向甲方领取提单，乙方同时向甲方出具租赁物件收据。乙方签收提单后，即视为甲方完成向乙方交付租赁物件。乙方签收提单日为本合同起租日。乙方凭提单在交付地点接货，并不得以任何理由拒收货物。

2. 如乙方未在甲方通知的日期领取提单或者乙方拒收提单，甲方将提单挂号寄送乙方，即视为甲方已完成向乙方交付租赁物件及乙方将租赁物件收据已交付甲方。在此种情况下，甲方寄出提单日为本合同起租日。

3. 租赁物件到达交付地点后，由甲方运输代理人（外运公司）或乙方自行办理报关、提货手续。且无论乙方及时接货与否，在租赁物件到达交付地点后，由乙方对租赁物件自负保管责任。

4. 因不可抗力或政府法令等不属于甲方原因而引起的延迟运输、卸货、报关，从而延误了乙方接受租赁物件的时间，或导致乙方不能接受租赁物件，甲方不承担责任。

5. 乙方在交付地点接货后，应按照国家有关规定在购买合同指定的地点和时间进行商检，并及时向甲方提交商检报告副本。

第六条　租赁物件瑕疵的处理

1. 由于乙方享有本合同第四条第1款所规定的权利，因此，如卖方延迟租赁物件的交货，或提供的租赁物件与购买合同所规定的内容不符，或在安装调试、操作过程中及质量保证期间有质量瑕疵等情况，按照购买合同的规定，由购买合同的卖方负责，甲方不承担赔偿责任，乙方不得向甲方追索。

2. 租赁物件迟延交货和质量瑕疵的索赔权归出租方所有，出租方可以将索赔权部分或全部转让给承租方，索赔权的转让应当在购买合同中明确。

3. 索赔费用和结果均由承租方承担。

第七条　租赁物件的保管、使用和费用

1. 乙方在租赁期间内，可完全使用租赁物件。

2. 乙方除非征得甲方的书面同意，不得将租赁物件迁离附表第（4）项所记载的设置场所，不得转让给第三者或允许他人使用。

3. 乙方平时应对租赁物件给予良好的维修保养，使其保持正常状态和发挥正常效能。租赁物件的维修、保养，由乙方负责处理，并承担其全部费用。如需更换其零件，在未得到甲方书面同意时，应只用租赁物件的原制造厂所供应的零件更换。

4. 因租赁物件本身及其设置、保管、使用等致使第三者遭受损害时乙方应负赔偿责任。

5. 不按本条第 1 款的规定，因租赁物件本身及其设置、保管、使用及租金的交付等所发生的一切费用、税款（包括国家新开征的一切税种应缴纳的税款），由乙方负担（甲方全部利润应纳的所得税除外）。

第八条　租赁物件的灭失及毁损

1. 在合同履行期间，租赁物件灭失及毁损风险，由乙方承担（但正常损耗不在此限）。

如租赁物件灭失或毁损，乙方应立即通知甲方，甲方可选择下列方式之一，由乙方负责处理并负担一切费用：

（1）将租赁物件复原或修理至完全正常使用之状态。

（2）更换与租赁物件同等状态、性能的物件。

2. 租赁物件灭失或毁损至无法修复的程度时，乙方按"实际租金表"所记载的所定损失金额，赔偿给甲方。

3. 根据前款规定，乙方将所定损失金额及任何其他应付的款项交纳给甲方时，甲方将租赁物件（以其现状）及对第三者的权利（如有时）转交给乙方。

第九条　保险

在租赁物件到达附表第（4）项所规定的设置场所的同时，由乙方以甲方的名义对租赁物件投保，并使之在本合同履行完毕之前持续有效，保险金额与币种按本合同所规定的所定损失金的金额与币种。保险费用由乙方承担。

保险事故发生，乙方须立即通知甲方，并即行将一切有关必要的文件交付甲方可用于下列事项：

（1）作为第八条第 1 款第（1）或（2）项所需费用的支付。

（2）作为第八条第 2 款及其他乙方应付给甲方的款项。

第十条　租赁保证金

1. 乙方将附表第（8）项所记载的租赁保证金，作为其履行本合同的保证，在本合同订立的同时，交付甲方。

2. 前款的租赁保证金不计利息，并按"实际租金表"所载明的金额及日期抵作租金的全部或一部分。

3. 乙方如违反本合同任何条款或当有第十二条第 1 款至第 5 款的情况时，甲方从租赁保证金中扣抵乙方应支付给甲方的款项。

第十一条　违反合同处理

1. 如乙方不支付租金或不履行合同所规定的其他义务时，甲方有权采取下列措施：

（1）要求即时付清部分或全部租金及一切应付款项。

（2）径行收回租赁物件，并由乙方赔偿甲方的全部损失。

2. 虽然甲方采取前款第（1）、（2）项的措施，但并不因之免除本合同规定的乙方其他义务。

3. 在租赁物件交付之前，由于乙方违反本合同而给甲方造成的一切损失，乙方也应负责赔偿。

4. 当乙方未按照本合同规定支付应付的到期租金和其他款项给甲方，或未按时偿还甲方垫付的任何费用时，甲方除有权采取前 3 款措施外，乙方应按附表第（13）项所记载的利率支付迟延支付期间的迟延利息，迟延利息将从乙方每次交付的租金中首先扣抵，直至乙方向甲方付清全部逾期租金及迟延利息为止。

5. 乙方如发生关闭、停业、合并、分立等情况，应立即通知甲方并提供有关证明文件，如上述情况致使本合同不能履行，甲方有权采取本条第 1 款的措施，并要求乙方及担保人对甲方由此而发生的损失承担赔偿责任。

租赁期间，租赁物不属于承租方破产清算的范围。

第十二条　甲方权利的转让

甲方在本合同履行期间在不影响乙方使用租赁物件的前提下，可随时将本合同规定的全部或部分权利转让给第三者，但必须及时通知乙方。

第十三条　合同的修改

本合同及所有附件的修改，必须经甲乙双方及担保人签署书面协议方能生效。

第十四条　租赁期满后租赁物件的处理

乙方在租赁期满并全部履行完毕合同规定的义务时，乙方有权对租赁物件作如下选择：

1. 自费将租赁物件归还甲方，并保证使租赁物件除正常损耗外，保持良好状态。

2. 租赁期满30天前，以书面通知甲方，按附表第（10）项和第（12）项所记载的续租租金和续租所定损失金额（其他条件与本合同相同）继续承租，或解除合同。

3. 乙方向甲方支付产权转移费人民币_____元，甲方即将租赁物件所有权转移给乙方。

第十五条　担保

担保人担保和负责乙方切实履行本合同各项条款，如乙方不按照本合同的规定向甲方缴纳其应付的租金及其他款项，担保人按照本合同项下担保人所出具的担保函履行担保责任。

第十六条　争议的解决

有关本合同的一切争议，首先应友好协商解决，如协商不能解决需提起诉讼时，本合同当事人均应向×××人民法院提起诉讼。

第十七条　乙方提供必要的情况和资料

乙方同意按甲方要求定期或随时向甲方提供能反映乙方企业真实状况的资料和情况，包括：乙方资产负债表、乙方利润表、乙方财务情况变动表以及其他必要的明细情况表。

甲方要求乙方提供上述情况和资料时，乙方不得拒绝。

第十八条　合同、附表及附件

1. 本合同附表及第__号购买合同、"实际租金表"、《租赁物件实际成本计算书》、《担保函》、《租赁物件收据》均为本合同附件，与本合同具有同等效力。

2. 本合同自甲、乙双方及担保人签字盖章后即生效。本合同书正本一式__份，由甲方、乙方和担保人各执一份。

甲方：　　　　　　　　　　　　乙方：

法定代表人：　　　　　　　　　法定代表人（签字）：

担保人：

法定代表人（签字）：　　　　　电话：

地址：　　　　　　　　　　　　邮政编码：

传真：　　　　　　　　　　　　电挂：

开户银行：　　　　　　　　　　账号：

附表一：租赁物件及租金支付规定

（1）	租赁物件（制造厂）	（详见本合同附件第　号购买合同）
（2）	卖方	
（3）	交付地点	港（详见本合同附件第　号购买合同所规定之目的港）
（4）	租赁物件设置场所	
（5）	租赁期间	个月（以租赁物件提单交付之日为起算日）
（6）	预计交付期及租赁物件收据交付期	预计交付期：　年　月于　港口装船（详见上述购买合同） 租赁物件收据交付期：于租赁物件提单签收当日
（7）	概算成本	外汇（　　）：　　　人民币：

(8)	保证金	租金： 支付方法： 支付地点：	
(9)	租金及其支付方法		
(10)	续租租金		
(11)	所定损失金	第一次租金支付前	第一次租金支付后
		第二次租金支付后	第三次租金支付后
		第四次租金支付后	第五次租金支付后
		第六次租金支付后	第七次租金支付后
		第八次租金支付后	第十次租金支付后
		第九次租金支付后	第十一次租金支付后
(12)	续租所定损失金额	(13) 迟延利息	以中国银行的贷款和人民币贷款的贷款利率×120%计算
(14)	附带条款		

附表二：实际租金表

_____台启：

兹根据贵我双方签订之租赁合同书（No.　）第三条的规定，现对租赁合同附表第（8）、（9）、（10）、（11）、（12）项作如下调整。请以此为准，按时支付租金及各项应付款项。

××公司业务部（盖章）

总经理室	业务部经理	业务员

附表第（8）项保证金调整

概算成本时的保证金	按实际成本调整的保证金

附表第（9）项租金调整

概算租金（共　次）	实际租金（共　　次）	
第一次至第　次 各为： 最后一次为：	第一次租金： 支付日：　年　月　日	第五次租金： 支付日：　年　月　日
	第二次租金： 支付日：　年　月　日	第六次租金： 支付日：　年　月　日
	第三次租金： 支付日：　年　月　日	第七次租金： 支付日：　年　月　日
	第四次租金： 支付日：　年　月　日	第八次租金： 支付日：　年　月　日

续表

附表第（10）项续租租金调整		

概算续租租金（共　　　次）	实际续租租金（共　　　次）
每次：	每次：

附表第（11）项所定损失金调整

第一次租金支付前	第一次租金支付后	第二次租金支付后	第三次租金支付后
概算： 实际：	概算： 实际：	概算： 实际：	概算： 实际：
第四次租金支付后	第五次租金支付后	第六次租金支付后	第七次租金支付后
概算： 实际：	概算： 实际：	概算： 实际：	概算： 实际：

附表第（12）项续租所定损失金调整

概算：	实际：

附注：

（1）租赁合同签订日：20　　年　　月　　日

（2）起租日：20　　年　　月　　日

（3）租赁期间：　　个月（20　　年　　月　　日至　　年　　月　　日）

（4）租金支付：每个月支付一次（先付/后付），在支付　　日前

电汇到××公司开户银行：××银行××分行，现汇账号：_____。

（5）租赁物件概算成本为：_____，实际成本为：_____。

（6）按实际成本，保证金为：_____，已预付_____。余额/欠额

为：_____。

抄送：

担保人（1）：

担保人（2）：

合同号码：　　　　　租赁期间起算日：　　年　月　日

本章小结

1. 金融租赁合同是出租人根据承租人对出卖人、租赁物的选择，向出卖人购买租赁物，提供给承租人使用，承租人支付租金的合同。

2. 金融租赁合同分为两类：一类是标准合同，另一类是非标准合同。

3. 签订金融租赁合同的程序可概括为以下步骤：选择租赁设备、租赁委托（选择出租方）、项目受理、签订购买合同、签订租赁合同。

4. 金融租赁合同的履行，是指出租方、承租方和供货方按照购买合同和租赁合同的内容，全面完成各自的义务，实现合同权利的过程。

5. 金融租赁合同依法成立后，就具有法律效力，双方当事人都必须严格遵守，全面履行各自承担的义务。当合同当事人一方或双方未能完全履行合同义务时，就造成了违约，违约方承担相应的违约责任。若双方当事人出现纠纷时，可以采用协商或调解的方式解决，也可以采用仲裁或诉讼的方式解决。

本章主要概念

金融租赁合同　违约　购买合同　定金制裁

思考题

1. 金融租赁合同的特征有哪些？
2. 金融租赁合同签订的基本原则是什么？
3. 金融租赁合同履行的主要内容是什么？
4. 承担违约责任的原则有哪些？
5. 金融租赁合同的特殊性条款一般有什么？
6. 当金融租赁合同发生纠纷，可采取哪些方式解决纠纷？
7. 金融租赁合同的作用有哪些？

第十四章
金融租赁会计

本章知识结构

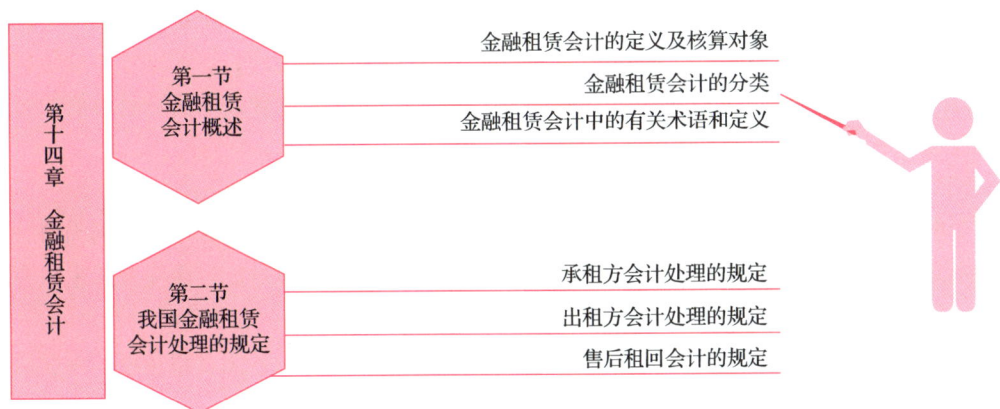

第十四章 金融租赁会计

第一节 金融租赁会计概述
- 金融租赁会计的定义及核算对象
- 金融租赁会计的分类
- 金融租赁会计中的有关术语和定义

第二节 我国金融租赁会计处理的规定
- 承租方会计处理的规定
- 出租方会计处理的规定
- 售后租回会计的规定

本章学习目标

- 理解金融租赁会计的定义及相关专业术语的含义。
- 掌握《企业会计准则第21号——租赁》承租方及出租方的会计处理的规定。

　　租赁会计是管理租赁业务活动的一种专业会计，它随着租赁业务的发展而不断完善。随着金融租赁业务的出现，租赁会计不再局限于传统的租赁业务的会计处理，逐渐发展成为更适合租赁业务要求的会计处理方式——金融租赁会计。本章介绍了金融租赁会计的发展、定义、核算对象和分类，并按照2018年12月财政部最新修订的《企业会计准则第21号——租赁》的规定，介绍了承租方和出租方会计处理的基本方法。

第一节　金融租赁会计概述

一、金融租赁会计的定义及核算对象

租赁会计随着租赁业务的产生而产生，并随着租赁业务的发展和经济管理的深入而逐步得到完善。近年来，租赁业务得到了长足的发展，金融租赁业务的出现打破了传统租赁业务的经营模式，使承租方以"融物"的方式达到了融资的目的。相应地，金融租赁会计也不同于传统租赁会计，而是更符合现代租赁业务的需要。

（一）金融租赁会计的定义

金融租赁会计是应用于租赁业的一种专业会计，是运用会计学的基本理论和方法，以货币作为主要计量单位，全面、连续、系统、规范地反映、监督和管理因租赁业务而产生的企业资产、负债、权益、收入和费用变化的核算体系。它运用设置账户、复式记账等会计核算方法，对租赁过程中的资金运动进行记录、归类、计算、检查和管理，以获取有价值的会计信息，从而进行比较、分析、预测和监督。

（二）金融租赁会计的核算对象

金融租赁会计的核算主要针对租赁业务的资产管理和负债管理进行，同时，因为租赁业务的双方当事人由出租方和承租方组成，所以金融租赁会计的核算对象还应注意对出租方和承租方作出不同的会计处理。

1. 出租方的会计核算对象。出租方要对其定期所应取得的租金收入及租赁期届满后租赁资产的处理进行核算。

2. 承租方的会计核算对象。租赁资产的所有权实质上已经转移至承租方，承租方不仅要对按期支付的租金进行核算，还要对租赁资产的风险、报酬、费用和折旧进行核算。

二、金融租赁会计的分类

租赁会计的分类是以租赁的分类为依据的。我国财政部 2018 年 12 月 7 日发布的《企业会计准则第 21 号——租赁》，根据出租方的会计处理方法将租赁分为金融租赁和经营租赁。相应的租赁会计就可以分为金融租赁会计和经营租赁会计。金融租赁和经营租赁区别的主要标志是租赁资产所有权的风险和报酬由哪方当事人所承担。若租赁资产所有权的风险和报酬是由承租方承担，就为金融租赁；若租赁资产所有权的风险和报酬是由出租方承担，就为经营租赁。国际会计准则委员会秘书处将金融租赁和经营租赁的区别编制成图，如图 14-1所示。

三、金融租赁会计中的有关术语和定义

《企业会计准则第 21 号——租赁》中对有关术语和定义进行了详细的说明。

1. 使用权资产，是指承租人可在租赁期内使用租赁资产的权利。

2. 租赁期开始日，是指出租人提供租赁资产使其可供承租人使用的起始日期。

3. 租赁期，是指承租人有权使用租赁资产且不可撤销的期间。

4. 租赁激励，是指出租人为达成租赁向承租人提供的优惠，包括出租人向承租人支付的

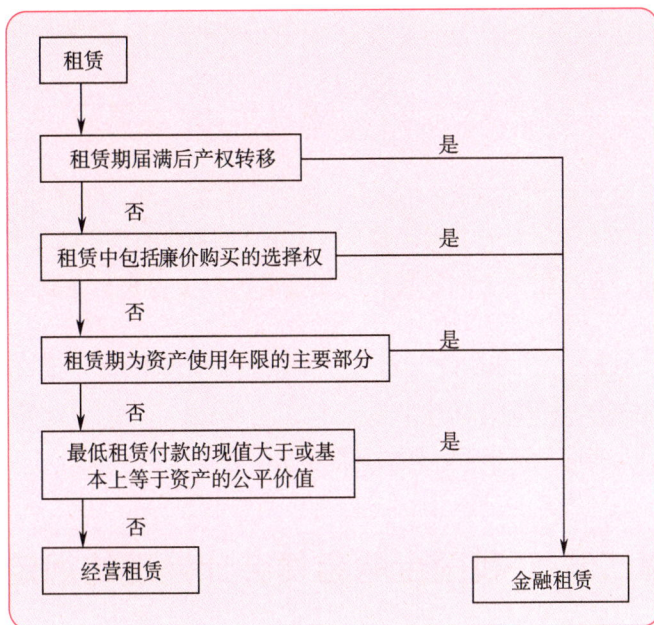

图 14-1　金融租赁与经营租赁比较

与租赁有关的款项、出租人为承租人偿付或承担的成本等。

5. 初始直接费用，是指为达成租赁所发生的增量成本。增量成本是指若企业不取得该租赁，则不会发生的成本。

6. 租赁内含利率，是指使出租人的租赁收款额的现值与未担保余值的现值之和等于租赁资产公允价值与出租人的初始直接费用之和的利率。

7. 承租人增量借款利率，是指承租人在类似经济环境下为获得与使用权资产价值接近的资产，在类似期间以类似抵押条件借入资金需支付的利率。

8. 租赁付款额，是指承租人向出租人支付的与在租赁期内使用租赁资产的权利相关的款项，包括：

（1）固定付款额及实质固定付款额，存在租赁激励的，扣除租赁激励相关金额；

（2）取决于指数或比率的可变租赁付款额，该款项在初始计量时根据租赁期开始日的指数或比率确定；

（3）购买选择权的行权价格，前提是承租人合理确定将行使该选择权；

（4）行使终止租赁选择权需支付的款项，前提是租赁期反映出承租人将行使终止租赁选择权；

（5）根据承租人提供的担保余值预计应支付的款项。

9. 实质固定付款额，是指在形式上可能包含变量但实质上无法避免的付款额。

10. 可变租赁付款额，是指承租人为取得在租赁期内使用租赁资产的权利，向出租人支付的因租赁期开始日后的事实或情况发生变化（而非时间推移）而变动的款项。取决于指数或比率的可变租赁付款额包括与消费者价格指数挂钩的款项、与基准利率挂钩的款项和为反映市场租金费率变化而变动的款项等。

11. 担保余值，是指与出租人无关的一方向出租人提供担保，保证在租赁结束时租赁资产的价值至少为某指定的金额。

12. 未担保余值，是指租赁资产余值中，出租人无法保证能够实现或仅由与出租人有关的一方予以担保的部分。

13. 租赁变更，是指原合同条款之外的租赁范围、租赁对价、租赁期限的变更，包括增加或终止一项或多项租赁资产的使用权，延长或缩短合同规定的租赁期等。

14. 租赁开始日，是指租赁合同签署日与租赁各方就主要租赁条款作出承诺日中的较早者。

15. 融资租赁，是指实质上转移了与租赁资产所有权有关的几乎全部风险和报酬的租赁。其所有权最终可能转移，也可能不转移。

16. 经营租赁，是指除融资租赁以外的其他租赁。

第二节　我国金融租赁会计处理的规定

2018 年 12 月 7 日，根据国际趋同的原则，财政部对《企业会计准则第 21 号——租赁》重新进行了修订，并于 2019 年 1 月 1 日起正式实施，基本与国际会计准则理事会 2016 年 1 月发布的《国际财务报告准则第 16 号——租赁》趋同，依据最新修订的会计准则，承租人不再区分经营租赁和融资租赁，除了豁免之外，所有承租业务均需确认使用权资产和租赁负债，但对于出租人而言，基本延续了现行会计处理。

一、承租方会计处理的规定

（一）确认和初始计量

1. 使用权资产应当按照成本进行初始计量。该成本包括：（1）租赁负债的初始计量金额；（2）在租赁期开始日或之前支付的租赁付款额，存在租赁激励的，扣除已享受的租赁激励相关金额；（3）承租人发生的初始直接费用；（4）承租人为拆卸及移除租赁资产、复原租赁资产所在场地或将租赁资产恢复至租赁条款约定状态，预计将发生的成本。

2. 租赁负债应当按照租赁期开始日尚未支付的租赁付款额的现值进行初始计量。在计算租赁付款额的现值时，承租人应当采用租赁内含利率作为折现率；无法确定租赁内含利率的，应当采用承租人增量借款利率作为折现率。

（二）后续计量

1. 使用权资产。采用成本法对使用权资产进行后续计量，每期末对使用权资产计提折旧和减值，并对使用权资产价值进行重估和调整。

承租人能够合理确定租赁期届满时取得租赁资产所有权的，应当在租赁资产剩余使用寿命内计提折旧。无法合理确定租赁期届满时能够取得租赁资产所有权的，应当在租赁期与租赁资产剩余使用寿命两者孰短的期间内计提折旧。

承租人在重新计量租赁负债时，应当相应调整使用权资产的账面价值。使用权资产的账面价值已调减至零，但租赁负债仍需进一步调减的，承租人应当将剩余金额计入当期损益。

2. 租赁负债。在分摊未确认的融资费用时，按照租赁准则的规定，承租人应当采用实际利率法。在采用实际利率法的情况下，未确认融资费用分摊率的确定具体分为以下几种情况。

（1）租赁内含利率，是指使出租人的租赁收款额的现值与未担保余值的现值之和等于租赁资产公允价值与出租人的初始直接费用之和的利率。

（2）承租人增量借款利率，是指承租人在类似经济环境下为获得与使用权资产价值接近的资产，在类似期间以类似抵押条件借入资金需支付的利率。

（3）购买选择权的评估结果发生变化的，应当根据新的评估结果重新确定租赁付款额。在计算变动后租赁付款额的现值时，承租人应当采用剩余租赁期间的租赁内含利率作为修订后的折现率；无法确定剩余租赁期间的租赁内含利率的，应当采用重估日的承租人增量借款利率作为修订后的折现率。

（4）在租赁期开始日后，租赁付款额的变动源自浮动利率变动的，使用修订后的折现率。

（5）租赁变更未作为一项单独租赁进行会计处理的，应根据分摊变更后合同的对价重新确定租赁期，并按照变更后租赁付款额和修订后的折现率进行处理。

3. 各期末承租方还需对租赁负债价值重估并调整。

（1）续租选择权或终止租赁选择权的评估结果发生变化，或者前述选择权的实际行使情况与原评估结果不一致等导致租赁期变化的，应当根据新的租赁期重新确定租赁付款额。

（2）购买选择权的评估结果发生变化的，应当根据新的评估结果重新确定租赁付款额。

（3）在租赁期开始日后，根据担保余值预计的应付金额发生变动，或者因用于确定租赁付款额的指数或比率变动而导致未来租赁付款额发生变动的，承租人应当按照变动后租赁付款额的现值重新计量租赁负债。

（三）豁免

对于短期租赁和低价值资产租赁，承租人可以选择不确认使用权资产和租赁负债。承租人应当将短期租赁和低价值资产租赁的租赁付款额，在租赁期内各个期间按照直线法或其他系统合理的方法计入相关资产成本或当期损益。

1. 短期租赁，是指租赁期不超过 12 个月的租赁。包含购买选择权的租赁不属于短期租赁。

2. 低价值资产租赁，是指单项租赁资产为全新资产时价值较低的租赁。

（四）列报

1. 资产负债表。承租人应当单独列示使用权资产和租赁负债。其中，租赁负债通常分别非流动负债和一年内到期的非流动负债列示。

2. 利润表。承租人应当分别列示租赁负债的利息费用与使用权资产的折旧费用。租赁负债的利息费用在财务费用项目列示。

3. 现金流量表。偿还租赁负债本金和利息所支付的现金应当计入筹资活动现金流出，支付的短期租赁付款额和低价值资产租赁付款额以及未纳入租赁负债计量的可变租赁付款额应当计入经营活动现金流出。

4. 附注。

（1）各类使用权资产的期初余额、本期增加额、期末余额以及累计折旧额和减值金额；（2）租赁负债的利息费用；（3）计入当期损益的按《企业会计准则第 21 号——租赁》第三十二条简化处理的短期租赁费用和低价值资产租赁费用；（4）未纳入租赁负债计量的可变租赁付款额；（5）转租使用权资产取得的收入；（6）与租赁相关的总现金流出；（7）售后租回交易产生的相关损益；（8）其他按照《企业会计准则第 37 号——金融工具列报》应当披露的有关租赁负债的信息。承租人应对短期租赁和低价值资产租赁进行简化处理的，应当披露这一事实。

5. 应当根据理解财务报表的需要，披露有关租赁活动的其他定性和定量信息：（1）租赁活动的性质，如对租赁活动基本情况的描述；（2）未纳入租赁负债计量的未来潜在现金流出；（3）租赁导致的限制或承诺；（4）售后租回交易除相关损益的其他信息；（5）其他相关信息。

二、出租方会计处理的规定

（一）应收融资租赁款的确认

在金融租赁下，出租人将与租赁资产所有权有关的风险和报酬实质上转移给承租人，将租赁资产的使用权长期转让给承租人，并以此获取租金。因此，在租赁开始日出租人应当对融资租赁确认应收融资租赁款，并终止确认融资租赁资产。

出租人对应收融资租赁款进行初始计量时，应当以租赁投资净额作为应收融资租赁款的入账价值。租赁投资净额为未担保余值和租赁期开始日尚未收到的租赁收款额按照租赁内含利率折现的现值之和。租赁收款额，是指出租人因让渡在租赁期内使用租赁资产的权利而应向承租人收取的款项，包括：（1）承租人需支付的固定付款额及实质固定付款额，存在租赁激励的，扣除租赁激励相关金额；（2）取决于指数或比率的可变租赁付款额，该款项在初始计量时根据租赁期开始日的指数或比率确定；（3）购买选择权的行权价格，前提是合理确定承租人将行使该选择权；（4）承租人行使终止租赁选择权需支付的款项，前提是租赁期反映出承租人将行使终止租赁选择权；（5）由承租人、与承租人有关的一方以及有经济能力履行担保义务的独立第三方向出租人提供的担保余值。

在转租的情况下，若转租的租赁内含利率无法确定，转租出租人可采用原租赁的折现率（根据与转租有关的初始直接费用进行调整）计量转租投资净额。

（二）后续计量

1. 出租人应当按照固定的周期性利率计算并确认租赁期内各个期间的利息收入。该周期性利率与上文中介绍过的折现率相同。

2. 出租人应当按照《企业会计准则第 22 号——金融工具确认和计量》和《企业会计准则第 23 号——金融资产转移》的规定，对应收融资租赁款的终止确认和减值进行会计处理。

3. 出租人取得的未纳入租赁投资净额计量的可变租赁付款额应当在实际发生时计入当期损益。

4. 融资租赁的变更未作为一项单独租赁进行会计处理的，假如变更在租赁开始日生效，该租赁会被分类为融资租赁的，出租人应当按照《企业会计准则第 22 号——金融工具确认和计量》关于修改或重新议定合同的规定进行会计处理。

（三）生产商或经销商作为出租人的融资租赁

在租赁期开始日，该出租人应当按照租赁资产公允价值与租赁收款额按市场利率折现的现值两者孰低确认收入，并按照租赁资产账面价值扣除未担保余值的现值后的余额结转销售成本。

生产商或经销商出租人为取得融资租赁发生的成本，应当在租赁期开始日计入当期损益。

（四）列报

1. 资产负债表。出租人应当根据资产的性质，在资产负债表中列示经营租赁资产。

2. 附注中披露与金融租赁相关的信息。（1）销售损益、租赁投资净额的融资收益以及与未纳入租赁投资净额的可变租赁付款额相关的收入；（2）资产负债表日后连续五个会计年度每年将收到的未折现租赁收款额，以及剩余年度将收到的未折现租赁收款额总额；（3）未折现租赁收款额与租赁投资净额的调节表。

3. 根据理解财务报表的需要，披露有关租赁活动的其他定性和定量信息。此类信息包括：（1）租赁活动的性质，如对租赁活动基本情况的描述；（2）对其在租赁资产中保留的权利进行风险管理的情况；（3）其他相关信息。

三、售后租回会计的规定

承租人和出租人应当按照《企业会计准则第14号——收入》的规定，评估确定售后租回交易中的资产转让是否属于销售。

1. 属于销售。

（1）承租人：应当按原资产账面价值中与租回获得的使用权有关的部分，计量售后租回所形成的使用权资产，并仅就转让至出租人的权利确认相关利得或损失；如果销售对价的公允价值与资产的公允价值不同，或者出租人未按市场价格收取租金，则承租人应当将销售对价低于市场价格的款项作为预付租金进行会计处理，将高于市场价格的款项作为出租人向承租人提供的额外融资进行会计处理；同时，承租人按照公允价值调整相关销售利得或损失。

（2）出租人：应当根据其他适用的企业会计准则对资产购买进行会计处理，并根据本准则对资产出租进行会计处理。

2. 不属于销售。

（1）承租人：确认被转让资产，同时确认一项与转让收入等额的金融负债，并按照《企业会计准则第22号——金融工具确认和计量》对该金融负债进行会计处理。

（2）出租人：不确认被转让资产，但应当确认一项与转让收入等额的金融资产，并按照《企业会计准则第22号——金融工具确认和计量》对该金融资产进行会计处理。

本章小结

1. 金融租赁业务的出现促使一种新的会计处理方法——金融租赁会计产生。美国等发达国家针对此项业务会计处理方法和制度的相关研究更为全面和完善。本章对 2019 年 1 月 1 日起施行的《企业会计准则第 21 号——租赁》中金融租赁会计的分类及相关术语进行了阐述和解释。

本章主要概念

金融租赁会计　融资租赁　经营租赁　公允价值　租赁激励　内含利率　担保余值未担保余值　实质固定付款额　可变租赁付款额

思考题

1. 简述金融租赁会计的核算对象。
2. 简述金融租赁的分类。
3. 简述承租方会计处理的主要内容。

相关法律法规

《中华人民共和国信托法》

《金融租赁公司管理办法》

《金融租赁公司专业子公司管理暂行规定》

《融资租赁企业监督管理办法》

《信托公司管理办法》

《信托公司集合资金信托计划管理办法》

《信托公司净资本管理办法》

参考文献

［1］李群星. 论信托财产［J］. 法学评论，2000（1）.

［2］刘东亚. 论英国信托法受托人的信义义务［J］. 河北科技大学学报（社会科学版），2004（2）.

［3］蔡鸣龙. 金融信托与租赁［M］. 北京：中国金融出版社，2013.

［4］徐保满. 金融信托与租赁［M］. 北京：科学出版社，2007.

［5］叶伟春. 信托与租赁［M］. 上海：上海财经大学出版社，2015.

［6］左毓秀，史建平. 信托与租赁［M］. 北京：中国经济出版社，2001.

［7］王礼平. 世界各发达国家信托制度比较研究［J］. 财经问题研究，2004（1）.

［8］闵绥艳. 信托与租赁［M］. 北京：科学出版社，2015.

［9］马丽娟. 信托与融资租赁［M］. 北京：首都经济贸易大学出版社，2013.

［10］王淑敏，齐佩金. 金融信托与租赁［M］. 北京：中国金融出版社，2003.

［11］戴建兵. 信托与租赁［M］. 北京：中国铁道出版社，2004.

［12］宋学明. 我国信托业功能演进和发展研究［D］. 济南：山东大学，2014.

［13］解锟. 英国慈善信托制度研究［D］. 上海：华东政法大学，2010.

［14］丁贵英. 金融信托与租赁实务［M］. 北京：电子工业出版社，2012.

［15］赵磊. 信托受托人的角色定位及其制度实现［J］. 中国法学，2013（4）.

［16］刘少波，曾庆芬. 美国个人信托业务的发展及启示［J］. 南方金融，2002（6）.

［17］《信托公司集合资金信托计划管理办法》.

［18］《中华人民共和国信托法》.

［19］肖萍. 契约型投资基金治理的国际比较与启示［J］. 南方金融，2012（4）.

［20］《信托公司管理办法》.

［21］中国融资租赁三十人论坛，等. 中国融资租赁行业中国2015年度报告［M］. 北京：中国经济出版社，2015.

［22］王筝. 金融租赁公司风险管理体系构建初探［J］. 中央财经大学学报，2015（3）.

［23］许一览. 金融租赁公司互联网金融业务创新模式研究［J］. 上海金融，2015（8）.

［24］廖岷，凌涛，钟伟. 金融租赁研究［M］. 北京：中国金融出版社，2013.

［25］郑娟美. 论韩国融资租赁业的制度规范与政策效应［D］. 北京：对外经济贸易大学，2015.

［26］陆晓航. 从美国租赁业现状看我国租赁业亟须解决的问题［J］. 上海金融，2001（9）.

［27］王博，刘永余，刘澜飚．我国融资租赁业风险与监管研究［J］．金融监管研究，2015（3）．

［28］中华人民共和国财政部．企业会计准则（2015 年）［M］．北京：立信会计出版社，2015．

［29］周红．国际会计准则（第二版）［M］．大连：东北财经大学出版社，2012．

［30］刘红兵．租赁会计准则问题研究——对 IASB 准则征求意见稿的分析［J］．财会月刊，2011（21）．

［31］孟钟剑．论国际会计准则修改对金融租赁业的影响［J］．商业会计，2012（12）．

［32］中华人民共和国财政部．企业会计准则第 21 号——租赁．2018．

［33］宰金勇．实务视角解析新租赁会计准则对租赁行业的影响［J］．财会学习，2019.4.

［34］叶伟春．信托与租赁［M］．上海：上海财经大学出版社，2015．

［35］马丽娟．信托与融资租赁［M］．北京：首都经济贸易大学出版社，2013．

［36］信托业协会网站：http：//www. xtxh. net/xtxh/。

［37］私募排排网：http：//dc. simuwang. com/。

21 世纪高等学校金融学系列教材

一、货币银行学子系列

★货币金融学（第四版）　　　　　　朱新蓉　　　　　主编　56.00 元　2015.08 出版
（普通高等教育"十一五"国家级规划教材/国家精品课程教材·2008）

货币金融学　　　　　　　　　　　张　强　乔海曙　主编　32.00 元　2007.05 出版
（国家精品课程教材·2006）

货币金融学（附课件）　　　　　　吴少新　　　　　主编　43.00 元　2011.08 出版

货币金融学（第二版）　　　　　　殷孟波　　　　　主编　48.00 元　2014.07 出版
（普通高等教育"十五"国家级规划教材）

现代金融学　　　　　　　　　　　张成思　　　　　编著　58.00 元　2019.10 出版
　——货币银行、金融市场与金融定价

货币银行学（第二版）　　　　　　夏德仁　李念斋　主编　27.50 元　2005.05 出版

货币银行学（第三版）　　　　　　周　骏　王学青　主编　42.00 元　2011.02 出版
（普通高等教育"十一五"国家级规划教材）

货币银行学原理（第六版）　　　　郑道平　张贵乐　主编　39.00 元　2009.07 出版

金融理论教程　　　　　　　　　　孔祥毅　　　　　主编　39.00 元　2003.02 出版

西方货币金融理论　　　　　　　　伍海华　　　　　编著　38.80 元　2002.06 出版

现代货币金融学　　　　　　　　　汪祖杰　　　　　主编　30.00 元　2003.08 出版

行为金融学教程　　　　　　　　　苏同华　　　　　主编　25.50 元　2006.06 出版

中央银行通论（第三版）　　　　　孔祥毅　　　　　主编　40.00 元　2009.02 出版

中央银行通论学习指导（修订版）　孔祥毅　　　　　主编　38.00 元　2009.02 出版

商业银行经营管理（第二版）　　　宋清华　　　　　主编　43.00 元　2017.03 出版

商业银行管理学（第五版）　　　　彭建刚　　　　　主编　53.00 元　2019.04 出版
（普通高等教育"十一五"国家级规划教材/国家精品课程教材·2007/国家精品资源共享课配套教材）

商业银行管理学（第三版）　　　　李志辉　　　　　主编　48.00 元　2015.10 出版
（普通高等教育"十一五"国家级规划教材/国家精品课程教材·2009）

商业银行管理学习题集　　　　　　李志辉　　　　　主编　20.00 元　2006.12 出版
（普通高等教育"十一五"国家级规划教材辅助教材）

商业银行管理　　　　　　　　　　刘惠好　　　　　主编　27.00 元　2009.10 出版

现代商业银行管理学基础　　　　　王先玉　　　　　主编　41.00 元　2006.07 出版

金融市场学（第三版）　　　　　　杜金富　　　　　主编　55.00 元　2018.07 出版

现代金融市场学（第四版）　　　　张亦春　　　　　主编　50.00 元　2019.02 出版

中国金融简史（第二版）　　　　　袁远福　　　　　主编　25.00 元　2005.09 出版
（普通高等教育"十一五"国家级规划教材）

货币与金融统计学（第四版）　　　杜金富　　　　　主编　48.00 元　2018.07 出版
（普通高等教育"十一五"国家级规划教材/国家统计局优秀教材）

金融信托与租赁（第五版）　　　　王淑敏　齐佩金　主编　45.00 元　2020.06 出版
（普通高等教育"十一五"国家级规划教材）

金融信托与租赁案例与习题　　　　王淑敏　齐佩金　主编　25.00 元　2006.09 出版
（普通高等教育"十一五"国家级规划教材辅助教材）

金融营销学	万后芬		主编	31.00 元	2003.03 出版
金融风险管理	宋清华	李志辉	主编	33.50 元	2003.01 出版
网络银行（第二版）	孙 森		主编	36.00 元	2010.02 出版
（普通高等教育"十一五"国家级规划教材）					
银行会计学	于希文	王允平	主编	30.00 元	2003.04 出版

二、国际金融子系列

国际金融学	潘英丽	马君潞	主编	31.50 元	2002.05 出版
★国际金融概论（第五版）	孟 昊	王爱俭	主编	45.00 元	2020.01 出版
（普通高等教育"十二五"国家级规划教材/国家精品课程教材·2009）					
国际金融（第三版）	刘惠好		主编	48.00 元	2017.10 出版
国际金融概论（第三版）（附课件）	徐荣贞		主编	40.00 元	2016.08 出版
★国际结算（第六版）（附课件）	苏宗祥	徐 捷	著	66.00 元	2015.08 出版
（普通高等教育"十一五"国家级规划教材/2012~2013 年度全行业优秀畅销书）					
各国金融体制比较（第三版）	白钦先		等编著	43.00 元	2013.08 出版

三、投资学子系列

投资学（第三版）	张元萍		主编	56.00 元	2018.02 出版
证券投资学	吴晓求	季冬生	主编	24.00 元	2004.03 出版
证券投资学（第二版）	金 丹		主编	49.50 元	2016.09 出版
现代证券投资学	李国义		主编	39.00 元	2009.03 出版
证券投资分析（第二版）	赵锡军	李向科	主编	35.00 元	2015.08 出版
组合投资与投资基金管理	陈伟忠		主编	15.50 元	2004.07 出版
投资项目评估	王瑶琪	李桂君	主编	38.00 元	2011.12 出版
项目融资（第三版）	蒋先玲		编著	36.00 元	2008.10 出版

四、金融工程子系列

金融经济学教程	陈伟忠		主编	35.00 元	2008.09 出版
衍生金融工具（第二版）	叶永刚	张 培	主编	37.00 元	2014.08 出版
现代公司金融学（第二版）	马亚明		主编	49.00 元	2016.08 出版
金融计量学	张宗新		主编	42.50 元	2008.09 出版
数理金融	张元萍		编著	29.80 元	2004.08 出版
金融工程学	沈沛龙		主编	46.00 元	2017.08 出版

五、金融英语子系列

金融英语阅读教程（第四版）	沈素萍		主编	48.00 元	2015.12 出版
（北京高等教育精品教材）					
金融英语阅读教程导读（第四版）	沈素萍		主编	23.00 元	2016.01 出版
（北京高等学校市级精品课程辅助教材）					
保险专业英语	张栓林		编著	22.00 元	2004.02 出版
保险应用口语	张栓林		编著	25.00 元	2008.04 出版

注：加★的书为"十二五"普通高等教育本科国家级规划教材。

21 世纪高等学校保险学系列教材

保险学概论	许飞琼	主编	49.80 元	2019.01 出版
保险学（第二版）	胡炳志　何小伟	主编	29.00 元	2013.05 出版
保险精算（第三版）	李秀芳　曾庆五	主编	36.00 元	2011.06 出版
（普通高等教育"十一五"国家级规划教材）				
人身保险（第二版）	陈朝先　陶存文	主编	20.00 元	2002.09 出版
财产保险（第五版）	许飞琼　郑功成	主编	43.00 元	2015.03 出版
（普通高等教育"十一五"国家级规划教材/普通高等教育精品教材奖）				
财产保险案例分析	许飞琼	编著	32.50 元	2004.08 出版
海上保险学	郭颂平　袁建华	编著	34.00 元	2009.10 出版
责任保险	许飞琼	编著	40.00 元	2007.11 出版
再保险（第二版）	胡炳志　陈之楚	主编	30.50 元	2006.02 出版
（普通高等教育"十一五"国家级规划教材）				
保险经营管理学（第二版）	邓大松　向运华	主编	42.00 元	2011.08 出版
（普通高等教育"十一五"国家级规划教材）				
保险营销学（第四版）	郭颂平　赵春梅	主编	42.00 元	2018.08 出版
（教育部经济类专业主干课程推荐教材）				
保险营销学（第二版）	刘子操　郭颂平	主编	25.00 元	2003.01 出版
★风险管理（第五版）	许谨良	主编	36.00 元	2015.08 出版
（普通高等教育"十一五"国家级规划教材）				
保险产品设计原理与实务	石兴	著	24.50 元	2006.09 出版
社会保险（第四版）	林义	主编	39.00 元	2016.07 出版
（普通高等教育"十一五"国家级规划教材）				
保险学教程（第二版）	张虹　陈迪红	主编	36.00 元	2012.07 出版
利息理论与应用（第二版）	刘明亮	主编	32.00 元	2014.04 出版

注：加★的书为"十二五"普通高等教育本科国家级规划教材。